Hinter dem Sachregister befindet sich ein ausführliches Verzeichnis der

Guttentagschen Sammlung

Deutscher Reichs- und Preußischer Gesetze

— Textausgaben mit Anmerkungen; Taschenformat —

die alle wichtigeren Gesetze in unbedingt zuverlässigem Abdruck und mit mustergültiger Erläuterung wiedergibt.

Guttentagsche Sammlung
Nr. 143. Deutscher Reichsgesetze. Nr. 143.
Textausgaben mit Anmerkungen und Sachregister.

Reichsabgabenordnung

vom 13. Dezember 1919

nebst Einführungsverordnung vom 18. Dezember 1919 und Übergangsverordnung vom 11. Oktober 1921.

Textausgabe mit Anmerkungen und ausführlichem Sachregister

von

Dr. A. Nieberl,
Regierungsrat, Mitglied des Finanzgerichts
beim Landesfinanzamt Stettin.

Berlin und Leipzig 1922.
Vereinigung wissenschaftlicher Verleger
Walter de Gruyter & Co.
vormals G. J. Göschen'sche Verlagshandlung — J. Guttentag, Verlagsbuchhandlung — Georg Reimer — Karl J. Trübner — Veit & Comp.

Vorwort.

Die Reichsabgabenordnung ist das tägliche Brot des Finanzbeamten geworden. Und wenn auch zur Ehre ihrer Schöpfer anerkannt werden muß, daß sie, was Einheitlichkeit und Geschlossenheit in sich sowie Anpassung an die übrige Gesetzgebung anlangt, von so vielen Erzeugnissen der Nachkriegsgesetzgebung in wohltuender Weise absticht, so sind doch die Schwierigkeiten bei ihrer praktischen Durchführung nicht zu unterschätzen. Sie liegen hauptsächlich darin begründet, daß die AO. nicht etwa eine bloße Kodifizierung des bereits früher geltenden Rechts darstellt, sondern daß sie in vielen wichtigen Beziehungen eine Neuregelung, ja teilweise geradezu einen Bruch mit bisher anerkannten Grundsätzen darstellt. Man denke nur an die ausgedehnten Verpflichtungen der Allgemeinheit zur Auskunftserteilung in fremden Steuersachen, an die Lüftung des Bankgeheimnisses, an die weitgehenden Macht- und Zwangsbefugnisse der Finanzbehörden usw. Hier bei allen Zweifelsfragen stets sicher den richtigen Weg zu finden, wird den mit der Durchführung des Gesetzes betrauten Beamten nicht immer leicht. Hier helfen auch nicht etwa dickleibige Kommentare mit langatmigen theoretischen Erörterungen und endlosen Abschriften der Entwurfsbegründung.

Zweierlei scheinen mir die Bedürfnisse eines guten Wegweisers durch das in Rede stehende Gebiet zu sein und eine doppelte war demgemäß die Parole, welche Entstehung und Durchführung dieses bescheidenen Werkchens beherrschte. Was der Praxis entstammt, diene der Praxis! lautet die eine, und dementsprechend ist keiner in der Praxis bisher aufgetauchten oder sonst erreichbaren Frage mit Absicht aus dem Wege gegangen, sondern es ist ihre Lösung unter erschöpfender Verwertung der bisherigen Rechtsprechung des Reichsfinanzhofes versucht worden. Und Verständlichkeit auch für den Nichtformaljuristen! heißt die andre Parole, und es ist daher bei Einbeziehung und Darstellung allgemeiner Rechtsgrundsätze die Tatsache berücksichtigt worden, daß die Durchführung der AO. vielfach und sogar in erster Linie dem Veranlagungsbeamten ohne besondere juristische Vorkenntnisse anvertraut ist.

Daß zwischen Ideal und erreichter Wirklichkeit wie sonst, so auch hier noch ein recht bedeutender Unterschied besteht, weiß ich wohl. Ob dem Ideal bei einer ev. späteren Überarbeitung der Ausgabe näher gekommen werden kann, hängt von dem Interesse ab, das die Praxis ihr entgegenbringt. Mitteilungen neuer Fälle, Anregungen und Kritik der Praxis — ohne Einschränkung auf irgendwelche Gruppen der Besoldungsordnung — werden dankbar begrüßt. Denn unerschöpflich an neuen Fragen und Anregungen ist allein der Quell der täglichen Praxis, außerhalb derselben fließt er nur noch spärlich.

Knapp vor Beendigung des Manuskripts erschien die erläuterte Handausgabe der AO. von Becker. Die Tatsache, daß hiermit eine vom „Vater des Gesetzes“ ausgehende und daher sozusagen authentische Interpretation des Gesetzes vorlag, ließ mich am Wert und Zweck meiner Arbeit zunächst fast verzagen. Wenn ich trotzdem damit an die Öffentlichkeit trete, so geschieht es deshalb, weil ich nach Durchsicht der Beckerschen Ausgabe einerseits mit Befriedigung feststellen kann, daß ich mich mit meiner Darstellung wohl ziemlich durchwegs auf dem richtigen Wege befinde, andererseits aber auch der Hoffnung Raum geben darf, daß mein Werkchen als Ergänzung der Beckerschen Ausgabe hinsichtlich einer Anzahl praktisch wichtiger Fragen in der Praxis vielleicht doch keine ganz unfreundliche Aufnahme finden wird.

Stettin im April 1922

Nieberl.

Inhaltsübersicht.

A. Reichsabgabenordnung.

B. Verordnung zur Einführung der Reichsabgabenordnung.

C. Verordnung über die Durchführung der Steuerverfahren während der Übergangszeit.

Abkürzungen.

aE. = am Ende.
AO. = Reichsabgabenordnung.
Becker = erl. Handausgabe der AO. von E. Becker, Berlin 1922.
BGB. = Bürgerliches Gesetzbuch.
E. Bd. = Sammlung der Entsch. des Reichsfinanzhofs, Band.
EinfV. (EV.) = Einführungsverordnung zur AO.
FA. = Finanzamt.
GKG. = Reichs-Gerichtskostengesetz.
LFA. = Landesfinanzamt.
Mrozek = Kommentar zur AO. von A. Mrozek, Köln 1921.
RFH. = Reichsfinanzhof.
RFM. = Reichsfinanzminister.
RFME. = Erlaß des Reichsfinanzministers.
RGBl. = Reichsgesetzblatt.
RStBl. = Reichssteuerblatt.
StGB. = Reichsstrafgesetzbuch.
StPO. = Reichsstrafprozeßordnung.
V. = Verordnung.
ZPO. = Reichszivilprozeßordnung.

Überblick.

Die Reichsabgabenordnung sollte, wie schon die Bezeichnung kund tut, auf steuerrechtlichem Gebiet zunächst das bilden, was die Zivilprozeßordnung auf bürgerlich-rechtlichem, die Strafprozeßordnung auf strafrechtlichem Gebiet darstellt: Eine gesetzliche einheitliche Festlegung der Normen des Verfahrens, in welchem der Staat seine Steueransprüche geltend machen und der Betroffene sich nötigenfalls gegen deren Geltendmachung schützen kann. Die materielle Regelung der Steueransprüche (deren Entstehung, Umfang, Erlöschen usw.) ist Aufgabe der einzelnen Steuergesetze.

Der bis zur Durchführung einer einheitlichen Reichsfinanzverwaltung bestehende Mangel einer einheitlichen Behördenorganisation, ferner das Fehlen einer durchgreifenden Regelung gewisser allen Steuerarten gemeinsamer materieller Oberbegriffe stellten den Gesetzgeber vor die Alternative, die genannten Materien entweder unter Beobachtung der in anderen Rechtsgebieten durchgeführten systematischen Trennung durch eigene Gesetze zu regeln, oder ihre Regelung unter Inkaufnahme des systematischen Schönheitsfehler in die AO. selbst mit aufzunehmen. Mit guten Gründen wurde letzterer Weg gewählt. So kommt es, daß die AO. in der heute vor uns liegenden Form eine eigenartige, immerhin aber gut übersichtliche Aneinanderreihung organisatorischer, materieller und formeller Vorschriften enthält, unter schließlicher Einbeziehung sogar des Steuerstrafrechts.

Die AO. zerfällt ihrer äußeren Einteilung nach in fünf Stücke:

1. Einleitende Vorschriften;
2. Drei „Teile“: Behörden, Besteuerung, Strafrecht;
3. Übergangs- und Schlußvorschriften.

Bezüglich des Zusammenhangs der fünf Stücke und ihres rechtlichen Einflusses auf einander ist folgendes festzuhalten.

Die einleitenden und die Schlußvorschriften haben Geltung für die AO. in ihrem ganzen Umfange. Das gleiche gilt bezüglich des 1. Teils „Behörden.“ Dagegen bilden der 2. und 3. Teil zwei streng von einander zu trennende Abschnitte und es darf nicht etwa die zufällige Zusammenfassung derselben durch ein Gesetz zu einer Verquickung der beiderseitigen Rechtsnormen Anlaß geben. Jeder der beiden Teile ist vielmehr hinsichtlich der Regelung und Auslegung aller einschlägigen Begriffe (Zuständigkeit, Zustellungen, Fristen, Rechtsmittel usw.) als völlig selbständiges Gesetz anzusehen. Nur wo der 3. Teil (Strafrecht) ausdrücklich Bestimmungen des 2. Teils für anwendbar erklärt (z. B. §§ 394 Absatz 1, 4, 406 Absatz 4), sind letztere anzuwenden, aber nicht weiter, als die ausdrückliche Erstreckung reicht. Wo die AO. im 3. Teil Lücken aufweist, sind dieselben zufolge der allgemeinen Bezugnahme der §§ 355, 385 durch Heranziehung des Reichsstrafgesetzbuchs und der

Reichsstrafprozeßordnung zu ergänzen, nicht etwa durch analoge Anwendung von Vorschriften des 2. Teils.

Der 2. Teil selbst (Besteuerung) enthält in seinen §§ 79 bis 101, 120 bis 161 Vorschriften materiellrechtlicher Natur. Die übrigen Bestimmungen desselben bilden die Regelung des Besteuerungsverfahrens und damit den Eingangs bereits erwähnten Kernpunkt der AO.

Reichsabgabenordnung

vom 13. Dezember 1919
(Reichs-Gesetzbl. S. 1993)
(AO.)

Die verfassunggebende Deutsche Nationalversammlung hat das folgende Gesetz beschlossen, das mit Zustimmung des Reichsrats hiermit verkündet wird.

Einleitende Vorschriften.

§ 1. (1) Steuern sind im Sinne der Reichsabgabenordnung einmalige oder laufende Geldleistungen[1]), die nicht eine Gegenleistung für eine besondere Leistung darstellen[2]) und von einem öffentlich-rechtlichen Gemeinwesen[3]) zur Erzielung von Einkünften allen auferlegt werden, bei denen der Tatbestand zutrifft, an den das Gesetz die Leistungspflicht knüpft. Zölle fallen darunter; nicht darunter fallen Gebühren[4]) für besondere Inanspruchnahme der Verwaltung und Beiträge[5]) (Vorzugslasten).

(2) Die Reichsabgabenordnung gilt nur für die Steuern, die ganz oder zum Teil zugunsten des Reichs erhoben werden.

(3) Die Reichsabgabenordnung gilt nicht, soweit in den einzelnen Steuergesetzen[6]) Abweichendes vorgeschrieben ist.

[1]) § 1 Abs. 1 formuliert den Begriff der Steuern im Sinne der AO. Wenn auch hiebei in erster Linie nur an die eigentliche Steuerforderung gedacht ist, so fallen unter den Steuerbegriff doch auch etwaige Nebenforderungen, die dem Staat als Akzessorium der Hauptforderung und unabhängig von irgendwelchen anderen, in der Person oder dem Verhalten des Steuerpflichtigen begründeten Umständen zustehen. Hieher gehören insbesondere Zinsen, die in den einzelnen Steuergesetzen als Ausgleich für einen dem Fiskus durch längeren Nichteingang geschuldeter Steuern entstehenden wirtschaftlichen Schaden festgelegt sind (Beisp. § 30 Absatz 2 GrunderwStG., § 37 Abs. 2 UmsStG.). Solche Zinsen teilen die Rechtsnatur der betr. Steuern, was insbesondere für das Rechtsmittelverfahren von Bedeutung ist (s. Anm. 1 zu § 217, ferner EBd. 4 S. 350, Bd. 5 S. 59.)

Das Gleiche wird zu gelten haben für solche Zinsen, die den Charakter von eigentlichen Verzugszinsen tragen. Denn auch ihre gesetzgeberische Anordnung beruht in erster Linie auf fiskalischen Erwägungen im obigen Sinne.

Nicht hierher gehören dagegen Geldleistungen, die ihren inneren Grund in einem gewissen schuldhaften Verhalten des Pflichtigen haben und daher gewissermaßen steuerlich erzieherische Zwecke verfolgen oder den geordneten Fortgang der Steuererhebung sichern sollen, z. B. Zuschläge nach § 170 (vgl. EBd. 6 S. 25), Geldstrafen nach § 202.

[2]) D. s. Geldleistungen, bei denen der Staat dem Leistenden als Kaufmann gegenüber tritt, Beispiel beim Holzverkauf durch die staatlichen Forstbehörden, beim Verkauf von Monopolwaren durch den Staat oder die von ihm beauftragten Stellen.

[3]) D. s. Reich, Länder und Gemeindeverbände. Wenn Kirchensteuern oder andere öffentlichrechtliche Abgaben gemäß § 19 Abs. 2 den Finanzbehörden zur Verwaltung übertragen werden, dann fallen auch diese unter § 1 Absatz 1.

[4]) Daß Gebühren nicht zu den Steuern gehören, braucht eigentlich nicht besonders gesagt zu werden, da es sich ja bei

ihnen im Grunde gleichfalls um Geldleistungen handelt, die eine Gegenleistung für eine besondere Leistung des Staates darstellen und die eben im Einzelfalle nur von demjenigen erhoben werden, der die staatlichen Organe in einer bestimmten Sache angeht. Das die Gebühren von den Geldleistungen im Sinne der Anm. 2 scheidende Moment liegt nur darin, daß die Leistungen des Staates, für welche Gebühren erhoben werden, demjenigen, der ein bestimmtes Vorhaben ausführen will, im öffentlichen Interesse aufgezwungen werden (Beispiele: Ausstellung von Pässen bei Auslandsreisen, Bewilligung von Ausfuhr usw.), während bei den Leistungen des Staates im Sinne der Anm. 2 wirtschaftliche Leistungen im kaufmännischen Sinne in Frage stehen.

[5]) Beiträge sind Geldleistungen von Einzelpersonen, Personenmehrheiten oder Gemeinden an den Staat als Zuschüsse zur Durchführung staatlicher Einrichtungen und Maßnahmen, (z. B. zur Errichtung oder Instandhaltung öffentlicher Gebäude, zur Durchführung von Flußkorrektionen).

[6]) Hierunter sind nur die nach dem 23. Dezember 1919 verkündeten Steuergesetze und Gesetzesänderungen zu verstehen (RFM. v. 12. Febr. 1920 III 4004, RStBl. S. 100). Diese nachträglich verkündeten Gesetze setzen also die Bestimmungen der AO. außer Wirksamkeit, so weit sie mit ihnen in Widerspruch stehen.

Gerade umgekehrt verhält es sich mit den der AO. vorausgehenden Steuergesetzen. Diese gelten gem. § 451 AO. insoweit außer Kraft gesetzt, als sie mit Bestimmungen der AO. in Widerspruch stehen. Das Nähere hierüber s. §§ 451 ff.

§ 2. Gesetz im Sinne der Reichsabgabenordnung ist jede Rechtsnorm [1]) [2]).

[1]) Der Begriff Rechtsnorm umfaßt:

1. Gesetze,

2. Alle sonstigen von gesetzgebenden Faktoren oder von Reichs- oder Staatsbehörden erlassenen Vorschriften, soweit sie

mit Gesetzeskraft begabt sind, d. h. soweit sie erlassen sind auf Grund — mittelbarer oder unmittelbarer — gesetzlicher Ermächtigung (sog. Ausführungsvorschriften).

Die Frage, ob eine Vorschrift mit Gesetzeskraft i. vorst. Sinne begabt, ob sie also von zuständiger Stelle und innerhalb des Rahmens der Ermächtigung erlassen ist, darf allerdings nur durch den Richter nachgeprüft werden (Finanzgerichte, Reichsfinanzhof). Soweit Finanzbehörden als Verwaltungsbehörden tätig werden, sind sie an Vorschriften und Weisungen der vorgesetzten Verwaltungsbehörden gebunden. (Vgl. auch E. Bd. 7 S. 97).

[2]) Die Frage, in wieweit sog. „Sollvorschriften" im Gegensatz zu den regelmäßigen „Mußvorschriften" der Gesetze für die Finanzbehörden bindend sind, läßt sich in der Hauptsache dahin beantworten, daß die Nichtbeachtung von Sollvorschriften die Gültigkeit der behördlichen Handlungen und Verfügungen an sich unberührt läßt. Damit ist jedoch nicht gesagt, daß die Behörden Sollvorschriften nach Belieben anwenden oder außer Acht lassen können. Sollvorschriften sind vielmehr — soweit nicht rein formelle, d. h. die äußere Form von Verfügungen usw. betreffende Bestimmungen in Betracht kommen — sog. Ermessensvorschriften. (s. hierüber § 6).

Dafür, ob im Einzelfall eine „Muß"- oder eine bloße „Sollvorschrift" vorliegt, ist nicht ausschließlich der Wortlaut der Gesetze maßgebend; vielmehr sind manche Vorschriften, die an sich in Befehlsform gekleidet sind, in Wirklichkeit doch lediglich Sollvorschriften und umgekehrt. So wird man z. B., wenn ein Steuerbescheid oder ein Rechtsmittelbescheid nicht, wie §§ 211 u. 242 vorschreiben, verschlossen, sondern offen zugestellt wurde, hieraus nicht die Ungültigkeit der ganzen Zustellung folgern können. Es ist daher bei Beurteilung der Zwangsnatur von Vorschriften immer deren Zweck und Bedeutung ins Auge zu fassen.

Außer den eben behandelten Sollvorschriften, deren Inhalt sich lediglich an die Steuerbehörden wendet, gibt es Sollvorschriften, die an die Pflichtigen oder dritte Personen gerichtet sind. Ihre Bedeutung ist die, daß die Behörden an deren Nichtbeachtung allein unmittelbare Rechtsnachteile nicht knüpfen dürfen (daher auch eine Entscheidung gegen den Pflichtigen nicht auf die Nichtbeachtung einer solchen Vorschrift unmittelbar gründen dürfen). Deshalb sind diese Vorschriften keineswegs etwa bedeutungslos; im Zusammenhang mit anderen Umständen (z. B. mit einem gewissen schuldhaften Verhalten des Pflichtigen) oder auf Grund der durch ihre Nichtbeachtung entstandenen Verhältnisse (z. B. Unverwendbarkeit einer mangelhaften Buchführung) können sich vielmehr rechtsnachteilige Folgen für den Pflichtigen ergeben, weshalb die Beachtung der Sollvorschriften für ihn stets zu empfehlen sein wird.

Über sog. „Kannvorschriften" s. Anm. zu § 6.

§ 3. Steuergesetze im Sinne der Reichsabgabenordnung sind die Reichsabgabenordnung und die Gesetze, die die einzelnen Steuern, für deren Verwaltung die Reichsabgabenordnung gilt, regeln oder sichern.

§ 4. Bei Auslegung der Steuergesetze sind ihr Zweck, ihre wirtschaftliche Bedeutung und die Entwicklung der Verhältnisse zu berücksichtigen.

Diese Auslegungsvorschrift, eine sog. „Mußvorschrift!" ist von weit größerer Bedeutung als es auf den ersten Blick scheinen mag und ihre Nichtbeachtung hat schon in einer Reihe von Fällen dem Reichsfinanzhof Anlaß zur Beanstandung von Entscheidungen gegeben (z. B. E. Bd. 4 S. 40, 48, 212, 251).

Die Vorschrift besagt mit anderen Worten, daß die Auslegung der Gesetze sich nicht derart eng an deren Wortlaut klammern darf, daß das Ergebnis eine Widersinnigkeit an sich, ein Widerspruch mit anderen ausdrücklichen gesetzlichen Bestimmungen, eine Ausschaltung oder offensichtliche Überspannung des vom Gesetzgeber gewollten Zweckes darstellen würde. Insbesondere wird ein genaues sich vor Augenhalten des Zweckes einer Bestimmung in Zweifelsfällen fast immer einen zuverlässigen Anhaltspunkt für die richtige Entscheidung geben.

Die Vorschrift gilt weiterhin nicht nur für die sachlichen Bestimmungen der Steuergesetze (Frage der Steuerpflicht, Vorliegen von Befreiungsgründen usw.), sondern auch für die formellen Bestimmungen (Veranlagungsverfahren, Rechtsmittelverfahren usw.).

Die Freiheit der Auslegung darf selbstverständlich nie so weit gehen, daß sie mit ausdrücklichen gesetzlichen Bestimmungen einfach deshalb, weil diese im Allgemeinen oder im Einzelfall als unzweckmäßig oder unbillig erscheinen, in Widerspruch gerät. Denn darüber zu entscheiden, ist keinesfalls Sache der ausführenden Behörden (Beispiel E. Bd. 6 S. 284).

Nur beiläufig mag bemerkt werden, daß der — rechtlich übrigens nirgends sanktionierte, aber gewohnheitsmäßig in Geltung gekommene — Grundsatz „In dubio pro fisco" (im Zweifel ist zugunsten des Fiskus zu entscheiden) nicht übertrieben werden darf. Denn wenn es auch Pflicht der Steuerbehörden ist, in erster Linie für tüchtigen Steuereingang zu sorgen, so besteht andererseits doch auch ein Anspruch der Allgemeinheit darauf, daß bei Durchführung der Steuergesetze gerecht und gesetzentsprechend verfahren werde. Andernfalls würde gerade der mit dem Gesetz weniger vertraute, im übrigen aber redliche Steuerzahler benachteiligt sein gegenüber dem gerissenen, in allen gesetzlichen und ungesetzlichen Kniffen bewanderten Steuerhinterzieher. Wo allerdings eine gesetzliche Bestimmung zwei oder mehrerer Auslegungen an sich zuläßt, wird nichts dagegen einzuwenden sein, wenn die Finanzbehörden und -gerichte den für den Fiskus günstigsten Standpunkt einnehmen und es den Parteien überlassen, die

Frage durch Herbeiführung einer oberstrichterlichen Entscheidung zu klären. (vgl. hieher den Grundsatz des § 24 Abs. 2. S. 1).

§ 5. (1) Durch Mißbrauch von Formen und Gestaltungsmöglichkeiten des bürgerlichen Rechtes kann die Steuerpflicht nicht umgangen oder gemindert werden.[1])

(2) Ein Mißbrauch im Sinne des Abs. 1 liegt vor, wenn[2])

1. in Fällen, wo das Gesetz wirtschaftliche Vorgänge, Tatsachen und Verhältnisse in der ihnen entsprechenden rechtlichen Gestaltung einer Steuer unterwirft, zur Umgehung der Steuer ihnen nicht entsprechende ungewöhnliche[3]) Rechtsformen gewählt oder Rechtsgeschäfte vorgenommen werden, und
2. nach Lage der Verhältnisse und nach der Art, wie verfahren wird oder verfahren werden soll, wirtschaftlich für die Beteiligten im wesentlichen derselbe Erfolg erzielt wird, der erzielt wäre, wenn eine den wirtschaftlichen Vorgängen, Tatsachen und Verhältnissen entsprechende rechtliche Gestaltung gewählt wäre, und ferner
3. etwaige Rechtsnachteile, die der gewählte Weg mit sich bringt, tatsächlich keine oder nur geringe Bedeutung haben.

(3) Liegt ein Mißbrauch vor,[4]) so sind die getroffenen Maßnahmen für die Besteuerung ohne Bedeutung. Die Steuern sind so zu erheben, wie sie bei einer den wirtschaftlichen Vorgängen, Tatsachen und Verhältnissen angemessenen rechtlichen Gestaltung zu erheben wären.[5]) Steuern, die auf Grund der für unwirksam zu erachtenden Maßnahmen etwa entrichtet sind, werden auf Antrag erstattet, wenn die Entscheidung, die diese Maßnahmen als unwirksam behandelt, rechtskräftig geworden ist.[6])

[1]) Der Zweck der Vorschrift ist klar: Es soll Umgehungsversuchen entgegengetreten werden, die darin bestehen, daß jemand, um sich gegen den Zugriff der Steuerbehörde zu sichern, einen an sich steuerpflichtigen wirtschaftlichen Vorgang in eine rechtliche Form kleidet, auf welche das betreffende Steuergesetz nicht anwendbar ist.

Daß die Absicht ganzer oder teilweiser Steuerersparung Voraussetzung für die Anwendbarkeit des § 5 ist, geht aus der Fassung desselben zweifelsfrei hervor, da sonst nicht von „Mißbrauch" und „Umgehung" die Rede sein könnte. Wenn also behauptet und festgestellt wird, daß für die Wahl der Rechtsform andere Zwecke als der der Steuerersparung maßgebend waren, so kann von einer Steuerumgehung im Sinne des § 5 nicht gesprochen werden, auch wenn tatsächlich eine Steuerersparung gleichzeitig mit vorliegt. Es wird in solchen Fällen untersucht werden müssen, welcher Zweck überwiegend bzw. ausschlaggebend war.

Unter Formen usw. des bürgerlichen Rechts sind nicht nur Formen des bürgerlichen Gesetzbuchs zu verstehen, sondern des bürgerlichen Rechts im weitesten Sinne, also auch des Handelsrechts, Gesellschaftsrechts, Wechselrechts, Patentrechts usw.

§ 5 ist, wie aus den bisher zu seiner Auslegung ergangenen Entscheidungen des RFH. hervorgeht, mit großer Vorsicht anzuwenden (vgl. E. Bd. 4 S. 113 über verdeckte Gewinnverteilung einer G. m. b. H., Bd. 3 S. 212 über Veräußerung von Geschäftsanteilen einer G. m. b. H, welche die Auflassung von Grundstücken ersetzen soll, Bd. 6 S. 118 über Schiebungen zur Ersparung der Grunderwerbssteuer).

[2]) Weniger leicht ist zuweilen trotz der Klarheit des Zweckes der Vorschrift die Entscheidung, ob im Einzelfall ein „Mißbrauch" im Sinne des Abs. 1 vorliegt. Denn um einen derartigen Mißbrauch annehmen zu können, muß die Steuerbehörde nebeneinander die drei Feststellungen des Abs. 2 treffen, sie muß also feststellen:

1. Daß für ein der Steuer unterworfenes Unternehmen oder Rechtsgeschäft in der Absicht der Steuerersparung eine andere als die vom Steuergesetz genannte Rechtsform und zwar eine ungewöhnliche Rechtsform gewählt wurde,

2. daß wirtschaftlich die Parteien dabei so ziemlich den gleichen Erfolg erreichen wie bei Benützung der gewöhnlichen steuerpflichtigen Rechtsform und

3. daß die gewählte ungewöhnliche Rechtsform nicht etwa andere bedeutende Rechtsnachteile mit sich bringt.

Das Vorliegen der unter 2 und 3 genannten Voraussetzungen wird bei völliger Klarstellung des Sachverhalts ohne besondere rechtliche Schwierigkeiten festgestellt werden können. Größere Schwierigkeiten dürften dagegen wegen der Frage entstehen können, ob die unter 1 genannten Voraussetzungen, nämlich Absicht der Steuerumgehung und Ungewöhnlichkeit der gewählten Rechtsform vorliegen.

[3]) Ungewöhnliche, das sind der Handels- oder Verkehrssitte nicht entsprechende Rechtsformen, für deren Wahl auch im Einzelfall keine besonderen zwingenden Gründe (abgesehen eben von der Absicht der Steuerumgehung) ersichtlich oder nachweisbar sind. Auch die ungewöhnliche Zerlegung wirtschaftlich einheitlicher Vorgänge in mehrere Rechtsgeschäfte soll damit getroffen werden.

[4]) Die Beweislast für die in Abs. 2 normierten Voraussetzungen trifft die Steuerbehörde, nicht etwa hat der Pflichtige deren Nichtvorliegen nachzuweisen.

[5]) Der Fall wird also so behandelt, als ob die normale, durch das Steuergesetz ausdrücklich betroffene Rechtsform gewählt worden wäre und dementsprechend wird die Steuer erhoben.

Folgen strafrechtlicher Art sind nicht daran geknüpft. Insbesondere ist der Begriff der Steuerumgehung (§ 5) streng zu trennen von dem Begriff der Steuerhinterziehung (§ 359). Es kann nämlich an sich, wie auch die Begründung z. Ges. Entw. zugibt, niemandem verwehrt sein,

„sich so einzurichten, daß er möglichst wenig Steuern zu entrichten brauche". Wenn § 5 diesem an sich verständlichem Streben des Steuerzahlers zur Vermeidung des ev. wirtschaftlichen Leerlaufens der Steuermaschine durch gewisse Maßregeln entgegentritt, so können diese Maßregeln nur auf wirtschaftlichem, nicht auf strafrechtlichem Gebiet liegen. Daß mit einer Umgehung nach § 5 gleichzeitig eine strafbare Hinterziehung verbunden sein kann, ist selbstverständlich; es ist dies aber nur unter der in §§ 359 Abs. 4, 367 Abs. 2 ausdrücklich normierten Voraussetzung der Fall.

[6]) Dieser Satz ist nur ein Ausfluß des eben in Anm 5 gestreiften gesetzgeberischen Gedankens. Wenn § 5 nur wirtschaftliche Schädigungen der Staatskasse hintanhalten, aber keinerlei strafrechtlichen Beigeschmack verraten will, so muß dem Pflichtigen, der unter Feststellung eines Mißbrauchs nach gewöhnlichen Steuervorschriften herangezogen wird, auch das erstattet werden, was er etwa auf Grund der für bedeutungslos erklärten Rechtsform an Steuern bereits entrichtet hat.

§ 6. Wo im Sinne des Gesetzes die Behörden die Entscheidung nach ihrem Ermessen zu treffen haben[1]), hat sie nach Recht und Billigkeit zu erfolgen[2]).

[1]) Dies ist dann der Fall, wenn

1. das Gesetz die Entscheidung ausdrücklich dem „Ermessen" der Behörden überläßt (z. B. § 114), oder

2 wenn es sich um sog. „Kann"-Vorschriften handelt (z. B. §§ 205 Abs. 2) oder endlich

3. auch bei sog. Sollvorschriften (§ 209 Abs. 1, Abs. 3) hierüber s. Anm. 2 zu § 2.

[2]) Die Bedeutung dieser Vorschrift ist eine in ihrer Tragweite vielfach verkannte. Denn ihre Nichtanwendung oder unrichtige Anwendung kann, wie der Reichsfinanzhof bereits des öfteren entschieden hat, unter Umständen zur Aufhebung der vorinstanziellen Entscheidung gemäß § 267 Nr. 1

führen. Es ist daher unerläßlich, daß die Finanzbehörden, insbesondere die Finanzgerichte, die Vorschrift des § 6 nicht nur beachten, sondern daß die Beachtung derselben in der Entscheidung — mit oder ohne ausdrückliche Bezugnahme — auch zum begründeten Ausruck gelangt (Vgl. z. B. Entsch. d. RFH. i. R.St.Bl. 1921 S. 112).

Der Gegensatz zum verständigen Ermessen im Sinne des § 6 ist Willkür, d. i. Entscheidung ohne innere Begründung. Falls die Begründung daher nicht ausdrücklich zu den Akten erfolgt, muß sie sich mindestens aus der Akten- oder Sachlage ergeben, und nicht nur dies, sondern es muß sich auch ergeben, daß diese Begründung für die Behörde bei der Entscheidung bestimmend war.

§ 7. Die Reichsregierung kann mit Zustimmung des Reichsrats Vorschriften über die Gewährung von Rechtshilfe an ausländische Steuerbehörden erlassen und zur Ausgleichung der in- und ausländischen Besteuerung oder zur Anwendung eines Vergeltungsrechts die Steuerpflicht abweichend von den Steuergesetzen regeln.

Erster Teil.

Behörden.

Erster Abschnitt.

Allgemeine Vorschriften.

§ 8. (1) Die Steuern (§ 1 Abs. 2) werden von Reichsbehörden verwaltet (Finanzbehörden).

(2) Die oberste Leitung steht dem Reichsminister der Finanzen zu. Unter ihm stehen Landesfinanzämter als Oberbehörden und unter diesen Finanzämter mit ihren Hilfsstellen.

§ 9. Die Beamten der Finanzbehörden sollen für ihren Beruf besonders vorgebildet sein. Die näheren Bestimmungen für die Ausbildung der Anwärter des Finanzdienstes erläßt der Reichsminister der Finanzen.

§ 10. (1) Die Amtspflicht sämtlicher Beamten der Finanzverwaltung erstreckt sich darauf, daß sie Verhältnisse eines Steuerpflichtigen, die sie dienstlich erfahren haben, strengstens geheimhalten und Geschäfts- oder Betriebsgeheimnisse, die sie in gleicher Weise erfahren haben, nicht unbefugt verwerten.

(2) Die Vorschrift des Abs. 1 gilt auch für die Beamten der Finanzgerichte (§§ 14, 32) und für Personen, die ehrenamtlich für die Finanzverwaltung tätig werden[1]); die gleiche Pflicht haben Sachverständige[2]) und andere Personen, die von Finanzbehörden oder Finanzgerichten zugezogen[3]) werden.

(3) Die im Absatz 2 genannten Personen gelten als Beamte im Sinne der Steuergesetze und des Strafgesetzbuchs[4]).

(4) Die in Absatz 1, 2 vorgeschriebenen Pflichten werden durch Ausscheiden aus dem Dienste oder Beendigung der Tätigkeit nicht berührt.

[1]) Hierher gehören die ehrenamtlichen Mitglieder der Finanzgerichte (§ 14) und der Veranlagungsausschüsse (§§ 25, 26).

[2]) Über den Begriff „Sachverständiger" vgl. Anm. 1 zu § 177.

[3]) Welche Personen als zum Verfahren „zugezogen" gelten, ist des Näheren aus § 206 zu entnehmen. Ferner kommen als „zugezogen" mit Rücksicht auf §§ 22, 191 in Betracht unter Umständen Gemeinde-, Polizei- und sonstige Ortsbehörden (S. auch Anm. 4 zu § 177).

Nicht dagegen fallen unter Abs. 2 die sog. Auskunftspersonen. Sie werden von der AO. als reines Beweismittel angesehen, weshalb auch § 209 bezüglich der Auskunftspersonen nicht von einer „Zuziehung," sondern von einem „Anhalten" spricht. (Zu vgl. auch der Unterschied zwischen § 206 und § 209 hinsichtlich der ausdrücklichen Normierung der Schweigepflicht.) Über Behörden als Auskunftspersonen s. jedoch Anm. 4 zu § 177.

4) Für sie gelten daher die Bestimmungen der §§ 331—359 StGB. betr. „Verbrechen und Vergehen im Amte. In Betracht kommt weiter die Strafbestimmung des § 376 AO.

Zweiter Abschnitt.

Landesfinanzämter.

§ 11. (1) Die Bezirke der Landesfinanzämter sind im Benehmen mit den beteiligten Ländern so zu bilden, daß sie sich tunlichst mit den Ländern oder mit größeren Verwaltungsbezirken der Länder decken oder mehrere Länder oder Verwaltungsbezirke umfassen.

(2) Die Abgrenzung der Bezirke der Landesfinanzämter und die Bestimmung über deren Sitz erfolgt durch Reichsgesetz, das spätestens am 1. April 1921 in Kraft zu treten hat.

§ 12. (1) Das Landesfinanzamt besteht aus einem Präsidenten und der erforderlichen Zahl von Mitgliedern und Hilfsbeamten.

(2) Bei den Landesfinanzämtern werden Abteilungen gebildet. Den Landesfinanzämtern kann eine Abteilung für die Verwaltung des Reichsvermögens angegliedert werden.

(3) Der Präsident und die Leiter der Abteilungen des Landesfinanzamts werden im Benehmen mit der obersten Landesfinanzbehörde ernannt.

§ 13. (1) Die Landesfinanzämter haben die obere Leitung der Finanzverwaltung für ihren Bezirk. Sie überwachen die Gleichmäßigkeit der Gesetzesanwendung und beaufsichtigen die Geschäftsführung der Finanzämter.

(2) Die Landesfinanzämter und der Reichsminister der Finanzen können im Aufsichtswege Verfügungen nachgeordneter Behörden von Amts wegen oder auf Gegenvorstellung[1]) hin außer Kraft setzen und diese Behörden anweisen; Verfügungen können jedoch nur dann außer Kraft gesetzt werden, wenn sie von den nachgeordneten Behörden zurückgenommen werden könnten.[2])

[1]) Sog. „Aufsichtsbeschwerde"; s. hierüber Vorbem. zu §§ 217—297.

[2]) Über Zurücknahmemöglichkeit s. §§ 74—78, 282 Abs. 1, 414 Abs. 4.

§ 14. (1) Zur Entscheidung über das Rechtsmittel der Berufung (§§ 218, 245) sind den Landesfinanzämtern Finanzgerichte angegliedert[1]).

(2) Bei den Gerichten werden Kammern gebildet.

(3) Die Kammern entscheiden in der Besetzung von fünf Mitgliedern, von denen drei im Ehrenamte tätig sind. Von diesen soll tunlichst eins dem Beruf oder Erwerbszweig des Steuerpflichtigen angehören.

(4) Die Mitglieder der Finanzgerichte sind als solche unabhängig und nur dem Gesetz unterworfen.

[1]) S. hierzu vorläufige Geschäftsordnung für die Finanzgerichte (Anl. zu RFME. v. 15. Februar 1922 III P 4770, III R 1388).

§ 15. Der Reichsminister der Finanzen bestellt die Vorsitzenden und die ständigen Mitglieder der Gerichte und der Kammern und ihre Vertreter für die Dauer ihres Hauptamts aus den Mitgliedern des Landesfinanzamts.

§ 16. (1) Die ehrenamtlichen Mitglieder des Gerichts und Vertreter für sie in der erforderlichen Zahl werden von Organen der Selbstverwaltung oder von den Vertretungen der Länder und von öffentlich-rechtlichen berufsständischen Vertretungen auf je sechs Jahre gewählt. Das Amt ist ein Ehrenamt; jedoch kann eine angemessene Entschädigung für Aufwand und Zeitverlust zugebilligt werden.

(2) Wählbar sind Deutsche, die mehr als fünfundzwanzig Jahre alt sind, mindestens seit einem Jahre im Gerichtsbezirke wohnen und direkte Steuern zahlen. Im übrigen gelten wegen der Wählbarkeit und der Ablehnung der Wahl sinngemäß die Vorschriften, die nach dem Gerichtsverfassungsgesetze für Schöffen gelten. Zu dem Amte soll außer den im Gerichtsverfassungsgesetze genannten Personen ferner nicht berufen werden, wer wegen Steuerhinterziehung oder wegen Verletzung der Schweigepflicht (§ 376) bestraft ist.

(3) Die Wahl verliert ihre Wirkung mit Aufhören einer der Bedingungen, die für die Wählbarkeit vorgeschrieben sind.

(4) Die §§ 52 bis 54 des Gerichtsverfassungsgesetzes gelten entsprechend; der Vorsitzende des Finanzgerichts entscheidet endgültig nach Anhörung des Beteiligten.

(5) Die näheren Bestimmungen über die Wahl der Mitglieder und über die Zahl und Einberufung der Vertreter und ihre Verteilung auf die einzelnen Kammern erläßt der Reichsminister der Finanzen unter Berück-

sichtigung der Verhältnisse in den Ländern nach Anhörung der obersten Landesfinanzbehörden.

Zu Abs. 5 erging V. über die Bildung der Finanzgerichte v. 5. August 1921, RGBl. S. 1241. (RStBl. S. 353).

§ 17. (1) Die ehrenamtlichen Mitglieder des Gerichts haben bei Eintritt in ihre Tätigkeit dem Vorsitzenden des Gerichts durch Handschlag an Eides Statt zu geloben, ohne Ansehen der Person nach bestem Wissen und Gewissen zu verfahren, die Verhandlungen und die hierbei zu ihrer Kenntnis gelangenden Verhältnisse der Steuerpflichtigen strengstens geheimzuhalten und Geschäfts- und Betriebsgeheimnisse nicht unbefugt zu verwerten.

(2) Bei Wiederwahl genügt die Verweisung auf die früher abgegebene Versicherung.

§ 18. Die ehrenamtlichen Mitglieder des Gerichts können auf Antrag des Landesfinanzamts aus Gründen, die die Entfernung eines Reichsbeamten aus seinem Amte rechtfertigen, ihrer Stelle enthoben werden. Über den Antrag entscheidet der Reichsfinanzhof im Beschlußverfahren; er kann anordnen, daß das Mitglied bis zur Erlassung des Beschlusses sein Amt nicht auszuüben habe.

§ 19. (1) Auf Antrag einer Landesregierung haben die beteiligten Reichsminister je nach ihrer Zuständigkeit den Landesfinanzämtern und den ihnen unterstellten Behörden die Verwaltung von Landesabgaben und von Landesvermögen zu übertragen. Soweit dies geschehen ist, haben die Landesfinanzämter und die ihnen unterstellten Behörden den Weisungen der obersten Landesbehörde zu folgen.

(2) Auf Antrag der zuständigen Stellen hat der Reichsminister der Finanzen den Landesfinanzämtern und den Finanzämtern ferner die Verwaltung anderer öffentlich-rechtlicher Abgaben, insbesondere von Kirchensteuern, zu übertragen.

§ 20. Mit Zustimmung der beteiligten Reichsminister kann die Verwaltung von Reichsvermögen Landesverwaltungsbehörden übertragen werden.

Dritter Abschnitt.

Finanzämter.

§ 21. (1) Der Reichsminister der Finanzen bestimmt nach Anhörung der obersten Landesfinanzbehörden den Sitz und den Bezirk der Finanzämter.

(2) Der Reichsminister der Finanzen bestimmt ferner den Umfang der Geschäfte der Finanzämter; er kann insbesondere Finanzämter und deren Hilfsstellen auf die Verwaltung bestimmter Steuern oder die Wahrnehmung bestimmter Aufgaben beschränken.

§ 22. (1) Die Gemeinde-, Ortspolizei- und sonstigen Ortsbehörden haben den Finanzämtern auch neben der im § 191 vorgesehenen Beistandspflicht Hilfe zu leisten, soweit dies wegen ihrer Kenntnis der örtlichen Verhältnisse oder zur Ersparung von Kosten oder Zeit zweckmäßig ist.

(2) Der Reichsminister der Finanzen kann Gemeinden und Gemeindeverbände gegen eine von ihm festzusetzende angemessene Entschädigung mit Geschäften der Finanzämter und, soweit es sich um Nach- und Neuveranlagungen handelt, ihrer Ausschüsse betrauen und ihnen die Ver-

waltung bestimmter Steuern oder die Erhebung und Einziehung von Steuern übertragen. Die Grundsätze für die Bemessung dieser Entschädigung bedürfen der Zustimmung des Reichsrats.

§ 23. Soweit Gemeindebehörden oder andere Behörden oder Beamte Geschäfte der Finanzämter wahrnehmen, haben sie den Weisungen der Finanzbehörden zu folgen.

§ 24. (1) Die Finanzämter und ihre Hilfsstellen stehen unter Leitung von Vorstehern, denen die erforderlichen Beamten beigegeben werden. Mit Vertretung der Vorsteher im allgemeinen oder mit Wahrnehmung einzelner Dienstgeschäfte der Vorsteher können andere Beamte betraut werden.

(2) Die Vorsteher haben darauf zu halten, daß die Steuern in ihrem Bezirke nach dem Gesetze verwaltet und alle Steuerpflichtigen gleichmäßig behandelt werden. Sie haben alles, was für die Festsetzung der Steuern in ihrem Bezirke wichtig ist, sorgfältig zu erkunden und die Nachrichten darüber zu sammeln und fortlaufend zu ergänzen.

(3) Die Ernennung der Vorsteher der Finanzämter erfolgt nach Anhörung des Präsidenten des Landesfinanzamts und im Benehmen mit den obersten Landesfinanzbehörden.

§ 25. (1) Für die Steuern vom Einkommen und vom Vermögen ausschließlich der Erbschaftssteuer sind bei den Finanzämtern Ausschüsse zu bilden. Diese wirken mit bei der Veranlagung, bei Nach- und Neuveranlagungen außer im Falle des § 97, bei Berichtigung vorläufiger Veranlagungen und bei der Entscheidung über Erstattungsansprüche; das gleiche gilt für die Entscheidung über den Einspruch gegen Bescheide, bei denen Ausschüsse mitgewirkt haben.

(2) Die Ausschüsse sind an die Ausführungsbestimmungen gebunden.

Die Kapitalertragssteuer ist keine Steuer vom Einkommen im Sinne des § 25 (E. B. 7 S. 166).

§ 26. (1) Das Amt eines Ausschußmitglieds ist ein Ehrenamt, jedoch kann eine angemessene Entschädigung für Aufwand und Zeitverlust zugebilligt werden.

(2) Bei der Bildung der Ausschüsse ist darauf zu sehen, daß die verschiedenen Arten des Vermögens und Einkommens vertreten sind.

(3) Die Ausschußmitglieder werden von Organen der Selbstverwaltung gewählt. Dazu können ernannte Mitglieder treten; die Zahl der ernannten Mitglieder darf nicht größer sein als die Hälfte der Zahl der gewählten.

(4) Die näheren Bestimmungen über die Bildung der Ausschüsse und ihr Verfahren erläßt der Reichminister der Finanzen unter Berücksichtigung der Verhältnisse in den Ländern nach Anhörung der obersten Landesfinanzbehörden.

Zu Abs. 4 erging V. v. 25. Mai 1920, RGBl. S. 1118.

§ 27. Wählbar in die Ausschüsse sind Deutsche, die mehr als fünfundzwanzig Jahre alt sind, mindestens seit einem Jahre im Veranlagungsbezirk oder, wenn eine Gemeinde in mehrere Veranlagungsbezirke eingeteilt ist, in der Gemeinde wohnen und direkte Steuern zahlen. Im übrigen gelten sinngemäß die Vorschriften des § 16

Absatz 2 bis 4; an Stelle des Vorsitzenden des Finanzgerichts entscheidet der Vorsteher des Finanzamts.

§ 28. (1) Unterlassen die Organe der Selbstverwaltung trotz Aufforderung die Wahl von Ausschußmitgliedern, so ernennt das Landesfinanzamt die Ausschußmitglieder.

(2) Verweigert ein Ausschuß die Erledigung seiner Geschäfte, so entscheidet das Finanzamt ohne Hilfe des Ausschusses.

§ 29. (1) Die Ausschußmitglieder haben bei Eintritt in ihre Tätigkeit dem Vorsteher des Finanzamts durch Handschlag an Eides Statt zu geloben, bei den Ausschußverhandlungen ohne Ansehen der Person nach bestem Wissen und Gewissen zu verfahren, die Verhandlungen und die hierbei zu ihrer Kenntnis gelangenden Verhältnisse der Steuerpflichtigen strengstens geheimzuhalten und Geschäfts- und Betriebsgeheimnisse nicht unbefugt zu verwerten.

(2) Bei Wiederwahl oder Wiederernennung genügt die Verweisung auf die früher abgegebene Versicherung.

§ 30. (1) Der Ausschuß ist beschlußfähig, wenn außer dem Vorsitzenden (Abs. 2) mindestens zwei Mitglieder anwesend sind. Bei Ausbleiben von Mitgliedern gilt sinngemäß der § 56 des Gerichtsverfassungsgesetzes; der Vorsteher des Finanzamts entscheidet.

(2) Der Vorsteher des Finanzamts leitet die Verhandlungen des Ausschusses. Bei Abstimmungen entscheidet Stimmenmehrheit. Der Vorsteher stimmt mit; bei Stimmengleichheit entscheidet seine Stimme. Bilden sich wegen eines Betrags, der für die Steuerberechnung

wesentlich ist, mehr als zwei Meinungen, so werden die Stimmen für den höchsten Betrag den Stimmen für den nächstniederen hinzugezählt, bis sich eine Mehrheit ergibt.

§ 31. Der Reichsminister der Finanzen und die Landesfinanzämter sind befugt, jederzeit in den Gang von Ausschußverhandlungen Einsicht zu nehmen und zu den Sitzungen der Ausschüsse Beamte mit beratender Stimme zu entsenden.

Vierter Abschnitt.

Der Reichsfinanzhof.

§ 32. (1) Der Reichsfinanzhof ist oberste Spruchbehörde in Steuersachen.

(2) Als Beschlußbehörde entscheidet er in den ihm durch Gesetz besonders übertragenen Sachen.

(3) Als Spruchbehörden entscheiden die Senate des Reichsfinanzhofs in der Besetzung von fünf Mitgliedern einschließlich des Vorsitzenden. Im Beschlußverfahren entscheiden sie, soweit nichts anderes vorgeschrieben ist, in der Besetzung von drei Mitgliedern einschließlich des Vorsitzenden.

(4) Auf Antrag einer Landesregierung kann der Reichsminister der Finanzen den Reichsfinanzhof als oberste Spruchbehörde für Landesabgaben bestellen.

§ 33. (1) Der Reichsfinanzhof hat seinen Sitz in München.

(2) Er besteht aus einem Präsidenten und den erforderlichen Senatspräsidenten und Räten.

§ 34. Die Mitglieder des Reichsfinanzhofs werden vom Reichspräsidenten auf Lebenszeit ernannt. Die übrigen Beamten ernennt der Reichsminister der Finanzen.

§ 35. Zum Mitglied des Reichsfinanzhofs kann nur ernannt werden, wer das fünfunddreißigste Lebensjahr vollendet hat. Mindestens die Hälfte der Mitglieder muß die Befähigung zum Richteramt erlangt haben.

§ 36. (1) Die Mitglieder des Reichsfinanzhofs sind als solche unabhängig und nur dem Gesetz unterworfen; Artikel 104 der Verfassung findet auf sie Anwendung.

(2) Für die dienstliche Bestrafung der Mitglieder des Reichsfinanzhofs und ihre Versetzung in den Ruhestand gelten entsprechend die Vorschriften für die Mitglieder des Reichsgerichts.

(3) Den Vertreter der Staatsanwaltschaft bestimmt der Reichspräsident.

§ 37. Beim Reichsfinanzhof werden nach Bedarf Senate gebildet. Ihre Zahl bestimmt der Reichsminister der Finanzen.

§ 38. (1) Der Präsident führt den Vorsitz im großen Senat (§ 46) und in dem Senat, dem er sich anschließt. In den anderen Senaten führen Senatspräsidenten den Vorsitz.

(2) Der Vorsitzende wird im Senat von dem Mitglied vertreten, das dem Dienstalter nach und bei gleichem Dienstalter der Geburt nach das älteste Mitglied ist.

(3) Der Präsident wird in seinen übrigen Geschäften von dem Senatspräsidenten vertreten, der dem Dienstalter nach und bei gleichem Dienstalter der Geburt nach der älteste ist.

§ 39. (1) Vor Beginn des Geschäftsjahrs verteilen der Präsident, die Senatspräsidenten und die dem Dienstalter, bei gleichem Dienstalter der Geburt nach drei ältesten Mitglieder die Geschäfte unter die Senate und bestimmen die ständigen Mitglieder der Senate sowie ihre regelmäßigen Vertreter. Hierbei entscheidet Stimmenmehrheit; bei Stimmengleichheit gibt die Stimme des Präsidenten den Ausschlag. Jedes Mitglied kann mehreren Senaten angehören.

(2) Die Anordnungen können im Laufe des Geschäftsjahrs nur geändert werden, wenn es wegen Überlastung eines Senats oder wegen Wechsels oder dauernder Verhinderung einzelner Mitglieder erforderlich wird.

§ 40. Der Präsident kann bestimmen, daß ein Senat in einzelnen Sachen, in denen bereits verhandelt ist, auch nach Ablauf des Geschäftsjahrs in seiner früheren Zusammensetzung verhandle und entscheide.

§ 41. Bei Verhinderung des regelmäßigen Vertreters eines Mitglieds bestimmt der Präsident einen zeitweiligen Vertreter.

§ 42. Im Senate verteilt der Vorsitzende die Geschäfte auf die Mitglieder.

§ 43. Der Reichsminister der Finanzen kann Fragen der Auslegung der Steuergesetze dem Reichsfinanzhof zur Begutachtung vorlegen. Im Falle des § 32 Absatz 4 hat die oberste Landesbehörde die gleiche Befugnis bei Fragen der Auslegung der Landessteuergesetze.

§ 44. Der Reichsfinanzhof veröffentlicht seine Entscheidungen, soweit sie grundsätzliche Bedeutung haben.

Der Reichsminister der Finanzen bestimmt die Art der Veröffentlichung.

Die hier vorgesehene Veröffentlichung erfolgt zufolge RFM. v. 7. April 1914 (RStBl. S. 234) in der amtlichen Sammlung der Entscheidungen des Reichsfinanzhofs.

§ 45. Der Geschäftsgang des Reichsfinanzhofs wird durch eine Geschäftsordnung, geregelt, die der Reichsfinanzhof auszuarbeiten und dem Reichsminister der Finanzen zur Bestätigung vorzulegen hat.

§ 46. (1) Will ein Senat in einer Rechtsfrage von einer nach § 44 veröffentlichten Entscheidung abweichen, so hat er die Sache unter Begründung seiner Rechtsauffassung an den großen Senat zu verweisen.

(2) Der große Senat besteht aus dem Präsidenten und den Senatspräsidenten oder ihren Vertretern und aus vier Mitgliedern oder deren Vertretern, die nach § 39 im voraus für ein Geschäftsjahr zu bestimmen sind. Ferner haben der Senat, der abweichen will, und wenn er von der Entscheidung anderer Senate abweichen will, auch diese Senate ein Mitglied zur Teilnahme an der Entscheidung in den großen Senat zu entsenden.

(3) Soweit die Entscheidung in der Sache eine mündliche Verhandlung erfordert, erfolgt diese vor dem großen Senat.

(4) Bei Stimmengleichheit entscheidet die Stimme des Präsidenten.

Fünfter Abschnitt.

Ausschließung und Ablehnung der Beamten.

§ 47. (1) In Steuersachen soll nicht mitwirken:[1])

1. wer selbst beteiligt[2]) ist,

2. wessen Ehegatte beteiligt[2]) ist, auch wenn die Ehe nicht mehr besteht,
3. wer mit einem Beteiligten[2]) in gerader Linie verwandt oder verschwägert oder in der Seitenlinie im zweiten oder dritten Grade verwandt oder im zweiten Grade verschwägert ist,
4. wer für einen Beteiligten[2]) als gesetzlicher Vertreter oder als Bevollmächtigter aufzutreten berechtigt ist,
5. wer Beamter oder Angestellter eines Beteiligten[2]) oder Mitglied des Aufsichtsrats einer beteiligten Gesellschaft ist,
6. wer bei einer angefochtenen Entscheidung oder Rechtsmittelentscheidung mitgewirkt hat; diese Vorschrift gilt nicht für die Entscheidung über den Einspruch.

(2) Wer nicht mitwirken soll, darf[3]) nicht zugegen sein, solange über die Angelegenheit beraten und entschieden wird.

[1]) Zu den „Mitwirkenden" gehören alle nach § 10 „tätig" werdenden oder „zugezogenen" Personen (s. Anm. 1 bis 8 zu § 10).

[2]) Als „Beteiligt" ist in Anlehnung an § 226 Abs. 2 jede Person anzusehen, deren Interesse nach den Steuergesetzen durch die Entscheidung berührt wird, also nicht nur der Steuerpflichtige, sondern auch jeder, der neben dem Pflichtigen für die Steuer haftbar gemacht werden kann (z. B. Vertreter nach §§ 84 ff., s. ferner § 23 Abs. 1 Nr. 3 UmsStG, § 20 GrunderwStG. u. a).

Daß eine nicht auf den Steuergesetzen, sondern auf anderen Gesetzen oder vertraglichen Abmachungen beruhende ev. Haftpflicht dritter Personen die Beteiligteneigenschaft nicht begründet, bedarf wohl kaum der Erwähnung.

[3]) Trotz des verschiedenen Wortlauts („darf") hat Abs. 2 doch keine andere Bedeutung als Abs. 1, nämlich die einer Sollvorschrift. Wegen Folgen der Nichtbeachtung s. § 48.

§ 48. Handlungen einer Steuerbehörde sind nicht deshalb unwirksam, weil ein Beamter,[1]) der nicht mitwirken sollte, sie vorgenommen oder bei ihnen mitgewirkt hat.[2])

[1]) „Beamte": Hierzu gehören auch Sachverständige usw.; vgl. § 10 Abs. 2 und 3.

[2]) Die Handlungen (Verfügungen usw.) der Behörde sind also zunächst trotz Nichtbeachtung des § 47 wirksam, sie sind jedoch wegen dieser Nichtbeachtung anfechtbar, gegebenfalls sogar mit Rechtsbeschwerde nach § 267 Nr. 2.

Über den Begriff „Mitwirkung" vgl. Anm. 1 zu § 47.

§ 49. Ein Beamter (§ 10) kann sich der Ausübung seines Amtes wegen Befangenheit enthalten.[1]) Er bedarf hierzu der Zustimmung[2]) des Leiters der Behörde, der er angehört;[3]) bei dem Leiter der Behörde entscheidet die vorgesetzte Behörde, bei Mitgliedern eines Gerichts oder eines Ausschusses die Kammer, der Senat oder der Ausschuß.

[1]) Nach seiner freien Entschließung. Jedoch handelt es sich hierbei selbstverständlich nicht um eine unter § 6 fallende Ermessungsvorschrift, deren Nichtbeachtung etwa die dort in Anm. 2 erwähnten Folgen hätte; denn der Beamte tritt bei seiner Entschließung nach § 49 S. 1 nicht als Behörde, sondern als Einzelperson auf.

[2]) Die Zustimmung ist aktenkundig zu machen.

[3]) Wenn Personen in Frage stehen, die der betreffenden Behörde nicht angehören (z. B. Sachverständige), wird zur Zustimmung sinngemäß der Leiter der Behörde zuständig sein, welche die Mitwirkung der betr. Person veranlaßt hat.

§ 50. (1) Ausschußmitglieder, die ein gleiches oder ähnliches Geschäft betreiben wie der Steuerpflichtige oder bei einer Gesellschaft beteiligt oder angestellt sind,[1]) die ein gleiches oder ähnliches Geschäft betreibt, können zur Wahrung von Geschäfts- oder Betriebsgeheimnissen abgelehnt werden, wenn der Ausschuß über Erwerbs- oder Vermögensverhältnisse des Steuerpflichtigen Auskunft wünscht, die nicht ohne Offenbarung eines solchen Geheimnisses dargelegt werden können.

(2) Das Ablehnungsgesuch ist beim Finanzamt anzubringen[2]). Dieses entscheidet endgültig[3]).

(3) Absatz 1 gilt sinngemäß für die ehrenamtlich tätigen Mitglieder der Finanzgerichte. Das Ablehnungsgesuch ist beim Vorsitzenden der Kammer anzubringen[2]). Dieser entscheidet endgültig[3]).

[1]) Weiter, als hier bestimmt, darf — auch unter Berücksichtigung des § 4 — das Ablehnungsrecht der Steuerpflichtigen und sonstigen Beteiligten (über den Begriff s. Anm. 2 zu § 47) nicht ausgedehnt werden; insbesondere ist die von Mrozek vertretene Ansicht, daß auch Ausschußmitglieder, die bei einer Einzelperson angestellt sind, wegen ähnlichen Geschäftsbetriebs dieser Einzelperson abgelehnt werden können, mit Rücksicht auf den ausdrücklichen Wortlaut des Abs. 1 m. E. nicht zutreffend.

Der Begriff „Betreiben eines Geschäfts" wird allerdings, wie bei Becker ausgeführt, nicht streng privatrechtlich, sondern wirtschaftlich auszulegen sein, daher z. B. auch zutreffen auf den Geschäftsbetrieb eines Ehemannes für Rechnung seiner Frau.

[2]) Eine Frist für die Anbringung ist nicht vorgesehen. Es genügt, wenn das Gesuch rechtzeitig, d. h. ehe der Ausschuß die nach Abs. 1 gewünschte Auskunft erhält, angebracht wird.

*) Unter Berücksichtigung des § 6, also nach verständigem Ermessen. Gegen die Entscheidung des Finanzamts kann gegebenenfalls Aufsichtsbeschwerde erhoben werden.

Zweiter Teil.

Besteuerung.

Erster Abschnitt.

Allgemeine Vorschriften.

Erster Titel.

Vorschriften zum Verfahren.

I. Örtliche Zuständigkeit.

Vorbemerkungen zu §§ 51—63.

Die §§ 51—63 beziehen sich nur auf die örtliche Zuständigkeit, deren Abgrenzung, Folgen der Unzuständigkeit, Geltendmachung der Unzuständigkeit usw.

Dabei ist vorausschickend zu betonen, daß zeitlich für die Frage, welches Finanzamt auf Grund der in den folgenden Paragraphen bestimmten Voraussetzungen zuständig ist, der Zeitpunkt des Beginns der Ermittelungen maßgebend ist. Die Ansicht Mrozeks (Anm. zu § 81), daß es auf den Zeitpunkt der Entstehung der Steuerschuld ankomme, führt praktisch zu unhaltbaren Ergebnissen und verwechselt offensichtlich Zuständigkeit zur Durchführung mit dienstlicher Verpflichtung zur Durchführung.

Die sachliche Zuständigkeit ist in der Abgabenordnung nicht geregelt; sie ergibt sich teilweise aus den Steuergesetzen, durch welche den Finanzämtern im Allgemeinen ihre Aufgaben zugewiesen werden, teilweise auch aus Sonderbestimmungen gemäß § 21 Abs. 2, durch welche — namentlich in größeren Städten — einzelnen Finanzämtern gewisse Steuerarten für einen Bezirk ausschließlich übertragen werden (z. B. besteht in Hamburg für die Verwaltung der Stempelsteuern ausschließlich das Finanzamt X, in Nürnberg für die Stempelsteuer, Erbschaftssteuer und Grunderwerbssteuer ausschließlich das Finanzamt I). Soweit eine derartige Sonderbestimmung nicht besteht, sind zur Erledigung der den Finanzämtern zugewiesenen Geschäfte alle Finanzämter sachlich zuständig.

§ 51. (1) Wenn das Gesetz eine natürliche Person für steuerpflichtig erklärt, ist, soweit nichts anderes vorgeschrieben ist, das Finanzamt für die Besteuerung zuständig[1]), in dessen Bezirk der Steuerpflichtige seinen Wohnsitz[2]) oder, wenn er im Inland keinen Wohnsitz hat, seinen gewöhnlichen Aufenthalt hat.

(2) Bei mehrfachem Wohnsitz im Inland ist der Wohnsitz, der mit einem dienstlichen Wohnsitz[3]) zusammenfällt, vor einem andern Wohnsitz, der Wohnsitz im Heimatstaate vor dem Wohnsitz in einem anderen Lande und, wenn keiner dieser Fälle vorliegt, der Wohnsitz an dem Orte maßgebend, wo sich der Steuerpflichtige vorwiegend[4]) aufhält.

(3) Bei Steuerpflichtigen, die zur Zeit der Ermittlung der Steuer weder einen Wohnsitz noch ihren gewöhnlichen Aufenthalt im Inland haben, ist,

1. wenn die Steuerpflicht nur an den Besitz inländischen Grundvermögens oder an den Betrieb eines Unternehmens im Inland geknüpft ist,

   a) bei inländischem Grundvermögen das Finanzamt zuständig, in dessen Bezirk das Grundstück liegt. Liegt es in den Bezirken mehrerer Finanzämter, so ist das Finanzamt zuständig, in dessen Bezirk das Verzeichnis der Steuerwerte der Grundstücke geführt wird (§ 155);

b) beim Betrieb eines Unternehmens im Inland ist das Finanzamt zuständig, in dessen Bezirk das Unternehmen betrieben wird. Wird es in mehreren Bezirken betrieben, so ist das Finanzamt zuständig, in dessen Bezirk sich die Leitung des Unternehmens befindet.

Wenn die Vorschriften unter a und b nicht ausreichen und

2. in den übrigen Fällen ist das Finanzamt zuständig, in dessen Bezirk der nach § 71 ernannte Vertreter seinen Wohnsitz oder Aufenthalt hat (Abs. 1, 2); fehlt es an einem solchen, so ist das Finanzamt zuständig, in dessen Bezirk sich Vermögen des Steuerpflichtigen befindet, und wenn dies für mehrere Finanzämter zutrifft, in dessen Bezirk sich der größte Teil des Vermögens befindet.

[1]) Zuständig ist für das ganze Verfahren (abgesehen von etwaigen Strafverfahren, s. oben Überblick zur AO.) ist dasjenige Finanzamt, dessen Zuständigkeit entsprechend den Vorschriften der §§ 51 ff. bei Beginn des Ermittlungsverfahrens begründet war. Anders nur dann, wenn bereits bei Beginn der Ermittlungen feststeht oder mit ziemlicher Sicherheit zu erwarten ist, daß demnächst und zwar vor Beendigung des Verfahrens durch Veränderungen der Verhältnisse die Zuständigkeit eines andern Finanzamts begründet werden wird. In diesem Falle kann das zunächst zuständige Finanzamt jenes andere Finanzamt um Übernahme der Sache gemäß § 58 ersuchen. Das Weitere regelt § 58. Ein derartiges Ersuchen wird übrigens auch dann gerechtfertigt sein, wenn aus irgend welchen anderen Gründen das an sich zuständige Finanzamt das Verfahren nur mit unverhältnismäßig größeren Schwierigkeiten, Kosten, ev. auch größerer Gefahr sachlicher Unrichtigkeit durchführen könnte als ein anderes Finanzamt.

Wegen Veränderung der Zuständigkeit während des Verfahrens s. § 59.

Über den Fall, daß ein Finanzamt sich irrtümlich für zuständig gehalten hat, s. Anm. 3 zu § 58.

Ein örtlich für die Besteuerung zuständiges FA. kann ohne Inanspruchnahme eines anderen FA. außerhalb seines Bezirks Amtshandlungen vornehmen, die zur Durchführung der Besteuerung erforderlich sind. Dies folgt aus dem Fehlen einer dem § 167 GVG. entsprechend Vorschrift der AO. (So RFME. v. 22. Februar 1922 III P 15149; doch soll stets vorherige Benachrichtigung, bei Gefahr im Verzug nachträgliche Mitteilung an das FA des betreffenden Bezirks erfolgen).

[2]) Über die Begriffe „Wohnsitz" und „dienstlicher Wohnsitz" s. § 62, über den Begriff „Aufenthalt" § 63.

[3]) Tatfrage, die zuweilen recht schwer zu entscheiden sein wird. Läßt sie sich überhaupt nicht entscheiden, so kommt § 57 zur Anwendung.

§ 52. Wenn das Gesetz eine juristische Person, eine Personenvereinigung oder ein Zweckvermögen für steuerpflichtig erklärt, ist, soweit nichts anderes vorgeschrieben ist[1]), das Finanzamt zuständig, in dessen Bezirk der Ort der Leitung[2]) liegt. Fehlt es an einem solchen im Inland, so ist das Finanzamt zuständig, in dessen Bezirk der nach § 71 ernannte Vertreter seinen Wohnsitz oder Aufenthalt hat (§ 51 Abs. 1, 2). Ist kein Vertreter nach § 71 bestellt, so ist das Finanzamt zuständig, in dessen Bezirk sich Vermögen des Steuerpflichtigen befindet, und wenn dies für mehrere Finanzämter zutrifft, das Finanzamt, in dessen Bezirk sich der größte Teil des Vermögens befindet.

[1]) Anderes ist vorgeschrieben z. B. in §§ 53—56.

[2]) Der **Ort** der Leitung braucht mit „Sitz" nicht notwendig zusammenzufallen. Unter „Sitz" eines Unternehmens ist der Ort zu verstehen, der satzungsgemäß hierzu bestimmt, ev. auch ins Handelsregister eingetragen ist. Der **Ort der Leitung** befindet sich da, wo die Leitung **tatsächlich** erfolgt.

§ 53. Wenn das Gesetz die Steuerpflicht auf den Betrieb eines Unternehmens gründet, ist, soweit nichts anderes vorgeschrieben ist, das Finanzamt zuständig, in dessen Bezirk das Unternehmen betrieben wird [1]). Wird das Unternehmen in Bezirken mehrerer Finanzämter betrieben und einheitlich zur Steuer herangezogen, so ist das Finanzamt zuständig, in dessen Bezirk sich die Leitung [2]) des Unternehmens befindet. Fehlt es hieran, so sind die §§ 51, 52 entsprechend anzuwenden.

[1]) D. h. **tatsächlich** betrieben wird.

[2]) Maßgebend ist also der Ort der Leitung (s. hierüber Anm. 2 zu § 52).

§ 54. Wenn das Gesetz die Steuerpflicht auf das Eigentum an einem Grundstück oder den Übergang des Eigentums an einem Grundstück gründet, so ist das Finanzamt zuständig, in dessen Bezirk das Grundstück liegt. Liegt es in den Bezirken mehrerer Finanzämter, so ist das Finanzamt zuständig, in dessen Bezirk das Verzeichnis der Steuerwerte der Grundstücke geführt wird (§ 155).

§ 55. (1) Wenn das Gesetz die Steuerpflicht auf einen Erbfall oder eine Schenkung gründet, so gelten für die Zuständigkeit der Finanzämter sinngemäß die Vorschriften des § 51; statt der Verhältnisse des Steuerpflichtigen sind die des Erblassers zur Zeit seines Todes oder die des Schenkers zur Zeit der Schenkung maßgebend. Wenn für einen Nachlaß ein Testamentsvollstrecker, Verwalter, Pfleger oder sonstiger Vertreter im Inland bestellt ist, so tritt dieser an die Stelle des im § 51 Absatz 3 Nr. 2 bezeichneten Vertreters.

(2) Läßt sich aus den Vorschriften des ersten Absatzes die Zuständigkeit eines Finanzamts nicht begründen, so entscheiden die Verhältnisse der Erwerber zur Zeit des Erwerbes. Sind danach mehrere Finanzämter zuständig, so geht das Finanzamt vor, das zuerst mit der Sache befaßt wird.[1])

[1]) Als zuerst „mit der Sache befaßt" ist dasjenige von den mehreren an sich zuständigen Finanzämtern anzusehen, das als erstes irgend einen Eingang in der betr. Angelegenheit erhält.

§ 56. Wenn das Gesetz die Steuerpflicht an eine Beurkundung knüpft, ist, soweit nichts anderes vorgeschrieben ist[1]), das Finanzamt zuständig, das zuerst mit der Besteuerung befaßt wird.[2])

[1]) z. B. § 3 RStempG.

[2]) Als zuerst „mit der Besteuerung befaßt" ist dasjenige Finanzamt anzusehen, bei welchem zuerst ein auf Vornahme der Besteuerung abzielender Eingang (seitens der Parteien oder einer anderen Behörde) zu verzeichnen ist. Als solcher Eingang wird auch zu gelten haben die Anfrage, ob und in welcher Weise eine bestimmte Urkunde zu versteuern ist, nicht dagegen z. B. die Anfrage über den Verbleib einer Urkunde oder über die Behörde, die zur Aufnahme einer bestimmten Urkunde zuständig ist usw.

§ 57. Läßt sich aus den Vorschriften der Steuergesetze die Zuständigkeit eines bestimmten Finanzamts für einen einzelnen Fall oder für gewisse Arten von

Fällen nicht herleiten[1]), so bestimmt der Reichsminister der Finanzen, welches Finanzamt zuständig sein soll.

[1]) Sei es aus rechtlichen (Mangel einer gesetzlichen Vorschrift für einen besonders gearteten Fall), sei es aus tatsächlichen (Unmöglichkeit genauer Feststellung der tatsächlichen Verhältnisse) Gründen.

§ 58. Auf Ersuchen[1]) eines zuständigen Finanzamts kann ein anderes Finanzamt die Ermittlung und Festsetzung[2]) einer Steuer übernehmen.[3],[4]) Lehnt das ersuchte Finanzamt die Übernahme ab, so entscheidet das ihm vorgesetzte Landesfinanzamt endgültig. Liegt das ersuchte Finanzamt in dem Bezirk eines anderen Landesfinanzamts, so kann gegen eine vom Landesfinanzamt bestätigte Ablehnung die Entscheidung des Reichsministers der Finanzen angerufen werden.

[1]) Über die möglichen Gründe eines solchen Ersuchens s. Anm. 1 zu § 51.

[2]) Nur die Ermittlung und Festsetzung, also nicht etwa nach erfolgter Festsetzung die Einspruchsverbescheidung oder die Beitreibung. Fraglich könnte bei dem einschränkenden Wortlaut der Bestimmung sein, ob durch Übernahme der Ermittlung und Festsetzung das übernehmde Amt auch für Beitreibung und Rechtsmittelverfahren zuständig wird. Die Frage dürfte zu bejahen sein, da es namentlich sinnlos wäre, zunächst einem andern Amt die Festsetzung zu übertragen und dann wieder dem ursprünglich zuständigen Amt, das vielleicht eine ganz andere Auffassung hat, sich auch in die ganze Sache erst neu einarbeiten muß, die Einspruchsentscheidung zu überlassen.

[3]) Durch die Übernahme wird das ersuchte Finanzamt nunmehr zuständig i. S. der AO. Die Zuständigkeit wird nur dann nicht begründet, wenn nach Gesetz ein drittes (weder das ersuchende noch das ersuchte Amt) zuständig ist.

Bezüglich der Wirksamkeit der trotzdem vorgenommenen Handlungen gilt § 61.

Die Beteiligten können sich gegen die Übernahme ihrer Angelegenheit durch ein anderes Finanzamt im Rahmen des § 61 Abs. 2 beschweren.

Die Übernahme ist Ermessensfrage („kann"); es ist daher § 6 zu beachten.

[4]) § 58 wird auch dann zur Anwendung gelangen können, wenn ein Finanzamt, das sich fälschlicherweise in einer Sache für zuständig gehalten hat, im Laufe des Verfahrens den Fehler entdeckt und nun die Sache an das zuständige Finanzamt abgeben will. In diesem Falle kann letzteres das bisher mit der Sache befaßte Amt um vollständige Erledigung gemäß § 58 ersuchen, und dieses Ersuchen wird gerade in solchen Fällen besonders häufig gerechtfertigt sein, wenn nämlich die Angelegenheit schon so weit gediehen ist, daß sich das neue Finanzamt nur mit Schwierigkeiten wieder einarbeiten müßte, oder auch wenn sonstige, in Anm. 1 zu § 51 erwähnte Gründe vorliegen. Weigert sich das bisher befaßte Finanzamt, die Sache weiter zubearbeiten, so wird daher nach § 58 verfahren.

§ 59. Wird vor Beendigung eines Steuerfestsetzungsverfahrens infolge Änderung der Umstände[1]) die Zuständigkeit eines anderen Finanzamts begründet, so hat das erste Finanzamt die Steuer festzusetzen und die Verhandlungen dem nunmehr zuständigen Finanzamt zu senden. Wird bei Steuern, die regelmäßig wiederkehrend zu erheben sind, die Zuständigkeit zu einer Zeit geändert, wo kein Festsetzungsverfahren schwebt[2]), so hat das erste Finanzamt dem zuständig werdenden Finanzamt die Änderung unverzüglich mitzuteilen.

[1]) d. h. der tatsächlichen Umstände. Eine Änderung in der rechtlichen Auffassung genügt nicht. Ebenso

gehört nicht hierher der in Anm. 4 zu § 58 erwähnte Fall. Doch wird das dort über die Anwendbarkeit des § 58 Gesagte auch für den Fall des § 59 S. 1 zu gelten haben.

[2]) z. B. bezüglich der Einkommensteuerveranlagung, wenn die letzte Veranlagung bereits rechtskräftig abgeschlossen und die neue noch nicht in Angriff genommen ist.

§ 60. Meinungsverschiedenheiten und Zweifel über die Zuständigkeit verschiedener Finanzämter entscheidet die nächste gemeinschaftliche obere Behörde[1]). Bei mehrfacher Heranziehung zu derselben Steuer bestimmt sie, welche Heranziehung außer Kraft zu setzen sei.[2])

[1]) Das ist, wenn die streitenden Finanzämter einem und demselben Landesfinanzamtsbezirk angehören, das Landesfinanzamt, andernfalls der Reichsfinanzminister. Die beteiligten Finanzämter sind an diese Entscheidung gebunden, nicht dagegen der Steuerpflichtige oder sonstige Beteiligte. Diese können entweder — falls sie überhaupt von der fraglichen Entscheidung Kenntnis erlangen — hiergegen Beschwerde gemäß §§ 224, 225 AO. einlegen oder auch noch später im Rahmen des § 61 Abs. 2 die Unzuständigkeit des betr. Finanzamts geltend machen.

[2]) Voraussetzung einer Entscheidung nach Satz 2 ist, daß bereits seitens zweier oder mehrerer Finanzämter in derselben Sache die Steuer festgesetzt ist. Ob diese Festsetzungen bereits rechtskräftig geworden sind oder nicht, darauf kommt es nicht an.

Die Entscheidung ist lediglich unter dem Gesichtspunkt der Zuständigkeit zu treffen, nicht etwa unter Prüfung der Frage, welche von den mehreren Festsetzungen die sachlich zutreffendere ist.

Die Entscheidung trägt ferner nur verwaltungsaufsichtlichen Charakter und kann daher den in der AO. vorgesehenen Rechtsmittelgang in keiner Weise beeinflussen. Die Beteiligten können unabhängig von der Entscheidung ihr Recht im

Rechtsmittelverfahren suchen, die Rechtsmittelbehörden sind an die Entscheidung nicht gebunden. Hieraus können sich zwei Konfliktsfälle ergeben:

1. Das LFA. oder der RFM. hat eine von zwei Festsetzungen außer Kraft gesetzt, die andere wird von der Rechtsmittelbehörde wegen Unzuständigkeit des betr. Finanzamts aufgehoben. Es liegt also überhaupt keine gültige Festsetzung mehr vor. Die Steuer muß daher von neuem und zwar vom zuständigen FA. festgesetzt werden; als solches kann nunmehr unbedenklich auch das FA. in Betracht kommen, dessen Festsetzung bereits gem. § 60 S. 2 AO. außer Kraft gesetzt wurde.

2. LFA. oder RFM. haben eine der zwei Festsetzungen außer Kraft gesetzt und im Rechtsmittelverfahren wird nun gerade diese Festsetzung bestätigt, die andere wurde vom Pflichtigen gar nicht angegriffen. Es sind also nun zwei rechtskräftige Veranlagungen vorhanden. In diesem Falle wird neuerdings Entscheidung nach § 60 S. 2 AO. zu treffen sein zwar nunmehr unter Berücksichtigung der Rechtsmittelentscheidung.

Um derartige Konflikte zu vermeiden, wird sich im Allgemeinen empfehlen, vor Entscheidung nach § 60 S. 2 die Rechtskraft der Festsetzungen abzuwarten.

Die Wirksamkeit einer Entscheidung nach § 60 S. 2 erstreckt sich übrigens naturgemäß nur auf die Steuerfestsetzung, nicht auch Verfügungen, die der Steuerfestsetzung im Verfahren vorausgingen, z. B. Straffestsetzungen und Strafandrohungen nach § 202 usw. Gegen diese Verfügungen konnte sich ja der Steuerpflichtige im ordentlichen Rechtsmittelweg wehren.

§ 61. (1) Handlungen eines Finanzamts sind nicht deshalb unwirksam, weil das Finanzamt örtlich unzuständig war.[1])

(2) Daß ein Finanzamt örtlich unzuständig sei, kann nur bis zum Ablauf der Einspruchs-, Anfechtungs- oder Beschwerdefrist geltend gemacht werden.[2])

[1]) Die AO. geht grundsätzlich von dem Standpunkt aus, daß jedes — sachlich zuständige, s. hierüber Vorbem. zu §§ 51 ff. — Finanzamt zur Bearbeitung der Steuerangelegenheiten geeignet ist. Handlungen, Verfügungen usw. eines örtlich unzuständigen Finanzamts sind daher zunächst voll wirksam und es kann ein anderes Finanzamt, das die betr. Angelegenheit im Laufe des Verfahrens übernimmt, ohne weiteres auf den vorhandenen Unterlagen weiter bauen.

Unwirksamkeit von Handlungen (Verfügungen usw.) eines örtlich unzuständigen Finanzamts tritt nur dann ein, wenn eine Steuerfestsetzung gemäß § 60 S. 2 außer Kraft gesetzt wird (wegen des Umfangs der Unwirksamkeit s. Anm. 2 zu § 60 a E) oder wenn die betr. Handlung wegen Unzuständigkeit des FA. im Rechtsmittelverfahren aufgehoben wird. (Hierüber s. nächste Anm.)

[2]) Der Mangel der örtlichen Zuständigkeit kann von den Rechtsmittelbehörden nur berücksichtigt werden, wenn er von den Beteiligten ausdrücklich geltend gemacht wird. Diese Geltendmachung kann nur erfolgen innerhalb der Frist des § 61 Abs. 2, eine nachträgliche Geltendmachung (daher auch eine Geltendmachung erst in der Berufungs- oder Rechtsbeschwerdeinstanz) bleibt gleichfalls unberücksichtigt. Ist die Geltendmachung aber rechtzeitig erfolgt, so kann die Entscheidung hierüber bis zur Erschöpfung des Instanzenzuges beantragt werden.

Die Frage, welche von den drei verschiedenen, in Abs. 2 genannten Fristen denn im Einzelfalle in Betracht kommt, ist dahin zu beantworten, daß jeweils diejenige Rechtsmittelfrist für die Erhebung der Unzuständigkeitseinrede maßgebend ist, welche im übrigen für die Anfechtung der betr. Verfügung läuft (§§ 217 ff.). Es kann also z. B. die Unzuständigkeit eines FA. zum Erlaß einer Strafverfügung nach § 202 nur innerhalb der Beschwerdefrist (§ 224) geltend gemacht werden, nicht etwa noch innerhalb der Einspruchsfrist, die später gegen einen in der gleichen Steuersache ergehenden Steuerbescheid zu laufen beginnt.

Etwaige Nachsichtgewährung bezüglich der Fristeinhaltung gemäß §§ 68 f. verlängert auch die Frist des § 61 Abs. 2.

§ 62. (1) Einen Wohnsitz im Sinne der Steuergesetze hat jemand da, wo er eine Wohnung unter Umständen innehat, die auf die Absicht der Beibehaltung einer solchen schließen lassen.

(2) Einen dienstlichen Wohnsitz im Sinne der Steuergesetze haben Personen, denen ein öffentliches Amt oder eine öffentliche dienstliche Stelle dauernd verliehen ist; er ist an dem Orte, der ihnen zur Ausübung ihres Berufs angewiesen ist.

§ 63. Einen gewöhnlichen oder dauernden Aufenthalt im Sinne der Steuergesetze hat jemand dort, wo er sich unter Umständen aufhält, die auf die Absicht schließen lassen, an diesem Orte oder in diesem Lande nicht nur vorübergehend zu verweilen.

II. Fristen. Nachsicht wegen Versäumung einer Ausschlußfrist. Zustellungen.

§ 64. Für die Berechnung einer Frist gelten die Vorschriften des Bürgerlichen Gesetzbuchs.[1])

[1]) In Betracht kommen §§ 187 bis 193 BGB. Was als staatlich anerkannter allgemeiner Feiertag im Sinne des § 193 BGB. gilt, richtet sich nach dem Rechte an dem Sitze der Behörde, bei der die zur Wahrung der Frist dienende Handlung vorgenommen wird. Dieser im Entwurf vorgesehene Satz ist wegen „Selbstverständlichkeit" nicht in das Gesetz aufgenommen worden.

Die nach § 64 berechnete Frist gilt als gewahrt, wenn die vorzunehmende Handlung vor Ablauf des letzten Tages der Frist, also vor 12 Uhr Mitternacht vorgenommen wurde. Wenn es sich um Erklärungen handelt, die gegenüber einer Behörde abzugeben sind, gilt die Frist als gewahrt, wenn die Erklärung vor Ablauf des letzten Tages derart in den Geschäftsbereich der maßgebenden Behörde gelangt ist, daß andere Personen als die betr. Behörde rechtmäßigerweise keine Verfügung mehr darüber erlangen können, z. B. wenn das betr. Schriftstück vor Fristablauf in einem nur der betr. Behörde zugänglichen Briefkasten eingeworfen wurde, oder einem Beamten der Behörde in dieser Eigenschaft innerhalb der Diensträume übergeben wurde. Darauf, ob der übliche Eingangsstempel etwa erst am andern Tage oder später auf das Schriftstück gesetzt wurde, kommt es nicht an; doch wird das Datum des Eingangsstempels mangels Beweisbarkeit des Gegenteils in den meisten Fällen von ausschlaggebender Bedeutung sein. Denn der Gegenbeweis für die Wahrung der Frist trotz der aus den Akten sich ergebenden Fristversäumnis wird dem Steuerpflichtigen obliegen.

§ 65. (1) Fristen [1]) zur Einreichung von Erklärungen [2]) und Fristen, die von Steuerbehörden gesetzt sind, können [3]) verlängert werden. [4]) Die Behörde kann [3]) die Verlängerung von einer Sicherheit abhängig machen. Ausschlußfristen können nicht verlängert werden. [5])

(2) Fristen zur Einlegung eines Rechtsmittels sind Ausschlußfristen. [6]) Unter Rechtsmitteln im Sinne der §§ 65, 66, 69 ist auch der Antrag auf Nachsicht im Falle des § 68 zu verstehen. [7])

[1]) Nach der AO. sind — abgesehen von dem wohl ohne weiteres klaren Unterschied zwischen gesetzlichen und behördlich gesetzten Fristen — auseinanderzuhalten sog. Ausschlußfristen einerseits und verlängerungsfähige Fristen andererseits. Ausschlußfristen sind gesetzlich festgelegte Fristen, die auch von der Behörde nicht verlängert werden können.

Die Abgrenzung der beiden Fristarten ist in § 65 Abs. 1 erschöpfend erfolgt: Alle Fristen, die nicht unter Abs. 1 S. 1 fallen, sind Ausschlußfristen, soweit nicht gesetzlich ausdrücklich anders bestimmt ist.

²) Gleichgültig, ob sie durch Gesetz festgelegt sind oder von Behörden gesetzt werden.

³) Ermessungsfrage nach § 6.

⁴) Die Verlängerung dürfte nach dem Gesetzeswortlaut an sich sowohl bei gesetzlichen wie bei behördlichen Fristen nicht nur für den Einzelfall, sondern auch generell zulässig sein, z. B. Verlängerung der gesetzlichen Frist zur Einreichung der Umsatzsteuererklärung für den Bezirk eines Finanzamts. Gleichwohl ist davon auszugehen, daß der Gesetzgeber in erster Linie wohl nur an Fristverlängerungen für Einzelfälle gedacht hat und daß daher generelle Maßnahmen der gedachten Art bei ihrer weittragenden Bedeutung nicht ohne Zustimmung oder Anordnung der vorgesetzten Behörde getroffen werden sollen.

⁵) Eine entgegen dem Verbot dieser Bestimmung erfolgte Verlängerung der Ausschlußfrist wäre nichtig, die auf dieser Verlängerung beruhende Fristversäumnis würde gegen die Beteiligten wirken. Abhilfe wäre hier nur durch Gewährung von Nachsicht (§§ 68, 69) zu schaffen, falls die erforderlichen Voraussetzungen hierfür vorliegen.

⁶) Dieser Satz enthält eine hochbedeutsame Ausnahme der in Abs. 1 S. 1 aufgestellten Regel. Denn auch Rechtsmittelfristen sind an sich Fristen zur Einreichung von Erklärungen.

⁷) Dieser Satz ist, da er sich auf die in Anm. 6 erwähnte Ausnahme bezieht, eng auszulegen. Danach muß die Behauptung Mrozeks, daß auch Erinnerungen nach §§ 288, 293 hierher zu rechnen seien, in dieser Allgemeinheit als willkürlich und mit dem Gesetz unvereinbar angesehen werden. Allerdings wird man auf diese „Erinnerungen“ unbedenklich § 66 anwenden können, schon deshalb, weil

dort ja außer den Rechtsmitteln ausdrücklich noch Erklärungen im allgemeinen genannt sind. Unandwendbar dürften dagegen auf die „Erinnerungen" m. E. die §§ 68, 69 sein, da auch die Bestimmungen über Nachsicht ein Ausnahmerecht von dem im allgemeinen geltenden Grundsatze der Ausschließlichkeit bestimmter Fristen darstellen.

Daß die „Beschwerde" nach § 224 ein Rechtsmittel (im weiteren Sinne) darstellt, darüber s. Vorbem. zu §§ 217 ff.

§ 66. Fristen zur Einreichung von Rechtsmitteln und Erklärungen beginnen für Steuerpflichtige, die zu Anfang der Frist nicht im Deutschen Reiche sind, mit ihrer Rückkehr nach Deutschland unter der Einschränkung, daß sie für die in außereuropäischen Ländern und Gewässern Abwesenden höchstens sechs Monate, für andere Abwesende höchstens sechs Wochen betragen. Dies gilt nicht, wenn Bevollmächtigte oder Betriebsleiter im Inland vorhanden sind oder sein müßten.

§ 67. Solange die Behörde nicht entschieden hat,[1]) hat[2]) sie auch das nach Ablauf einer Frist Vorgebrachte[3]) zu prüfen[4])[5])

[1]) „Entschieden" hat die Behörde, wenn zur Entscheidung ein Kollegialbeschluß erforderlich ist, sobald dieser Beschluß durch Abstimmung in der vorgeschriebenen Form zustande gekommen ist; wenn die Entscheidung durch einen Einzelbeamten zu treffen ist, liegt „Entscheidung" dann vor, wenn der verantwortlich zeichnende Beamte die Entscheidung unterzeichnet hat.

Die nach der Beschlußfassung, wenn auch vor Zustellung zur Kenntnis der Behörde gelangten Tatsachen usw. brauchen nicht mehr berücksichtigt zu werden. (E. Bd. 3 S. 178).

[2]) Mußvorschrift, deren Nichtbeachtung unter § 267 Nr. 2 fällt.

[3]) „Vorgebracht" im Sinne des § 67 ist eine Behauptung oder ein Beweismittel dann, wenn sie von den Beteiligten derart der betr. Behörde schriftlich oder mündlich (soweit Protokollgabe zulässig) unterbreitet wurden, daß sie bei normalem Geschäftsgang der Behörde dem zur Entscheidung berufenen Beamten oder Kollegium zur Kenntnis hätten gelangen müssen.

[4]) Sie hat zu prüfen, d. h. soweit Tatsachen vorgebracht sind, diese zu würdigen, soweit Beweismitel angeboten sind, die erforderlich erscheinenden Beweise zu erheben. Die Frage, ob und inwieweit eine Behörde überhaupt — auch abgesehen vom Fall des § 67 — verpflichtet ist, angebotene Beweise zu erheben, hängt einerseits davon ab, ob die Tatsachen, für welche Beweis angeboten ist, für die Entscheidung überhaupt von Bedeutung sind, andererseits davon, ob von der Erhebung der angebotenen Beweise irgend ein positives und glaubhaftes Ergebnis zu erwarten ist. Keinesfalls kann der Behörde zugemutet werden, jeden angebotenen Beweis, mag er auch offensichtlich nur zur Verschleppung der Angelegenheit angeboten werden oder mag die Unzuverlässigkeit des Beweismittels von vornherein feststehen, trotzdem zu erheben.

Die erfolgte Würdigung, Beweiserhebung oder Ablehnung des angebotenen Beweises muß aus der Entscheidung entsprechend begründet hervorgehen.

[5]) Nach Mrozek soll es den Behörden verwehrt sein, vor Ablauf der Frist zu entscheiden. Diese Anschauung findet indes im Gesetz keinen genügenden Anhalt. Sie könnte allenfalls höchstens e contrario aus dem Wortlaut des § 67: „auch das nach Ablauf . . . Vorgebrachte" mit der Begründung gefolgert werden, daß das vor Fristablauf Vorgebrachte immer zu prüfen sei. Diese Konstruktion wäre jedoch gekünstelt. Mangels einer ausdrücklichen gegenteiligen Vorschrift kann die Behörde nicht gehindert sein, über ein Rechtsmittel zu entscheiden, sobald dasselbe eingelegt ist.

Denn der Zweck der Fristenbestimmungen ist nicht in erster Linie Schutz der Steuerpflichtigen, sondern Schutz des Staates davor, daß Entscheidungen seiner Behörden ohne zeitliche Begrenzung angegriffen werden können. Die Fristen bilden nur zeitliche Höchstgrenzen für die Entschließung des Betroffenen darüber, ob er eine Verfügung angreifen will, hindern aber die Behörde nicht, wenn der Pflichtige diese Höchstgrenze nicht voll ausnutzen will, ihrerseits die Entscheidung zu treffen.

Daß es andererseits zum sog. officium nobile den Behörden gehört, dann, wenn weiteres Vorbringen in Aussicht gestellt oder ein gewisses Zuwarten von der Behörde zugesagt wurde, eine entsprechende Zeit zuzuwarten, braucht wohl kaum besonders betont zu werden.

Eine behördliche Verpflichtung, in allen Fällen das Fristende abzuwarten, würde übrigens in der Praxis zu wenig erfreulichen Ergebnissen führen. Wenn z. B., was in vielen Fällen denkbar ist, ein Beteiligter bei ihm mündlich eröffneten Verfügungen (wo nicht formelle Zustellung vorgeschrieben ist) sofort Beschwerde gemäß § 224 erhebt, wäre nun die entscheidende Behörde genötigt, ohne das inzwischen weiter in der Sache etwas geschieht, mit der Entscheidung über die Beschwerde einen Monat zu warten.

Ein etwaiger Hinweis auf zivilprozessuale Grundsätze ist in der Frage nicht ohne Weiteres ausschlaggebend; denn nach der AO. sind die Rechtsmittelbehörden — entgegen dem im Zivilprozeß herrschenden Antragsprinzip — ja von sich aus ex officio verpflichtet, den ganzen Sachverhalt zu ermitteln (§ 228). Die Parteiinteressen sind also hierdurch hinreichend und besser als im Zivilprozeß gewahrt.

Nur für die Rechtsbeschwerde muß zufolge § 268 eine Ausnahme gelten, da für diese noch eine besondere Begründungsfrist vorgesehen ist. Es kann daher nicht vor Ablauf der Begründungsfrist entschieden werden. Diese

Ausnahme rechtfertigt sich aus der besonderen, hier nicht weiter zu erörternden Natur der Rechtsbeschwerde.

§ 68. Nachsicht wegen Versäumung einer Rechtsmittelfrist[1]) kann beantragen[2]), wer ohne sein Verschulden verhindert war[3]), die Frist einzuhalten. Das Verschulden eines gesetzlichen Vertreters oder eines Bevollmächtigten steht dem eigenen Verschulden gleich[4]).

[1]) Nur Rechtsmittel im eigentlichen Sinne gehören hierher, nicht z. B. Erinnerungen nach § 288 Abs. 3 (s. Anm. 7 zu § 65).

Für die Versäumung anderer Fristen gelten die §§ 68 und 69 nicht. Hier kann dem schuldlosen Pflichtigen nur geholfen werden, wenn und soweit ausdrückliche Sondervorschriften bestehen (wie z. B bezüglich Versäumung der Steuererklärungsfrist § 170 Abs. 2 S. 2).

Gewährung von Nachsicht ist auch noch nach Erlaß der zurückweisenden Entscheidung möglich, sogar gegenüber einem rechtskräftigen Urteil des RFH. (E. Bd. 5 S. 262).

[2]) Auch ohne Antrag ist Nachsicht zu gewähren unter der Voraussetzung des § 69 Abs. 4.

[3]) Ohne Verschulden verhindert an Einhaltung der Frist ist:

1. Wer ohne Verschulden die Tatsachen nicht kennt, die den Beginn eines Fristenlaufs bewirken (z. B. wenn jemand, während zuhause eine Zustellung an ihn erfolgt, verreist ist und etwa nachgesandte Briefe ihn nicht erreichen),

2. Wer durch Umstände, die außerhalb seiner Macht liegen, an der Fristwahrung gehindet ist (z. B. schwere, die Verfügungsfähigkeit ausschließende oder stark beeinträchtigende Erkrankung, schwere Unglücksfälle in der Familie oder Wirtschaft, die ein Abkommen des Pflichtigen verhindern usw.),

8. Wer die Frist zwar gewahrt, d. h. rechtzeitig das zu ihrer Wahrung erforderliche getan hat, und erst nachträglich erfährt, daß die Behörde davon nicht oder nicht rechtzeitig

Kenntnis erhalten hat (z. B. ein Geschäftsmann schickt seinen Ausgeher mit dem betr. Schreiben zum Finanzamt, der Ausgeher gibt es jedoch an unrichtiger Stelle ab, verliert es, ohne seinem Dienstherrn Mitteilung zu machen usw.) Auch rechtzeitige Aufgabe zur Post kann in Frage kommen; allerdings wird im Falle des Nichtankommens dem Absender meist der ihm obliegende Nachweis der Absendung sehr schwer fallen, wenn er nicht etwa eingeschriebenen Brief geschickt hat. — Unter Umständen kann auch verfrühte Rechtsmitteleinlegung (§ 231 Abs. 2) einen Nachsichtsgrund bilden.

Ob Verschulden anzunehmen ist oder nicht, richtet sich nach den Verhältnissen des Einzelfalls; Alter, Geisteszustand, Beruf, Vorbildung usw. sind in Betracht zu ziehen.

Unkenntnis der gesetzlichen Bestimmungen kann der Pflichtige nicht für sich geltend machen. (Bei unrichtiger Rechtsmittelbelehrung gilt die Sondervorschrift des § 231 Abs. 3). Nach Becker soll Rechtsunkenntnis unter Umständen genügend sein. Diese Ansicht scheint mit Rücksicht auf ihre Gefährlichkeit für die Praxis sehr bedenklich, umsomehr, als durch § 231 Abs. 3 eine die Haupfälle treffende Schutzbestimmung für die Steuerpflichtigen ohnehin gegeben ist.

[4]) Bei Vertretungen kommt es also auf die Person des Vertreters an; ein Verschulden des Letzteren muß der Vertretene gegen sich gelten lassen.

§ 69. (1) Über den Antrag[1]) auf Nachsicht entscheidet die Stelle, die über das versäumte Rechtsmittel zu entscheiden hat.

(2) Der Antrag ist innerhalb zweier Wochen nach Ablauf des Tages zu stellen, an dem der Antrag zuerst gestellt werden konnte[2]); dabei sind die Tatsachen, die den Antrag begründen sollen, anzuführen[3]) und glaubhaft zu machen[4]). Innerhalb dieser Frist ist die Einlegung des versäumten Rechtsmittels nachzuholen[5]).

(3) Auslagen, die durch den Antrag auf Nachsicht entstehen, trägt in allen Fällen der Antragsteller.

(4) Die Nachsicht kann[6]) auch ohne Antrag bewilligt werden, falls das versäumte Rechtsmittel innerhalb der im Absatz 2 bezeichneten Frist eingelegt ist.

(5) Nach Ablauf eines Jahres, von dem Ende der versäumten Frist an gerechnet, kann die Nachsicht nicht mehr begehrt oder ohne Antrag bewilligt werden.

[1]) Der Antrag gilt als Rechtsmittel i. S. der §§ 65, 66 und 69 (vgl. § 65 Abs. 2). Es gibt also unter Umständen auch einen Antrag auf Gewährung von Nachsicht wegen Versäumung einer Nachsichtsantragsfrist.

[2]) Die Frist beginnt mit Ablauf des Tages, an dem der Pflichtige Kenntnis von der Versäumung der Rechtsmittelfrist erhält oder Gelegenheit, sich diese Kenntnis zu verschaffen (E. Bd. 3 S. 226). Im Falle der Anm. 3 Nr. 2 zu § 68 beginnt die Frist mit Ablauf des Tages, an dem das Hindernis wegfällt.

Darüber, bei welcher Behörde der Antrag anzubringen ist, sagt das Gesetz ausdrücklich nichts. Man wird, da der Antrag auf Nachsicht durch § 65 Abs. 2 bezüglich den Fristen den Rechtsmitteln gleichgestellt ist, nicht fehl gehen mit der Annahme, daß auch die Bestimmungen des § 234 Abs. 1 S. 4—6 für den Antrag auf Nachsicht anzuwenden sind. Demnach ist erforderlich, daß der Antrag fristgemäß bei einer der in § 234 Abs. 1 S. 4—6 bezeichneten Stellen eingeht. Die „zur Entscheidung berufene Stelle" im Sinne des S. 5 a. a. O. ist zufolge § 69 Abs. 1 jene Stelle, die über das versäumte Rechtsmittel selbst zu entscheiden hat.

[3]) Wenn keine Gründe für die erbetene Nachsicht vorgebracht werden, ist der Antrag ohne weiteres abzuweisen.

[4]) Es genügt, daß die vorgebrachten Tatsachen glaubhaft gemacht werden. Glaubhaft ist eine Tatsache dann, wenn nach den allgemeinen Natur- und Denkgesetzen sowie

nach den Verhältnissen des Einzelfalls kein Grund besteht, ihre Richtigkeit anzuzweifeln. Hegt die Behörde trotz der objektiv vorhandenen Glaubwürdigkeit Zweifel, so muß sie vor Entscheidung über den Antrag entsprechende Beweise einfordern.

[5]) Andernfalls gilt die Rechtsmittelfrist trotz rechtzeitig gestellten Nachsichtsantrags als versäumt. Die Einlegung des Rechtsmittels wird freilich — ohne ausdrückliche Betonung — häufig oder sogar zumeist aus dem Inhalt des Nachsichtsantrags stillschweigend hervorgehen, was nach § 234 Abs. 2 genügt.

[6]) Ermessensfrage, die veranlaßtenfalls in der Entscheidung zu würdigen ist. Eine Veranlassung zu ihrer Würdigung dürfte stets vorliegen, wo nach den gegebenen Umständen (z. B. Geringfügigkeit der Fristüberschreitung, Verkehrsstreik) eine Entschuldbarkeit der Versäumnis besonders nahe liegt, oder, wie Becker sich ausdrückt, gleichsam „in der Luft liegt." Die Unterlassung der Würdigung bildet in solchen Fällen einen Mangel des Verfahrens (E. Bd. 3 S. 174, RStBl. 1920 S. 432).

§ 70. (1) Für Zustellungen[1]) gelten die Vorschriften der Zivilprozeßordnung über Zustellungen von Amts wegen[2]).

(2) Zustellen können auch[3]) Beamte der Steuer-, der Polizei- oder der Gemeindeverwaltung.

(3) Die Behörde kann durch eingeschriebenen Brief zustellen. Die Zustellung gilt mit dem dritten Tage nach der Aufgabe zur Post als bewirkt, es sei denn, daß der Zustellungsempfänger nachweist, daß ihm das zuzustellende Schriftstück nicht innerhalb dieser Zeit zugegangen ist.

(4) Als Zustellung an eine Behörde genügt die Vorlegung der Urschrift.

[1]) Wegen Notwendigkeit der Zustellung sowie wegen der Person, welcher zuzustellen ist, s. § 73 Abs. 1 S. 3 und Anm. 4.

[2]) §§ 208—213 ZPO. S. auch § 9 EinfV. Die Bestimmungen der ZPO. gelten für das gesamte Verfahren. Daraus, daß es sich in der ZPO. nur um streitige Ansprüche handelt, kann nicht gefolgert werden, daß sich ihre Vorschriften über Zustellung etwa in Steuersachen nur auf das Rechtsmittelverfahren beziehen. Dies geht aus der Stellung des § 70 unzweideutig hervor. Über die praktische Bedeutung dieses Satzes vgl. z. B. Anm. 4 zu § 73.

[3]) „auch" d. h. abgesehen von Zustellungen durch die Post, was nicht zu verwechseln ist mit Zustellungen durch eingeschriebenen Brief (Abs. 3). S. auch § 9 EinfV.

§ 71. Steuerpflichtige, die ihren Wohnsitz oder Sitz im Ausland, aber im Inland steuerpflichtiges Vermögen oder eine Niederlassung oder Geschäftsstelle haben oder steuer- oder sicherheitspflichtig sind, haben dem Finanzamt auf Verlangen einen Vertreter im Inland zu bestellen, der ermächtigt ist, Schriftstücke zu empfangen, die für sie bestimmt sind. Unterlassen sie dies, so gilt ein Schriftstück mit der Aufgabe zur Post als zugestellt, selbst wenn es als unbestellbar zurückkommt.

§ 72. Ist der Aufenthaltsort dessen, dem zugestellt werden soll, unbekannt oder seine Wohnung nicht zu ermitteln, so kann die Zustellung an ihn dadurch bewirkt werden, daß das Schriftstück an der zu Aushängen der Behörde bestimmten Stelle angeheftet wird. Die Zustellung gilt als bewirkt, wenn seit der Anheftung, mag auch das Schriftstück früher entfernt sein, zwei Wochen verstrichen sind. Statt des Schriftstücks, das zuzustellen ist, kann eine Benachrichtigung angeheftet werden, in der das Schriftstück im allgemeinen zu bezeichnen und zu bemerken ist, daß und wo es eingesehen werden kann. Diese Art der Zustellung ist auch zulässig, wenn bei einer Zustellung im Ausland die Befolgung der dafür bestehenden Vorschriften unausführbar ist oder keinen Erfolg verspricht, oder wenn in einer Wohnung zugestellt werden müßte, die Zustellung aber unausführbar ist, weil der Inhaber der Wohnung der inländischen Gerichtsbarkeit nicht unterworfen ist.

III. Verfügungen.

§ 73. (1) Verfügungen (Entscheidungen, Beschlüsse, Anordnungen) der Behörden für einzelne Personen[1]) werden dadurch wirksam, daß sie demjenigen zugehen[2]), für den sie ihrem Inhalt nach bestimmt sind (Bekanntgabe). Öffentliche Bekanntmachung oder Auslegung von Listen genügt, wo sie nach den Steuergesetzen zugelassen ist. Zustellung[3]) ist nur erforderlich, wo sie ausdrücklich vorgesehen ist[4]).

(2) Einem Anwesenden kann eine Verfügung mündlich bekanntgegeben werden[5]), auf Verlangen ist ihm eine Abschrift der Verfügung zu erteilen.[6])

[1]) natürliche oder juristische Personen oder sonstige Personenmehrheiten sowie Vermögensmassen, die als Steuerpflichtige im Sinne des § 79 in Betracht kommen können.

[2]) Zugegangen ist eine Verfügung dem Steuerpflichtigen in dem Zeitpunkt, in welchem sie derart in seinen persönlichen Bereich gebracht wurde, daß er bei normalen Verhältnissen davon hätte Kenntnis erlangen können. Daß er diese Kenntnis mit oder ohne seine Schuld tatsächlich nicht erlangt hat, ist belanglos. Wenn die Verfügung durch einfachen Brief zugeschickt wurde, genügt es daher nach der auf den § 130 BGB. bezüglichen Recht-

sprechung des Reichsgerichts (Entsch. i. Zw. S. Bd. 60 S. 336), daß der Brief in die Wohnung des Adressaten gelangt ist.

[3]) §§ 70—72.

[4]) Die hierher gehörigen Fälle der AO. sind: Steuerbescheide (§ 211 Abs. 3), Rechtsmittelbescheide (§ 242 Abs. 2), Verfügungsverbote im Beitreibungsverfahren (§ 334). Wenn in einer anhängigen Steuersache ein Bevollmächtigter aufgestellt ist, so müssen Zustellungen gemäß § 70 Abs. 1 AO. und § 176 ZPO. an diesen erfolgen (E. Bd. 6 S. 80). Letztere Entscheidung bezieht sich zwar zunächst nur auf das Rechtsmittelverfahren; sie muß aber in gleicher Weise auch für das übrige Steuerverfahren gelten (vgl. Anm. 2 zu § 70). Für nicht prozeßfähige Personen hat die Zustellung gemäß § 171 Abs. 1 ZPO. an den gesetzlichen Vertreter zu erfolgen. Über Prozeßfähigkeit s. Anm. 1 zu § 83.

Im Strafverfahren ist Zustellung notwendig bei Straf- und Beschwerdebescheiden (§§ 414, 417).

Wenn in einem Falle, wo Zustellung nach § 73 erforderlich ist, dieselbe unterblieb oder nicht ordnungsmäßig erfolgte, treten die Folgen, die mit einer ordnungsmäßigen Zustellung gegen die Beteiligten verknüpft sind, nicht ein, z. B. die Frist beginnt nicht zu laufen. Dies gilt auch für den Fall eines etwaigen Verzichts der Beteiligen auf formelle Zustellung.

[5]) Eine etwa nach Abs. 1 erforderliche Zustellung kann durch die mündliche Bekanntgabe nicht ersetzt werden. Bekanntgabe durch Fernsprecher genügt nicht.

Im übrigen wirkt die mündliche Bekanntgabe wie das sonstige „Zugehen" nach Abs. 1.

Die Frage des Zeitpunkts der Bekanntgabe ist von Bedeutung für §§ 74—78, 99, für den Zeitpunkt der Fälligkeit (s. Anm. 5 zu § 81), insbesondere aber für Fristenbeginn.

[6]) Der Zeitpunkt der Wirksamkeit hängt aber in diesem Falle nicht etwa von der Übersendung der Abschrift ab,

sondern die Wirksamkeit ist mit der mündlichen Bekanntgabe bereits eingetreten.

§ 74. (1) Bis zu ihrer Bekanntgabe (§ 73) können Verfügungen zurückgenommen, geändert oder durch andere Verfügungen ersetzt werden[1]).

(2) Entscheidungen, die auf Grund einer mündlichen Verhandlung verkündet werden[2]), können nach ihrer Verkündung nicht mehr zurückgenommen oder geändert werden.

(3) Schreibfehler, Rechenfehler und ähnliche offenbare Unrichtigkeiten[3]) können auch nach der Bekanntgabe oder Verkündung berichtigt werden.

[1]) Abs. 1 enthält einen allgemein gültigen Grundsatz für alle denkbaren Verfügungen (auch im Strafverfahren, für welches der zweite Teil der AO. an sich nicht gilt).

[2]) Hier ist nur an Urteile der Finanzgerichte und des RFH. gedacht, die nach §§ 261 und 276 verkündet werden.

[3]) Hierunter fallen nur offenkundige Versehen, die entweder dem entscheidenden Beamten beim Niederschreiben des gefaßten Beschlusses oder dem Kanzleipersonal beim Herstellen von Ausfertigungen usw. unterlaufen sind. Weiter geht das Berichtigungsrecht nach § 74 Abs. 3 nicht; insbesondere kann ein Irrtum in der sachlichen oder rechtlichen Beurteilung der Tatsachen nicht mehr berichtigt werden, wenn nicht nach anderen Bestimmungen (z. B. Abs. 1) die Berichtigung zulässig ist.

§ 75. Erachtet die Behörde eine Verfügung nachträglich[1]) für ungerechtfertigt, so ist sie, soweit in den §§ 76 bis 78 oder sonst in den Steuergesetzen nichts Abweichendes bestimmt ist, berechtigt, sie zurückzunehmen oder zu ändern;[2]) wenn eine Verfügung nur auf Antrag erlassen werden kann und der Antrag zurückgewiesen worden ist, darf die Verfügung nur auf Antrag geändert werden.

[1]) D. h. nach Bekanntgabe (s. § 73).

[2]) Auf Antrag oder von Amts wegen. Für Zurücknahme von Strafbescheiden gilt § 414 Abs. 4.

§ 76. (1) Einen Steuerbescheid im Sinne der §§ 211, 220 kann die Behörde, die ihn erlassen hat, zurücknehmen oder ändern:[1])

1. wenn der Bescheid Zölle oder Verbrauchsabgaben betrifft,
2. wenn er andere Steuern betrifft, falls der Steuerpflichtige zustimmt; ist jedoch ein solcher Bescheid bereits unanfechtbar geworden, so darf er nur zum Nachteil des Steuerpflichtigen zurückgenommen oder geändert werden.

(2) Die Vorschriften über die Nachforderung hinterzogener Steuern, über die Nach- und Neuveranlagung und über die Berichtigung von Veranlagungen[2]) bleiben unberührt.

(3) Rechtsmittelentscheidungen können nicht zurückgenommen oder geändert werden[1]).

[1]) Nach der Bekanntgabe, die in diesen Fällen im allgemeinen durch Zustellung erfolgt; vor der Bekanntgabe gilt § 74 Abs. 1, 2. Rechtsmittelbescheide sind hier im weitesten Sinne zu verstehen.

[2]) §§ 212 bis 214.

§ 77. Verfügungen, die Ungehorsamsfolgen (Zwangsmittel, Sicherungsgelder oder Steuerzuschläge) festsetzen,[1]) dürfen nur zugunsten der Betroffenen zurückgenommen oder geändert werden.[2])

[1]) Strafbescheide des dritten Teiles der AO. gehören nicht hierher! S. hierüber § 414 Abs. 4. Auch auf Zinsen bezieht sich § 77 nicht.

[2]) Nach Bekanntgabe; vorher dürfen sie nach § 74 unbeschränkt zurückgenommen oder geändert werden.

§ 78. (1) Wo eine Anerkennung, Genehmigung, Bewilligung oder Erlaubnis ausgesprochen worden ist, die den Beteiligten Befugnisse oder Vergünstigungen gewährt[1]) oder sie von Pflichten befreit, kann diese Verfügung, soweit nicht Widerruf oder weitere Bedingungen vorbehalten sind, nur zurückgenommen oder eingeschränkt werden:

1. wenn die Verfügung von sachlich[2]) unzuständiger Stelle erlassen worden ist,
2. wenn sich die tatsächlichen[3]) Verhältnisse geändert haben, die für die Erlassung der Verfügung maßgebend waren, oder das Vorhandensein dieser tatsächlichen Verhältnisse auf Grund unrichtiger oder irreführender Angaben des Beteiligten irrig angenommen ist,
3. wenn der Beteiligte die Bedingungen oder Verpflichtungen, die ihm bei Gewährung der Vergünstigung auferlegt worden sind, nicht erfüllt oder eine nachträglich geforderte Sicherheit nicht leistet.

(2) Hat der Beteiligte die Verfügung durch unlautere Mittel, wie Täuschung, Zwang, Bestechung, veranlaßt, so kann sie mit rückwirkender Kraft zurückgenommen werden.

[1]) Gilt auch für Erstattungen, die aus Rechtsgründen bewilligt worden sind gem. §§ 127 ff. (E. Bd. 5 S. 245,

Bd. 6 S. 243), ferner z. B. für Anerkennung der Gemeinnützigkeit nach § 3 Nr. 3 UmsStG. usw.

[2]) Örtliche Unzuständigkeit ist belanglos, vgl. auch § 61 Abs. 1.

[3]) Eine Änderung in der rechtlichen Auffassung genügt nicht, auch wenn diese Änderung auf einer oberstrichterlichen Entscheidung beruhen sollte.

Zweiter Titel.

Sachliche Vorschriften.

I. Der Steueranspruch.

1. Entstehung. Fälligkeit.

§ 79. (1) Steuerpflichtiger im Sinne der Reichsabgabenordnung ist, wer[1]) nach den Steuergesetzen eine Steuer als Steuerschuldner zu entrichten hat.

(2) Die Vorschriften für die Steuerpflichtigen gelten sinngemäß für die, die nach den Steuergesetzen[2]) neben den Steuerpflichtigen[3]) oder an deren Stelle[4]) persönlich für die Steuer haften.

[1]) Als „Steuerpflichtige" kommen in Betracht Einzelpersonen, juristische Personen sowie Personenmehrheiten aller Art, die als solche nach den einzelnen Steuergesetzen eine Steuer zu entrichten haben.

[2]) Dazu gehört auch die AO.; vgl. z. B. die §§ 84 bis 90; die in den §§ 84 bis 89 genannten Vertreter usw sind demnach „Steuerpflichtige" im Sinne des Abs 2, da sie gemäß § 90, wenn auch nur in dem dort eingeschränkten Maße, persönlich neben dem eigentlich Steuerpflichtigen haften.

[3]) Gesamthaftung, § 95 Abs. 1.

[4]) „An deren Stelle": Hier ist an die Fälle gedacht, wo Personen an Stelle von weggefallenen Steuerpflichtigen haften, z. B. §§ 81 Abs. 1 S. 3, 87 Abs. 1, 95 Abs. 3, 97 Abs. 1 bis 3.

§ 80. (1) Wer einen Gegenstand als ihm gehörig besitzt, wird im Sinne der Steuergesetze wie ein Eigentümer behandelt.[1]) Soweit nichts anderes vorgeschrieben ist, ist der Vorerbe und nach Aushändigung des Vermächtnisses der Vorvermächtnisnehmer dem Eigentümer gleich zu behandeln; ebenso der Inhaber eines Fideikommisses, Lehens oder Stammguts, eines Hausguts oder eines sonstigen nach landesgesetzlichen Vorschriften (Artikel 57 bis 59 des Einführungsgesetzes zum Bürgerlichen Gesetzbuch) gebundenen Vermögens.

(2) Steht ein Gegenstand mehreren zur gesamten Hand zu, so sind die Beteiligten so zu besteuern, wie wenn sie nach Bruchteilen berechtigt wären.[2]) Die Höhe der Bruchteile ist nach den Anteilen zu bestimmen, zu denen die Beteiligten an dem Vermögen zur gesamten Hand berechtigt sind, oder nach Verhältnis dessen, was ihnen bei Auflösung der Gemeinschaft zufallen würde.

[1]) Für den hier normierten Eigentumsbegriff gilt weder der Begriff des Eigentums noch der des Besitzes im Sinne des bürgerlichen Rechts. Als Eigentümer im steuerrechtlichen Sinne wird vielmehr unter Heranziehung der Auslegungsvorschriften des § 4 derjenige zu betrachten sein, der eine Sache wirtschaftlich beherrscht (so Ausschußbericht S. 3, zitiert bei Mrozek) „Eine Sache wirtschaftlich als Eigentümer beherrschen", ist natürlich nicht gleichbedeutend mit „aus einer Sache wirtschaftlichen Nutzen ziehen" (wie dies z. B. beim Pächter oder sonstigen Nutznießer der Fall ist, beim elterlichen Nießbrauch am Kindesvermögen nach § 1649 BGB oder beim Nießbrauch des Ehemanns am Vermögen der Frau nach § 1383 BGB). Wirtschaftlich eine Sache als Eigentümer beherrschend ist vielmehr derjenige, dem nach der Verkehrsauffassung die wirtschaftliche

Verfügungsmöglichkeit über eine Sache zusteht, mag auch nach formalem bürgerlichen Recht ein anderer rechtlich der „Eigentümer“ sein. Es ist demnach Eigentümer im steuerrechtlichen Sinne z B. bei Sicherungsübereignung der Übereignende (auch nach der Übereignung), bei Verkauf eines Grundstücks der Erwerber, auch wenn die Auflassung noch nicht erfolgt ist, bei Erbfällen der Erbschaftsbesitzer, der sich unangefochten als Erbe betrachtet, mag auch nach Gesetz oder Testament ein anderer wirklich Erbe sein, ferner der Eisenbahnfiskus, der ein Grundstück bereits vor Durchführung des Enteignungsverfahrens zu Bahnanlagen benützt. Letzteres könnte zweifelhaft sein, da der zu Enteignende doch vor Erledigung des Verfahrens keineswegs den Eigentumswillen aufgegeben hat; mit Rücksicht darauf, daß jedoch der Staat selbst in diesem Falle einen Zwang gegen den rechtlichen Eigentümer ausübt und diesen Zwang auch tatsächlich durchzuführen in der Lage ist, wäre es wirtschaftlich unbillig, den formellen Eigentümer steuerrechtlich noch als solchen zu betrachten. Auch die (bei Mrozek bejahte) Frage, ob bei Verkauf einer Sache unter Eigentumsvorbehalt mangels Barzahlung der Erwerber steuerrechtlich Eigentümer wird, scheint an sich nach obiger Begriffsbestimmung zunächst zweifelhaft. Denn der Verkäufer behält doch zunächst, auch nach Absicht der Parteien, noch seine wirtschaftliche Verfügungsgewalt. Da es jedoch der Erwerber in der Macht hat, jederzeit durch Barzahlung die volle wirtschaftliche Verfügungsgewalt zu erlangen, wird der Ansicht Mrozeks beizupflichten sein

[2]) Diese Vorschrift ist keine bloße Bewertungs- oder Berechnungsvorschrift, sondern auch für die materiellrechtliche Beurteilung der Entstehung von Steueransprüchen maßgebend, namentlich beim Eigentumswechsel (E. Bd. 5 S. 182) Der Begriff des Eigentums zur gesamten Hand, den das bürgerliche Recht kennt, mit dem jedoch das Steuerrecht aus wirtschaftlichen Erwägungen nicht leicht

zurecht kommen würde, wird für die Frage der Besteuerung aus Zweckmäßigkeitsgründen ausgeschaltet.

Daß im übrigen die Vorschrift nur Bedeutung hat für Steuern, die sich an Eigentum oder Eigentumsveränderungen knüpfen, liegt auf der Hand. Für die Erhebung der Körperschaftssteuer z. B. (bei der ja Gesamthandsgemeinschaften in Frage stehen können, z. B. off. Handelsgesellschaften) kommt sie nicht in Betracht.

§ 81. (1) Die Steuerschuld entsteht[1]), sobald der Tatbestand verwirklicht ist, an den das Gesetz die Steuer knüpft.[2]) Daß es zur Feststellung der Steuerschuld noch der Festsetzung des Betrags bedarf, schiebt die Entstehung nicht hinaus.[3]) Sind bei Herstellung steuerpflichtiger Erzeugnisse mehrere Betriebe an der Herstellung beteiligt, so geht die Steuerschuld auf jeden folgenden an der Herstellung beteiligten Betriebsinhaber über.

(2) Bedingte Steuerschulden sind im Zweifel auflösend bedingt; tritt die Bedingung ein, unter der die Steuerpflicht wegfällt, oder gehen bedingt steuerpflichtige Erzeugnisse oder Waren unter, bevor es sich entschieden hat, ob die Bedingung eintritt, so sind etwa erfolgte Steuerfestsetzungen zu berichtigen (§ 214).[4])

(3) Wird eine Frist für die Zahlung einer Steuerschuld gesetzt, so wird die Steuerschuld, soweit nichts anderes vorgeschrieben ist, mit Ablauf der Frist fällig.[5])

(4) Diese Vorschriften gelten sinngemäß für andere Leistungen, die auf Grund der Steuergesetze geschuldet werden.[6])

(5) Bei Verschollenen gilt für die Steuergesetze der Tag, mit dessen Ablauf das Ausschlußurteil rechtskräftig wird, als Todestag.

[1]) § 81 bringt zwei für das ganze Steuerrecht äußerst wichtige Begriffe, nämlich die Begriffe

1. der Entstehung der Steuerschuld,
2. der Fälligkeit der Steuerschuld.

Die beiden Begriffe decken sich keineswegs, haben ganz verschiedene steuerrechtliche Bedeutung und fallen auch zeitlich in den wenigsten Fällen zusammen.

Der Zeitpunkt der Entstehung der Steuerschuld ist maßgebend

1. für die Frage, von wann an die Veranlagung zur betr. Steuer erfolgen kann,
2. für die Frage der Verjährung (§ 122),
3. für die Frage nach dem persönlichen und sachlichen Umfang der Steuerschuld.

Der Zeitpunkt der Fälligkeit ist maßgebend

1. für die Zulässigkeit des Beitreibungsverfahrens (§§ 298 ff.), insbesondere aber
2. für die Verzinsungspflicht (§ 104).

Näheres über den Zeitpunkt der Entstehung s. nächste Anm., über den Zeitpunkt der Fälligkeit unten Anm. 5.

[2]) Entstehung der Steuerschuld. Die Frage, wann der Tatbestand verwirklicht ist, an den das Gesetz die Steuer knüpft, beantwortet sich nach den einzelnen Steuergesetzen. Bei Einkommens- und Vermögenssteuergesetzen spricht man hierbei auch von sog. Stichtagen. Die einzelnen Steuergesetze haben allerdings leider nicht alle mit genügender Klarheit die Frage gelöst, insbesondere nicht das Reichseinkommensteuergesetz, das überdies eine vorläufige und eine endgültige Steuerschuld kennt. Die Steuerschuld (sowohl die vorläufige wie die endgültige) nach REinkG. dürfte entstehen mit Beginn des Rechnungsjahres, ev. mit Begründung der Steuerpflicht im Laufe desselben.

Die AO. gibt zu den einzelnen Vorschriften der Steuergesetze nur drei allgemein gültige Grundsätze.

Erstens sagt sie im § 81 Abs. 1 S. 2, daß die Entstehung der Steuerschuld keinesfalls abhängig ist von der Veranlagung und Festsetzung. Letztere kann sich mit oder ohne Verschulden der Steuerpflichtigen oder der Behörden hinausziehen so weit immer, die Entstehung der Schuld wird dadurch zeitlich nicht berührt.

Zweitens ist bestimmt in Abs. 2 des § 81: Wenn sich nicht bestimmt entscheiden läßt, ob eine bedingte Steuerschuld aufschiebend oder auflösend bedingt ist, muß letzteres angenommen werden. Zur Erläuterung diene folgendes: Wenn eine Steuerschuld aufschiebend — d. h. nur unter Voraussetzung des Eintritts einer gewissen Bedingung — bedingt ist, besteht sie solange überhaupt noch nicht, als jene Bedingung nicht eingetreten ist. Bei auflösender Bedingung dagegen — d. h. wenn eine Steuerschuld nur solange besteht, als eine gewisse Bedingung vorliegt — besteht die Steuerschuld zunächst mit allen ihren Wirkungen. Da nun des öfteren zweifelhaft sein kann, ob eine Bedingtheit aufschiebend oder auflösend ist, hat die AO. in § 81 Abs. 1 eine bindende Auslegungsregel gegeben, wonach also die Veranlagung in solchen Fällen zunächst vorzunehmen ist. Ergibt sich nachträglich der Wegfall der Steuerpflicht, so ist die Veranlagung nach Abs. 2 Halbs. 2 zu berichtigen.

[3]) S. Anm. 2 oben.

[4]) S. oben Anm. 2.

[5]) Fälligkeit der Steuerschuld. Nach Mrozek soll mangels ausdrücklicher entsprechender Vorschrift im allgemeinen die Fälligkeit mit der Entstehung der Steuerschuld gegeben sein (in Anlehnung an den Grundsatz des § 271 Abs. 1 BGB.). Diese Auslegung erscheint mehr als zweifelhaft. Denn § 81 Abs. 3 sagt zwar nicht positiv, wann im allgemeinen Fälligkeit einer Steuerschuld eintritt, aber aus seinem Wortlaut kann immerhin einiges geschlossen werden. Wenn gesagt ist, daß im Falle einer Fristsetzung die

Steuer erst nach Fristablauf fällig wird, dann kann nach allgemeinem Sprachgebrauch doch wohl angenommen werden, daß bei Zahlungsaufforderung ohne Fristsetzung die Steuer bereits mit Bekanntgabe der Zahlungsaufforderung fällig wird. Es wäre aber doch höchst eigenartig, in den Fällen, wo das Finanzamt — je nach seinem Belieben oder nach Üblichkeit — eine Fristsetzung unterläßt, nun plötzlich die Fälligkeit auf einen weit (vielleicht jahrelang) zurückliegenden Zeitpunkt zurückdatieren zu wollen. Man wird daher bei Berücksichtigung des § 4 zu der Auslegung kommen: Fälligkeit im Sinne der Steuergesetze bedeutet Pflicht zur Entrichtung. Die Steuerschuld wird fällig mit Bekanntgabe der Zahlungsaufforderung, wobei übrigens nicht gerade ausdrücklich Zahlung gefordert zu werden braucht, sondern es genügt, wenn dem Pflichtigen die Steuerfestsetzung in der vorgeschriebenen Form bekanntgegeben wird (hierüber s. § 73 Anm. 2, 4, 5). Wird gleichzeitig mit der Bekanntgabe eine Zahlungsfrist gesetzt, so wird die Fälligkeit auf den Endpunkt der Frist hinausgeschoben. (Dies gilt natürlich nicht bei sog. Nachfristen, die im Falle nicht rechtzeitiger Zahlung zumeist gesetzt werden oder bei Mahnfristen im Beitreibungsverfahren.)

Über Stundung und Teilzahlungen s. §§ 105, 106.

Vorstehende Grundsätze gelten übrigens ausdrücklich nur, soweit nichts anderes vorgeschrieben ist, d. h. soweit nicht in den einzelnen Steuergesetzen und Ausführungsbestimmungen andere Fälligkeitstermine ausdrücklich vorgesehen sind. Dies ist z. B. geschehen in §§ 42, 42a, c REinkG., § 37 Abs. 1 UmsStG., § 30 Abs. 1 GrunderwStG., §§ 63—67 ErbschStG., §§ 51, 52 WehrbG., § 70 BesStG. 1913, § 81 KriegsStG. 1916, § 37 KriegsAbgG. 1918, § 31 KriegsAbgG. 1919, § 24 Ges. üb. auß. KriegsAbg. v. Verm.-Zuw. 1919, §§ 31, 38, 39 RNotopfG., § 9 KapErtrStG.

Wegen Stundung s. Anm. 2 zu § 105, wegen Teilzahlungen Anm. 1 zu § 106.

[6]) Z. B. Zuschläge, Zinsen, Sicherheitsgelder, Geldstrafen nach § 202 (nicht jedoch Strafen im eigentlichen Sinn, wozu auch Ordnungsstrafen rechnen).

§ 82. (1) Ist ungewiß, ob oder inwieweit die Voraussetzungen für die Entstehung einer Steuerschuld eingetreten sind[1]), insbesondere, ob jemandem ein Gegenstand gehört oder ob ein Recht verwirklicht werden kann, so kann das Finanzamt die Steuer vorläufig festsetzen[2]) oder die Festsetzung gegen oder ohne Sicherheitsleistung aussetzen. Das gleiche gilt, wenn aus besonderen Gründen der Wert eines Gegenstandes nicht sofort ermittelt werden kann.

(2) Wenn das Gesetz bei bedingten oder befristeten Verhältnissen die Steuerfestsetzung hinausschiebt, kann das Finanzamt Sicherheitsleistung verlangen.

[1]) Das heißt bestehen Zweifel über die tatsächlichen Grundlagen der Besteuerung oder der Steuerhöhe. Rechtliche Zweifel über die Anwendbarkeit der Steuergesetze gehören keinesfalls hierher. Denn die Gesetzesanwendung ist Dienstpflicht der Behörden, ein rechtlicher Irrtum der Behörden kann ja vom Steuerpflichtigen im Rechtsmittelweg angegriffen werden.

[2]) „Kann" festsetzen: Ermessensfrage nach § 6. Das Finanzamt muß also vernünftige Anhaltspunkte für die Möglichkeit des Bestehens einer Steuerschuld haben und besondere Gründe dafür, daß mit Erhebung der Steuer nicht bis zur Klärung der tatsächlichen Unterlagen gewartet wird.

2. Geschäftsfähigkeit. Vertretung. Vollmacht. Haftung.

§ 83. (1) Für die Geschäftsfähigkeit von Privatpersonen gelten in Steuersachen die Vorschriften des bürgerlichen Rechtes[1]).

(2) Das gleiche gilt von der Vertretung und Vollmacht, soweit in den §§ 84 bis 92 nichts anderes vorgeschrieben ist[2]).

[1]) Einschlägig sind §§ 104—115 BGB. Hervorzuheben ist hier insbesondere folgendes: Die Steuererklärung ist keine Willenserklärung, sondern lediglich eine Wissenserklärung, kann daher auch von Minderjährigen abgegeben werden; (ebenso Becker). Die Einlegung von Rechtsmitteln ist Willenserklärung und fällt unter § 107 BGB.

Einen besonderen Begriff der steuerlichen Prozeßfähigkeit stellt die AO. nicht auf. Er deckt sich sachlich, wie auch eine vergleichsweise Heranziehung des § 51 ZPO. ergibt, mit dem der Geschäftsfähigkeit. So weit also ein Minderjähriger geschäftsfähig ist (z. B. nach § 112 BGB.), kann er auch den Steuerbehörden gegenüber selbstständig rechtswirksam auftreten.

[2]) Einschlägig sind §§ 164—181 BGB. (§§ 175—179, 181 dürften für die AO. allerdings kaum in Betracht kommen.

§ 84. Die gesetzlichen Vertreter juristischer Personen und solcher Personen, die geschäftsunfähig oder in der Geschäftsfähigkeit beschränkt sind, haben alle Pflichten zu erfüllen, die den Personen, die sie vertreten, obliegen[1]); insbesondere haben sie dafür zu sorgen, daß die Steuern[2]) aus den Mitteln, die sie verwalten[3]), entrichtet werden. Für Zwangsgeldstrafen und Sicherungsgelder, die gegen sie erkannt, und für Kosten von Zwangsmitteln, die gegen sie festgesetzt werden, haften neben ihnen[4]) die von ihnen vertretenen Personen.

[1]) Diese Pflichten ergeben sich insbesondere aus §§ 162—176 (Erklärungspflicht, Auskunftspflicht, Pflicht zu persönlichem Erscheinen usw.). Es dürften übrigens nur solche Pflichten hierher gehören, die den vertretenen Personen unmittelbar obliegen, nicht auf solche, die diesen etwa ihrerseits als Vertretern von Personenmehrheiten obliegen.

²) Hierzu gehören auch sonstige Geldleistungen, die die Rechtsnatur der Steuern teilen (vgl. hierüber Anm. 1 zu § 1). Bezüglich der übrigen Geldleistungen gilt S. 2 des § 84.

³) Nur mit diesen Mitteln haften sie für die Steuer, nicht etwa „in Höhe dieser Mittel". Eine Ausnahme von dieser beschränkten Haftung bildet nur § 90 Abs 1 (E. Bd. 5 S. 160). Bezüglich der Pflichten der Vertreter in der Zwangsvollstreckung s § 299 Abs. 3. Wegen allgemeiner Haftung der Vertreter als ev Mitglieder gilt § 93.

⁴) Sog. gesamtschuldnerische Haftung! Hierüber vgl. § 95.

§ 85. Steht eine Vermögensverwaltung nach Gesetz¹), Anordnung der Behörde²) oder letztwilliger Verfügung³) anderen Personen zu als den Eigentümern oder deren gesetzlichen Vertretern, so haben sie, soweit ihre Verwaltung reicht, die gleiche Pflicht (§ 84).

¹) z. B. Verwaltungspflicht des Ehemanns nach § 1363 Abs. 1 BGB., § 1443 Abs. 1 BGB., §§ 1519 Abs. 2, 1549 Abs 1, Verwaltungspflicht des Vaters oder der Mutter nach §§ 1649, 1686 BGB., falls ihnen nicht nach §§ 1666 Abs. 2, 1686 BGB. die Vermögensverwaltung entzogen ist.

²) z. B. der Nachlaßverwalter, Konkursverwalter, Zwangsverwalter.

³) Testamentsvollstrecker.

§ 86. (1) Bei Personenvereinigungen, die als solche¹) steuerpflichtig sind, aber keine eigene Rechtspersönlichkeit besitzen²), haben die Vorstände oder Geschäftsführer und, soweit solche nicht vorhanden sind, die Mitglieder die Pflichten zu erfüllen, die den Personenvereinigungen wegen der Besteuerung auferlegt sind³). Die §§ 84, 85 gelten entsprechend.

(2) Das gleiche gilt für Zweckvermögen und sonstige einer juristischen Person ähnlichen Gebilde, die als solche der Besteuerung unterliegen.

(3) Entstehen dadurch Schwierigkeiten, daß es in den Fällen der ersten beiden Absätze an Vorständen oder Geschäftsführern fehlt und Beteiligte in größerer Zahl vorhanden sind, so haben die Beteiligten einen oder mehrere Bevollmächtigte im Inland zu stellen. Unterlassen sie dies, so kann das Finanzamt einen oder einzelne Beteiligte als Bevollmächtigte mit Wirkung für die Gesamtheit behandeln.

[1]) „Als solche", d. h. als Ganzes, ohne Rücksicht auf die einzelnen Mitglieder. Eine derartige Steuerpflicht besteht z. B hinsichtlich der Umsatzsteuer, der Stempelsteuern. (Vgl. auch RFH. in E. Bd. 7 S 209). Voraussetzung einer solchen gesellschaftlichen Steuerpflicht wird aber immer sein, daß nicht eine bloße sog. „Innengesellschaft" vorliegt, d. h. eine Personenmehrheit ohne Bildung eigenen Gesellschaftsvermögens und ohne gemeinsames Auftreten nach außen hin. Ebenso Becker zu § 93. Über den Begriff „Innengesellschaft" s. E. Bd. 4 S. 15.

[2]) Z. B. offene Handelsgesellschaften, nicht eingetragene Vereine aller Art, Privatzirkel usw.

[3]) Eine Haftung für die Steuer selbst ist hierdurch nicht festgelegt. Hierwegen gilt vielmehr § 91, ferner bezüglich der allgemeinen Mitgliederhaftung § 93.

§ 87. (1) Bei Wegfall eines Steuerpflichtigen (Tod, Auflösung einer juristischen Person, einer Personenvereinigung oder eines Zweckvermögens) haben die Rechtsnachfolger, Testamentsvollstrecker, Erbschaftsbesitzer (§ 2018 des Bürgerlichen Gesetzbuchs), Pfleger, Liquidatoren, Verwalter und die Bevollmächtigten dieser Personen dafür zu sorgen, daß Mittel zur Bezahlung der vorher entstandenen Steuerschulden (§ 81 Abs. 1) zurückgehalten und diese Steuerschulden bezahlt werden[1]). Auf Verlangen ist aus dem Nachlaß oder der Masse Sicherheit zu leisten.

(2) Die gleichen Pflichten [1]) haben wegen der Steuern, die aus einem Nachlaß zu entrichten sind, die Erben, Testamentsvollstrecker, Erbschaftsbesitzer, Pfleger, Verwalter und die Bevollmächtigten dieser Personen.

(3) Ist zweifelhaft, wer zur Vertretung eines Nachlasses oder eines sonst verbleibenden Vermögens befugt ist, so hat das Nachlaßgericht und beim Wegfall einer juristischen Person oder eines dieser ähnlichen Gebildes das Amtsgericht des nach § 52 zuständigen Ortes auf Antrag des Finanzamts einen Pfleger für den Nachlaß oder die sonstige Masse zu bestellen; der Pfleger hat die Stellung eines Nachlaßpflegers im Sinne des § 1961 des Bürgerlichen Gesetzbuchs. Die Steueransprüche können gegen ihn geltend gemacht werden, und er ist befugt, Rechtsmittel gegen die Heranziehung einzulegen.

[1]) Insoweit sie diese Pflichten verletzen, kommt ihre Haftung gemäß § 90 in Frage.

§ 88. (1) Wer durch Abwesenheit oder sonst verhindert ist, Pflichten zu erfüllen, die ihm im Interesse der Besteuerung obliegen, oder Rechte wahrzunehmen, die ihm nach den Steuergesetzen zustehen, kann dies durch Bevollmächtigte tun [1]). Bevollmächtigte, die aus der Erteilung von Rat und Hilfe in Steuersachen ein Geschäft machen oder denen die Fähigkeit zum geeigneten schriftlichen oder mündlichen Vortrag mangelt, können zurückgewiesen werden. Dies gilt nicht für Rechtsanwälte oder Notare sowie auch nicht für Vertreter beruflicher und gewerkschaftlicher Vereinigungen hinsichtlich des von ihnen in dieser Eigenschaft vertretenen Personenkreises; es gilt ferner nicht für Personen, die von einem Landesfinanzamte zugelassen worden sind; das Landesfinanzamt kann die Zulassung jederzeit zurücknehmen.

(2) Die Finanzämter können auch sonst Bevollmächtigte zulassen; es bleibt ihnen aber unbenommen, sich neben dem Bevollmächtigten an den Steuerpflichtigen selbst zu wenden[2]).

(3) Der Steuerpflichtige kann sich in jeder Lage des Verfahrens eines Beistandes bedienen. Auf den Beistand finden die Vorschriften des Absatz 1 Satz 2, 3 Anwendung.

(4) Eine Vereinbarung, durch die als Entgelt für die Tätigkeit eines Vertreters oder Beistandes ein Teil an der von ihm zu erzielenden Steuerermäßigung oder Steuerersparung ausbedungen wird, ist nichtig.

[1]) Das Finanzamt muß unter den Voraussetzungen des Abs. 1 den vom Pflichtigen aufgestellten Bevollmächtigten zulassen. Im übrigen, d. h. wenn der Bevollmächtigte zu anderen Zwecken als den in Abs. 1 S. 1 bezeichneten aufgestellt werden soll, steht die Zulassung gemäß Abs. 2 im Ermessen des Finanzamts.

Hat das FA. einen Bevollmächtigten zugelassen, so müssen etwaige Zustellungen an diesen erfolgen (Anm. 4 zu § 73). Wo dagegen gewöhnliche Bekanntgabe, mündlich oder schriftlich, (§ 73) genügt, kann diese trotz Zulassung eines Bevollmächtigten an den Pflichtigen selbst erfolgen. S. auch Anm. 4 zu § 73.

Beibringung einer schriftlichen Vollmacht ist nicht vorgeschrieben, da durch § 83 Abs. 2 nur die Vorschriften des bürgerlichen Rechts, nicht auch jene der Zivilprozeßordnung (vgl. § 80 ZPO.) für anwendbar erklärt sind. Das Finanzamt kann also im allgemeinen von Beibringung einer Vollmacht absehen, falls nicht besondere Gründe für die Annahme vorliegen, daß der angebliche Bevollmächtigte gar keine Vertretungsbefugnis hat oder daß ein Steuerpflichtiger, dem es um Verschleppung der Angelegenheit zu tun ist, nachträglich das Vorhandensein eine Vollmacht vielleicht bestreiten könnte.

Wegen Vertretung im Rechtsmittelverfahren s. §§ 238, 239.

[2]) Zustellungen können jedoch nur an den Bevollmächtigten erfolgen. (A. A. Becker; vgl. auch Anm. 4 zu § 73).

§ 89. Wer als Bevollmächtigter oder als Verfügungsberechtigter auftritt, hat die Pflichten eines gesetzlichen Vertreters (§ 84). Für Zwangsgeldstrafen und Sicherungsgelder, die gegen ihn erkannt, und für Kosten von Zwangsmitteln, die gegen ihn festgesetzt werden, haftet neben ihm[1]) der Vertretene.

[1]) Gesamtschuldnerische Haftung (§ 95)!

§ 90. (1) Die Vertreter und die übrigen in den §§ 84 bis 89 bezeichneten Personen haften[1]) insoweit persönlich neben[2]) dem Steuerpflichtigen, als durch schuldhafte[3]) Verletzung der ihnen in den §§ 84 bis 89 auferlegten Pflichten Steueransprüche verkürzt oder Erstattungen oder Vergütungen zu Unrecht gewährt worden sind. Zur Geltendmachung dieser Ersatzansprüche bedarf es der Zustimmung des Landesfinanzamts[4]).

(2) Rechtsanwälte sind wegen Handlungen, die sie in Ausübung ihres Berufs bei der Beratung in Steuersachen vorgenommen haben, dem Reiche gegenüber nur dann schadenersatzpflichtig, wenn diese Handlungen eine Verletzung ihrer Berufspflicht enthalten; ob eine solche Verletzung der Berufspflicht vorliegt, wird auf Antrag des Landesfinanzamts im ehrengerichtlichen Verfahren entschieden.

[1]) § 90 regelt nur die Haftung der Vertreter usw. für die Steuern selbst und die ihnen nach Anm. 1 zu § 1 gleichzustellenden Geldleistungen. Wegen der Haftung für sonstige Geldleistungen gilt § 84 S. 2, wegen etwaigen strafrechtl. Einschreitens AO., 3. Teil.

[2]) Gesamtschuldnerische Haftung (§ 95). Der Steuerpflichtige selbst haftet immer, auch wenn er an dem Verschulden des Vertreters ganz unbeteiligt ist.

[3]) Als Schuld kann bei der uneingeschränkten Gesetzesfassung Vorsatz oder grobe Fahrlässigkeit in Frage kommen.

[4]) Dadurch soll vermieden werden, daß die Finanzämter etwa unter schrankenloser Ausdehnung der Haftungsbestimmung des §.90 bei jedem geringfügigen Verschulden eines Vertreters oder ohne etwaige Rücksicht auf anderweitige Beitreibbarkeit der Steuer die Haftung des Vertreters in Anspruch nehmen.

Die Zustimmung des LFA. erstreckt sich zunächst nur auf die Geltendmachung der Haftung. Das Weitere hat das FA. selbst zu veranlassen. Seine Verfügungen sind sodann mit den normalen Rechtsmitteln anfechtbar (§ 99).

§ 91. Das Erlöschen der Vertretungsmacht oder der Vollmacht läßt die Pflichten der Vertreter und Bevollmächtigten unberührt, soweit es sich um die vorangegangene Zeit handelt.

§ 92. (1) Wenn Vertreter, Verwalter oder Bevollmächtigte im Sinne der §§ 84 bis 89 bei Ausübung ihrer Obliegenheiten Steuerhinterziehungen oder Steuergefährdungen begehen (§§ 359, 367), so haften die Vertretenen[1]) für die verkürzten Steuereinnahmen und die zu Unrecht gewährten oder belassenen Steuervorteile.

(2) Das gleiche gilt für den Geschäftsherrn oder den Haushaltungsvorstand, wenn Angestellte oder sonst im

Dienste oder Lohne stehende Personen sowie Familien- und Haushaltungsangehörige bei Ausübung von Obliegenheiten, die sie im Interesse[2]) dieser Personen wahrnehmen, Steuerhinterziehungen oder Steuergefährdungen begehen; diese Haftung tritt jedoch, sofern sie nicht aus anderen Gründen besteht, nicht ein, wenn festgestellt wird, daß die Steuerhinterziehung oder Steuergefährdung ohne Wissen des Geschäftsherrn oder des Haushaltungsvorstandes oder einer zu seiner Vertretung nach außen befugten Person begangen worden ist und die genannten Personen bei der Auswahl oder Beaufsichtigung der Angestellten oder der Beaufsichtigung der Familien- und Haushaltungsmitglieder die erforderliche Sorgfalt aufgewandt haben.

[1]) Die Vertretenen haften, auch wenn sie an der Steuerhinterziehung gar keine Schuld haben, vielleicht nicht einmal darum wußten.

[2]) „Im Interesse", nicht „in Vertretung". Wenn die in Abs. 2 genannten Personen zugleich als „Vertreter" oder „Bevollmächtige" im Sinne des Abs. 1 auftreten, dann gilt eben Abs. 1. Diese Unterscheidung ist wichtig, weil die Haftung der Steuerpflichtigen nach Abs. 2 durch Halbsatz 2 unter gewissen Voraussetzungen ausgeschlossen wird.

„Im Interesse" eines Steuerpflichtigen handelt jemand dann, wenn er steuerliche Angelegenheiten irgendwelcher Art für ihn besorgt (z. B. Steuererklärungen ausfüllt, Auskünfte gegenüber den Finanzbehörden abgibt usw.).

§ 93. Wo Gesellschaften[1]), Vereine oder Genossenschaften als solche[2]) der Besteuerung unterliegen, gelten für die persönliche Haftung der einzelnen Gesellschafter und Mitglieder sinngemäß die Vorschriften des bürgerlichen Rechtes[3]).

[1]) Mit oder ohne Rechtspersönlichkeit.

[2]) Vgl. Anm. 1 zu § 86.

[3]) D. h. die Haftung der Mitglieder für die Steuer richtet sich nach den Grundsätzen, die nach bürgerl. Recht für die Haftung der Mitglieder bezüglich der sonstigen Gesellschaftsverbindlichkeiten gelten. Bürgerliches Recht ist im weitesten Sinne zu verstehen, also BGB., Handelsrecht, Gesellschaftsrecht usw. Weiter gehende Haftungsvorschriften neuerer Gesetze (s. Anm. 6 zu § 1) bleiben unberührt.

§ 94. Sind mehrere nebeneinander verpflichtet[1]), so kommt die Erfüllung der Pflicht durch einen Verpflichteten[2]) den anderen Verpflichteten zustatten, soweit ihrer eigenen Pflicht dadurch genügt wird[3]) und es für das Finanzamt nicht von Wert ist, daß die Pflicht auch von den anderen Beteiligten erfüllt wird.

[1]) § 94 hat nicht die Zahlung von Geldschulden im Auge, sondern die Erfüllung anderer dem Steuerpflichtigen oder sonstigen Personen obliegenden Pflichten. (Diese Pflichten sind geregelt in §§ 162—201.)

[2]) „Durch einen Verpflichteten": Die Vornahme der betr. Handlung durch eine dritte Person, die zu der betr. Handlung überhaupt nicht verpflichtet ist, genügt nicht.

[3]) d. h. insoweit werden jene anderen Verpflichteten von ihrer Verpflichtung befreit. Es kann daher auch nicht mehr mit Zwang nach § 202 gegen sie vorgegangen werden. Das Finanzamt kann allerdings, wenn die Voraussetzung des § 94 a. E. vorliegt, sich trotzdem nochmal an jene anderen Verpflichteten selbst wenden; in diesem Falle leben die Befugnisse des FA. nach § 202 wieder auf.

§ 95. (1) Personen, die nebeneinander für eine Steuerschuld oder eine andere aus den Steuergesetzen entspringende Geldschuld haften, haften als Gesamtschuldner.[1])

(2) Ehegatten, die zusammen zu einer Steuer veranlagt werden, haften als Gesamtschuldner.

(3) Erben haften für die aus dem Nachlaß zu entrichtenden Steuern wie für Nachlaßverbindlichkeiten nach bürgerlichem Rechte.[2]) Die §§ 86, 87, 90, 97 bleiben unberührt.

[1]) Der Begriff „Gesamtschuldner" ist dem bürgerlichen Recht entnommen; es gelten die §§ 421 bis 423 BGB. sinngemäß.

Ein etwaiger Steuererlaß (§ 108) wirkt entsprechend § 423 BGB. zunächst nur zugunsten dessen, der darum nachgesucht hat, zugunsten der übrigen nur, wenn dies im Bescheid der erlassenden Behörde zum Ausdruck gelangt ist.

Welchen von den mehreren Gesamtschuldnern das Fianzamt zunächst zur Bezahlung heranziehen soll, hängt von seinem pflichtgemäßen Ermessen ab. Es kann also ohne weiteres, wenn z. B. anzunehmen ist, daß die Einholung der Steuer von einem der Schuldner nicht oder nur mit Schwierigkeiten möglich ist, oder daß ein anderer der Schuldner die Steuer wirtschaftlich leichter entrichten kann, sich an den oder die anderen Schuldner wenden.

Gegensätze zu gesamtschuldnerischer Haftung wären Haftung nach Bruchteilen und subsidiäre Haftung.

[2]) In Betracht kommen §§ 1967 bis 2017 BGB. wegen des Umfangs und Einschränkungen der Haftung.

§ 96. Gründet sich die Steuerpflicht auf den Betrieb eines Unternehmens[1]) und wird das Unternehmen im ganzen veräußert, so haftet der Erwerber neben[2]) dem Veräußerer für die laufenden und für die festgesetzten, aber noch nicht entrichteten Steuern.

[1]) Hierher werden auch jene Steuerarten zu nehmen sein, die sich zwar nicht auf den Betrieb als solchen, aber auf die den Betrieb ganz oder zum Teil ausmachenden einzelnen

steuerpflichtigen Vorgänge gründen, z. B. die Umsatzsteuer, einzelne Stempelsteuern ferner die Verbrauchsabgaben.

Die Einkommensteuer gehört keinesfalls hierher!

§ 96 regelt übrigens nur die Mithaftung des Erwerbers, macht aber die gegen den Vorgänger notwendige Veranlagung nicht entbehrlich.

[2]) Gesamthaftung! Vgl. § 95 Abs. 1.

§ 97. (1) Wenn nach dem Tode oder Wegfall eines Steuerpflichtigen die Testamentsvollstrecker, Pfleger, Liquidatoren, Verwalter und Erbschaftsbesitzer, welche nicht zugleich Rechtsnachfolger des Steuerpflichtigen sind, erkennen, daß Erklärungen, die der Steuerpflichtige zur Festsetzung oder Veranlagung von Steuern abgegeben hat, unrichtig oder unvollständig sind, oder daß er pflichtwidrig unterlassen hat, solche Erklärungen abzugeben, so haben sie dies binnen Monatsfrist dem Finanzamt anzuzeigen; andernfalls haften sie persönlich für die vorenthaltenen Steuerbeträge.

(2) Das gleiche gilt für die Erwerber von Unternehmen, auf deren Betrieb eine Steuerpflicht gegründet ist sowie für Sondernachfolger in Grund oder Betriebsvermögen.

(3) Dasselbe gilt sinngemäß bei einem Wechsel in der Person des gesetzlichen Vertreters, Betriebsleiters oder Bevollmächtigten sowie dann, wenn eine gesetzliche Vertretung angeordnet wird.

Über strafrechtliche Folgen der Zuwiderhandlung gegen § 97 s. §§ 373, 374 Abs. 2.

§ 98. Das Finanzamt, das die Steuerschuld des Steuerpflichtigen festzusetzen hat, ist befugt, die Vertreter und Bevollmächtigten und die übrigen in den §§ 84 bis 89 bezeichneten Personen zur Erfüllung der ihnen obliegenden Verpflichtung anzuhalten und diejenigen, die neben dem Steuerpflichtigen oder an dessen Stelle persönlich für die Steuer haften (§ 79 Abs. 2), in Anspruch zu nehmen.

§ 99. (1) Wer neben dem Steuerpflichtigen oder an dessen Stelle persönlich auf Zahlung einer Steuer in Anspruch genommen wird (§ 79 Abs. 2), kann gegen seine Heranziehung die Rechtsmittel geltend machen, die dem Steuerpflichtigen zustehen. Die Frist zur Einlegung des Rechtsmittels beginnt mit Ablauf des Tages, an dem ihm der Beschluß über seine Heranziehung zugestellt oder, wenn keine Zustellung vorgeschrieben ist, bekanntgemacht worden ist.[1])

(2) Ist die Steuerschuld dem Steuerpflichtigen gegenüber unanfechtbar festgestellt, so hat dies gegen sich gelten zu lassen, wer als Rechtsnachfolger des Steuerpflichtigen haftet oder wer in der Lage gewesen wäre, den gegen den Steuerpflichtigen erlassenen Bescheid als dessen Vertreter, Bevollmächtigter oder kraft eigenen Rechtes anzufechten.

[1]) Über Zustellung und Bekanntgabe s. § 73. Die Frage, ob für diesen „Heranziehungsbeschluß" formelle Zustellung erforderlich ist oder nicht, beantwortet sich danach, ob für den betreffenden Steuerbescheid nach dem Gesetz Zustellung erforderlich ist.

§ 100. (1) Wenn jemand außer in den Fällen der §§ 84 bis 96 nach den Vorschriften des bürgerlichen Rechtes kraft Gesetzes[1]) verpflichtet ist, die Verbindlichkeiten eines anderen zu erfüllen oder wegen solcher Verbindlichkeiten die Zwangsvollstreckung in ein Vermögen zu dulden, das seiner Verwaltung unterliegt, so gilt diese Verpflichtung auch für die Steuerschulden des anderen. Soweit § 303 nichts anderes vorschreibt, gelten die Vorschriften des bürgerlichen Rechtes.

(2) Hat sich jemand durch Vertrag verpflichtet, eine Steuerschuld eines anderen zu bezahlen oder dafür einzustehen, so ist der Anspruch des Reichs nach den Vorschriften des bürgerlichen Rechtes zu verfolgen.

[1]) „Kraft Gesetzes": Bloße vertragliche Verpflichtungen gehören nicht hierher. Unter § 100 fallen also z. B.

1. Der Erwerber eines Vermögens eines anderen im Ganzen oder zu einem Bruchteil (§ 419 BGB.), nicht dagegen der Erwerber einzelner Vermögensgegenstände;

2. der Erbe (§§ 1967 ff. BGB.), hierbei ist jedoch zunächst zu prüfen, ob nicht §§ 87, 95 Abs. 3 AO. in Betracht kommen;

3. der Erbschaftskäufer (§§ 2371 ff. BGB.).

[2]) Hierher gehörige Fälle sind: Nießbrauch (§ 1086 BGB.); elterliche Nutznießung am Kindesvermögen (§§ 1659, 1686 BGB.); Einwilligung des Ehemanns zum selbständigen Betrieb eines Erwerbsgeschäftes durch die Ehefrau (§§ 1405 Abs. 1 bis 3, 1525, 1550 BGB.); Nutznießung des Ehemanns am eingebrachten Gut der Frau (§ 1411 BGB.); Haftung des Gesamtguts (§ 1459 BGB.); des Sonderguts (§§ 1439, 1525 BGB.); der Testamentsvollstrecker (§§ 748, 749 ZPO.).

§ 101. (1) Steuerpflichtige Erzeugnisse und zollpflichtige Waren haften ohne Rücksicht auf die Rechte Dritter für den Betrag der darauf ruhenden Steuern. Solange die Steuer nicht entrichtet ist, kann das Finanzamt die Erzeugnisse und Waren mit Beschlag belegen. Als Beschlagnahme genügt das Verbot an den, der die Erzeugnisse oder Waren im Gewahrsam hat, über sie zu verfügen.

(2) Die Haftung entsteht bei steuerpflichtigen Erzeugnissen, wenn nichts anderes vorgeschriegen ist, mit Be-

ginn ihrer Herstellung, bei zollpflichtigen Waren mit Überschreitung der Zollgrenze.

(3) Die Haftung erlischt mit der Steuerschuld. Sie erlischt ferner mit der Aufhebung der Beschlagnahme oder dadurch, daß die Erzeugnisse oder Waren mit Zustimmung des Finanzamts in einen steuerrechtlich nicht beschränkten Verkehr übergehen.

3. Zahlung. Stundung. Erlaß. Sicherheitsleistung.

§ 102. (1) Zahlungen können, sofern nicht etwas anderes vorgeschrieben ist oder im einzelnen Falle ausdrücklich Barzahlung verlangt wird, einem Postscheck- oder Bankkonto des Empfangsberechtigten überwiesen werden. Alle Finanzämter müssen ein Postscheck- oder Bankkonto haben. In Steuerbescheiden und Zahlungsaufforderungen ist das Postscheck- oder Bankkonto der zum Empfange berechtigten Stelle anzugeben. Wer Zahlung von einer Steuerbehörde fordert, soll, wenn er ein Postscheck- oder Bankkonto hat, dies gleichfalls angeben.

(2) Der Reichsminister der Finanzen bestimmt, unter welchen Bedingungen durch Scheck gezahlt werden kann.

(3) Kosten, die lediglich durch bargeldlose Überweisung entstehen, dürfen nicht nachgefordert oder angerechnet werden.

(4) Barzahlungen an Steuerbehörden sind bei der zuständigen Kasse zu leisten oder ihr durch die Post zu übersenden. Barzahlungen der Steuerbehörden sind an der Kasse der Behörden oder an der in der Benachrichtigung bezeichneten Stelle in Empfang zu nehmen.

§ 103. Die Steuerpflichtigen sind berechtigt, gegen Steueransprüche des Reichs mit unbestrittenen oder rechtskräftig festgestellten Gegenansprüchen aufzurechnen[1].

[1]) Das heißt sie können Zahlungen, die von ihnen gefordert werden, insoweit rechtlich wirksam ablehnen, als ihnen ein unbestrittener oder rechtskräftig festgestellter Gegenanspruch gegen das Reich zusteht.

Unter Steueransprüchen sind nur Ansprüche auf Zahlung der Steuer selbst oder der ihnen nach Anm. 1 zu § 1 gleichzustellenden Geldleistungen zu verstehen, nicht etwa z. B. Zwangsgelderforderungen nach § 202. Die Gegenansprüche müssen sich gegen das Reich (nicht etwa gegen einen Bundesstaat) richten. Welcher Art diese Gegenansprüche im einzelnen sind, ist gleichgültig (z. B. Erstattungsansprüche gegen den Reichsfiskus, Entschädigungsansprüche gegen den Eisenbahnfiskus, Rentenansprüche gegen den Militärfiskus, Pensionsansprüche aller Art usw.).

Im übrigen gelten für Voraussetzungen, Geltendmachung, Umfang und Wirkungen der Aufrechnung die Vorschriften der §§ 387—396 BGB. sinngemäß. Die Gegenansprüche müssen also insbesondere auch fällig sein.

§ 395 BGB. ist für den Geltungsbereich des § 103 außer Kraft gesetzt!

§ 104. (1) Wird eine Zahlung, die nach den Steuergesetzen zu leisten ist, nicht rechtzeitig[1]) entrichtet, so sind, soweit nichts anderes vorgeschrieben ist, Zinsen[2]) zu fünf vom Hundert von der Fälligkeit[3]) an zu zahlen. Hinterzogene Steuerbeträge sind, wenn die Zeit, wo die Beträge fällig geworden wären, nicht festgestellt werden kann, vom Beginne der Verjährungsfrist an zu verzinsen.

(2) Ausführungsbestimmungen können die Verzinsungspflicht beschränken.

[1]) „Rechtzeitig", das heißt mit Fälligkeit.

[2]) Diese Zinsen tragen den Charakter von Verzugszinsen, sie fallen daher mit unter den Begriff Steuern i. S. des § 1 (s. dort Anm. 1). Dies ist von Bedeutung für die Anfecht-

barkeit (s. Anm. 1 zu § 217). Zinsbeträge bis zu 5 Mark bleiben unerhoben (§ 11 EinfV.).

Über das Verhältnis des § 104 zu § 37 Abs. 2 UmsStG. und § 30 Abs. 2 Gr. ErwStG. äußert sich das bei Becker zitierte Urteil des RFH. in E. Bd. 5 S. 59 dahin, daß letztere Bestimmungen ein Fälligwerden der Steuern vor Ablauf der in ihnen bestimmten Fristen voraussetzen. Diese — mit dem Gesetz tatsächlich kaum vereinbare — Entsch. des 2. Senats hat nunmehr der 5. Senat des RFH. in seinem Urteil v. 29. Nov. 1921 (RStBl. 1922 S. 76) preisgegeben. Die Rechtslage ist also nunmehr die, daß die Verzinsungspflicht nach den genannten Bestimmungen des UmsStG. oder Gr. ErwStG. mit Ablauf der dort bezeichneten Fristen eintritt ohne Rücksicht auf den Zeitpunkt der Fälligkeit. Von Eintritt des letzteren ab greift nur mehr § 104 AO. Platz.

[3]) Wegen Fälligkeit s. Anm. 5 zu § 81. Der Tag, in welchen das die Fälligkeit begründende Ereignis fällt, (ebenso der letzte Tag einer Zahlungsfrist) wird nicht mit eingerechnet, dagegen der Tag des Zahlungseingangs.

Zinsen nach § 104 können übrigens erst vom 23. Dezember 1919 ab gefordert werden; unberührt bleibt eine bereits nach früherem Recht etwa bestehende Zinspflicht (RFME. v. 12. Februar 1920 RStBl. S. 99). Auf Steuerschulden, die vor Inkrafttreten der AO. bereits fällig wurden, erstreckt sich die Verzinsungspflicht des § 104 überhaupt nicht (E. Bd. 7 S. 227).

§ 105. (1) Bei Zöllen und Verbrauchsabgaben hat das Finanzamt die Zahlung fälliger Beträge auf Antrag des Steuerpflichtigen gegen Sicherheit und Verzinsung, soweit nicht eine kürzere Frist vorgeschrieben ist, auf sechs Monate hinauszuschieben. Das Landesfinanzamt kann auch ohne Sicherheit und ohne Verzinsung einen Aufschub bis zu drei Monaten bewilligen. Bei

Kriegsgefahr kann ein Zahlungsaufschub widerrufen werden.

(2) Im übrigen können[1]) Zahlungen von Steuern und sonstigen Geldleistuugen gestundet[2]) werden, wenn ihre Einziehung mit erheblichen Härten für den Steuerpflichtigen verbunden wäre und der Anspruch durch die Stundung nicht gefährdet wird. Die Stundung soll[1]) in der Regel nur gegen Sicherheitsleistung und Verzinsung[3]) gewährt werden. Bei Stundungen über ein Jahr[4]) ist die Zustimmung des Landesfinanzamts einzuholen.

[1]) Ermessensfrage nach § 6 Gegen die Entscheidung ist das Beschwerdeverfahren zulässig (§ 224).

Ein Erlaß des RFM. v. 31. Mai 1920 III 9230 (RStBl. S. 331) weist die Finanzämter an, vor Entscheidung über Stundungsgesuche die Berufsvertretungen des Pflichtigen (Handelskammer, Handwerkskammer, Landwirtschaftskammer usw.) nötigenfalls gutachtlich zu hören.

[2]) Durch die Gewährung der Stundung wird die Fälligkeit aufgeschoben bis zum Ablauf der Stundungsfrist.

[3]) Die Verzinsung wird die Regel zu bilden haben. Welcher Zinssatz anzuwenden ist, könnte fraglich sein, da § 104 an sich nicht zutrifft (§ 104 betrifft nur die von der Fälligkeit an laufenden Zinsen). Man wird aber annehmen dürfen, daß der Gesetzgeber auch hier keinen andern Zinssatz im Auge hatte als den durch § 104 vorgesehenen allgemeinen Zinssatz.

[4]) Von der Fälligkeit an gerechnet.

§ 106. Hat ein Finanzamt Teilzahlungen bewilligt, so werden alle noch ausstehenden Teilzahlungen fällig[1]), wenn der Steuerpflichtige eine Teilzahlung versäumt und die versäumte Zahlung auch nicht innerhalb einer Woche nach Empfang einer Mahnung, in der auf die Rechtsfolgen der Versäumnis hingewiesen ist, nachholt.

[1]) Die zunächst durch die Gewährung von Teilzahlungen hinausgeschobene Fälligkeit der restigen Teilbeträge tritt für den ganzen Restbetrag mit Ablauf der in § 106 bezeichneten Frist ein. Trotzdem ist nicht ausgeschlossen, daß das Finanzamt neuerdings Stundung oder Teilzahlungen bewilligt.

§ 107. Steuern[1]) dürfen niedergeschlagen werden, wenn feststeht[2]), daß die Beitreibung keinen Erfolg haben wird oder wenn die Kosten der Beitreibung außer Verhältnis zu dem Betrage stehen[3]).

[1]) Nur Steuern! Was hierzu zu rechnen ist, darüber s. Anm. 1 zu § 1. Auf die etwa bereits entstandenen Mahn- und Zwangsvollstreckungskosten dürfte sich die Niederschlagungsbefugnis miterstrecken, da dieselben nur ein Anhängsel des Hauptanspruchs bilden (vgl. § 315).

[2]) Daß Beitreibung bereits versucht worden ist, ist nicht unbedingt erforderlich.

[3]) Wer zur Niederschlagung zuständig ist, ergibt sich aus den einzelnen Steuergesetzen oder deren Ausführungsbestimmungen. Z. B. ist bei Reichseinkommensteuer zuständig das Finanzamt (§ 88 AB.), bei Umsatzsteuer das LFA. (§ 166 AB.), bei Körpersch.-Steuer je nach der Höhe des Betrages das FA., LFA. oder RFM. (§ 54 AB.). Wenn eine Bestimmung über die Zuständigkeit fehlt, ist § 7 EinfB. anzuwenden.

Durch die Niederschlagung wird die betr. Steuerschuld nicht getilgt. Die einzelnen Gesetze können daher bestimmen, ob und unter welchen Voraussetzungen die Beitreibung wieder aufgenommen werden soll.

§ 108. (1) Der Reichsminister der Finanzen kann für einzelne Fälle Steuern[1]), deren Einziehung nach Lage der Sache unbillig[2]) wäre, ganz oder zum Teil erlassen[3]) oder in solchen Fällen die Erstattung oder Anrechnung bereits entrichteter Steuern verfügen. Die Befugnis hierzu kann für bestimmte Arten von Fällen den Landesfinanzämtern oder den Finanzämtern übertragen werden.

(2) Für Fälle bestimmter Art kann der Reichsminister der Finanzen mit Zustimmung des Reichsrats aus Billigkeitsgründen allgemein Befreiungen oder Ermäßigungen von Steuern sowie die Erstattung oder Anrechnung bereits entrichteter Steuern vorsehen.

[1]) S. Anm. 1 zu § 107.

[2]) § 108 behandelt den Erlaß oder die Erstattung aus sog. Billigkeitsgründen. Der Erlaß bewirkt das Erlöschen des staatlichen Steueranspruchs. (S. auch Anm. 1 zu § 95).

[3]) Was als Billigkeitsgrund anzusehen ist, bestimmt sich nach ständiger Verwaltungsübung des Reichsministers der Finanzen nicht allein nach der wirtschaftlichen Lage des betr. Antragstellers (wobei übrigens zu bemerken ist, daß auch ohne Antrag ein Erlaß möglich ist), sondern auch nach der Natur der betr. Steuer. Zu verweisen ist z B bezügl der Umsatzsteuer auf RFME. v. 29. März 1920 (RStBl. S. 253).

Ein äußerlich sich als Antrag auf „Erlaß" oder „Ermäßigung" darstellendes Schreiben kann übrigens seinem sachlichen Inhalt nach als Rechtsmittel aufzufassen sein, wenn nämlich aus dem Schriftstück hervorgeht, daß der Pflichtige die ihm auferlegte Steuer für zu hoch hält (§ 234). Insbesondere wird in Fällen, wo die Rechtsmittelfrist noch nicht verstrichen ist, es sich darum handeln, genau zu prüfen, was der Pflichtige mit seinem Schreiben in Wirklichkeit beabsichtigt hat, ob er die Richtigkeit der Veranlagung anerkennt oder ob er eine Nachprüfung derselben begehrt. Letzterenfalls ist das Schriftstück zunächst als Rechtsmittel zu behandeln (s. auch RFH. in RStBl. 1920 S. 437).

§ 109. (1) Eine Sicherheit kann der Steuerpflichtige nach seiner Wahl leisten durch

1. Hinterlegung von Geld,
2. Hinterlegung von Schuldverschreibungen des Reichs oder eines Landes,
3. Hinterlegung von Schuldverschreibungen der deutschen Schutzgebietsanleihen,
4. Hinterlegung von Schuldverschreibungen, deren Verzinsung das Reich oder ein Land gewährleistet hat,
5. Hinterlegung von inländischen Pfandbriefen und sonstigen von einer inländischen kommunalen Körperschaft oder der Kreditanstalt einer solchen Körperschaft ausgestellten Schuldverschreibungen, wenn die Wertpapiere vom Reichsrat oder durch landesgesetzliche Vorschriften für geeignet zur Anlegung von Mündelgeld erklärt worden sind,
6. Hinterlegung von sonstigen Wertpapieren, wenn sie bei der Reichsbank beleihbar sind,
7. Verpfändung des Anspruchs aus der Hinterlegung solcher Wertpapiere bei der Reichsbank oder einer andern vom Reichsminister der Finanzen bezeichneten Stelle,
8. Verpfändung eines Guthabens bei einer inländischen öffentlichen oder unter Aufsicht stehenden Sparkasse, wenn sie von der zuständigen Behörde des Landes, in dem sie ihren Sitz hat, zur Anlegung von Mündelgeld für geeignet erklärt ist, unter Übergabe des Sparkassenbuchs und einer Bescheinigung der Sparkasse, daß ihr die Verpfändung vom Verpfändenden mitgeteilt worden ist,
9. Verpfändung von Forderungen, die in das Reichsschuldbuch oder in das Staatsschuldbuch eines Landes eingetragen sind,

10. Verpfändung von sonstigen Schuldbuchforderungen, die bei der Reichsbank beleihbar sind,
11. Verpfändung von Forderungen, für die eine Hypothek an einem inländischen Grundstück besteht, oder Verpfändung von Grund- oder Rentenschulden an inländischen Grundstücken,
12. Bestellung von Hypotheken, Grund- oder Rentenschulden an inländischen Grundstücken.

(2) Mit den Wertpapieren sind die Zins-, Renten-, Gewinnanteil- und Erneuerungsscheine zu hinterlegen.

(3) Statt der Verpfändung genügt Abtretung zur Sicherheit.

(4) Ein unter Steuerverschluß befindliches Lager steuerpflichtiger Erzeugnisse gilt als genügende Sicherheit für die darauf lastende Steuer.

Sicherheitsleistung kann nur verlangt werden, wo es gesetzlich ausdrücklich vorgeschrieben oder zugelassen ist.

Was als taugliche Sicherheit gilt, bestimmt sich nach §§ 109—119. Darüber hinaus kann jedoch gemäß § 114 das Finanzamt nach seinem Ermessen handeln.

Über zwangsweise Beitreibung von Sicherheiten s. §§ 347, 348.

§ 110. (1) Im Falle des § 109 Abs. 1 Nr 7 muß der Steuerpflichtige die Wertpapiere für eigene Rechnung hinterlegt haben. Außer der Niederlegungsbescheinigung ist eine Erklärung der Reichsbank zu überreichen, daß ihr die Verpfändung von dem Verpfändenden mitgeteilt worden ist; beizufügen ist eine Bescheinigung der Reichsbank, daß die in der Niederlegungsbescheinigung bezeichneten Papiere umlauffähig sind. Durch die Bescheinigung der Umlauffähigkeit übernimmt die Reichsbank die Haftung dafür,

1. daß das Rückforderungsrecht des Niederlegers durch gerichtliche Sperre und Beschlagnahme nicht beschränkt ist,
2. daß die niedergelegten Wertpapiere in den Sammellisten aufgerufener Wertpapiere nicht als gestohlen oder verloren gemeldet und weder mit Zahlungssperre belegt noch zur Kraftloserklärung aufgeboten oder für kraftlos erklärt worden sind,
3. daß sie auf den Inhaber lauten oder, falls sie auf den Namen ausgestellt sein sollten, mit Blankogiro versehen und auch sonst nicht gesperrt sind, daß der Stempelpflicht genügt ist und die Gewinnanteil- und Erneuerungsscheine bei den Stücken sind.

(2) Wird die Umlaufsbescheinigung der Reichsbank nicht gleich nach ihrer Ausstellung hinterlegt, so ist eine Bescheinigung der Reichsbank beizubringen, daß ihre Gültigkeit noch fortdauert.

(3) Diese Vorschriften gelten entsprechend bei der Verpfändung aus einer Hinterlegung bei den sonst nach § 109 Abs. 1 Nr. 7 zugelassenen Stellen.

§ 111. Hypothekenforderungen, Grund- oder Rentenschulden sind zur Sicherheitsleistung nur geeignet, wenn sie den Voraussetzungen entsprechen, unter denen in dem Lande, wo das belastete Grundstück liegt, Mündelgeld in Hypothekenforderungen, Grund- oder Rentenschulden angelegt werden darf.

§ 112. Soweit nichts anderes vorgeschrieben ist, bestimmt der Reichsminister der Finanzen, zu welchen Werten die im § 109 Abs. 1 Nr. 2 bis 12 aufgeführten Gegenstände als Sicherheit anzunehmen sind.

§ 113. Inwieweit der Pflichtige in anderer Weise nach seiner Wahl Sicherheit leisten kann, insbesondere durch Wechsel und Zahlungsversprechen, die von zahlungsfähigen Personen ausgestellt worden sind, oder durch taugliche Bürgen, bestimmt der Reichsminister der Finanzen.

§ 114. Andere als die in den §§ 109 bis 113 bezeichneten Werte kann das Finanzamt nach seinem Ermessen als Sicherheit annehmen. Vorzuziehen sind Vermögensgegenstände, die größere Sicherheit bieten oder bei Eintritt auch außerordentlicher Verhältnisse ohne erhebliche Schwierigkeit und innerhalb angemessener Frist verwertet werden können.

§ 115. Ist die Leistung von Sicherheiten der in den §§ 109 bis 114 bezeichneten Art in der dort geforderten Form für den Steuerpflichtigen mit Härten verbunden, so darf sich das Finanzamt mit anderen Sicherungen begnügen, z. B. mit der Annahme von gesperrten Sparkassenbüchern, Versicherungsscheinen oder Hypothekenbriefen.

§ 116. Mit der Hinterlegung erwirbt das Reich ein Pfandrecht am hinterlegten Gelde oder den hinterlegten Wertpapieren oder, wenn das Geld oder die Wertpapiere nach den gemäß § 119 Abs. 1 erlassenen Bestimmungen oder nach landesgesetzlicher Vorschrift in das Eigentum des Fiskus oder der als Hinterlegungsstelle bestimmten Anstalt übergehen, ein Pfandrecht an der Forderung auf Rückerstattung.

§ 117. Wer nach den §§ 109, 113, 114 Sicherheit geleistet hat, ist berechtigt, die Sicherheit oder einen Teil davon durch eine andere nach §§ 109, 113 geeignete Sicherheit zu ersetzen.

§ 118. Wird eine Sicherheit unzureichend, so ist sie zu ergänzen oder es ist anderweitige Sicherheit zu leisten.

§ 119. (1) Die näheren Bestimmungen über die Hinterlegung trifft der Reichsminister der Finanzen.

(2) Soweit bares Geld in das Eigentum des Fiskus oder der als Hinterlegungsstelle bestimmten Anstalt übergeht, ist es mit vier vom Hundert von dem auf den Tag der Hinterlegung folgenden Werktag ab zu verzinsen.

(3) Während der Dauer der Sicherheitsleistung kann die Auszahlung der Zinsen für hinterlegtes bares Geld nur zum Schlusse eines Kalenderhalbjahrs verlangt werden.

4. Verjährung.

§ 120. Die Ansprüche des Reichs aus Steuergesetzen[1]) unterliegen der Verjährung[2])[3])[4]).

[1]) Hierunter fallen nicht nur die eigentlichen Steueransprüche, sondern alle sonstigen Ansprüche des Reichs aus Steuergesetzen, mögen sie nun in Geldleistungen (z. B. Geldstrafen nach § 202, Zuschläge nach § 170 usw.) oder in sonstigen Verpflichtungen (z. B. Abgabe von Erklärungen, Erteilung von Auskünften usw.) bestehen. Dies ist bei der ganz allgemeinen Fassung der Vorschrift nicht zu bezweifeln. Wegen Verjährung von Strafen gilt § 384, ev. § 355.

[2]) Wirkung der Verjährung s. § 125.

[3]) Die Materie der Verjährung ist in der AO. erschöpfend geregelt; die Vorschriften des BGB. kommen nicht in Betracht.

[4]) Das Eintreten der Verjährung kann vom zuständigen Finanzamt jederzeit durch eine Handlung gemäß § 124 hintangehalten werden.

§ 121. Die Verjährungsfrist beträgt bei Zöllen und Verbrauchssteuern ein Jahr, bei den Ansprüchen auf die übrigen Steuern und auf die Sicherheiten nach dem Gesetze gegen die Steuerflucht fünf Jahre; bei hinterzogenen Beträgen läuft sie zehn Jahre. Die übrigen Ansprüche verjähren in einem Jahre.

§ 122. (1) Die Verjährung beginnt mit Ablauf des Jahres, in dem der Anspruch (§ 120) entstanden ist (§ 81).

(2) Ist die Zahlung hinausgeschoben oder gestundet oder Sicherheit geleistet[1]) worden, so beginnt die Verjährung mit Ablauf des Jahres, in dem der Zahlungsaufschub oder die Stundung abgelaufen oder die Sicherheit erloschen ist. Bei hinterzogenen Steuern verjährt der Anspruch nicht, bevor die Strafverfolgung und Strafvollstreckung verjährt sind.

[1]) Z. B. nach dem Gesetz gegen die Steuerflucht.

§ 123. Die Verjährung ist gehemmt, solange die Ansprüche innerhalb der letzten sechs Monate der Verjährungsfrist wegen höherer Gewalt nicht verfolgt werden können.

§ 124. Die Verjährung wird unterbrochen durch Zahlungsaufschub, durch Stundung, durch jede Anerkennung des Zahlungspflichtigen, durch eine schriftliche Zahlungsaufforderung und durch jede Handlung, die das zuständige[1]) Finanzamt zur Feststellung des Anspruchs oder des Verpflichteten vornimmt. Mit Ablauf des Jahres, in dem die Unterbrechung ihr Ende erreicht hat, beginnt eine neue Verjährung.

[1]) Gemeint ist das sachlich und örtlich zuständige Finanzamt (§§ 51 ff) Handlungen eines unzuständigen Finanzamts unterbrechen die Verjährung nicht.

§ 125. Durch Verjährung erlischt der Anspruch mit seinen Nebenansprüchen. Was zur Befriedigung oder Sicherung eines verjährten Anspruchs geleistet ist, kann jedoch nicht zurückgefordert werden.

§ 126. Ist der Anspruch gegen den Steuerpflichtigen verjährt, so ist, wer neben ihm haftet, von der Haftung befreit, es sei denn, daß ihm selbst eine Hinterziehung zur Last fällt.

II. Erstattungs- und Vergütungsansprüche.

Vorbemerkungen zu §§ 127 bis 136.

Unter Erstattungen und Vergütungen versteht man zunächst Rückzahlungen entrichteter Steuern oder anderer Geldleistungen Maßgebend für die Unterscheidung der beiden Begriffe ist der innere Grund, der dem Gesetzgeber bei Erlaß der einzelnen Rückzahlungsbestimmungen vorgeschwebt hat. Hiernach spricht das Gesetz von Erstattung, wenn es mit der Rückzahlung in erster Linie ein Unrecht oder eine Unbilligkeit wieder gut machen will gegenüber dem, der die Steuer entrichtet hat. Dagegen ist von Vergütung die Rede, wenn die Rückzahlungsbestimmung in erster Linie getroffen ist im Interesse der Allgemeinheit. auf welche sich die staatserhaltende Tätigkeit bezieht (z. B. zur Hebung der Volkswirtschaft oder eines einzelnen Wirtschaftszweiges). Ein Beispiel bietet § 19 UmsStG. vom 24 Dezember 1919.

Die §§ 127 bis 136 beziehen sich nur auf Rückzahlungsansprüche, die „aus Rechtsgründen zugelassen sind". Aus Rechtsgründen zugelassen sind Rückzahlungen nur dann, wenn in einem Steuergesetz ausdrücklich gesagt ist, daß für den Fall des Vorliegens einer bestimmten Voraussetzung Rückzahlung zu erfolgen hat, oder erfolgen bezw beantragt werden kann Der Gegensatz hierzu bildet die sog Erstattung aus Billigkeitsgründen (hierüber s. § 108).

Die von der AO. geprägte Fassung: „Erstattungs- und Vergütungsansprüche, die aus Rechtsgründen zugelassen sind", enthält genau betrachtet eine sog. Tautologie. Es hätte genügt und wäre wohl auch besser gewesen, einfach von Erstattungs- und Vergütungsansprüchen zu reden. Denn durch die Beziehung „Anspruch" ist ja nach den sonst üblichen Rechtsbegriffen bereits zum Ausdruck gebracht, daß es sich um ein Verlangen handelt, welches aus rechtlichen Gründen geltend gemacht werden kann (vgl. auch § 194 BGB.). Die erwähnte Fassung ist aber nicht nur formell eine nicht ganz glückliche, sondern wäre auch deshalb besser unterblieben, weil sie in der Praxis — insbes. für juristisch weniger geschulte Kräfte — leicht zu einer mißverständlichen Auslegung führen kann. Dies gilt hauptsächlich bezüglich des § 223 (s. Anm. 2 zu diesem §).

Die Erstattungen müssen, wo gesetzlich ein Anspruch hierfür festgelegt ist, erfolgen, gleichgültig, ob ein Antrag auf Rückzahlung gestellt ist oder nicht. Anders nur dann, wenn das Gesetz ausdrücklich die Notwendigkeit der Antragstellung vorsieht oder wo es sich um eine bloße sog. Kannvorschrift handelt (für letzteren Fall gilt dann jedoch § 6). Nicht zutreffend dürfte daher sein, wenn Mrozek nur für die Fälle der §§ 128 129 einen Antrag für entbehrlich erklärt. Denn Ansprüche bestehen an sich auch ohne Antrag und es ist grundsätzlich mit der Natur des Steuerrechts und der moralischen Autorität des Staates die Ansicht unvereinbar, daß der Staat Steueransprüche bis zur Erschöpfung des gesetzlichen Rahmens erheben, dagegen Ansprüche der Pflichtigen, die sich aus den gleichen Steuergesetzen ergeben, einfach unberücksichtigt lassen könne. Aus dem Wortlaut des § 130 ist auch gar nicht etwa mit Mrozek zu folgern daß außer den Fällen der §§ 128, 129 immer ein Antrag erforderlich sei. § 130 sagt nur, innerhalb welcher Zeit ein Erstattungsanspruch geltend gemacht werden kann und wann er von selbst erlischt.

Anders ist es bezüglich der Vergütungsansprüche. Denn diese sind, wie sich aus der Eingangs erfolgten Begriffsbestimmung ergibt, nicht in erster Linie im Interesse des betr. Steuerpflichtigen festgelegt und es besteht daher für letzteren auch kein moralisches Recht, daß der Staat hier von Amtswegen sein Interesse wahrnimmt.

Wegen der Erstattung anderer Geldleistungen als Steuern s. § 134.

§ 127. (1) Kann die Rückzahlung entrichteter Steuern verlangt werden,[1]) so genügt zur Geltendmachung des Anspruchs, daß der Antrag rechtzeitig[2]) schriftlich oder mündlich bei einem Finanzamt[3]) gestellt wird. Dieses hat ihn der zuständigen Stelle[4]) zu übermitteln.

(2) Wird ein Erstattungsanspruch abgelehnt, so ist ein Bescheid zu erteilen. Der Bescheid soll eine Belehrung enthalten, welches Rechtsmittel zulässig ist und binnen welcher Frist und bei welcher Behörde es einzulegen ist.[5])

[1]) Ein solches Verlangen kann erhoben werden entweder allgemein nach den Bestimmungen der AO. (§§ 128, 129 Abs. 1, 5 Abs. 3, nicht dagegen § 130!) oder auf Grund von Bestimmungen der einzelnen Steuergesetze (z. B. § 3 Abs. 3 KapStG., § 23 GrunderwStG.).

[2]) „Rechtzeitig", d. h. innerhalb der vorgeschriebenen Frist. Über Fristen im allgemeinen s. §§ 64 ff. Welche Fristen im einzelnen bestehen, richtet sich in erster Linie nach den Bestimmungen des betr. Steuergesetzes, und wenn dieses oder die hierzu ergangenen Ausführungsbestimmungen eine Bestimmung hierüber nicht enthalten, nach §§ 128 bis 130 AO.

Die Frist ist, wie die Verjährungsfrist, eine Ausschlußfrist. Denn ihr Ablauf bewirkt nicht etwa das Fälligwerden einer Verpflichtung (wie bei § 65 Abs. 1 S. 1), sondern das Erlöschen eines Anspruchs. Letzteres ist im Grunde genommen nichts anderes als eine Verjährung des Anspruchs (vgl. auch § 131).

[3]) Bei welchem Finanzamt der Antrag gestellt wird, ist für die Fristwahrung gleichgültig.

[4]) Über die Frage, welches die zuständige Stelle ist, enthält die AO. gar keine Vorschrift; es gilt hierwegen das gleiche wie in Anm. 3 zu § 107 Gesagte.

Die Rückzahlung selbst (das ist etwas anderes als die Entscheidung über den Anspruch) kann übrigens immer nur durch das Finanzamt verfügt werden, nicht etwa durch die Rechtsmittelbehörde, die einen Steuerbescheid aufgehoben hat (E. Bd. 4 S. 48, RStBl. 1921 S. 29).

[5]) Bei Unterlassung oder Unrichtigkeit der Belehrung gilt § 231 Abs. 3.

§ 128. Wird eine Steuerfestsetzung durch Aufhebung, Rücknahme oder Änderung des früher erlassenen Bescheids berichtigt,[1]) so ist, was zu Unrecht gezahlt ist,[2]) zurückzuzahlen. Der Anspruch auf Erstattung erlischt, wenn er nicht bis zum Schlusse des Jahres, das auf die Berichtigung folgt, geltend gemacht wird.

[1]) Wodurch die Aufhebung usw. erfolgt ist, ob durch die festsetzende Behörde selbst auf Grund der §§ 74 ff., 282 Abs. 1 oder im Rechtsmittelweg oder im Berichtigungsverfahren gemäß §§ 213, 214, ist für das Entstehen des Erstattungsanspruchs gleichgültig.

[2]) § 128 schreibt jedoch keineswegs allgemein vor, daß der Steuerpflichtige ein unbeschränktes Recht darauf hat, die Aufhebung oder sonstige Berichtigung rechtskräftig gewordener Bescheide zu verlangen. (Vgl. hierzu auch die zur Auslegung des § 226 Abs. 1 AB. z. RStempG. ergangene Entscheidung des RFH. v. 23. März 1920, RStBl. S. 437). Eine derartige Vorschrift existiert überhaupt nicht. Vgl. auch Anm. 3 zu § 213.

§ 129. (1) Ist eine Steuer zu Unrecht beigetrieben, weil der Steueranspruch erloschen[1]) oder gestundet war oder das Zwangsverfahren gegen den, gegen den es gerichtet war, nicht hätte erfolgen dürfen, oder ist eine Steuer doppelt bezahlt,[2]) so ist der zu Unrecht gezahlte Betrag zu erstatten. Das gleiche gilt, wenn eine Steuer für Rechnung eines Steuerpflichtigen ohne Mitwirkung des Steuerpflichtigen oder seines Vertreters[3]) zu Unrecht gezahlt ist.

(2) Der Anspruch auf Erstattung erlischt, falls nichts anderes bestimmt ist, wenn er nicht bis zum Ablauf des dritten Kalenderjahrs, das auf die Entrichtung folgt, geltend gemacht wird.

[1]) Sei es durch Verjährung, Erlaß oder gültige Aufrechnung.

[2]) Sei es, daß freiwillige Zahlung oder Zahlung infolge Beitreibung (wozu auch Verwendung von Sicherheiten durch die Steuerbehörden nach § 354 gehört) vorliegt.

[3]) §§ 83 ff.

§ 130. Wo außer den Fällen der §§ 128 und 129 Erstattungsansprüche aus Rechtsgründen zugelassen sind[1]), erlöschen sie, falls nichts anderes bestimmt ist, wenn sie nicht bis zum Schlusse des Jahres geltend gemacht werden, das auf das Jahr folgt, in dem die Ereignisse, die den Anspruch begründen, eingetreten sind.

[1]) In Betracht kommen § 5 Abs. 3 AO. und die einzelnen Steuergesetze, soweit sie Erstattungsansprüche statuieren.

§ 131. (1) Die Ausschlußfrist für die Geltendmachung eines Erstattungsanspruchs läuft nicht, solange der Berechtigte innerhalb der letzten sechs Monate durch höhere Gewalt oder deshalb verhindert ist, den Anspruch geltend zu machen, weil er geschäftsunfähig ist und keinen gesetzlichen Vertreter hat.

(2) Gehört der Anspruch zu einem Nachlaß, so erlischt er nicht vor Ablauf von sechs Monaten, nachdem die Erbschaft von den Erben angenommen oder Konkurs über den Nachlaß eröffnet worden ist.

§ 132. Wenn die nach den §§ 128, 129 zu erstattenden Beträge dreihundert Mark übersteigen, sind sie von der Entrichtung an [1]) mit fünf vom Hundert zu verzinsen; Zinsbeträge unter zehn Mark werden nicht ausbezahlt.

[1]) Der Tag, an welchem die Zahlung des Pflichtigen einging, wird nicht mitgerechnet, dagegen der Tag der Rückzahlung.

§ 133. Was zur Tilgung eines erloschenen Erstattungsanspruchs geleistet ist, kann nicht zurückgefordert werden.

§ 134. Was für die Erstattung gezahlter Steuern gilt, gilt entsprechend für die Erstattung anderer Geldleistungen die nach den Steuergesetzen entrichtet worden sind [1]).

[1]) Z. B. Geldstrafen nach § 202, Zuschläge nach § 170 u. a.

§ 135. (1) Gewähren Steuergesetze in Fällen, wo eine Steuer entrichtet worden ist, unter besonderen Voraussetzungen einen Anspruch auf Vergütung)[1], so kann dieser Anspruch, soweit nicht andere Fristen vorgeschrieben sind, nur bis zum Ablauf des Jahres geltend gemacht werden, das auf das Jahr folgt, in dem er zuerst hätte geltend gemacht werden können.

(2) § 127 Absatz 2, §§ 131, 133 gelten entsprechend [2]).

[1]) Allgemeines über Vergütungen s. Vorbemerkungen zu § 127.

[2]) Da ein Hinweis auf § 127 Abs. 1 fehlt, wird man ohne Bedenken annehmen dürfen, daß die Einreichung des Vergütungsantrages bei einem unzuständigen Finanzamt nicht genügt (wenn er nicht von diesem an das zuständige Amt weitergegeben wird und dort rechtzeitig eingeht, vgl. auch § 234 Abs. 1 S. 6).

Mangels eines entsprechenden Hinweises auf § 132 gibt es bei Vergütungsansprüchen keine Verzinsung (E. Bd. 7 S. 243).

§ 136. Die Abtretung oder Verpfändung eines Erstattungs- oder Vergütungsanspruchs ist nur wirksam, wenn sie der Gläubiger der Finanzbehörde anzeigt, die über den Anspruch entschieden oder zu entscheiden hat. Bei Pfändung eines Erstattungs- oder Vergütungsanspruchs gilt diese Behörde als Drittschuldner im Sinne der §§ 829, 845 der Zivilprozeßordnung.

Zweiter Abschnitt.
Wertermittlung.

Erster Titel.
Allgemeine Vorschriften.

Vorbemerkungen zu §§ 137—161.

Die Wertermittlungsvorschriften der AO. scheiden grundsätzlich aus für die in § 452 Abs. 1 Nr. 1 u. 3 genannten Gesetze sowie für das Umsatzsteuergesetz v. 26. Juli 1918. Im Übrigen gelten sie für alle seit dem 23. Dezember 1919 entstandenen Steueransprüche Eine Ausnahme gilt in Erbschaftssteuersachen nach § 461 AO. (RFME. v. 12. Februar 1920, RStBl. S. 99).

Die Vorschriften über die Wertermittlung sind materiell rechtlichen Charakters und können, da sie im engsten Zusammenhang mit den einzelnen Steuerarten stehen, auch nur im Zusammenhang mit diesen ausreichend erläutert werden. Es muß daher diesbezüglich auf die zu den betr. Steuergesetzen vorhandenen Kommentare und sonstigen Ausgaben verwiesen werden. Für die Zwecke dieser Handausgabe genügt es, wenn im folgenden zu den wichtigsten von der AO. aufgestellten Bewertungsgrundsätzen einige erläuternde Hinweise erfolgen.

Der RFM. hat mit Erl. v. 4. September 1920 (Amtsblatt S. 385—390) eine Reihe wichtiger Grundsätze über Wertermittlung nach dem RNotopfG aufgestellt, die trotz ihrer äußerlichen Einschränkung auf das genannte Gesetz zufolge häufiger Bezugnahme auf Bestimmungen der AO. allgemeine steuerrechtliche Bedeutung haben.

§ 137. (1) Bei Bewertungen ist, soweit nichts anderes vorgeschrieben ist [1]), der gemeine Wert zugrunde zu legen.

(2) Jede wirtschaftliche Einheit ist für sich zu bewerten und ihr Wert im ganzen festzustellen [2]). Was als wirtschaftliche Einheit zu gelten hat, ist nach den Anschauungen des Verkehrs zu entscheiden; die örtliche Gewohnheit, die tatsächliche Übung sowie die Zweckbestimmung und wirtschaftliche Zusammengehörigkeit oder Abhängigkeit der einzelnen Gegenstände sind zu berücksichtigen.

[1]) In der AO. oder in den einzelnen Steuergesetzen.

[2]) Verbot der Zerlegung wirtschaftlicher Einheiten! Der Wert eines Geschäfts als Ganzen ist nicht gleich der Summe der einzelnen Betriebsgegenstände, losgelöst vom Betrieb bewertet, sondern kann diese Summe übersteigen oder dahinter zurückbleiben (E. Bd. 6 S. 162).

§ 138. (1) Der gemeine Wert wird durch den Preis bestimmt, der im gewöhnlichen Geschäftsverkehre nach der Beschaffenheit des Gegenstandes unter Berücksichtigung aller den Preis beeinflussenden Umstände bei einer Veräußerung zu erzielen wäre; ungewöhnliche oder lediglich persönliche Verhältnisse sind nicht zu berücksichtigen.

(2) Als lediglich persönliche Verhältnisse sind auch Verfügungsbeschränkungen anzusehen, denen der Steuerpflichtige aus Gründen, die in seiner Person oder der Person seiner Rechtsvorgänger liegen, unterworfen ist. Dies gilt insbesondere für Verfügungsbeschränkungen, die auf letztwilligen Anordnungen beruhen.

(3) Vor Feststellung des gemeinen Wertes ist bei ausländischen Unternehmungen sowie bei gewerblichen und landwirtschaftlichen Neuanlagen auf Antrag des Pflichtigen die für ihn zuständige amtliche Vertretung[1]) gutachtlich zu hören.

[1]) Handelskammern, Handwerkskammern, Landwirtschaftskammern usw.

§ 139.[1]) (1) Bei der Bewertung von Vermögen, das einem Unternehmen gewidmet ist, wird in der Regel von der Voraussetzung ausgegangen, daß das Unternehmen bei der Veräußerung nicht aufgelöst, sondern weitergeführt wird.

(2) Für die Bewertung der dauernd dem Betriebe gewidmeten Gegenstände ist der Anschaffungs- oder Herstellungspreis[2]) abzüglich angemessener Abnutzung maßgebend unter Zulassung des Ansatzes eines niedrigeren Wertes, wenn er dem wirklichen Werte zur Zeit der Bilanzaufstellung entspricht.

[1]) § 139 gibt Grundsätze für die Bewertung von Betriebsvermögen, die von größter Wichtigkeit sind. (S. hierüber nähere Ausführungen des RFH. in der neuen Steuerrundschau 1 S. 167).

Hier sei nur der von der AO. angenommene allgemeine Grundsatz erwähnt, daß eine Bilanz, mag sie auch den handelsgesetzlichen Vorschriften und den Regeln geordneter kaufmännischer Buchführung entsprechen, für die Bewertung des Betriebsvermögens nicht ohne weiteres maßgebend ist (näheres darüber s. neue Steuerrundschau a. a. O.). Selbstverständlich ist damit nicht gesagt, daß die im übrigen ordnungsmäßige Bilanz bei Bewertung des Betriebsvermögens überhaupt unberücksichtigt zu bleiben hätte. Sie wird vielmehr grundsätzlich zum Ausgangspunkt für die Bewertung zu dienen haben unter Benutzung der einzelnen Bilanzposten als Rechnungsfaktoren (so Mrozek).

Eine Ausnahme von vorstehendem Grundsatz bildet § 33 Abs. 2 REinkG., § 9 KörperschStG. u. §§ 13, 16 KriegsStG. v. 1916.

Über Bilanz s. auch § 174 Abs. 2 bis 4.

*) Unter Anschaffungs- oder Herstellungspreis ist nicht der nakte Kaufpreis usw zu verstehen, sondern die meist sog. „Gestehungskosten", d. i. der eigentliche Preis zuzüglich aller Unkosten (notwendigen Reise-, Transport- u. Versicherungskosten, Stempel, Steuern, Gebühren usw.).

§ 140. Steht ein Gegenstand mehreren zu, so ist in der Regel der Wert im ganzen zu ermitteln und jedem Beteiligten nach Verhältnis seines Anteils zuzurechnen.

§ 141. (1) Wertpapiere, die in Deutschland einen Kurswert haben, sind mit dem Kurswert, Forderungen, die in das Schuldbuch einer öffentlichen Körperschaft eingetragen sind, mit dem Kurswert der entsprechenden Schuldverschreibungen der öffentlichen Körperschaft anzusetzen.

(2) Für Aktien ohne Kurswert, Kuxe oder Anteile an einer Bergwerksgesellschaft oder einer Gesellschaft mit beschränkter Haftung hat das nach § 52 zuständige Finanzamt den Verkaufswert zu ermitteln und ihn Steuerpflichtigen und Finanzämtern auf Anfrage mitzuteilen.

Fehlt es an genügenden Merkmalen, so ist der gemeine Wert unter Berücksichtigung des Gesamtvermögens und der Ertragsaussichten der Gewerkschaft oder Gesellschaft zu schätzen.

§ 142. (1) Für bestimmte Tage können die Steuerkurse der zum Börsenhandel zugelassenen und die Steuerwerte anderer Wertpapiere sowie der im § 141 Abs. 2 bezeichneten Gewerkschafts- und Gesellschaftsanteile festgesetzt werden.

(2) Die Steuerkurse der zum Börsenhandel zugelassenen Wertpapiere werden von den Börsenvorständen, die Steuerwerte anderer Wertpapiere und der Gewerkschafts- und Gesellschaftsanteile werden von Sachverständigenausschüssen ermittelt, die der Reichsminister der Finanzen beruft. Auf Grund dieser Ermittlungen setzt der Reichsminister der Finanzen die Steuerkurse und Steuerwerte vorläufig fest und veröffentlicht sie. Nach Ablauf eines Monats, vom Tage der Veröffentlichung der vorläufigen Festsetzung gerechnet, setzt der Reichsrat die Steuerkurse und Steuerwerte endgültig fest. Die so festgesetzten Kurse und Werte treten an die Stelle der im § 141 bezeichneten Werte.

(3) In den Fällen des § 141 und des § 142 Absatz 1, 2 kann der Steuerpflichtige bei Wertpapieren, die mit Gewinnanteilscheinen gehandelt werden, einen Betrag abziehen, der für die seit der Auszahlung des letzten Gewinns verstrichene Zeit dem zuletzt verteilten Gewinn entspricht; dies gilt nicht, wenn auch der laufende Gewinnanspruch bewertet werden muß.

§ 143. (1) Andere als die im § 141 bezeichneten Kapitalforderungen sowie Schulden sind mit dem Nennwert anzusetzen, sofern nicht besondere Umstände einen höheren oder geringeren Wert begründen.

(2) Unbeitreibbare Forderungen bleiben außer Ansatz.

(3) Der Wert unverzinslicher, befristeter Forderungen oder Schulden ist gleich einem Betrage, der mit angemessenen Jahreszinsen bis zur Fälligkeit die Forderung oder Schuld ergibt.

(4) Noch nicht fällige Ansprüche aus Lebens-, Kapital- oder Rentenversicherungen werden, soweit die Steuergesetze nichts anderes vorschreiben, mit zwei Dritteln der eingezahlten Prämien oder Kapitalbeiträge angerechnet; weist der Steuerpflichtige nach, wofür die Versicherungsanstalt den Versicherungsschein nach ihrer Satzung oder den Versicherungsbedingungen zurückkaufen würde, so ist dieser Betrag maßgebend.

§ 144.[1]) (1) Der Gesamtwert von Nutzungen oder Leistungen, die auf bestimmte Zeit beschränkt sind, ist durch Zusammenzählen der einzelnen Jahreswerte unter Abrechnung der Zwischenzinsen[2]) zu berechnen. Der Gesamtwert darf den zum gesetzlichen Zinssatz[3]) kapitalisierten Jahreswert nicht übersteigen. Ist die Dauer des Rechtes außerdem durch das Leben einer oder mehrerer Personen bedingt, so darf der nach § 145 zu berechnende Kapitalwert nicht überschritten werden[4]).

(2) Immerwährende Nutzungen oder Leistungen sind mit dem Fünfundzwanzigfachen des Jahreswerts, Nutzungen oder Leistungen von unbestimmter Dauer vorbehaltlich des § 145[5]) mit dem Zwölfundeinhalbfachen des Jahreswerts zu veranschlagen.

(3) Ist der gemeine Wert[6]) des Gesamtbezugs der Nutzungen oder Leistungen nachweislich geringer oder höher, so ist der gemeine Wert zugrunde zu legen.

[1]) § 144 handelt von regelmäßig, das ist in bestimmten Zeitabständen wiederkehrenden Nutzungen und Leistungen, gleichgültig ob es sich um Geld- oder sonstige Leistungen handelt. Es sind dabei zeitlich drei Fälle unterschieden:

1. Leistungen die auf bestimmte Zeit beschränkt sind (zu bewerten nach Abs. 1);

2. Leistungen, deren zeitliche Dauer unbestimmt, aber nach dem Willen der Parteien doch durch ein bestimmtes Ereignis begrenzt ist (zu bewerten nach Abs. 2 a. E.);

3. Leistungen von zeitlich unbegrenzter Dauer (sog. immerwährende Leistungen, zu bewerten nach Abs. 2 a. Anfang).

Maßgebend für die Frage, welcher dieser drei Fälle vorliegt, sind die Verhältnisse, die am sog. Stichtag (vgl. Anm. 2 zu § 81) gegeben waren.

Auf bestimmte Zeit beschränkt ist eine Leistung wenn der Zeitpunkt des Aufhörens kalendermäßig feststeht oder feststellbar ist. So ist z. B eine Rente oder ein jährliches Stipendium, das einem Studierenden „bis zur Erlangung einer festen Erwerbsstellung" gewährt werden soll, der Regel nach wohl eine Leistung von unbestimmter Dauer, desgleichen eine „bis zur Heirat" zu verabfolgende Rente. Wenn jedoch z. B. nach dem Willen der am Rentenvertrag Beteiligten die Heirat bereits für einen ungefähr feststehenden Zeitpunkt in Aussicht genommen ist, wird zeitlich bestimmte Dauer anzunehmen sein. Ist freilich aus anderen Tatsachen zu entnehmen, daß trotz Nichtverheiratung im vorgesehenen Zeitpunkt die Rente auf unbestimmte Dauer weitergewährt werden soll (z. B. wenn im Zeitpunkt der Veranlagung dieser Zeitpunkt längst verflossen und die Heiratsaussicht geschwunden ist, die Rente jedoch weiter gewährt wird), so ist wiederum unbestimmte Dauer anzunehmen. Welche von diesen Annahmen nun maßgebend ist, richtet sich, wie bereits erwähnt, nach dem Stichtag.

Von unbestimmter Zeitdauer ist, wie bereits aus dem Vorstehenden hervorgeht, eine Leistung dann, wenn sie zwar durch ein bestimmtes Ereignis zeitlich begrenzt ist, der Zeitpunkt dieses Ereignisses jedoch nicht (auch nicht ungefähr) feststeht. Wenn dabei jedoch gleichzeitig ein kalendermäßig bestimmter oder bestimmbarer Endzeitpunkt festgelegt ist (also eine sog. Höchstdauer), dann kann die Leistung ohne weiteres als eine zeitlich beschränkte behandelt werden unter Zugrundelegung jenes Endzeitpunkts: denn auch im Falle gegenteiliger Behandlung würde das Bewertungsergebnis mit Rücksicht auf Abs. 3 dasselbe sein.

Immerwährende Leistungen usw. sind solche, die vertraglich oder gesetzlich der Zeit nach uneingeschränkt sind. Daß ihr Ende durch äußere Einwirkung oder durch das Walten der Naturgesetze herbeigeführt werden kann, ist für den Begriff „immerwährend" gleichgültig.

Wiederkehrende Leistungen, deren Dauer durch das Leben einer bestimmten Person bedingt sind, fallen überhaupt nicht unter § 144, sondern unter § 145!

[2]) Zinsfuß ist gemäß § 146 4% oder, wenn ein anderer Nutzungsbetrag feststeht, der diesem Betrag entsprechende.

[3]) das ist immer 4% (vgl. § 246 BGB.).

[4]) Es sind also zunächst zwei Berechnungen vorzunehmen. Von diesen gilt dann die nach Abs. 1 S. 1 vorgenommene, jedoch nicht über das Ergebnis der nach S. 2 vorgenommenen Berechnung hinaus.

[5]) Vgl. Anm. 1, letzter Satz.

[6]) § 188.

§ 145. (1) Der Wert von Renten oder anderen auf die Lebenszeit einer Person[1]) beschränkten Nutzungen und Leistungen bestimmt sich nach dem Lebensalter dieser Person.

(2) Als Wert wird angenommen bei einem Alter

1.		bis zu	15	Jahren das	18	fache,
2.	von mehr als	15	„ „	25	„ „ 17	„
3.	„ „ „	25	„ „	35	„ „ 16	„
4.	„ „ „	35	„ „	45	„ „ 14	„
5.	„ „ „	45	„ „	55	„ „ 12	„
6.	„ „ „	55	„ „	65	„ „ 8½	„
7.	„ „ „	65	„ „	75	„ „ 5	„
8.	„ „ „	75	„ „	80	„ „ 3	„
9.	„ „ „	80 Jahren das			2	„

des Wertes der einjährigen Nutzung[2]).

(3) Hat jedoch eine nach Absatz 2 bewertete Nutzung oder Leistung im Falle der

Nr. 1	nicht mehr als	9	Jahre,
„ 2, 3	„ „ „	8	„
„ 4	„ „ „	7	„
„ 5	„ „ „	6	„
„ 6	„ „ „	4	„
„ 7 bis 9	„ „ „	2	„

bestanden, so ist die Veranlagung auf Antrag nach der wirklichen Dauer der Nutzung oder Leistung zu berichtigen. Handelt es sich um den Wegfall einer Last, so ist in gleicher Weise eine Nachveranlagung vorzunehmen.

(4) Hängt die Dauer der Nutzung oder Leistung von der Lebenszeit mehrerer ab, so entscheidet, je nachdem das Recht mit dem Tode des zuerst oder des zuletzt Sterbenden erlischt, das Lebensalter des Ältesten oder Jüngsten.

[1]) Daß hier nur natürliche Personen gemeint sind, ist nach dem Inhalt des Paragraphen selbstverständlich.

[2]) § 146.

§ 146. (1) Der einjährige Betrag der Nutzung einer Geldsumme ist, wenn kein anderer Wert feststeht[1]), zu vier vom Hundert anzunehmen.

(2) Bei Nutzungen oder Leistungen, die ihrem Betrage nach[2]) ungewiß sind oder schwanken, ist als Jahreswert der Betrag zugrunde zu legen, der voraussichtlich für die Zukunft durchschnittlich erzielt werden wird.

[1]) „Feststeht": Die bloße Wahrscheinlichkeit eines höheren Wertes dürfte nicht genügen. Es kann aber sehr wohl sein, daß ein höherer Mindestwert feststeht.

[2]) Nämlich ihrem einjährigen Betrage nach.

§ 147. Vermögen, dessen Erwerb vom Eintritt einer aufschiebenden Bedingung abhängt[1]), wird erst berücksichtigt, wenn die Bedingung eingetreten ist.

[1]) das heißt, Vermögen, das am Stichtag noch nicht erworben ist, dessen Erwerb vielmehr erst mit dem Eintritt eines bestimmten Ereignisses eintritt.

§ 148. Vermögen, das unter einer auflösenden Bedingung erworben ist[1]), wird wie unbedingt erworbenes behandelt; die Vorschriften über die Berechnung des Kapitalwerts der Nutzungen von unbestimmter Dauer (§ 144 Absatz 2, 3, § 145, § 146 Absatz 2) bleiben unberührt. Tritt die Bedingung ein, so ist die Veranlagung auf Antrag nach dem tatsächlichen Werte des Erwerbes zu berichtigen (§ 214).

[1]) D. h. Vermögen, das am Stichtag bereits erworben ist, dessen Besitz jedoch bei Eintritt eines bestimmten Ereignisses wieder wegfällt.

§ 149. Lasten, die vom Eintritt einer aufschiebenden Bedingung abhängen[1]), werden nicht berücksichtigt. Tritt die Bedingung ein, so ist die Veranlagung auf Antrag entsprechend zu berichtigen[2]).

[1]) Das in Anm. 1 zu § 147 Gesagte gilt entsprechend.
[2]) § 214.

§ 150. Lasten, deren Fortdauer auflösend bedingt ist[1]), werden, soweit nicht ihr Kapitalwert nach § 144 Absatz 2, 3, § 145, § 146 Absatz 2 zu berechnen ist, wie unbedingte abgezogen. Bei Eintritt der Bedingung ist die Veranlagung entsprechend zu berichtigen[2]).

[1]) Das in Anm. 1 zu § 148 Gesagte gilt entsprechend.
[2]) § 214.

§ 151. Die §§ 147 bis 150 gelten auch, wenn der Erwerb oder die Last von einem Ereignis abhängt, bei dem nur der Zeitpunkt des Eintritts ungewiß[1]) ist.

[1]) Vgl. hierher auch das in Anm. 1 zu § 144 zu dem Beispiel der Verheiratung Gesagte.

Als zeitlich ungewisses Ereignis ist auch der Tod anzusehen.

Zweiter Titel.

Besondere Vorschriften für die Bewertung von Grundstücken.

§ 152. (1) Bei der Bewertung von Grundstücken ist der gemeine Wert zugrunde zu legen.

(2) Soweit es sich um Steuern vom Vermögen (einschließlich der Erbschaftssteuer) handelt und die einzelnen Steuergesetze nichts anderes vorschreiben, ist bei Grundstücken, die dauernd land- oder forstwirtschaftlichen oder gärtnerischen Zwecken sowie bei bebauten Grundstücken die Wohnzwecken oder gewerblichen Zwecken zu dienen bestimmt sind und bei denen die Bebauung und Benutzung

der ortsüblichen Bebauung und Benutzung entspricht, der Ertragswert zugrunde zu legen.

(3) Als Ertragswert gilt bei land- oder forstwirtschaftlichen oder gärtnerischen Grundstücken das Fünfundzwanzigfache des Reinertrags, den sie nach ihrer wirtschaftlichen Bestimmung bei ordnungsmäßiger und gemeinüblicher Bewirtschaftung unter gewöhnlichen Verhältnissen mit entlohnten fremden Arbeitskräften im Durchschnitt nachhaltig gewähren können. Dies gilt nicht für Grundstücke, deren Wert bereits durch ihre Lage als Bauland oder als Land zu Verkehrszwecken bestimmt wird oder bei denen nach sonstigen Umständen, insbesondere nach ihrer Lage und Beschaffenheit, ihrem Erwerbspreis oder ihrer Belastung, anzunehmen ist, daß sie in absehbarer Zeit anderen, als land- oder forstwirtschaftlichen oder gärtnerischen Zwecken dienen werden.

(4) Die der Land- und Forstwirtschaft oder der Gärtnerei dienenden Gebäude und Betriebsmittel werden nicht besonders bewertet, sondern bei der Ermittlung des Ertragswerts einbegriffen.

(5) Bei bebauten Grundstücken, die Wohnzwecken oder gewerblichen Zwecken zu dienen bestimmt sind, gilt als Ertragswert das Fünfundzwanzigfache des Miet- oder Pachtertrags, der in den letzten drei Jahren im Durchschnitt erzielt worden ist oder im Falle der Vermietung oder Verpachtung hätte erzielt werden können, nach Abzug von einem Fünftel für Nebenleistungen und Instandhaltungskosten oder von dem als erforderlich nachgewiesenen höheren Betrage für Nebenleistungen und Instandhaltungskosten ohne Rücksicht darauf, ob die hierzu notwendigen Arbeiten von dem Steuerpflichtigen selbst oder durch entlohnte fremde Arbeitskräfte geleistet worden sind.

(6) In allen Fällen kann der Steuerpflichtige verlangen, daß statt des Ertragswerts der gemeine Wert der Bewertung zugrunde gelegt wird. Dieses Recht erlischt, wenn es nicht spätestens bis zum Ablauf der mit der Zustellung des Wertfestsetzungs- oder Steuerbescheids eröffneten Rechtsmittelfrist geltend gemacht wird.

§ 153. (1) Wie Grundstücke sind Berechtigungen zu bewerten, auf welche die Vorschriften des bürgerlichen Rechtes über Grundstücke Anwendung finden [1]).

(2) Steht das Eigentum am Grund und Boden und an den darauf errichteten Gebäuden verschiedenen Personen zu, so ist der Wert für den Grund und Boden und für das Recht an den Gebäuden je für sich zu ermitteln.

[1]) Hierher gehören Erbbaurecht, Erbpachtrecht und Recht zur Gewinnung von Bodenschätzen, die nicht den bergrechtlichen Vorschriften unterliegen (ferner ev. gem. §§ 59, 62 bis 74 EinfG. z. BGB. nach Landesrecht als grundstücksgleich erklärte Rechte).

§ 154. (1) Die Bewertung erstreckt sich auf die mit den Grundstücken als solchen verbundenen Rechte und Nutzungen einschließlich der im § 153 Abs. 1 bezeichneten Berechtigungen, wenn diese mit den Grundstücken verbunden sind.

(2) Wird bei Bewertung von Grundstücken als solchen der gemeine Wert zugrunde gelegt, so ist das bewegliche Inventar [1]) [2]) nicht zu berücksichtigen und der Wert von Maschinen sowie sonstigen Vorrichtungen aller Art, die zu einer Betriebsanlage des Grundstücks verwandt sind, [3]) abzurechnen oder nicht zu berücksichtigen. Dies gilt auch dann, wenn es sich um wesentliche Bestandteile handelt.

[1]) Für die Unterscheidung von beweglichen und unbeweglichen Sachen gelten zunächst die Bestimmungen des BGB. (vgl. insbes. dort §§ 93 bis 98). Lediglich bezüglich der „Maschinen und sonstigen Vorrichtungen aller Art, die zu einer Betriebsanlage des Grundstücks verwandt sind", gibt § 154 Abs. 2 eine Ausnahmevorschrift. Diese Maschinen und Vorrichtungen sind nämlich bei der Grundstücksbewertung immer als bewegliche Sachen anzusehen, auch wenn sie sog. wesentliche Bestandteile nach §§ 93 bis 95 BGB. sind.

[2]) S. Anm. 1. Abs. 2 gilt auch dann, wenn nach § 12 Abs. 1 GrunderwStG. an Stelle des gemeinen Wertes der Veräußerungspreis tritt (E. Bd. 5 S. 269).

[3]) Gemeint sind Gegenstände, die im gewerblichen Betrieb des Pflichtigen Verwendung finden (E. Bd. 5 S. 44). Heizungsanlagen gehören keinesfalls hierher (E. Bd. 7 S. 43).

§ 155. (1) In jedem Lande sollen Verzeichnisse über den Wert der Grundstücke angelegt und dauernd auf dem laufenden erhalten werden.[1])

(2) Die Verzeichnisse sollen so ausgestaltet sein, daß sie enthalten:

1. die Merkmale, nach denen die in dem Lande geltenden Steuern veranlagt werden,
2. die in diesem Gesetze vorgeschriebenen Steuerwerte (§ 152) und
3. die für das Grundstück bei Veräußerungen erzielten Preise.

(3) Soweit in einem Lande Verzeichnisse über die Werte der Grundstücke bereits bestehen, können sie im Sinne des Absatz 2 ausgestaltet werden.

(4) Bei der Anlegung und Fortführung der Verzeichnisse sind für Grundstücke, die bei der Veranlagung von

Vermögenssteuern bewertet werden, die dabei ermittelten Werte als Steuerwerte (Absatz 2 Nr. 2) in das Verzeichnis einzutragen. Für sonstige Grundstücke werden die Steuerwerte besonders ermittelt und in denselben Zeitabschnitten, die für die Veranlagung der Besitzsteuer maßgebend sind, nachgeprüft; die Rechtsmittel gegen diese Bewertungen sind nach den Grundsätzen des Berufungsverfahrens (§§ 244 bis 276) zu regeln. Im übrigen treffen die Landesregierungen im Einvernehmen mit dem Reichsminister der Finanzen die näheren Bestimmungen über die Anlegung, Fortführung und Einrichtung der Verzeichnisse sowie über das Rechtsmittelverfahren. Sie bestimmen insbesondere, wann die Verzeichnisse auch bezüglich des im Absatz 2 Nr. 2 bezeichneten Inhalts als angelegt anzusehen sind. Bei Meinungsverschiedenheiten zwischen einer Landesregierung und dem Reichsminister der Finanzen entscheidet der Reichsrat.

[1]) Z. B. in Preußen die Schätzungsbogen der Katasterkontrolleure, in Bayern die Grundsteuerkataster.

§ 156. (1) Soweit durch die Anlegung und Führung der Verzeichnisse höhere Kosten entstehen, als sie für die Zwecke der Landesbesteuerung erforderlich sind, werden sie vom Reiche erstattet.

(2) Bei Meinungsverschiedenheiten zwischen Reich und Land über die Höhe der Mehrkosten entscheidet der Reichsrat.

§ 157. (1) Die für die Führung der Verzeichnisse zuständigen Landesbehörden haben, soweit es sich um die Ermittlung von Steuerwerten handelt, die Befugnisse, die den Finanzämtern bei Ermittlung und Festsetzung der Steuern zustehen; die Pflichten, die hierbei den Steuerpflichtigen auferlegt sind, gelten sinngemäß für die Grundstückseigentümer.

(2) Wegen der Kosten etwaiger besonderer Ermittlungen gilt sinngemäß § 205 Absatz 3.

§ 158. Die Grund- und Gebäudebesitzer sind verpflichtet, Änderungen der Grundstücke, die nach den Bestimmungen gemäß § 155 Absatz 4 eine Berichtigung des Verzeichnisses erheischen, den zur Führung des Verzeichnisses zuständigen Behörden anzuzeigen; die Grundbuchämter haben diesen Behörden Änderungen im Eigentume, die Baupolizeibehörden wesentliche Änderungen in der Bebauung mitzuteilen.

§ 159. Die Einsicht in das Verzeichnis ist jedem gestattet, der die Einwilligung des Eigentümers beibringt oder ein berechtigtes Interesse glaubhaft macht; auf Verlangen ist schriftlich Auskunft auf Grund des Verzeichnisses zu erteilen. Die Gebühren für die Einsicht und die Auskunft werden gemäß § 155 Absatz 4 bestimmt; Schreibgebühren sind nach dem Gerichtskostengesetze zu berechnen.

§ 160. Sind Verzeichnisse nach § 155 Absatz 4 als angelegt anzusehen, so sind sie für die Besteuerung zugrunde zu legen, wenn der im § 152 bezeichnete Wert für die Steuer maßgebend ist; dies gilt nicht, wenn die wirtschaftliche Einheit, um deren Wert es sich handelt, nicht dieselbe ist, oder sich die Verhältnisse, die für die Bewertung maßgebend sind, wesentlich geändert haben.

§ 161. (1) Sind die Verzeichnisse nach § 155 Absatz 4 als angelegt anzusehen, so ist bei Gutachten über den Wert eines Grundstücks der Steuerwert des Grundstücks in der Schätzungsurkunde oder im Gutachten anzugeben.

(2) Von dem im Absatz 1 bezeichneten Zeitpunkt an gilt im Sinne der Vorschriften über die Anlegung von Mündelgeld der Steuerwert (§ 152) als Wert des Grundstücks. Erstreckt sich die Beleihung auf das Inventar oder die sonst im § 154 Absatz 2 bezeichneten Sachen und liegt der Fall des § 154 Absatz 2 vor, so ist der Wert dieser Sachen dem Steuerwert des Grundstücks hinzuzurechnen.

(3) Abweichende Vorschriften der Landesgesetze, die auf Grund des § 1807 Absatz 2 des Bürgerlichen Gesetzbuchs über die Bewertung von Grundstücken erlassen sind, bleiben unberührt.

Dritter Abschnitt.

Ermittlung und Festsetzung der Steuer.

Erster Titel.

Pflichten der Steuerpflichtigen und anderer Personen.

I. Allgemeine Vorschriften.

§ 162. (1) Wer nach den Steuergesetzen Bücher zu führen oder Aufzeichnungen zu machen hat[1]), soll[2]) die folgenden Vorschriften[3]) beachten.

(2) Die Eintragungen in die Bücher sollen fortlaufend[4]), vollständig[5]) und richtig[6]) bewirkt werden. Der Steuerpflichtige soll sich einer lebenden Sprache und der Schriftzeichen einer solchen bedienen.

(3) Geschäftsbücher sollen keine Konten enthalten, die auf einen falschen oder erdichteten Namen lauten.

(4) Die Bücher sollen, soweit es geschäftsüblich[7]) ist, gebunden und Blatt für Blatt oder Seite für Seite mit fortlaufenden Zahlen versehen sein.

(5) An Stellen, die der Regel nach zu beschreiben sind, sollen keine leeren Zwischenräume gelassen werden. Der ursprüngliche Inhalt einer Eintragung soll nicht mittels Durchstreichens oder auf andere Weise unleserlich gemacht, es soll nicht radiert, auch sollen solche Veränderungen nicht vorgenommen werden, deren Beschaffenheit es ungewiß läßt, ob sie bei der ursprünglichen Eintragung oder erst später vorgenommen sind.

(6) In Bücher soll, wo dies geschäftsüblich[7]) ist, mit Tinte[8]) eingetragen werden. Trägt der Steuerpflichtige nach vorläufigen Aufzeichnungen ein, so soll er diese aufbewahren. Belege sollen mit Nummern versehen und gleichfalls aufbewahrt werden.

(7) Kasseneinnahmen und -ausgaben sollen im geschäftlichen Verkehre mindestens täglich aufgezeichnet werden.

(8) Die Bücher, Aufzeichnungen und, soweit sie für die Besteuerung von Bedeutung sind, auch die Geschäftspapiere sollen zehn Jahre aufbewahrt werden; die Frist läuft vom Schlusse des Kalenderjahrs an, in dem die letzte Eintragung in die Bücher und Aufzeichnungen gemacht ist oder die Geschäftspapiere entstanden sind.

(9) Das Finanzamt kann prüfen[9]), ob die Bücher und Aufzeichnungen fortlaufend, vollständig und formell und sachlich richtig geführt werden.

[1]) Eine allgemeine Pflicht zur Buchführung führt die AO. (abgesehen von der Sollvorschrift des § 164) nicht ein. Es sind also für die Frage, wer zur Buchführung oder wenigstens zur Aufzeichnung bestimmter wirtschaftlicher Vorgänge verpflichtet ist, die Bestimmungen der einzelnen Steuergesetze und AusfBest. maßgebend. Inwieweit hierdurch Buchführung verlangt wird, ist gleichgültig. Es

fallen unter § 162 Abs. 2 bis 9 auch die Pflichten zur Führung besonderer Bücher für bestimmte Waren oder einzelne Steuerarten (z. B. § 94 bis 105 AB. z. UmsStG. bezüglich der Luxussteuer, § 106 a. a. O.), ferner die für bestimmte Vorgänge oder Berufe sachlich eingeschränkten oder erweiterten Buchführungspflichten (z. B. §§ 107 bis 113 a. a. O.), kurz, alle nur denkbaren Fälle von Aufzeichnungspflichten.

Nicht unter § 162 fallen lediglich diejenigen Aufzeichnungen usw., die von den Steuerpflichtigen gefordert werden, wenn sie bei gewissen wirtschaftlichen Vorgängen usw. eine steuerliche Vergünstigung erreichen wollen (z. B. § 18 AB. z. UmsStG. bezüglich der Ausfuhrhändler). In diesen Fällen hat die Nichtbeachtung der Buchführungsvorschriften unter Umständen lediglich die Wirkung, daß die gesetzlich bestehenden Vergünstigungen nicht eintreten können.

Inwieweit die Buchführungspflicht Muß- oder Sollvorschrift ist, ergibt sich stets aus dem Wortlaut der betreffenden Bestimmungen.

²) Die Bestimmungen der Abs. 2 bis 8 sind also Sollvorschriften. Dies ist wichtig, weil ihre Nichtbeachtung gemäß § 377 keine Ordnungsstrafe nach sich ziehen kann (s. Anm. 3 zu § 377). Wegen der Bedeutung der Buchführungsvorschriften für §§ 208 und 210 s. dort. Eine Erzwingung der Beachtung gemäß § 202 ist ausgeschlossen.

Ob etwaige Sondervorschriften der einzelnen Steuergesetze über die innere Einrichtung von Büchern (vgl. z. B. die in Anm. 1 zitierten §§ der AB. z. UStG.) Muß- oder lediglich Sollbedeutung haben, richtet sich selbstverständlich nach der Fassung der betreffenden Vorschriften.

³) In den Abs. 2 bis 8 sind sachliche und formelle Vorschriften über die Buchführung mit einander ohne Unterscheidung vermengt. Im Hinblick auf die verschiedenartige Bedeutung der beiden Gruppen für die Erbringung des Bücherbeweises (vgl. § 208) wäre es zweckmäßig gewesen,

dieselben durch entspr. Fassung des § 162 klar von einander zu trennen.

Als sachliche Vorschriften über die Einrichtung der Bücher dürfte nur das Gebot der Vollständigkeit und der Richtigkeit (Abs. 2) anzusehen sein; alle übrigen Vorschriften der Abs. 2 bis 7 betreffen lediglich die formelle Einrichtung der Buchführung.

Abs. 8 gehört eigentlich überhaupt nicht in den Rahmen der hier behandelten Vorschriften; denn er betrifft nicht die Einrichtung der Bücher, sondern die Aufbewahrungspflicht.

[4]) D. h. in der zeitlich sich ergebenden Reihenfolge.

[5]) D. h. es müssen alle wirtschaftlichen Vorgänge des betr. Geschäftsbetriebs aufgezeichnet sein.

[6]) D. h. die Aufzeichnungen müssen den Tatsachen entsprechen.

[7]) D. h. in dem betr. Geschäft üblich (nicht etwa allgemein üblich).

[8]) Wo geschäftsüblich, genügt also auch Tintenstift. Eintragungen mit Bleistift dürften unzulässig sein, da sonst das Verbot des Radierens (Abs. 5) wohl gegenstandslos wäre.

[9]) §§ 173, 174, 207, 208.

§ 163. Wer nach anderen Gesetzen als den Steuergesetzen Bücher und Aufzeichnungen zu führen hat[1]), die für die Besteuerung von Bedeutung sind, hat die Verpflichtungen, die ihm nach diesen Gesetzen obliegen, auch im Interesse der Besteuerung zu erfüllen[2]). § 162 gilt entsprechend[3]).

[1]) Es kommen hauptsächlich in Betracht §§ 38 ff HGB.

[2]) Mit anderen Worten: Buchführungsvorschriften anderer Gesetze werden insoweit, als sie für Erhebung und Bemessung einer Steuer Bedeutung haben, so angesehen, als ob sie im Sinne des § 162 Abs. 1 durch das betr. Steuergesetz aufgestellt wären.

[3]) Ist die logische Folge des in Anm. 2 aufgestellten Grundsatzes.

§ 164. Auch wer nicht verpflichtet ist, Buch zu führen[1]), soll[2]), wenn er ein Einkommen von mehr als zehntausend Mark versteuert[3]), seine Einnahmen fortlaufend[4]) aufzeichnen.

[1]) Gedacht ist namentlich an die freien Berufe, Ärzte, Rechtsanwälte, Künstler, Schriftsteller, Musiker usw.

[2]) Sollvorschrift! Daher nicht mit Ordnungsstrafe erzwingbar (§ 377). Die Bedeutung kann aber steuerrechtlich eine doppelte sein:

1. Wenn jemand nach § 164 Aufzeichnungen macht, so gilt hierfür auch zunächst die Vermutung der sachlichen Richtigkeit und Vollständigkeit nach § 208 (s. Anm. zu § 208).

2. Die Unterlassung der Aufzeichnungen nach § 164 kann die Notwendigkeit einer Schätzung nach § 210, unter Umständen auch die Annahme einer schuldhaften Pflichtverletzung im Sinne des § 210 Abs. 3 begründen.

§ 202 ist nicht anwendbar.

[3]) Das heißt wohl: „im letzten Jahr aus einem Einkommen von mehr als 10000 Mark zur Einkommensteuer veranlagt war."

Diese Einkommensgrenze ist jedoch nur Voraussetzung für die Pflicht nach § 164. Ist diese Pflicht hiernach begründet, so wirkt sie auch bezüglich der Veranlagung aller übrigen Steuern, nicht nur der Einkommensteuer.

[4]) Also nur die Einnahmen sind aufzuzeichnen. Die Beifügung des Wortes „fortlaufend" könnte zu der Annahme führen, daß die übrigen Vorschriften der Abs. 2—6 und 8 des § 162 für die Aufzeichnungspflicht des § 164 nicht gelten. Dies wäre irrig. Mit dem Ausdruck „Einnahmen fortlaufend aufzeichnen" sollte nur gesagt werden, daß hier von einer regelrechten Buchführung im kaufmännischen Sinne abgesehen wird.

§ 165. (1) Niemand darf auf einen falschen oder erdichteten Namen für sich oder einen anderen ein Konto errichten oder Buchungen vornehmen lassen, Wertsachen (Wertpapiere, Geld oder Kostbarkeiten) offen oder verschlossen hinterlegen oder verpfänden oder sich ein Schließfach geben lassen. Das Verbot gilt auch für den eigenen Geschäftsbetrieb. Das Finanzamt kann in einzelnen Fällen Ausnahmen gestatten.

(2) Wird die Errichtung eines Kontos, die Annahme von Wertsachen zur Hinterlegung oder Verpfändung oder die Überlassung eines Schließfachs beantragt, so hat sich die Bank, die Sparkasse, der Kaufmann oder wer sonst dem Antrag entsprechen will, über die Person des Verfügungsberechtigten zu vergewissern. Vor- und Zuname und Wohnung des Verfügungsberechtigten sind einzutragen, bei Frauen auch der Mädchenname. Anträgen, die für Sammlungen oder dergleichen gestellt werden, ist nur zu entsprechen, wenn bestimmte natürliche oder juristische Personen als verfügungsberechtigt bezeichnet werden. Der Reichsminister der Finanzen kann Schuldbuchverwaltungen von der in diesem Absatz auferlegten Verpflichtung befreien, wenn nach den Vorschriften der Schuldbuchordnung Verfügungen des Schuldbuchgläubigers von der Prüfung seiner Persönlichkeit abhängig sind.

(3) Stellt sich später heraus, daß die Vorschrift des ersten Absatzes verletzt ist, so dürfen das Guthaben, die Wertsachen oder der Inhalt des Schließfachs nur mit Zustimmung des Finanzamts an den Antragsteller oder seinen Rechtsnachfolger herausgegeben werden; auch sonstige Verfügungen darüber bedürfen dieser Zustimmung.

Wer vorsätzlich oder fahrlässig dieser Vorschrift zuwiderhandelt, haftet, soweit dadurch Steueransprüche oder Verfallerklärungen vereitelt oder beeinträchtigt werden.

Über strafrechtliche Folgen der Zuwiderhandlungen gegen § 165 s. §§ 371, 372.

§ 166. (1) Wer Rechte, die auf seinen Namen lauten, oder Wertsachen[1]), die er besitzt, als Treuhänder, Vertreter eines anderen oder Pfandgläubiger zu haben behauptet, hat auf Verlangen nachzuweisen, wem die Rechte oder Wertsachen gehören, oder daß sie ihm nicht gehören; andernfalls sind sie ihm zuzurechnen[2]). Das Recht des Finanzamts, den Sachverhalt zu ermitteln, bleibt unberührt.

(2) Die Vorschrift gilt entsprechend, wenn Rechte auf Namen mehrerer Personen lauten, und diese berechtigt sind, gemeinschaftlich oder allein über die Rechte zu verfügen[3]).

[1]) Gemeint sind Sachen aller Art, die irgend einen für die Steuergesetze in Betracht kommenden Wert besitzen, nicht etwa nur sog. Kostbarkeiten.

[2]) Das heißt, es wird so angesehen, als ständen die betr. Rechte (oder Sachen) dem Treuhänder usw. zu.

[3]) Das heißt, es wird — vorbehaltlich eines anderen Nachweises der Pflichtigen — so angesehen, als ob sämtliche Teilhaber je zu gleichen Teilen berechtigt wären.

§ 167. Jeder Besitzer eines Grundstücks hat dem Finanzamt auf Verlangen sämtliche Bewohner des Grundstücks mit Namen, Berufsstellung, Geburtsort und Geburtstag anzugeben. Die Haushaltungsvorstände haben den Hausbesitzern über die Personen, die zu ihrem Haushalt gehören, einschließlich der Untermieter und der Schlafstellenmieter, Auskunft zu erteilen; diese sind ihnen zu entsprechender Auskunft verpflichtet.

Die durch § 167 festgelegten Verpflichtungen sind nicht nach § 202 erzwingbar. Dagegen ist Ordnungsstrafe nach § 377 anwendbar.

II. Pflichten der Steuerpflichtigen.

§ 168. (1) Bei Steuererklärungen (Erklärungen, die nach Vorschrift der Gesetze oder Ausführungsbestimmungen als Unterlage für die Festsetzung einer Steuer dienen)[1]) hat[2]) der Steuerpflichtige zu versichern, daß er die Angaben nach bestem Wissen und Gewissen gemacht hat. Die Erklärungen sind nach Form und Inhalt so abzugeben, wie es das Finanzamt nach den Gesetzen und Ausführungsbestimmungen vorschreibt[3]). Die Versicherung kann nach Anordnung des Finanzamts allgemein abgegeben werden. Bei Zöllen und Verbrauchsabgaben kann von ihrer Abgabe abgesehen werden.

(2) Bei der Ausfüllung von Vordrucken sind alle Fragen zu beantworten. Die Fragen und Antworten sind so zu fassen, daß die Prüfung, was steuerpflichtig ist und was nicht, dem Finanzamt ermöglicht wird. In den Vordrucken ist zu betonen, daß diese Prüfung dem Finanzamt, nicht dem Steuerpflichtigen zusteht. Den Steuererklärungen sind die Unterlagen beizufügen, die nach den Gesetzen und Ausführungsbestimmungen gefordert werden. Wenn diese Unterlagen in Bescheinigungen bestehen, die von anderer Seite zu erteilen sind, sind die beteiligten Stellen verpflichtet, sie auszustellen.

(3) Auf Verlangen haben die Steuerpflichtigen auch bei anderen Erklärungen, Anmeldungen, Anzeigen und

Auskünften zu versichern, daß sie die Angaben nach bestem Wissen und Gewissen gemacht haben.

[1]) Abs. 1 u. 2 hat nur eigentliche „Steuererklärungen" in dem besonderen steuersprachtechnischen Sinne (früher auch Fassionen genannt) im Auge, d. s. solche Erklärungen, die nach den einzelnen Steuergesetzen auf öffentliche oder besondere Aufforderung hin zur Gewinnung einer ersten Grundlage für die Besteuerung abzugeben sind. Wegen „anderen Erklärungen" s. Abs. 3.

[2]) „hat": selbstverständlich muß diese Pflicht dem Pflichtigen (sei es im Vordruck oder durch besonderen Hinweis) zum Bewußtsein gebracht werden.

[3]) Nach § 202 erzwingbare Pflicht zur vollständigen Ausfüllung von Vordrucken usw. Wenn jemand glaubt, zur Beantwortung gewisser Fragen nicht verpflichtet zu sein, gilt die Pflicht des § 202 Abs. 7.

§ 169. Dem Steuerpflichtigen im Sinne der §§ 168, 170 bis 176 steht gleich, wer verpflichtet ist, eine Steuererklärung abzugeben. Soweit nichts anderes bestimmt ist, ist zur Abgabe einer Steuererklärung jeder verpflichtet, bei dem nach Ermessen des Finanzamts[1]) die Möglichkeit einer Steuerpflicht gegeben ist[2]).

[1]) Also nicht die Meinung des Aufgeforderten ist maßgebend, sondern das pflichtgemäße Ermessen des Finanzamts. Das Finanzamt kann auch dann, wenn es bezüglich der Steuerpflicht Zweifel hegt, zur Steuererklärung auffordern (E. Bd. 6 S. 245). Immer aber muß es, wie schon erwähnt, nach pflichtgemäßem Ermessen handeln; wahlloses Vorgehen oder gar Willkür sind ausgeschlossen.

Der Pflichtige hat seinerseits für alle Fälle die Pflicht nach § 202 Abs. 7, widrigenfalls nach § 202 mit Zwangsmitteln vorgegangen werden kann.

[2]) § 169 gilt auch dann, wenn das Finanzamt auf Anordnung einer vorgesetzten Behörde handelt (E. Bd. 6 S. 250).

§ 170. (1) Die Steuerpflichtigen können die Steuererklärungen schriftlich[1]) einreichen oder mündlich vor dem Finanzamt abgeben.

(2) Wenn sie die Frist nicht wahren, kann ihnen das Finanzamt zugunsten des Reichs einen Zuschlag[2]) bis zu zehn vom Hundert[3]) der endgültig festgesetzten Steuer auferlegen. Das Finanzamt hat den Zuschlag zu unterlassen oder zurückzunehmen, wenn die Versäumnis entschuldbar erscheint[4]).

[1]) Bei schriftlicher Einreichung empfiehlt sich Sicherung des Nachweises (durch Einschreibenlassen usw.). Denn bei Verlust eines einfachen Briefes wird dem Pflichtigen der ihm obliegende Nachweis der Absendung meist sehr schwer fallen, wenn nicht unmöglich sein; er trägt also die Gefahr.

[2]) Dieser Zuschlag ist kein Teil der Steuerforderung (vgl. Anm. 1 zu § 1), daher nicht mit den ordentlichen Rechtsmitteln, sondern nur mit Beschwerde nach § 282 anfechtbar (RFME. v. 12. April 1920, RStBl. S. 279, ferner E. Bd 6 S. 25).

[3]) Bei Bemessung der Zuschlagshöhe werden die besonderen Umstände des Einzelfalls in Betracht zu ziehen sein (in erster Linie die Dauer der Fristüberschreitung, unter Umständen auch der Einsichtsgrad des Pflichtigen)

Der Zuschlag kann auch neben einer etwaigen Zwangsmittelanwendung nach § 202 wegen Nichtabgabe der Steuererklärung verhängt werden.

[4]) Bei Versäumnis durch einen Vertreter gilt der Grundsatz des § 68 S. 2 analog (vgl dort Anm. 4) Eine Haftung des Vertreters für den Zuschlag greift keinesfalls Platz (vgl. Anm. 1 zu § 90; ebenso Becker).

§ 171. Wenn sich die Steuererklärungen auf Wertangaben zu erstrecken haben, und sich der Wert nicht aus dem Nennbetrage, dem Kurswert oder aus Zahlungen ergibt, hat der Steuerpflichtige, soweit er nicht den Wert zu schätzen hat, die Tatsachen anzugeben, die er zur Ermittlung des Wertes beizubringen vermag.

§ 172. (1) Im Falle des § 205 Absatz 1, 2[1]) hat der Steuerpflichtige nach schriftlicher Mitteilung der Punkte, über die er sich äußern soll[2]), vor dem Finanzamt zu erscheinen, wenn er nicht durch triftige Gründe[3]) daran verhindert ist. Er hat ihm wahrheitsgemäß nach bestem Wissen und Gewissen Auskunft zu geben[4]). Kann er nicht aus dem Gedächtnis Auskunft geben, so hat er Schriftstücke und Geschäftsbücher, die ihm zur Verfügung stehen, einzusehen und, soweit nötig, Aufzeichnungen daraus zu entnehmen.

(2) Das Finanzamt kann schriftliche Auskunft verlangen[5]).

[1]) Ob dieser Fall gegeben ist, hat zunächst das Finanzamt zu prüfen, nicht etwa der Steuerpflichtige; letzterer hat die Pflicht nach § 202 Abs 7; gegebenenfalls kann er sich gegen die Aufforderung mit der Behauptung beschweren, daß die Voraussetzungen des § 205 Abs 2 Halbs. 2 nicht vorliegen.

[2]) Es genügt also nicht etwa die Angabe eines allgemeinen Betreffs, z B „In Sachen Einkommensteuer . . .".

[3]) „Triftige Gründe" können z. B. sein Krankheit, hohes Alter, Gebrechen, große Schwierigkeiten der Reise usw. Der Grund des Nichterscheinens muß aber gemäß § 202 Abs. 7 rechtzeitig (s. auch § 67) dem Finanzamt mitgeteilt werden. Höhe der Reisekosten ist im allgemeinen kein triftiger Grund, da ja der Pflichtige gegebenenfalls nach § 205 Abs. 3 die Kosten erstattet erhält. (Anders dann, wenn der Pflichtige das notwendige Geld zur Reise nicht zur Verfügung hat.)

[4]) Die Erklärung, daß die Auskunft nach bestem Wissen und Gewissen erteilt sei, kann gefordert werden.

[5]) Auch hier gilt das in Anm. 4 Gesagte.

§ 173. (1) Auf Verlangen (§ 205 Absatz 1, 2) hat der Steuerpflichtige die Richtigkeit seiner Steuererklärung [1]) nachzuweisen [2]). Wo seine Angaben zu Zweifeln Anlaß geben, hat er sie zu ergänzen, den Sachverhalt aufzuklären und seine Behauptungen, soweit ihm dies nach den Umständen zugemutet [3]) werden kann, zu beweisen, zum Beispiel den Verbleib von Vermögen, das er früher besessen hat.

(2) Er hat Aufzeichnungen, Bücher und Geschäftspapiere sowie Urkunden [4]), die für die Festsetzung der Steuer von Bedeutung sind [5]), auf Verlangen (§ 207) zur Einsicht und Prüfung vorzulegen.

[1]) Und anderer Erklärungen (§ 168 Abs. 3).

[2]) Damit ist keineswegs gesagt, daß der Pflichtige für das ganze Ermittlungsverfahren die Beweislast zu tragen habe. Die Beweislast für Bestehen und Höhe eines Steueranspruchs trifft vielmehr nach dem alten Prozeßgrundsatz, daß derjenige, der einen Anspruch geltend macht, ihn auch nachzuweisen hat, grundsätzlich das Finanzamt. Wenn nun §§ 173 u. 174 „Nachweispflichten" des Steuerpflichtigen festlegt, so bedeutet dies lediglich eine in der Eigenart der steuerrechtlichen Verfahrensmaxime (s. hierüber Erl. zu § 204) begründete Einschränkung der finanzamtlichen Beweislast, die aber nicht weiter ausgedehnt werden darf als das Gesetz sie ausdrücklich vorsieht. Durch die erwähnten Nachweispflichten wird dem Steuerpflichtigen die Pflicht auferlegt, dem Finanzamt durch Beibringung gewisser Unterlagen, deren Beschaffung man billigerweise von ihm verlangen kann, an die Hand zu gehen. Seine diesbezüglichen Verpflichtungen sind folgende:

1. Ergänzung,
2. Aufklärung,
3. Beweis von Behauptungen, soweit ihm ein solcher zugemutet werden kann,
4. Vorlage von Aufzeichnungen, Büchern, Geschäftspapieren und Urkunden (§§ 173 Abs. 2, 174).

Die unter 1—3 genannten Pflichten kommen naturgemäß nur in Frage, wenn das Finanzamt zu Zweifeln Anlaß hat (§ 173 Abs. 1), die Vorlagen nach Nr. 4 werden der Regel nach zu verlangen sein.

Die unter 1—4 genannten Verpflichtungen können nach § 202 erzwungen werden.

³) „Zuzumuten" ist einem Pflichtigen ein Nachweis dann, wenn er nach den Anschauungen des allgemeinen Verkehrs oder nach der besonderen Lage des Falles zur Erbringung des Beweises in der Lage ist und nicht triftige Gründe für die Nichterbringung geltend machen kann. So ist es z. B. zunächst klar, daß jemand, der behauptet, er habe einen Teil seines Vermögens verloren, nachzuweisen hat, wodurch dies geschehen ist, daß jemand, der behauptet, besonders hohe Arztkosten oder Kosten für einen Stellvertreter im Beruf gehabt zu haben, diese Angaben nachzuweisen hat, oder daß jemand, der Krankheit geltend macht, dieselbe ev. durch ärztliches Zeugnis nachweisen muß u. a.

Die vorerwähnten „triftigen Gründe" die einen Pflichtigen allenfalls von einer Nachweispflicht entbinden, müssen sehr gewichtig sein. Schädigung von Geschäftsinteressen kommen keinesfalls als Grund in Frage, da ja nach § 10 strengste Schweigepflicht der Beamten besteht. Etwaige Kosten des Nachweises kommen im allgemeinen gleichfalls nicht in Betracht (vgl. Anm. 3 zu § 172).

⁴) Urkunden im weitesten Sinne, öffentlich- und privatrechtliche.

⁵) Ob die Aufzeichnungen usw. für die Sache von Bedeutung sind, darüber hat nicht der Pflichtige zu befinden, sondern das Finanzamt. Es gilt hier das in Anm. 1 u. 2 zu § 169 Gesagte.

§ 174. (1) Steuerpflichtige, die Handelsbücher im Sinne des Handelsgesetzbuchs führen, haben auf Verlangen eine Abschrift ihrer unverkürzten Bilanzen mit

Erläuterungen einzureichen[1]). Wenn sie nach ihrer Buchführung eine Gewinn- und Verlustrechnung aufstellen, ist auch diese beizufügen.

(2) Aus der Bilanz[2]) oder den Erläuterungen soll klar hervorgehen, wie Gegenstände des Gebrauchs und Lagerbestände bewertet und welche Beträge darauf und auf zweifelhafte und uneinbringliche Forderungen oder sonst abgeschrieben worden sind.

(3) Wenn Ausgaben für Anlagen als Unkosten gebucht sind, ist der Betrag in den Erläuterungen anzugeben.

(4) Als Schuldposten dürfen Verpflichtungen aus Bürgschaften, Gefälligkeitsakzepten und dergleichen in der Bilanz nur aufgeführt werden, wenn die Rückgriffsrechte berücksichtigt sind.

[1]) Ein weitergehendes Recht, Abschriften aus Geschäftsbüchern usw. zu verlangen, hat das Finanzamt nicht; es können also z. B. nicht etwa Abschriften von Spezialkonten verlangt werden (E. Bd. 5 S. 147).

Die Frage, **wer zur Aufstellung** (und dementsprechend zur Einreichung) **einer Bilanz überhaupt verpflichtet ist**, ergibt sich nicht unmittelbar aus der AO., sondern aus den sonstigen durch § 163 (s. Anm. dort) auch für die Besteuerung als bindend erklärten Vorschriften. Nach diesen Vorschriften richtet sich zunächst auch Form und Inhalt der Bilanz. Die in § 174 Abs. 2–4 gegebenen Sondervorschriften ändern hieran grundsätzlich nichts, sie geben nur Richtlinien dafür, wie der Pflichtige im Interesse der Besteuerung seine Bilanz nebst Erläuterungen gestalten soll. Über die steuerrechtliche Bedeutung dieser Richtlinien s. folgende Anm.

[2]) Die Bestimmungen der Abs. 2—4 gehören ihrem Inhalt nach eigentlich nicht hierher; sie wären besser hinter § 163 (vgl. vorige Anm.) zu stehen gekommen, etwa (entspr. § 162)

mit folgendem Wortlaut: „Wer zufolge § 163 eine Bilanz aufzustellen hat, soll die folgenden Vorschriften beachten: (folgen Abs 2—4 des § 174).“ Durch eine derartige Fassung und Stellung wäre auch unzweideutig zum Ausdruck gelangt, welche Wirkung eine etwaige Nichtbeachtung der Vorschriften hat. Sie hat nämlich die gleiche Wirkung wie die Nichteinhaltung der Buchführungsvorschriften des § 162. S. hierüber Anm. 2 zu § 162. Was dort über die Nichterzwingbarkeit nach § 202 gesagt ist, gilt natürlich hier nur insoweit, als nicht anderweitige Aufklärungspflichten für den Pflichtigen festgelegt sind, z. B insbes. § 173.

Die Abs. 2—4 sind durchgängig Sollvorschriften, trotz der anscheinend zwingenden Fassung der Abs. 3 u. 4. Es wäre gar kein vernünftiger Grund einzusehen, warum in dieser Hinsicht ein Unterschied zwischen Abs. 2 und Abs. 3, 4 bestehen sollte. (Vgl. auch Anm. 2 zu § 4 über Sollvorschriften i. allg.)

§ 175. (1) Die Beamten der Finanzämter und ihre Beauftragten[1]) können Grundstücke und Räume der Steuerpflichtigen betreten, um im Steuerinteresse[2]) an Ort und Stelle nötige Abschätzungen[2]) innerhalb der üblichen Geschäfts- oder Arbeitsstunden vorzunehmen. Die Steuerpflichtigen haben ihnen jede Auskunft und Nachweisung zu erteilen, deren sie bedürfen.

(2) Wertsachen (§ 165 Absatz 1) hat der Steuerpflichtige auf Verlangen (§ 209) vorzulegen und Einsicht in die Behältnisse zu gewähren oder zu verschaffen, in denen er sie verwahrt.

[1]) Beauftragt kann werden, wer gemäß § 10 Abs. 2 bei der Veranlagung mit tätig oder zugezogen wird.

Die Beamten oder Beauftragten müssen sich über ihren Auftrag dem Pflichtigen gegenüber entsprechend ausweisen können.

[2]) Hierher gehört nicht Einsichtnahme in Bücher, Urkunden usw.; hierüber s. §§ 207 Abs. 2 u. 198.

[3]) „Im Steuerinteresse,“ das heißt im Interesse der Steuerermittlung oder der Steueraufsicht, aber nur, soweit die Besteuerung des Inhabers der betr. Räume in Frage steht.

§ 176. (1) Mit Genehmigung des Landesfinanzamts, die für den einzelnen Fall einzuholen und zu erteilen ist, kann des Finanzamt verlangen, daß der Steuerpflichtige Tatsachen, die er behauptet, durch Versicherung an Eides Statt erhärte (§ 209)[1]).

(2) Die Versicherung ist dem Vorsteher des Finanzamts[2]) abzugeben. Dieser zieht einen Schriftführer zu Die Tatsachen, deren Richtigkeit versichert werden soll, sind schriftlich festzustellen und dem Steuerpflichtigen mindestens eine Woche vor Abgabe der Versicherung mitzuteilen. Die Versicherung besteht darin, daß der Steuerpflichtige erklärt: „Ich versichere an Eides Statt, daß ich nach bestem Wissen die reine Wahrheit gesagt habe.“ Die Niederschrift ist vorzulesen; der Steuerpflichtige hat sie zu unterschreiben.

(3) Die Versicherung an Eides Statt kann nicht nach § 202 erzwungen werden[3]).

[1]) Ein Eid kann dem Steuerpflichtigen selbst keinesfalls abgenommen werden.

Die Abnahme der eidesstattlichen Versicherung ist das letzte Mittel zur Erforschung der Wahrheit und als solches zu vergleichen der im Zivilprozeß zulässigen sog. Eideszuschiebung. Hieraus und aus der ausdrücklichen Bezugnahme des Abs. 1 auf § 209 ergeben sich für die Anwendung dieses Beweismittels folgende zwei Hauptgrundsätze:

1. Das Finanzamt kann keineswegs willkürlich die eidesstattliche Versicherung anordnen, sondern nur wenn nach Heranziehung aller sonstigen zur Verfügung stehen-

den Beweismittel (z. B. Vorlage von Papieren, Befragung von Auskunftspersonen, Zuziehung von Sachverständigen) die Angelegenheit noch zu Zweifeln Anlaß gibt. Damit die Finanzämter nicht über diese Voraussetzungen hinweggehen und auch nicht etwa bei geringfügigen Sachen eidesstattliche Versicherungen einfordern, ist die Genehmigung des LFA. vorgesehen.

2. Wenn der Pflichtige die eidesstattliche Versicherung auf Verlangen abgibt — freiwillige eidliche oder ähnliche Bekräftigungen, wie sie häufig im Schriftenverkehr mit den Parteien und auch sonst vorkommen, sind belanglos —, dann muß das Finanzamt der Regel nach die derart bekräftigten Angaben auch als richtig hinnehmen und der Besteuerung zugrunde legen. Dies gilt selbstverständlich dann nicht, wenn nachträglich neue Tatsachen oder Beweismittel bekannt werden, die die Unrichtigkeit der bekräftigten Behauptung erkennen lassen. Überhaupt ist der eben unter 2 aufgestellte Grundsatz nicht etwa dahin zu verstehen, daß die eidesstattlich bekräftigten Angaben für das Finanzamt schlechthin bindend seien. Das Finanzamt wird sich aber jederzeit vor Augen zu halten haben, daß es durch Nichtberücksichtigung einer eidesstattlich bekräftigten Behauptung den Steuerpflichtigen schwer kränkt und daher diese Bekräftigung auch nur dann fordern dürfe, wenn es gesonnen ist, im Falle ihrer Abgabe die betr. zweifelhafte Angabe nicht länger zum Gegenstand der Ermittlungen zu machen. Dem Steuerpflichtigen, wie man sich ausdrückt, eine Falle zu stellen, ist gänzlich unzulässig.

[a]) Ev. auch dem Vorsteher des um die eidesstattliche Vernehmung ersuchten Finanzamts. Daß der Pflichtige vor Abgabe der Versicherung über die strafrechtlichen Folgen einer falschen Versicherungsabgabe zu belehren sei (§ 156 StGB.), ist nicht gesetzlich bestimmt, wird sich aber schon zur Erzielung möglichst wahrheitentsprechender Erklärungen empfehlen.

[3]) Selbstverständlich kann aber das Finanzamt aus der Tatsache der Verweigerung die entsprechenden Schlüsse für die sachliche Würdigung des Falles ziehen.

III. Pflichten anderer Personen zu Auskunft, Einsichtgewährung und Gutachten.

Vorbemerkungen zu §§ 177—201.

Die in den folgenden Paragraphen näher behandelte Verpflichtung dritter Personen zur Auskunftserteilung, Gutachtenabgabe, Einsichtgewährung usw. ist in dieser Allgemeinheit erst durch die AO. eingeführt worden. Diese Vorschriften bedeuten mit eine der wichtigsten Neuerungen auf steuerrechtlichem Gebiete und stellen in mancher Hinsicht geradezu eine Durchbrechung bisher als unantastbar angesehenen Prinzipien dar, wie z. B. die Auskunftspflicht der öffentlichen Behörden, Beamten und insbesondere der Banken. Dieser Umstand brachte es mit sich, daß zu Anfang des Bekanntwerdens der AO. eine starke Beunruhigung in weiten wirtschaftlichen Kreisen entstand, so daß sich der Reichsminister der Finanzen mit Erlaß v. 1. Juli 1920 RStBl. S. 377 veranlaßt sah, allgemeine Grundsätze über die Handhabung der einschlägigen Bestimmungen durch die Finanzbehörden aufzustellen. Auf den Inhalt dieses Erlasses wird verwiesen. Hierher genügt die Feststellung des obersten Leitgrundsatzes, daß die Finanzbehörden bei Anwendung ihrer Befugnisse gegenüber dritten Personen strenger als je an die gesetzlichen Schranken gebunden sind und daß eine sog. weite Auslegung hier in keinem Falle zulässig ist.

Vgl. hierher auch RFME. v. 11. Mai 1921 III U 5343, der für das Gebiet der Umsatzsteuer das Erfordernis landesfinanzamtlicher Genehmigung für bestimmte Fälle vorschreibt. Die Geltungsdauer dieses im RStBl. 1921 S. 272 veröffentlichten Erlasses ist bis zum 31. Dezember 1923 verlängert durch Erl. v. 21. Februar 1922 III U 848 (nicht veröffentlicht).

§ 177. (1) Auch wer nicht als Steuerpflichtiger beteiligt ist, hat mit Ausnahme der im § 178 als nahe Angehörige bezeichneten Personen dem Finanzant über Tatsachen Auskunft[1]) zu erteilen, die für die Ausübung der Steueraufsicht oder in einem Steuerermittlungsverfahren für die Feststellung von Steueransprüchen von Bedeutung sind[2]). Die Auskunft ist wahrheitsgemäß nach bestem Wissen und Gewissen zu erteilen. Wer nicht aus dem Gedächtnis Auskunft geben kann, hat Schriftstücke und Geschäftsbücher, die ihm zur Verfügung stehen, einzusehen und, soweit nötig, Aufzeichnungen daraus zu entnehmen. Die Auskunft ist nach Form und Inhalt so zu erteilen, wie es das Finanzamt nach den Gesetzen und Ausführungsbestimmungen vorschreibt.

(2) Die Auskunft soll, soweit dies durchführbar ist und nicht aus besonderen Gründen Abweichungen geboten sind, schriftlich erbeten und erteilt werden; das Finanzamt kann jedoch das Erscheinen des Auskunftspflichtigen anordnen[4]).

(3) Wenn von Behörden, von Verbänden und Vertretungen von Betriebs- oder Berufszweigen, von geschäftlichen oder gewerblichen Unternehmungen, Gesellschaften oder Anstalten Auskunft begehrt wird, ist das Ersuchen, falls nicht bestimmte Personen als Auskunftspersonen in Frage kommen, an den Vorstand oder die Geschäfts- und Betriebsleitung zu richten[4]).

[1]) Man spricht hier von sog „Auskunftspersonen". Daneben tritt in § 188 der Begriff des Sachverständigen. Die Festlegung der beiden Begriffe, die ungefähr jenen des Zeugen bezw. Sachverständigen der ZPO. entsprechen, hat nicht nur theoretische Bedeutung, sondern ist insbesondere im Hinblick auf das nach § 206 Abs. 2 bestehende Ablehnungs-

recht des Steuerpflichtigen gegenüber einem Sachverständigen auch von größter praktischer Wichtigkeit. (Vgl Anm. 2 zu § 206). Die Finanzbehörden werden gut daran tun, sich im Einzelfall stets der dem tatsächlichen Begriff entsprechenden Bezeichnung zu bedienen und namentlich — wie dies in Entscheidungen und sonstigen aktenmäßigen Kundgebungen sehr häufig der Fall ist — nicht von Sachverständigen zu reden, wo es sich in Wirklichkeit um bloße Auskunftspersonen handelt.

Sachverständiger ist, wer von der Finanzbehörde angegangen wird, Angaben zu machen auf Grund besonderer Kenntnisse oder Fertigkeiten in einem bestimmten Fach, ohne daß er hierbei den Steuerpflichtigen oder seinen Betrieb vor der Gutachtensabgabe auch nur im entferntesten zu kennen braucht. Man spricht hierbei, wie eben erwähnt, von „Gutachten".

„Auskunftsperson" dagegen ist derjenige, der Angaben machen soll auf Grund seiner besonderen Kenntnis des Steuerpflichtigen, seines Eigentums, seines Betriebs usw. oder auf Grund besonderer Ortskenntnis Ob diese Kenntnis eine ins einzelne gehende (wie z. B bei einem Angestellten oder ehemaligen Angestellten des Pflichtigen) oder nur eine mehr oder minder allgemeine ist, ferner, worauf sie beruht, ist für der Begriff Auskunftsperson gleichgültig. So z B. werden als Auskunftspersonen anzusehen sein (falls nicht besondere Umstände im Einzelfall eine andere Beurteilung rechtfertigen): Der Gemeindevorsteher, der über den Wirtschaftsbetrieb, über die wirtschaftlichen Verhältnisse usw eines Gemeindeangehörigen befragt wird, auch wenn er erst nach Erhebungen seinerseits die Auskunft erteilen kann; ferner der in gleicher Branche wie der Steuerpflichtige arbeitende Geschäftsmann, der den Betrieb des Pflichtigen, sei es durch unmittelbare geschäftliche Beziehungen, sei es durch bloße Konkurrenz kennt; weiterhin die staatliche oder gemeindliche Behörde, die an Hand ihrer Akten oder sonstigen im Dienste gesammelten Kenntnis die Ertragsfähigkeit von Grundstücken, Jagden, Fischwassern usw eines Pflichtigen beurteilen kann. Die Beispiele ließen sich ins Unendliche vermehren; sie sollen jedoch nur zeigen, daß in der größeren Mehrzahl der in der Praxis vorkommenden Fälle es sich nicht um Sachverständige im eigentlichen Sinne, sondern um Auskunftspersonen handeln wird. Dies trifft selbst dann zu, wenn bei demjenigen, der auf Grund seine Personal-, Betriebs- oder Ortskenntnis befragt wird, außerdem noch etwaige besondere Fach- oder Branchenkenntnisse eine Rolle für Erteilung der Auskunft spielen (im Zivilprozeß spricht man hierbei von sog. „sachverständigen Zeugen").

Die Namen von Auskunfspersonen brauchen dem Steuerpflichtigen keinesfalls mitgeteilt zu werden.

[2]) Die Befragung darf also nur erfolgen im Rahmen der Vorschriften der §§ 162 bis 191 (Steuerermittlung) und der §§ 193 bis 201 (Steueraufsicht), und zwar nur, wo es sich um Feststellung von Steueransprüchen gegen eine bestimmte Person oder Personenmehrheit handelt. Es ergibt sich aus der Fassung und aus der Bedeutung der Vorschrift, daß das Befragungsrecht gegenüber Dritten nicht ausgeübt werden kann, um festzustellen, gegen welche — bisher unbekannte — Personen etwa ein Steueranspruch erhoben werden könnte. Eine Ausnahme von letzterem Grundsatz bildet nur § 186, ferner die Anzeigepflichten nach §§ 189, 190!

Daß der Steuerpflichtige dem Finanzamt schon mit Namen bekannt ist, ist übrigens nicht gerade erforderlich; aber es muß sich wenigstens um einen genau zu bezeichnenden Steuerfall handeln, z. B. um eine bestimmte Versteigerung, um den Verkauf eines bestimmten Gegenstandes usw (Ebenso Becker).

Zur Auskunft verpflichtet sind Dritte nach dem Wortlaut des § 177 nur dann, wenn es sich um Feststellung von Steueransprüchen selbst (und der nach Anm 1 zu § 1 gleichzustellenden Leistungen), nicht aber, wo es sich um anderweitige Feststellungen handelt, z. B. nicht im Zwangsmittelverfahren nach § 202, in Fragen der Zuschlagsverhängung (§ 170 Abs. 2) oder der Fristversäumnis usw.

[3]) Das Erscheinen kann ebenso wie die übrige Auskunftserteilung nach § 202 erzwungen werden.

[4]) S. auch §§ 22, 181, 191, 202 Abs. 5, ferner §§ 84, 86.

Wenn eine Behörde nur aus einem Beamten besteht, gilt das Auskunftsersuchen trotzdem an die Behörde als solche gerichtet, es müßte denn sein, daß von dem Beamten Auskunft verlangt wird über Dinge, deren Kenntnis bei ihm auf Grund seiner außerdienstlichen Verhältnisse vorausgesetzt wird.

Entsprechendes gilt bezüglich der Verbände usw.

Die Auskunfspflicht der Behörden ist übrigens nur ein Ausfluß ihrer durch § 191 normierten allgemeinen Beistandspflicht. Soweit daher eine Behörde um Auskunft angegangen wird, ist ihre Stellung eine grundsätzlich andere als die Stellung einer sonstigen — privaten — Auskunftsperson. Es kann insbes. kein Zweifel bestehen, daß die Behörde in diesem Falle als zum Verfahren zugezogen im Sinne des § 10 Abs. 2 anzusehen und daher zur Geheimhaltung verpflichtet ist.

§ 178. (1) In den Fällen des § 177 kann der Befragte die Auskunft auf Fragen verweigern, deren Bejahung oder Verneinung ihm selbst oder einem nahen Angehörigen die Gefahr einer Strafverfolgung zuziehen würde.

(2) Als naher Angehöriger gilt:

1. der Verlobte,
2. der Ehegatte, auch wenn die Ehe nicht mehr besteht,
3. wer mit dem Befragten in gerader Linie verwandt oder verschwägert oder in der Seitenlinie

im zweiten oder dritten Grade verwandt oder im zweiten Grade verschwägert ist.

§ 179. (1) Die Auskunft können ferner verweigern:

1. Verteidiger und Rechtsanwälte, soweit sie in Strafsachen tätig gewesen sind[1]),
2. Ärzte über das, was ihnen bei Ausübung ihres Berufs anvertraut ist,
3. Rechtsanwälte über das, was ihnen bei Ausübung ihres Berufs anvertraut ist,
4. die Gehilfen der zu 1 bis 3 bezeichneten Personen hinsichtlich der Tatsachen, die sie in dieser ihrer Eigenschaft erfahren haben[2]).

(2) Diese Bestimmung findet auf die zu 3 und 4 bezeichneten Personen insoweit keine Anwendung, als es sich um Tatsachen handelt, die bei Beratung oder Vertretung in Steuerangelegenheiten zu ihrer Kenntnis gekommen sind, es sei denn, daß es sich um Fragen handelt, deren Bejahung oder Verneinung ihre Auftraggeber der Gefahr einer Strafverfolgung aussetzen würde.

[1]) d. h. so weit sie über Angelegenheiten Auskunft geben müßten, die sie in Strafsachen erfahren haben, gleichgültig, ob es sich um eine Strafsache des Pflichtigen oder anderer Personen handelt.

[2]) Bezüglich der Angelegenheiten, die außerhalb ihrer Gehilfeneigenschaft zu ihrer Kenntnis gelangt sind, besteht die gewöhnliche Auskunftspflicht.

§ 180. Ein Geistlicher darf nicht über solche Tatsachen befragt werden, über die er nach Annahme des Finanzamts oder nach seiner Versicherung nicht aussagen kann, ohne die Pflicht der Verschwiegenheit, die ihm als Seelsorger obliegt, zu verletzen.

§ 181. (1) Die Verpflichtung öffentlicher Behörden und Beamten, einschließlich der Beamten der Reichsbank, der Staatsbanken und der Schuldbuchverwaltungen, zur Verschwiegenheit gilt nicht für ihre Auskunftspflicht gegenüber den Finanzämtern. Sie dürfen jedoch über Umstände, auf die sich ihre Pflicht zur Verschwiegenheit bezieht, nicht befragt werden, wenn ihnen die Behörde, die ihnen vorgesetzt ist, oder bei Beamten, die nicht mehr im Dienste sind, zuletzt vorgesetzt war, die Erteilung der Auskunft im Einzelfall untersagt hat. Dies darf nur geschehen, wenn die Auskunft dem Wohle des Reichs oder eines Landes nachteilig sein würde[1]).

(2) Für die Post- und Telegraphenbehörden und deren Beamte bleibt es bei der Unverletzlichkeit des Post-, Telegraphen- und Fernsprechgeheimnisses.

[1]) d. h. die Untersagung durch die vorgesetzte Behörde darf nur erfolgen unter der hier genannten Voraussetzung. Wenn diese nicht vorzuliegen scheint, kann die Finanzbehörde im Aufsichtsweg sich an die nächst höhere Stelle wenden.

Zwang nach § 202 ist unzulässig! (S. § 202 Abs. 5).

§ 182. Auch abgesehen von den Fällen des § 181 kann eine Auskunft nicht gefordert werden, wenn eine oberste Reichs- oder Landesbehörde erklärt, daß die Auskunft dem Wohle des Reichs oder eines Landes nachteilig sein würde.

§ 183. Auskunftspersonen kann auf Verlangen eine angemessene Entschädigung für Aufwand und Zeitverlust gewährt werden.

Über die Höhe der Entschädigung sagt das Gesetz nichts Bestimmtes. Man wird jedoch nicht fehlgehen, wenn man die über Berechnung der Kosten des Rechtsmittelverfahrens erschienene Anleitung (Anlage zu Nr. 7 des RStBl. 1921) auch für das Ermittlungsverfahren zugrunde legt, solange ausdrückliche Bestimmungen fehlen.

§ 184. (1) Mit Genehmigung des Landesfinanzamts, die für den einzelnen Fall einzuholen und zu erteilen ist, kann das Finanzamt verlangen, daß eine Auskunftsperson die Wahrheit ihrer Aussage durch Eid [1]) bekräftige (§ 209). Die Vorschriften des § 393 Absatz 1 Nr. 1, 2 der Zivilprozeßordnung gelten entsprechend. Wer die Auskunft verweigern darf, kann auch den Eid verweigern [2]).

(2) Für die Abnahme des Eides gelten sinngemäß die Vorschriften der Zivilprozeßordnung [3]). Der Eid wird vom Vorsteher des Finanzamts unter Zuziehung eines Schriftführers oder auf Ersuchen des Finanzamts vom Amtsgericht abgenommen.

(3) Die Auskunftsperson gilt als Zeuge im Sinne des Strafgesetzbuchs [4]).

[1]) Die in Anm. 1 zu § 176 dargelegten Grundsätze sind auch für die Voraussetzungen und die Bedeutung der Eidesabnahme zu beachten!

Gegenüber Behörden, Verbänden usw., die als beistandspflichtig im Sinne des § 191 in Betracht kommen, ist § 184 unanwendbar. Daher kann auch von Personen (Vorständen, Referenten usw.), welche im konkreten Falle lediglich als Vertreter solcher Behörden und Verbände auftreten, eine eidliche Bekräftigung nicht verlangt werden.

[2]) Im übrigen kann die Eidesleistung nach § 202 erzwungen werden.

[3]) In Betracht kommen §§ 478 bis 484 ZPO.

[4]) Das ist wichtig für die strafrechtlichen Folgen der Eidesverletzung (insbes. §§ 154, 155 StGB.), auf welche in der Eidesbelehrung (§ 480 ZPO.) hinzuweisen ist.

§ 185. Wer Auskunft zu erteilen hat (§§ 177 ff.), hat, wenn es das Finanzamt mit Genehmigung des Landesfinanzamts verlangt (§ 209), diejenigen Urkunden und Schriftstücke einschließlich der einschlagenden Stellen seiner Geschäftsbücher zur Einsicht vorzulegen, die sich auf bestimmt zu bezeichnende Rechtsvorgänge beziehen[1]). Unter den gleichen Voraussetzungen hat er Wertsachen (§ 165 Absatz 1) vorzulegen, die er für den Steuerpflichtigen verwahrt, und Einsicht in verschlossene Behältnisse zu gewähren, die er dem Steuerpflichtigen überlassen hat. Er kann die Vorlegung oder die Gewährung der Einsicht verweigern, soweit er die Auskunft über die Vorgänge verweigern könnte.

[1]) Das Verlangen, daß eine Bank einen Kontoauszug für einen steuerpflichtigen Kunden einreiche, fällt nicht unter § 185, sondern unter § 177 (E. Bd. 4 S. 284).

§ 186. Wer Waren zum Weiterverkaufe veräußert, deren Abgabe an den Verbraucher eine Steuerpflicht begründet, hat dem Finanzamt mit Genehmigung des Landesfinanzamts auf Verlangen seine Bücher und Geschäftspapiere insoweit zur Einsicht vorzulegen, als dies zur Feststellung erforderlich ist, wer solche Waren erhalten hat, und um welche Mengen es sich handelt.

Die Bedeutung dieser Bestimmung liegt hauptsächlich (wenn nicht ausschließlich) auf dem Gebiete des Umsatzsteuerrechts.

Bei Anwendung des § 186 brauchen die Voraussetzungen des § 209 Abs. 1 S. 1 nicht vorzuliegen (E. Bd. 7 S. 232).

§ 187. (1) Zur Ermittlung des Steuerwerts von Aktien ohne Börsenkurs, Kuxen, Anteilen an einer Bergwerksgesellschaft oder an einer Gesellschaft mit beschränkter

Haftung haben die Vorstände und Liquidatoren dieser Gesellschaften, wenn die Gesellschaft ihren Sitz oder Vermögen im Inland hat, dem Finanzamt am Sitze ihrer Verwaltung oder dem Finanzamt des Bezirkes, wo sich das Vermögen befindet, auf Verlangen binnen einer Frist von vier Wochen nachzuweisen:

1. die Höhe des Grundkapitals oder der Stammeinlagen,
2. den Betrag der in den letzten drei Jahren jährlich verteilten Gewinne,
3. die tatsächlichen Mitteilungen, die sie zur Schätzung des Wertes der Aktien, Anteile oder Kuxe beizubringen vermögen.

(2) Bei der Nachweisung haben sie zu versichern, daß sie die Angaben nach bestem Wissen und Gewissen gemacht haben.

Über strafrechtliche Folgen der Zuwiderhandlung gegen § 187 s. § 372.

§ 188. (1) Als Sachverständiger[1]) hat auf Verlangen des Finanzamts ein Gutachten[2]) abzugeben, wer zur Erstattung von Gutachten der geforderten Art öffentlich bestellt[3]) ist oder die Wissenschaft, die Kunst oder das Gewerbe, deren Kenntnis Voraussetzung zur Begutachtung ist, öffentlich zum Erwerb ausübt oder zu ihrer Ausübung öffentlich bestellt oder ermächtigt[4]) ist.

(2) Die Gründe, aus denen eine Auskunft verweigert werden darf, berechtigen einen Sachverständigen zur Verweigerung des Gutachtens[5]).

(3) Die §§ 183 und 184 gelten entsprechend.

(4) Öffentliche Beamte sind nicht als Sachverständige zuzuziehen, wenn ihre vorgesetzte Behörde erklärt, daß dies dem Dienste nachteilig sein würde.

[1]) Über die Abgrenzung der Begriffe „Sachverständiger“ und „Auskunftsperson“ s. Anm. 1 zu § 177!

[2]) Die Pflicht zur Gutachtenabgabe ist nicht wie die Auskunftspflicht (§ 177) auf Feststellung bestimmter Steueransprüche beschränkt, sondern besteht den Finanzbehörden gegenüber in jeder mit Steuerfragen zusammenhängenden Angelegenheit.

[3]) Öffentlich bestellt kann ein Sachverständiger sein entweder durch ein Gesetz oder durch eine hierzu durch Gesetz ausdrücklich ermächtigte Behörde oder öffentlichrechtliche Organisation. Als öffentliche Bestellung gilt nicht die sog. „allgemeine Beeidigung“ nach § 410 Abs. 2 ZPO. Als öffentlich bestellt sind z. B. anzusehen: Gerichtsärzte, Gewerbegericht, Sachverständigenkammern nach den verschiedenen Urheberrechtsgesetzen, das Patentamt usw.

[4]) Hier ist an die Fälle gedacht, wo jemand die zur Ausübung eines Gewerbes oder Berufs gesetzlich vorgesehene Genehmigung (z. B. Approbation usw.) hat, ohne das betr. Gewerbe oder den Beruf auszuüben.

[5]) S. §§ 178 bis 182.

IV. Anzeigepflichten.

§ 189 [1]). (1) Öffentliche und private Banken und Zweigniederlassungen von Banken [2]) haben dem Finanzamt, in dessen Bezirk sich ihre Niederlassung befindet, ein Verzeichnis ihrer Kunden mitzuteilen [3]) und die bis zum 30. Juni und 31. Dezember jedes Jahres eintretenden Zugänge des Kundenbestandes anzuzeigen. Die Anzeigepflicht beschränkt sich auf Kunden, die im Inland einen Wohnsitz oder dauernden Aufenthalt, einen Sitz oder eine Niederlassung haben oder Deutsche sind.

(2) Das Kundenverzeichnis ist nach dem Stande vom 30. Juni 1919 aufzustellen und mit den Zugängen bis zum 31. Dezember 1919 spätestens am 31. März 1920

einzureichen. Die Zugangslisten sind jedesmal spätestens drei Monate nach Ablauf des Halbjahrs einzureichen. In dem Verzeichnis sind anzugeben: Namen (bei natürlichen Personen Vor- und Zunamen), Wohnsitz oder Aufenthaltsort, Sitz oder Ort der Niederlassung der Kunden.

(3) Kunde im Sinne der Absätze 1, 2 ist, wer bei der Bank Wertsachen (§ 165 Absatz 1), ein verschlossenes Depot, ein Schließfach, ein Guthaben oder ein laufendes Konto hat.

(4) Als Banken im Sinne dieser Vorschrift gelten auch Sparkassen sowie weiter alle Personen und Unternehmungen, die geschäftsmäßig Bank- oder Bankiergeschäfte betreiben, insbesondere auch Wertsachen (§ 165 Absatz 1) offen oder verschlossen verwahren oder Schließfächer oder ähnliche zur Verwahrung von Wertsachen geeignete Behältnisse anderen überlassen.

(5) Diese Vorschriften gelten entsprechend für Hinterlegungsstellen, Postscheckämter und Schuldbuchverwaltungen.

(6) Der Reichsminister der Finanzen kann Erleichterungen von diesen Vorschriften sowie in besonderen Fällen eine angemessene Entschädigung gewähren.

[1]) Über strafrechtliche Folgen der Zuwiderhandlung gegen § 189 s. § 372.

[2]) Hierzu erging Verordnung des RFM. v. 27. Januar 1920 (RStBl. S. 107) betr. Erleichterungen der Anzeigepflicht der Banken.

[3]) Die Mitteilungspflicht bezieht sich auch auf die vor dem Inkrafttreten der AO. bestandenen Konten (E. Bd. 4 S. 384).

§ 190. Der Reichsminister der Finanzen kann anordnen, daß, wer Rechte, die auf seinen Namen lauten, oder Wertsachen, die er besitzt, als Treuhänder, Vertreter eines anderen oder Pfandgläubiger hat, dies dem Finanzamt auf öffentliche Aufforderung unter Bezeichnung des Berechtigten mitzuteilen hat.

Über strafrechtliche Folgen der Zuwiderhandlung gegen § 190 s. § 372.

V. Beistandspflicht der Behörden und berufsständischen Vertretungen.

§ 191. (1)[1]) Die Reichs-, Staats- und Gemeindebehörden, die Beamten und Notare[2]) sowie die Verbände und Vertretungen von Betriebs- oder Berufszweigen[3]) haben den Finanzämtern jede zur Durchführung der Besteuerung und der den Finanzämtern obliegenden Prüfung und Aufsicht dienliche Hilfe zu leisten[4]), insbesondere Einsicht in ihre Bücher, Verhandlungen, Listen und Urkunden zu gewähren[5]. Die Unverletzbarkeit des Post-, Telegraphen- und Fernsprechgeheimnisses bleibt unberührt.

(2) Schuldbuchverwaltungen, Postscheckämter, Sparkassen und Banken, die die Stellung von Behörden haben, fallen nicht unter diese Vorschrift.

[1]) Die in den §§ 191 und 192 geregelte sog. Beistandspflicht der Behörden usw. ist nicht etwa gleichbedeutend mit deren Auskunftspflicht nach §§ 177, 181. Die Beistandspflicht ist vielmehr ein weitergehender Begriff und umfaßt neben der Auskunftspflicht (u. Pflicht zur Gutachtenabgabe nach § 188) jede andere nur denkbare Unterstützung ohne irgendwelche Einschränkung (s. aber letzten Abs. dieser Anm.!). Selbstverständlich wird die Finanzbehörde anderen Behörden nicht Leistungen zumuten dürfen, die eigentlich zu ihren eigenen Dienstobliegenheiten gehören (bezüglich der Gemeindebehörden übrigens weitergehend § 22!) oder die über den Rahmen des üblichen Geschäftsbetriebs der an-

gegangenen Behörde hinausgehen oder doch nur mit unverhältnismäßigem Mehraufwand an Zeit und Arbeit zu erfüllen wären. In solchen Fällen kann aber unter Umständen Abordnung von Finanzbeamten zur Unterstützung der betr. Behörde in Frage kommen.

Soweit ein geforderter Beistand zugleich als Auskunftspflicht im engeren Sinne (§ 177) anzusehen ist, gelten daneben die für die behördliche Auskunftspflicht bestehenden Bestimmungen und Einschränkungen (insbes. §§ 177, Abs. 3, 181).

[2]) Soweit Notare (wie in Preußen) zugleich Rechtsanwälte sind, gilt bezüglich ihrer letzten Eigenschaft nur die allgemeine Auskunftspflicht mit ihren Einschränkungen. Wegen Pflicht zur Urkundenvorlage s. Anm. 5.

[3]) Z. B. Handelskammern, Handwerkskammern, Innungen, Landwirtschaftskammern, Anwaltskammern usw. Gewerkschaften hatte der Gesetzgeber inhaltlich der Entwurfsbegründung nicht im Auge, da diese ja gar kein für die Besteuerung dienliches Material haben.

[4]) Der Beistand ist kostenlos zu leisten. Auslagen, welche den Behörden (z. B. durch notwendige Entschädigungen dritter Personen) entstehen, sind natürlich zu ersetzen. Die angegangene Behörde wird aber, wenn eine beabsichtigte Erhebung derartige Kosten verursachen würde, gut daran tun, der Finanzbehörde vorher davon Mitteilung zu machen; denn im allgemeinen werden die Ersuchen der Finanzbehörden in der Annahme gestellt sein, daß Auslagen hierdurch nicht entstehen, es müßte denn sein, daß aus dem Ersuchen der Wille ausdrücklich hervorgeht, den geforderten Beistand auch im Falle der Kostenentstehung zu erhalten.

Über das Verhältnis des § 191 zu §§ 10 Abs. 2 und 177 Abs. 3 s. Erläuterung dort.

[5]) Aus der Fassung dieser Bestimmung ist nicht zu folgern, daß etwa die zeitweise Überlassung von Akten, Urkunden usw. nicht gefordert werden könnte; dies ist nämlich keineswegs ausgeschlossen, wenn es etwa mit Rücksicht auf die Umstände,

die Zeitdauer oder die oftmalige Wiederholung der Benötigung von Akten usw. erforderlich erscheint. Wenn die angegangene Behörde sich am gleichen Orte befindet wie die ersuchende Finanzbehörde, wird im allgemeinen Übersendung von Akten usw. nur gefordert werden können, wenn unmittelbare Abholung (durch Boten usw.) nicht tunlich ist.

Bezüglich der Pflicht der Notare zur Urkundenvorlegung s. RFME v. 7. Februar 1920 (RStBl. S. 168), der aber trotz seiner zunächst scheinbar gegenteiligen Tendenz an den eben dargelegten Grundsätzen zweifellos nichts ändern wollte.

§ 192. Sämtliche Behörden und Beamten haben Steuerzuwiderhandlungen, die sie dienstlich erfahren, den Finanzämtern mitzuteilen. Die Unverletzbarkeit des Post-, Telegraphen- und Fernsprechgeheimnisses bleibt unberührt.

VI. Steueraufsicht.

§ 193. Inhaber von Betrieben oder Unternehmen, die der Steueraufsicht unterliegen, haben die Verpflichtungen, die ihnen gegenüber der Steuerverwaltung obliegen, selbst zu erfüllen oder, wenn sie den Betrieb oder das Unternehmen nicht selbst leiten, hierfür einen geeigneten Betriebsleiter zu bestellen. Die Bestellung eines Betriebsleiters ist dem Finanzamt anzuzeigen.

§ 194. (1) Wer Gegenstände gewinnen, herstellen oder umsetzen will, an deren Gewinnung, Herstellung oder Umsatz eine Steuerpflicht geknüpft ist, hat dies dem Finanzamt vor Eröffnung des Betriebs anzumelden. Das Nähere über Zeitpunkt, Form und Inhalt der Anmeldung regeln Ausführungsbestimmungen.

(2) Das gleiche gilt für den, der ein Unternehmen betreiben will, das einer besonderen Verkehrssteuer unterliegt.

Diese Bestimmung ist mangels Regelung durch die vorbehaltenen Ausführungsbestimmungen noch nicht anwendbar. Bestehende anderweitige Bestimmungen bleiben in Geltung (z. B. § 30 UmsStG.).

§ 195. Die Ausführungsbestimmungen ordnen an, welchen Bedingungen die nach § 194 Absatz 1 anmeldepflichtigen Betriebe nach ihrer Eröffnung zur Sicherung der Steuer zu genügen haben. Insbesondere können sie anordnen:

1. daß bestimmte Gewerbehandlungen nur in angemeldeten oder solchen Räumen vorgenommen werden dürfen, deren Benutzung für diesen Zweck von dem Finanzamt besonders genehmigt ist,
2. daß hergestellte Erzeugnisse in bestimmter Weise gelagert, verpackt oder bezeichnet werden müssen,
3. daß, wenn neben der Herstellung steuerpflichtiger Erzeugnisse deren Verkauf im kleinen erfolgt, dieser besonders zu überwachen ist,
4. daß über den Betrieb und über die gewonnenen, hergestellten oder in den Verkehr gebrachten steuerpflichtigen Erzeugnisse Buch zu führen ist und die Bestände festzustellen sind,
5. daß Vorgänge und Maßnahmen in den Betrieben, die für die Steueraufsicht wichtig sind, dem Finanzamt anzumelden sind.

Vgl. Anm. zu § 194.

§ 196. (1) Die Finanzämter sind befugt[1]), in Betrieben, die der Steueraufsicht unterliegen, Nachschau zu halten. Die Ausführungsbestimmungen ordnen an, zu welchen Zeiten die Nachschau stattfinden darf und welche Befugnisse den Beamten im einzelnen zustehen. Zeitliche

Beschränkungen der Nachschau fallen weg, wenn Gefahr im Verzuge liegt.

(2) Es dürfen keine Einrichtungen getroffen werden, die die Ausführung der Aufsicht hindern oder erschweren[2]).

[1]) Vgl. Anmerkung zu § 194.

[2]) Gemeint sind Einrichtungen, deren einziger oder überwiegender Zweck die Hinderung oder Erschwerung der Aufsicht bildet. Abs. 2 gilt seit 23. Dezember 1919.

§ 197. (1) Den Aufsichtsbeamten ist jede für die Steueraufsicht oder zu statistischen Zwecken erforderliche Auskunft über den Betrieb zu erteilen, auch sind ihnen bei ihren Amtshandlungen die Hilfsmittel (Geräte, Beleuchtung usw.) zu stellen und die nötigen Hilfsdienste zu leisten.

(2) Den Oberbeamten des Aufsichtsdienstes sind die Geschäftsbücher und die Schriftstücke über Herstellung und Absatz von steuerpflichtigen Erzeugnissen auf Erfordern zur Einsicht vorzulegen.

(3) Auf Verlangen des Finanzamts hat der Steuerpflichtige für die Steuerbeamten, die sich in seinem Betriebe dienstlich aufzuhalten haben, einen geeigneten Raum zur Verfügung zu stellen und instandzuhalten.

§ 197 gilt an sich uneingeschränkt seit 23. Dezember 1919; er kommt aber selbstverständlich vorläufig noch nicht in Betracht für die Ausübung behördlicher Befugnisse, deren nähere Regelung erst durch Ausführungsbestimmungen erfolgen soll (§§ 194 bis 196).

§ 198. Wenn die Finanzämter befugt sind, zu prüfen, ob Bücher, Aufzeichnungen und Verzeichnisse wie vorgeschrieben geführt[1]) und vorgeschriebene Bescheinigungen ausgestellt werden, können ihre Beamten und die von ihnen nach § 206 beauftragten Personen[2]) die Geschäftsräume[3]) in den üblichen Geschäftsstunden[4]) betreten und diese Prüfung vornehmen. Die Steuerpflichtigen und ihre Angestellten haben ihnen jede Auskunft und Nachweisung zu erteilen, deren sie für die Prüfung bedürfen, und ihnen alle für die Prüfung in Betracht kommenden Schriftstücke zur Einsicht vorzulegen. Die Vorschrift gilt nicht für den Fall des § 164.

[1]) S. auch § 207 Abs. 2.

[2]) Die Beamten und Beauftragten müssen sich über ihren Auftrag ausweisen können.

[3]) Hierunter sind nur die Räume zu verstehen, die zur Erledigung des kaufmännischen Teils eines Betriebes dienen; Geschäftsraum ist also nicht das gleiche wie Betriebsstätte. Es ist jedoch (insbesondere bei kleinen Betrieben) denkbar, daß beide Räumlichkeiten zusammenfallen.

[4]) D. h. in den im betr. Betrieb üblichen Geschäftsstunden; hierunter ist die für das kaufmännische Personal festgelegte Arbeitszeit zu verstehen. Wo (wie bei kleinen Betrieben, bes. im Kleinhandel und Reparaturbetrieb) der ganze Betrieb einschließlich Buchführung in einer Hand liegt, wird unter üblichen Geschäftsstunden die ganze tägliche Betriebsdauer zu verstehen sein, während welcher der Betrieb der Allgemeinheit zugänglich ist.

§ 199. Unter Aufsicht stehende Betriebe, bei denen eine Steuerhinterziehung strafrechtlich festgestellt ist oder in denen mit Wissen des Inhabers oder eines Vertreters Angestellte oder Arbeiter beschäftigt werden, die wegen Steuerhinterziehung in diesen Betrieben oder in Betrieben gleicher oder ähnlicher Art mit einer Geldstrafe von mindestens fünfhundert Mark oder mit Freiheitsstrafe oder wiederholt bestraft sind, können auf Kosten des Inhabers besonderen Aufsichtsmaßnahmen unterworfen werden.

§ 200. (1) Wer geschäftsmäßig oder gegen Entgelt anderen Rat oder Hilfe in Steuerangelegenheiten erteilt, hat dem Finanzamt auf Verlangen in die Geschäftspapiere, die diese Tätigkeit betreffen, Einsicht zu gewähren. Wird er wegen Steuerhinterziehung oder Teilnahme an einer solchen verurteilt, so kann[2]) ihm das Landesfinanzamt nach der Rechtskraft des Urteils untersagen[1]), seine Tätigkeit fortzusetzen. Gegen den Beschluß ist die Beschwerde an den Reichsfinanzhof zulässig. Dieser entscheidet im Beschlußverfahren. Nach Ablauf eines Jahres seit der Rechtskraft des Beschlusses kann[2]) das Landesfinanzamt den Beschluß aufheben.

(2) Absatz 1 Satz 1 gilt nicht für Rechtsanwälte und Notare sowie Vertreter beruflicher oder gewerkschaftlicher Vereinigungen hinsichtlich des von ihnen vertretenen Personenkreises, sofern sie nicht wegen Steuerhinterziehung oder Teilnahme an einer solchen verurteilt sind.

[1]) Handeln gegen das Verbot des Landesfinanzamts zieht Ordnungsstrafe gemäß § 377 nach sich.

[2]) Ermessensfrage (§ 6); gegen die Ablehnung eines Aufhebungsantrags gibt es nur Beschwerde zum RFM. nach § 282.

§ 201. Wenn einem Gewerbetreibenden, der sich mit Geschäften der im § 200 bezeichneten Art abgibt, die Besorgung fremder Rechtsangelegenheiten und bei Behörden wahrzunehmender Geschäfte nach der Gewerbeordnung zu untersagen ist (§ 35 der Reichsgewerbeordnung), kann das Finanzamt durch Antrag oder Klage eine Entscheidung der zuständigen Behörde über die

Untersagung herbeiführen. Wird der Antrag oder die Klage abgewiesen, so steht dem Finanzamt das Rechtsmittel zu, das der Gewerbetreibende hätte, wenn der Betrieb untersagt worden wäre; das gleiche gilt für das weitere Rechtsmittelverfahren.

VII. Zwangsmittel und Sicherungsgelder.

§ 202. (1) Die Finanzamter können Anordnungen, die sie bei Ermittlung von Steueransprüchen oder Durchführung der Steueraufsicht innerhalb ihrer gesetzlichen Befugnisse treffen, durch Geldstrafen, Ausführung auf Kosten der Pflichtigen und unmittelbar erzwingen[1]).

(2) Die einzelne Geldstrafe darf fünfhundert Mark nicht übersteigen[2]). Wird die Strafe gegen natürliche Personen festgesetzt, so ist zugleich die Dauer der Haft festzusetzen, die für den Fall des Unvermögens an die Stelle der Geldstrafe treten soll. Die Haft darf vier Wochen nicht übersteigen. Bei der Umwandlung der Geldstrafe ist ein Betrag von zehn bis zu fünfzig Mark einer eintägigen Haftstrafe gleichzuachten. Sind mehrere Strafen nebeneinander zu vollstrecken, so hat das Finanzamt, das die höchste Haftstrafe festgesetzt hat, die Strafen in eine Gesamtstrafe zusammenzuziehen; diese besteht in einer Erhöhung der verwirkten höchsten Strafe und darf drei Monate nicht übersteigen. Auf Ersuchen des Finanzamts hat die zur Vollstreckung gerichtlich erkannter Haftstrafen zuständige Behörde die Haftstrafe zu vollstrecken. Nachdem der Anspruch auf die Geldstrafe verjährt ist, darf die Haft nicht mehr vollstreckt werden.

(3) Die Kosten der Ausführung durch Dritte und des unmittelbaren Zwanges können im voraus in einem vor-

läufig zu veranschlagenden Betrage zwangsweise eingezogen werden.

(4) Unmittelbarer Zwang darf nur angewandt werden, wenn die Anordnung sonst nicht durchführbar ist oder Gefahr im Verzuge liegt.

(5) Gegen öffentliche Behörden sind Zwangsmittel nicht zulässig[3]).

(6) Bevor ein Zwangsmittel festgesetzt wird, muß der Pflichtige unter Androhung des Zwangsmittels[4]) mit Setzung einer angemessenen Frist zur Vornahme der von ihm geforderten Handlung aufgefordert werden. Die Aufforderung und die Androhung müssen schriftlich geschehen, außer wenn Gefahr im Verzuge liegt.

(7) Wer meint, zur Erfüllung der Aufforderung nicht verpflichtet zu sein, hat dies dem Finanzamt rechtzeitig unter Darlegung der Gründe mitzuteilen[5]).

[1]) § 202 gehört mit zu den fiskalisch bedeutsamsten Bestimmungen der AO. Er gibt den Finanzbehörden Mittel an die Hand, widerspenstige Steuerpflichtige oder zur Auskunft usw. verpflichtete Dritte zur Erfüllung ihrer Pflichten durch Zwangsmittel anzuhalten. § 202 hat durchaus nicht strafrechtlichen Charakter; er soll die Finanzämter nur in den Stand setzen, die für die Besteuerung erforderlichen Grundlagen zu gewinnen. Daher wäre es z. B. ganz unzulässig, noch nach § 202 Zwangsmittel zu verhängen, wenn das Finanzamt schon auf andere Weise ausreichende Kenntnis von den erforderlichen Unterlagen erhalten hat. Denn in diesem Falle würde das Zwangsmittel als reine Strafe wirken. Auch das Wort „Geldstrafe" ändert an dieser reinen Zwangsmittelnatur nichts; es fehlte dem Gesetzgeber lediglich an einer geeigneten anderen Bezeichnung; er hätte allenfalls von „Zwangsgeldern" sprechen können, eine

Bezeichnung, die jedoch dem Sprachgebrauch wohl kaum entsprechen dürfte.

Das Zwangsmittelverfahren kann auch gegen juristische Personen als solche durchgeführt werden (z. B.: A.-G., G. m. b. H.). In solchem Falle sind die einzelnen Schreiben (Aufforderung, Androhung, Festsetzung) auch an die juristische Person als solche zu richten. Eine einzige, in der Natur der Sache liegende Einschränkung ergibt sich aus Abs. 2 S. 2, d. h. gegen juristische Personen können Haftstrafen nicht festgesetzt werden.

Die Möglichkeit eines Vorgehens gegen die Vertreter juristischer Personen besteht schon auf Grund des § 84.

Bei Personenmehrheiten ohne Rechtspersönlichkeit (z. B. offene Handelsgesellschaften) ist die Durchführung des Zwangsmittelverfahrens immer nur gegen die Vorstände usw. (s. § 86) möglich, daher auch alle in diesem Verfahren erforderlichen Schreiben an die betr. Personen selbst gerichtet sein müssen, wenn sie eine taugliche Grundlage für weiteres Vorgehen bilden sollen.

Das Zwangsmittelverfahren des § 202 zerfällt in zwei Teile: Die Androhung eines Zwangsmittels und die Verhängung desselben, evtl. verbunden mit Androhung eines weiteren Zwangsmittels.

Die Anwendung des Zwangsmittelverfahrens hat drei, besser gesagt zwei Voraussetzungen. Die beiden im folgenden zuerst genannten hängen eigentlich unzertrennbar zusammen.

1. Es muß sich um die Geltendmachung von Verpflichtungen handeln, die den Steuerpflichtigen oder dritten Personen zur Ermittlung von Steueransprüchen (§§ 168 bis 190) oder zur Durchführung der Steueraufsicht (§§ 193 bis 201) gesetzlich auferlegt sind. Daß einer der genannten Zwecke vorliegt, muß das Auskunftsersuchen erkennen lassen (RFH. v. 22 Dezember 1920, RStBl. 1921 S. 112). Zur Ermittlung eines Steueranspruchs wird man auch die Feststellung etwa gemachter Befreiungsgründe

zu rechnen haben (z. B. § 8 GrunderwStG., § 3 Nr. 3 UmsStG.).

Für die Durchführung der Zwangsbeitreibung gilt das Verfahren nach § 202 zunächst, d. h. allgemein nicht. Doch hat die AO. ausdrücklich für verschiedene Teile der Zwangsvollstreckung den § 202 für anwendbar erklärt, so in §§ 338 Abs. 2, 347, 348; s. ferner § 298 Abs. 1 S. 2. Über Anwendbarkeit des Zwangsmittelverfahrens in der Untersuchung von Straffällen s. § 406 Abs. 4.

2. Die Finanzbehörde muß sich bei der Anordnung innerhalb ihrer gesetzlichen Befugnisse gehalten haben. Im allgemeinen läßt sich hierüber logischerweise sagen, daß jeder gesetzlich festgelegten Verpflichtung des Publikums eine entsprechende Anordnungsbefugnis der Finanzbehörde gegenüberstehen muß; insoweit decken sich also die unter 1 und 2 genannten Voraussetzungen. Für die Befugnisse der Finanzbehörden tritt jedoch ergänzend hinzu, daß dieselben in einzelnen Beziehungen noch durch §§ 204—209 des Näheren umgrenzt bzw. eingeschränkt worden sind. Diese Schranken müssen unter allen Umständen eingehalten werden. Wo es sich dabei um sog. Kannvorschriften handelt (z. B. § 205 Abs. 2), darf die Behörde nicht willkürlich handeln, sondern nur nach pflichtgemäßem Ermessen (§ 6). Sie muß sich bewußt bleiben, daß sie bei evtl. Beschwerde des Aufgeforderten ihre Maßregel zu rechtfertigen hat.

3. Endlich ist — wie sich aus der Fassung „können ... erzwingen" ohne weiteres ergibt — erforderlich, daß das Verhalten des Verpflichteten zur Anwendung von Zwangsmitteln Anlaß gibt. Es geht also nicht an, gleich mit der ersten Aufforderung die Androhung von Zwangsmaßnahmen zu verbinden (es müßte denn sein, daß bereits aus anderen Umständen, z. B. aus vorhergehenden an die Behörde gerichteten Äußerungen, die Notwendigkeit eines Zwanges sich ergibt). Weiterhin, wenn z. B. der Pflichtige

eine mit oder ohne Drohung an ihn ergangene Aufforderung lediglich unvollständig beantwortet, so wird die Behörde vor Anwendung weiteren Zwanges sich erst vergewissern müssen, ob der Verpflichtete nicht auch ohne solchen gewillt ist, seiner Verpflichtung vollständig nachzukommen. (Es ist aber natürlich denkbar, daß in einer solch unvollständigen Erledigung im Grunde eine Verweigerung oder die offene Absicht der Verschleppung zu erkennen ist; in solchem Falle wird nichts im Wege stehen, daß die Behörde in der Zwangsanwendung fortschreitet.)

[2]) Die Festsetzung der Geldstrafe kann erfolgen, auch wenn gegen die Anordnung oder Androhung Beschwerde erhoben und über dieselbe noch nicht entschieden ist. Jedenfalls hat der Pflichtige (auch nicht etwa auf Grund des Abs. 7) keinen Anspruch darauf, daß die Entscheidung abgewartet wird (E. Bd. 6 S. 139). Das Finanzamt wird aber auch hier nach vernünftigem Ermessen handeln. Für den Fall des Abwartens der Entscheidung s. übrigens das unten Anm. 4 a. E. Gesagte!

[3]) Hierdurch ist jedoch nicht die Zulässigkeit der Rechtsbeschwerde für die angegangene Behörde ausgeschlossen (RFH. v. 24. November 1920, RStBl. 1921 S. 93).

Abs. 5 gilt auch für den Fall, daß die angegangene Behörde aus einem einzigen Beamten besteht (vgl. Anm. 4 zu § 177).

Die Finanzbehörde kann ev. gegen eine sich weigernde Behörde im Aufsichtswege vorgehen (Anm. 1 zu § 181).

[4]) Die Frage, ob es genügt, wenn die Geldstrafe allein, ohne Beifügung der etwa an ihre Stelle tretenden Haftstrafe, angedroht ist, hat in der Praxis schon manche Schwierigkeiten bereitet. Sie dürfte zu bejahen sein. Denn Abs. 6 fordert nur die Androhung des Zwangsmittels selbst. Was als Zwangsmittel in Betracht kommt, ist in Abs. 1 erschöpfend aufgeführt. Die ev. Haftstrafe ist nur eine allenfalls ein=

tretende andere Form für die Durchführung des Zwangsmittels „Geldstrafe".

Es empfiehlt sich jedoch in allen Fällen möglichst genaue Darstellung der ev. zu erwartenden Ungehorsamsfolgen. Angabe des Höchstbetrags der Geldstrafe ist unerläßlich; ist zunächst ein niedrigerer als der gesetzliche Höchstbetrag angedroht, so kann auch über ihn nicht hinausgegangen werden.

Die Androhung eines Zwangsmittels schafft übrigens für das Finanzamt nicht ein für allemal das Recht zur späteren Festsetzung desselben. Der RFH. steht vielmehr auf dem Standpunkt, daß ein gewisser nicht zu loser zeitlicher Zusammenhang zwischen Androhung und Festsetzung gewahrt werden muß. Wenn das FA über die in der Androhung gesetzte Frist hinaus eine unverhältnismäßig lange Zeit verstreichen läßt, so kann hierin u. U. ein vorläufiger stillschweigender Verzicht auf Befolgung der Anordnung erblickt werden. Dies gilt insbesondere auch dann, wenn das FA. erst den Ausgang einer gegen die Androhung erhobenen Beschwerde abwartet. Es geht also nicht an, daß das FA. nach endgültiger Abweisung der Beschwerde ohne weiteres nun das seinerzeit angedrohte Zwangsmittel festsetzt, es ist vielmehr in solchem Falle neuerliche Androhung und Fristsetzung erforderlich. (E. Bd. 6 S. 137).

[5]) Wenn diese Mitteilung nicht rechtzeitig (d. h. nicht bis zu dem in § 67 bezeichneten Zeitpunkt) erfolgt, macht sich der Säumige in gleicher Weise straffällig, als wenn er sich überhaupt nicht geäußert hätte. Allerdings kann gemäß §§ 75, 77 nachträglich die Zwangsverfügung aufgehoben werden.

Aus welchen Gründen der Aufgeforderte annimmt, die Aufforderung nicht erfüllen zu müssen, ist zunächst ganz gleichgültig. Es kann sein, daß er der Meinung ist, seine diesbezügliche Pflicht bereits erfüllt zu haben, es kann sein, daß er dem Finanzamt das Recht zur Aufforderung überhaupt bestreiten will oder daß er sich gar nicht für steuerpflichtig hält. Ferner wird hierher auch der Fall zu rechnen sein, daß der Aufgeforderte durch Krankheit usw. verhindert ist. Ist er so krank, daß er auch die nach Abs 7 erforderliche Mitteilung nicht veranlassen kann, dann entschuldigt ihn dies selbstverständlich und kommt ev. wieder §§ 75, 77 zur Anwendung.

§ 203. (1) Wenn das Gesetz die Gewährung von Steuervergünstigungen oder Erleichterungen bei der Entrichtung oder Berechnung von Steuern zuläßt, können dem Steuerpflichtigen, insbesondere auch zur Überwachung, besondere Bedingungen auferlegt und es kann bestimmt werden, daß bei Nichteinhaltung dieser Bedingungen Geldbußen als Ungehorsamsfolgen verwirkt sein sollen (Sicherungsgelder)[1]. Soweit kein höherer Betrag zugelassen ist, kann das Sicherungsgeld für den einzelnen Fall bis auf zehntausend Mark bemessen werden. Das Finanzamt legt das Sicherungsgeld auf und bestimmt seine Höhe.

(2) Das Sicherungsgeld ist nicht aufzuerlegen, wenn der Steuerpflichtige nachweist, daß bei der Nichteinhaltung der Bedingung weder ihm noch seinen Vertretern, Angestellten oder Arbeitern ein Verschulden zur Last fällt

[1]) Früher auch Konventionalstrafen genannt (z. B. früherer § 79 Abs. 2, AB. z. RStempG.).

Zweiter Titel.

Ermittlungs- und Festsetzungsverfahren.

§ 204. Das Finanzamt hat die steuerpflichtigen Fälle zu erforschen und von Amts wegen die tatsächlichen und rechtlichen Verhältnisse zu ermitteln, die für die

Steuerpflicht und die Bemessung der Steuer wesentlich sind. Es hat Angaben der Steuerpflichtigen auch zugunsten der Steuerpflichtigen zu prüfen.

§ 204 legt für das Ermittlungs- und Festsetzungsverfahren als obersten Grundsatz das sog. Offizialprinzip fest, d. h. den Grundsatz, daß die ganze Sach- und Rechtsbehandlung ohne maßgebende Mitwirkung der Parteien lediglich von der Behörde auszugehen hat. Allerdings ist dieses Offizialprinzip von der AO keineswegs mit der Strenge und Konsequenz durchgeführt, mit der es sonst und namentlich im Strafrecht gilt. Die Natur des Steuerrechts gebietet vielmehr eine Menge nicht unbedeutender Einschränkungen, so daß sich für das Steuerrecht (mit Ausnahme des Steuerstrafrechts, s. Anm. 2 zu § 358) ein eigenartiges Gemisch einer Verfahrensmaxime ergibt, deren Hauptbestandteil das Offizialprinzip bildet mit allerhand Beimischungen des Parteiprinzips. Über die Auswirkungen dieses Mischprinzips insbesondere auf dem Gebiete der Beweislast s. Anm. 2 zu § 173. Vgl. ferner Anm. 2 zu § 4 a. E. u. Anm. 1 zu § 228.

§ 205. (1) Das Finanzamt hat die Steuererklärungen (§ 168) zu prüfen[1]. Soweit nötig, hat es tunlichst durch schriftliche Aufforderung zu veranlassen, daß Lücken ergänzt und Zweifel beseitigt werden.

(2) Trägt das Finanzamt Bedenken gegen die Richtigkeit der Erklärung[2], so hat es, wenn nötig, Ermittlungen[3] vorzunehmen; es kann den Steuerpflichtigen, falls eine Aufforderung zu schriftlicher Erklärung[4] nicht angezeigt[5] ist oder keinen Erfolg hat, vorladen[6] und ihn nach §§ 172ff. zu Auskunft und weiteren Nachweisungen anhalten.

(3) Die Kosten der Ermittlungen trägt der Steuerpflichtige, wenn das Endergebnis das seinen Angaben

entsprechende Ergebnis um mehr als ein Drittel übersteigt [7]), es sei denn, daß die Abweichung durch die Schwierigkeit der Wertabschätzung oder sonstigen entschuldbaren Irrtum hervorgerufen ist [8]).

(4) Wenn von der Steuererklärung abgewichen werden soll, sind dem Steuerpflichtigen die Punkte, in denen eine wesentliche Abweichung zu seinen Ungunsten in Frage kommt, zur vorherigen Äußerung mitzuteilen [9]).

[1]) Für diese und die in den folgenden Paragraphen enthaltenen Prüfungsbefugnisse gilt das in Anm. 1 Nr. 2 zu § 202 Gesagte.

[2]) Zunächst muß der Pflichtige also in allen Fällen zur Abgabe einer Steuererklärung aufgefordert sein. Ermittlungen vor der Steuererklärungsabgabe können zwar in Ausnahmefällen zweckdienlich sein, es ist aber dabei festzuhalten, daß eine rechtliche Grundlage für etwaige Erzwingung dieser Ermittlungen nach § 202 nicht gegeben ist.

[3]) Ermittlungen aller Art sind hierunter zu verstehen, die sich aus dem 3. Abschnitt des 2. Teils rechtfertigen lassen. Über die Reihenfolge der Ermittlungen gibt es — abgesehen von dem wichtigen § 209 — keine bindende Vorschrift.

[4]) Einforderung einer schriftlichen Erklärung soll also die Regel bilden! Und zwar muß die Aufforderung, um eine Grundlage für ev. Vorgehen nach § 202 zu bilden, die Punkte näher bezeichnen, für welche Aufklärung, Ergänzung oder Nachweise verlangt werden; eine nur allgemein gehaltene Aufforderung genügt nicht.

[5]) „Nicht angezeigt“ wird eine Aufforderung zu schriftlicher Erklärung auch dann sein, wenn nach den bereits vorliegenden Tatsachen ein befriedigendes Ergebnis hiervon mit Bestimmtheit nicht zu erwarten ist.

[6]) Vgl. hierzu ergänzend § 172 u. Anm. hierzu.

⁷) Die Kosten des Ermittlungsverfahrens trägt im allgemeinen gemäß § 216 das Reich. § 205 Abs. 3 bringt eine wichtige, in der Praxis vielleicht nicht durchweg genügend beachtete Einschränkung dieses Grundsatzes für jene Fälle, in denen die Angaben des Pflichtigen zu dem Ergebnis der Ermittlungen in einem auffallenden Mißverhältnis stehen. Wenn dieses Mißverhältnis nämlich die in Abs. 3 angegebene Grenze übersteigt, d. h. wenn dies Ermittlungsergebnis höher ist als der vom Pflichtigen angegebene Betrag zuzüglich ein Drittel desselben, dann treffen den Pflichtigen alle Ermittlungskosten, aber selbstverständlich nur insoweit, als sie in dem zur Richtigstellung seiner beanstandeten Steuererklärung notwendig gewordenen Verfahren erwachsen sind. Unter die Kosten gehören u. a. insbesondere Porti, Entschädigungen für Auskunftspersonen und Sachverständige, Kosten für Beibringung von urkundlichen Nachweisen, Reisekosten, die dem Pflichtigen auf unmittelbare Veranlassung durch das Finanzamt entstanden sind usw.

Über die Höhe der Kosten gibt es keine bindenden Vorschriften. Es werden eben unter Kosten die notwendigen Auslagen zu verstehen sein; überflüssige Ausgaben sind sowohl im Interesse des Fiskus wie auch des ev. erstattungspflichtigen Steuerpflichtigen zu vermeiden. Soweit Entschädigungen an Dritte in Frage kommen, ist auf die Erläuterungen zu § 183 zu verweisen.

Kosten, die dem Pflichtigen durch Handlungen entstanden sind, die durch das Finanzamt nicht ausdrücklich veranlaßt wurden, trägt unter allen Umständen der Pflichtige selbst. Hierunter fallen z. B. Kosten für ein vom Finanzamt nicht angeordnetes persönliches Erscheinen, für einen vom Pflichtigen auf eigene Faust zugezogenen Sachverständigen usw.

Eine Berichtigung seiner ursprünglichen Angabe, die der Pflichtige erst im Laufe des Ermittlungsverfahrens (und vielleicht unter dem Drucke desselben) vornimmt, kann ev.

zu einer teilweisen Kostenbefreiung für ihn Anlaß geben, nämlich bezüglich der Kosten, welche durch Erhebungen veranlaßt wurden, die nach der Berichtigung (und troß derselben) erfolgten.

Zwei kurze Beispiele sollen abschließend die Kostentragungspflicht erläutern:

1. Angabe des Pflichtigen: 100000 Mark; Endergebnis der Ermittlungen: 135000 Mark. Der Pflichtige trägt die Ermittlungskosten.

2. Angabe des Pflichtigen: 100000 Mark. Nach Erholung eines Sachverständigengutachtens durch das Finanzamt erhöht der Pflichtige seine Angabe auf 125000 Mark. Das Finanzamt hat noch Zweifel und vernimmt Auskunftspersonen. Endergebnis: 140000 Mark. Der Pflichtige hat nur für die vor der Erhöhung seiner Angabe erfolgten Ermittlungen aufzukommen. Grund: Das Endergebnis übersteigt die anfängliche Angabe um mehr als ein Drittel, nicht aber die berichtigte Angabe.

[8]) Bei der Würdigung der Entschuldbarkeitsfrage werden u. a. auch Bildungsgrad, geistige Frische, Umfang und Übersichtlichkeit des Betriebs usw. in Betracht zu ziehen sein.

[9]) Außerachtlassung dieser Vorschrift dürfte u. U. eine unrichtige Sachbehandlung im Sinne des § 295 darstellen.

Unter Abs. 4 fällt insbesondere auch die Mitteilung über die Höhe einer beabsichtigten schätzungsweisen Festsetzung.

Die Mitteilung nach Abs. 4 soll dem Pflichtigen nur Gelegenheit zur Gegenäußerung geben. Unterlassung dieser Äußerung kann, sogar wenn die Mitteilung in Form eines allgemein gehaltenen Äußerungsersuchens gekleidet sein sollte, nicht als schuldhafte Pflichtenverletzung nach § 210 Abs. 3 angesehen werden; ebensowenig ist § 202 anwendbar. Anders dann, wenn der Pflichtige eine nach § 205 Abs. 1 u. 2 ergehende Aufforderung unbeachtet läßt (vgl. auch die Fassung des § 173 S. 1).

§ 206. (1) Die Finanzämter können Sachverständige[1]) zuziehen oder Prüfungsbeamte, die ihnen zugeordnet sind, verwenden. Sie können sich ferner der Hilfe von Vertretern und Angestellten der Verbände und Vertretungen, des Betriebs oder Geschäftszweigs, dem der Steuerpflichtige angehört, bedienen. Die so hinzugezogenen Personen und Sachverständigen haben über das, was ihnen durch ihre Tätigkeit bekannt wird, strengstens zu schweigen und dürfen diese Kenntnisse nicht unbefugt verwerten. Sie sind hierauf eidlich zu verpflichten.

(2) Soweit nicht Gefahr im Verzuge liegt, hat das Finanzamt die Person, die es beauftragen will, und den Verband, dem sie angehört, dem Steuerpflichtigen mitzuteilen[2]). Befürchtet der Steuerpflichtige von der Tätigkeit dieser Person die Verletzung eines Geschäfts- oder Betriebsgeheimnisses oder Schaden für seine geschäftliche Tätigkeit, so kann er sie ablehnen und, wenn diesem Antrag nicht stattgegeben wird, beantragen, die Prüfung auf seine Kosten durch besondere Sachverständige vornehmen zu lassen[3]). Er hat Personen, die hierzu bereit und geeignet sind, zu bezeichnen. Einigt man sich nicht, so entscheidet das Landesfinanzamt endgültig.

[1]) Über den Begriff „Sachverständige" s. Anm. 1 zu § 177.

[2]) Mrozeks Anschauung, es entspreche der Absicht des Gesetzes, daß dem Pflichtigen die Person des Sachverständigen dann nicht benannt zu werden brauche, wenn nach Ansicht des Finanzamts eine der in Abs. 2 S. 2 genannten Folgen überhaupt nicht zu befürchten sei, dürfte dem ausdrücklichen Gesetzeswortlaut zuwiderlaufen. Das Gesetz stellt eine einzige Ausnahme von der Mitteilungspflicht auf, nämlich „die Gefahr im Verzuge". Im übrigen also hat die Mitteilung

stets zu erfolgen. Denn ob eine der erwähnten Folgen zu befürchten ist, darüber muß sich zunächst der Steuerpflichtige entscheiden können; er muß sich gegen eine Ablehnung seiner diesbezügl. Befürchtungen sodann im Rechtsmittelweg (Beschwerde) wehren können. Dies alles darf ihm nicht durch das von Mrozek gebilligte Verhalten des Finanzamts von vorne herein abgeschnitten werden. Dagegen muß auch hier wieder betont werden, daß es sich in den meisten Fällen, wo die Praxis von Sachverständigen redet, überhaupt nur um Auskunftspersonen im gesetzlichen Sinne handelt (vgl. hierüber Anm. 1 zu § 177!). Bei Anhörung von Auskunftspersonen ist eine Namensmitteilung an den Pflichtigen überhaupt nie erforderlich! Auskunftspersonen darf allerdings auch niemals ein Einblick in die wirtschaftlichen Verhältnisse des Steuerpflichtigen gewährt werden! Sie dürfen vielmehr nur befragt werden.

[3]) Wegen endgültiger Kostentragung gilt § 205 Abs. 3.

§ 207. (1) Das Finanzamt soll[1]) die Vorlegung von Büchern und Geschäftspapieren in der Regel erst verlangen, wenn die Auskunft des Steuerpflichtigen nicht genügt oder Bedenken gegen ihre Richtigkeit vorliegen.

(2) Bücher und Geschäftspapiere sind auf Wunsch des Steuerpflichtigen tunlichst in seiner Wohnung oder in seinen Geschäftsräumen einzusehen[2]).

[1]) Ermessensfrage, vgl. Erläuterungen zu § 6.

[2]) Hierbei sind (entsprechend dem Grundsatz des § 198) die üblichen Geschäftsstunden einzuhalten. Falls besondere Gründe die Vorlage der Bücher beim Finanzamt notwendig erscheinen lassen, kann Vorlage angeordnet werden.

Dem Pflichtigen gegenüber kann übrigens zunächst immer die Vorlage verlangt werden; es ist Sache des Pflichtigen, alsdann Einsichtnahme an Ort und Stelle nach Abs. 2 zu verlangen.

§ 208. (1) Bücher und Aufzeichnungen, die den Vorschriften der §§ 162, 163 entsprechen, haben die Vermutung ordnungsmäßiger Führung für sich und sind, wenn nach den Umständen des Falles kein Anlaß ist, ihre sachliche Richtigkeit zu beanstanden, der Besteuerung zugrunde zu legen[1]). Wenn eine vom Reichsminister der Finanzen bezeichnete Stelle bescheinigt, daß sie die Bücher und Aufzeichnungen geprüft hat, und daß die Eintragungen, für die sie bestimmt sind, fortlaufend und vollständig gemacht und formell und sachlich richtig sind, so darf die Beanstandung nur mit Genehmigung des Landesfinanzamts erfolgen[2]).

(2) Bücher, Geschäftspapiere, Bilanzen und deren Erläuterungen dürfen einem Ausschuß nur mit Zustimmung dessen, der sie vorgelegt hat, zur Einsicht mitgeteilt werden. Sonst ist der Buchbeweis durch den Vorsteher des Finanzamts oder unter dessen Leitung durch die im § 206 genannten Personen zu erheben[3]). Diese haben dem Ausschuß über das Ergebnis zu berichten. Wenn schriftlich berichtet wird, soll dem Steuerpflichtigen eine Abschrift mitgeteilt werden.

[1]) § 208 Abs. 1 statuiert von dem sonst geltenden Grundsatz der freien Beweiswürdigung (s. hierüber Näheres in Anm. zu § 258) der Finanzbehörden eine Ausnahme bezüglich des sog. Bücherbeweises zugunsten des buchführenden Steuerpflichtigen. Es soll hierdurch vermieden werden, daß Pflichtigen, die — mit oder ohne gesetzliche Verpflichtung — sich die Mühe und Kosten der Buchführung machen, ohne zwingenden Grund das Ergebnis ihrer Buchführung bestritten und ev. anderweitiger Nachweis zugemutet wird.

Dem Abs. 1 S. 1 zufolge (der übrigens bezüglich der Unterscheidung formeller und sachlicher Buchführungsvorschriften nicht ganz glücklich gefaßt ist) sind also Bücher, die den formellen Vorschriften der §§ 162, 163 (vgl. Anm. 8 zu § 162!) entsprechen, zunächst als ordnungsmäßig geführt anzusehen und müssen als Besteuerungsgrundlage dienen. Eine Ausnahme gilt jedoch dann, wenn das Finanzamt Grund hat, die sachliche Ordnungsmäßigkeit, also die Richtigkeit oder Vollständigkeit der Buchführung anzuzweifeln; in diesem Falle braucht es die Ergebnisse derselben nicht ohne Weiteres hinzunehmen, sondern kann anderweitige Ermittlungen anstellen. Aus welchen Umständen das Finanzamt den Grund zur Beanstandung der Buchführung entnimmt, ist gleichgültig; nur muß es sich stets seiner etwaigen Verantwortungspflicht bewußt bleiben. Es ist z. B. ohne weiteres denkbar, daß das Finanzamt mit Rücksicht auf den orts- oder amtsbekannten Umfang eines Wirtschaftsbetriebs das Ergebnis der vorgelegten Buchführung als offensichtlich nicht der Wahrheit entsprechend beanstandet. Dagegen läßt sich kaum etwas Vernünftiges einwenden.

Bei der Wichtigkeit des Bücherbeweises und dem ihm gesetzlich durch Aufstellung der Richtigkeitsvermutung des § 208 zuteil gewordenen Schutz empfiehlt es sich, daß die Finanzbehörden in allen Fällen, in denen sie entgegen der Vermutung des § 208 das Buchführungsergebnis in Zweifel ziehen, die Gründe hierfür aktenmäßig genauestens festlegen.

[2]) Beibringung der Bescheinigung und Tragung aller hierfür etwa entstehenden Kosten ist Sache des Pflichtigen.

[3]) Größere Finanzämter und im allgemeinen wohl auch die Landesfinanzämter haben zur Durchführung des Buchbeweises meist eigene sog. Buchprüfer zur Verfügung. Bei Erhebung des Buchbeweises kommt es entsprechend Abs. 1 S. 1 zunächst darauf an, festzustellen, ob die Buchführung in formeller Hinsicht den gesetzlichen Anforderungen genügt. Hierbei wird von Beanstandungen kleinlicher Art abgesehen werden müssen. Denn der Prüfende hat sich vor Augen zu halten, daß eine Nichtanerkennung der formellen Ordnungs-

mäßigkeit die Vermutung des Abs. 1 S. 1 aufhebt. Diesen Rechtsnachteil darf er dem Pflichtigen nicht etwa schon auf Grund geringfügiger Formalverstöße (z. B. verschiedentlicher Rasuren) zufügen, sondern doch nur auf Grund solcher Verstöße in formaler Hinsicht, welche nach Umfang oder Bedeutung auch den Rückschluß auf die sachliche Mangelhaftigkeit der Buchführung zulassen.

§ 209. (1) Wenn es sich um die Ermittlung von Steueransprüchen gegen bestimmte Personen handelt, sollen[1]) andere Personen erst dann zu einer Auskunft oder zur Vorlegung von Büchern angehalten werden, wenn die Verhandlungen mit dem Steuerpflichtigen nicht zum Ziele führen oder keinen Erfolg versprechen. Nur wenn es erforderlich ist, um die Wahrheit zu ermitteln oder wenn Gefahr im Verzuge liegt, soll verlangt werden, daß der Steuerpflichtige oder ein Dritter (§ 175, § 185) Wertsachen vorlegt oder den Inhalt von Behältnissen oder eines verschlossenen Depots nachweist; das Finanzamt kann alsdann der Bank oder der Stelle, die das Schließfach überlassen hat oder das Depot verwahrt, vorschreiben, dem Steuerpflichtigen während angemessen kurzer Frist nur unter Zuziehung eines vom Finanzamt zu bezeichnenden Beamten Zutritt zum Schließfach zu gewähren oder das Depot auszuhändigen.

(2) Das Finanzamt kann sich in den Fällen des § 189 durch Stichproben überzeugen, ob die Angaben steuerpflichtiger Kunden zutreffen.

(3) Eidesstattliche Versicherungen und eidliche Bekräftigung von Auskünften sollen[2]) nur gefordert werden, wenn andere Mittel zur Erforschung der Wahrheit nicht vorhanden sind.

[1]) Ermessensvorschrift! Ihre Beachtung kann im Rechtsweg nachgeprüft werden und ihre Nichtbeachtung kann zur Aufhebung einer Verfügung nach § 202 führen (RFH. in RStBl. 1921 S. 112). Nach einer neuerlichen Entscheidung (E. Bd. 7 S. 232) tritt diese Folge sogar schon dann ein, wenn das FA. es unterläßt, in seiner Aufforderung zur Auskunftserteilung dem Dritten gegenüber erkennbar zu machen, daß § 209 beachtet wurde.

In dieser Entscheidung dürfte der RFH. etwas zu weit gegangen und von dem Vorwurf einer gewissen — natürlich nur objektiv zu verstehenden — Praxisfeindlichkeit nicht ganz frei zu sprechen sein. Denn abgesehen davon, daß eine unnötige formelle Belastung der ohnehin sachlich schon überlasteten Finanzämter nach Möglichkeit vermieden werden müßte, ist auch aus der Gesetzesfassung kein zwingender Grund ersichtlich, warum fragliche Vorschrift über ihre bindende Wirkung für die Finanzämter hinaus dem Pflichtigen noch ein formales Recht auf Mitteilung ihrer Beachtung geben sollte. Das Recht des Pflichtigen, die sachliche Nichtbeachtung im Beschwerdeweg zu rügen, bleibt ja für alle Fälle unberührt.

[2]) Ermessensvorschrift! Ihre Einhaltung ist durch die Notwendigkeit landesfinanzamtlicher Genehmigung gesichert (vgl. Anm. 1 zu §§ 176, 184!).

§ 210. (1)[1]) Nach Abschluß seiner Ermittlungen stellt das Finanzamt die Steuer fest. Soweit es die Besteuerungsgrundlagen nach seinen Ermittlungen nicht feststellen oder berechnen kann, hat es sie zu schätzen[2]); dabei sind alle Umstände zu berücksichtigen, die für die Schätzung von Bedeutung sind.

(2) Zu schätzen ist insbesondere dann, wenn der Steuerpflichtige über seine Angaben keine ausreichenden Aufklärungen zu geben vermag oder weitere Auskunft

oder eine Versicherung an Eides Statt verweigert. Das gleiche gilt, wenn der Steuerpflichtige Bücher oder Aufzeichnungen, die er nach den Steuergesetzen zu führen hat, nicht vorlegen kann.

(3) Wenn eine Schätzung notwendig geworden ist, weil der Steuerpflichtige Verpflichtungen, die ihm durch die Steuergesetze auferlegt sind, schuldhaft nicht genügt hat und dies im Steuerbescheide festgestellt worden ist[3]), ist wegen der Höhe der Schätzung[4]) nur die Beschwerde[5]) an das Landesfinanzamt zulässig. Die Frist zur Einlegung der Beschwerde beginnt mit Ablauf des Tages, an dem der Steuerbescheid im übrigen unanfechtbar geworden ist[6]). Das Landesfinanzamt hat die Entscheidung bis zu diesem Zeitpunkt auszusetzen und entscheidet endgültig.

(4) Die Vorschriften des Abs. 3 gelten nicht für den Fall der Verweigerung einer Versicherung an Eides Statt.

[1]) § 210 regelt zusammenfassend das Schätzungsverfahren. Innerhalb dieses Paragraphen sind zwei wichtige Regelungen getroffen und es wäre zur Hintanhaltung vielfacher, sogar in der behördlichen Praxis vorkommender Irrtümer vielleicht besser gewesen, die zweite dieser Regelungen einem besonderen Paragraphen vorzubehalten und letzteren dahin zu stellen, wohin er inhaltlich gehört, in den Abschnitt „Rechtsmittel". Gemeint ist der Abs. 3 des § 210; über seine Bedeutung siehe näheres unter Anm. 3.

[2]) Die Abs. 1 und 2 gehören systematisch zusammen. Sie regeln die Zulässigkeit, Voraussetzungen und Durchführung der Schätzung im allgemeinen, wenn auch nur mit einigen grundlegenden Strichen.

1. Zulässigkeit u. Voraussetzungen. Die Schätzung ist das Ersatzmittel für die positive Feststellung bzw. Berechnung. Soweit letztere nach den Ermittlungen nicht mit Sicherheit

12*

vorgenommen werden können, bleibt nur Schätzung übrig. Damit ist in der Praxis ein ziemlich weites Gebiet für die Zulässigkeit der Schätzung eröffnet. Nicht nur dann, wenn der Pflichtige keine oder keine genügenden Angaben macht und auch durch die Ermittlungen ein positives Ergebnis nicht erreicht werden kann, ist zu schätzen, sondern auch dann, wenn die Angaben des Pflichtigen oder die Ergebnisse der Ermittlungen dem Finanzamt bezüglich ihrer Richtigkeit zweifelhaft erscheinen. Auch das freiwillige Anerbieten des Pflichtigen zur Abgabe einer Versicherung an Eides Statt zwingt das Finanzamt keineswegs, eine für notwendig gehaltene Schätzung zu unterlassen, insbesondere kann dies auch nicht etwa aus dem Gesetzeswortlaut des Abs. 2 S. 1 a. E. entnommen werden (RFH. i. RStBl. 1921 S. 144). Eine gewisse Einschränkung des Anzweiflungsrechts besteht nur bezüglich der Buchführung (s. § 208 und Anm. hierzu!). In allen Fällen, auch abgesehen von der Büchervorlage, muß jedoch das Finanzamt vernünftige Gründe für seine Anzweiflung haben nnd wird diese zweckmäßigerweise auch aktenkundig machen.

Ein regelrechter Schätzungsbescheid liegt übrigens auch dann vor, wenn das Finanzamt den vom Pflichtigen selbst ohne Beibringung positiver Feststellungsgrundlagen schätzungsweise angegebenen Betrag der Besteuerung — nach oder ohne Vornahme weiterer Ermittlungen — der Besteuerung zugrunde legt. Denn im Zusammenhang mit dem durch § 204 festgelegten Offizialprinzip ist die Schätzung in allen Fällen als vom Finanzamt ausgehend anzusehen. Die Festhaltung dieser Rechtslage ist wichtig, da sie — falls im übrigen die Voraussetzungen des § 210 Abs. 3 vorliegen — zur Behandlung eines derartigen Schätzungsbescheids nach § 210 Abs. 3 berechtigt.

2. Durchführung der Schätzung. Ist die Schätzung auch nur ein Ersatzmittel für die Feststellung, so kann sie trotzdem nicht der sachlichen Grundlage entbehren. Will-

kür ist auch hier ausgeschlossen. Das Finanzamt muß die erforderlichen sachlichen Anhaltspunkte für eine möglichst einwandfreie Schätzung zu gewinnen suchen, so daß die nachprüfende Behörde in der Lage ist, sich jederzeit ein vernünftiges Bild über das Zustandekommen der Schätzung zu machen.

Über die für die Landwirtschaft eine besondere Rolle spielende Schätzung nach sogenannten Normalsätzen äußert sich eingehend RFH. in E. Bd. 7 S. 259. Hiernach ist eine solche Schätzung als vollwertig anzusehen, wenn nicht im Einzelfall besondere Umstände ein Abweichen von den Normalsätzen geboten erscheinen lassen.

Der Fall, daß ein Pflichtiger sich mit einer Veranlagung nach Normalsätzen von vorneherein einverstanden erklärt, dürfte dem oben in Ziff. 1 aE. erwähnten Fall gleichzustellen sein. Keinesfalls ist in der Einverständniserklärung ein Verzicht auf irgend ein zulässiges Rechtsmittel zu erblicken.

Das Ergebnis der Schätzung ist dem Pflichtigen vor endgültiger Steuerfestsetzung zur Äußerung mitzuteilen. Eine allgemeine Vorschrift dieses Inhalts (wie sie für die Umsatzsteuer § 149 Abs. 1 AB. enthält) besteht zwar nach der AO. ausdrücklich nicht. Allein es dürfte die Notwendigkeit der Mitteilung aus § 205 Abs. 4 zur Genüge hervorgehen.

[3]) Abs. 3 enthält eine — wie oben Anm. 1 erwähnt, anderswo hingehörige — Sondervorschrift über Rechtsmittel bei Schätzungsbescheiden. Der Gesetzgeber geht von der bekannten Tatsache aus, daß die Steuerpflichtigen gegen steuergesetzliche Vorschriften und steuerbehördliche Maßnahmen von vorneherein eine gewisse Aversion besitzen und es daher mit der Erfüllung ihrer diesbezüglichen Vorschriften vielfach nicht sehr genau nehmen. Soweit nun durch dieses passiv renitente Verhalten der Pflichtigen die Finanzämter zu genauer Feststellung der Steuergrundlagen nicht imstande, vielmehr zu Schätzungen gezwungen sind, soll den Pflichtigen als besonderer Rechtsnachteil für ihr Verhalten der ordentliche Rechtsmittelweg zum Teil abgeschnitten und

ihnen als einziges Rechtsmittel bezüglich der Schätzungshöhe die Beschwerde zum Landesfinanzamt gegeben werden.

Die Voraussetzungen für diese Einschränkung des ordentlichen Rechtsmittelwegs sind im Einzelnen folgende:

1. Es muß ein Schätzungsbescheid vorliegen, das heißt eine Steuerfestsetzung auf Grund von Unterlagen, die ohne positive ziffernmäßige Berechnungs- und Feststellungsmöglichkeit schätzungsweise festgelegt wurden. Näheres hierüber s. oben Anm. 2 Nr. 1, insbesondere auch den letzten Abs. dort!

2. Der Steuerpflichtige muß Verpflichtungen, die ihm durch die Steuergesetze auferlegt sind, nicht genügt haben. „Verpflichtungen" ist hier im weitesten Sinne zu verstehen; nicht nur die AO. (§§ 162—201), sondern auch die übrigen Steuergesetze kommen in Betracht. Beispiele von solchen Pflichtverletzungen sind: Nichtabgabe der Steuererklärung (§ 168 AO.), Unterlassung der vorgeschriebenen Buchführung, Nichtbeibringung verlangter Nachweise (§ 178 AO.), Nichterscheinen vor dem Finanzamt (§§ 172, 205) usw. Scheinerfüllungen brauchen nicht berücksichtigt zu werden. Wenn z. B. ein Pflichtiger zwar eine Steuerklärung abgibt. die Angaben derselben jedoch offensichtlich derart unrichtig oder unvollständig sind, daß sie als brauchbare Besteuerungsgrundlage überhaupt nicht anzusehen sind, dann wäre es widersinnig, diese rein formelle Pflichterfüllung als Pflichterfüllung im Sinne des § 210 Abs. 3 gelten lassen zu müssen.

3. Die Verletzung der Verpflichtungen muß schuldhaft erfolgt sein, mit anderen Worten, dem Steuerpflichtigen muß wegen seiner Unterlassung oder sonstigen Pflichtverletzung ein Vorwurf gemacht werden können. Als Schuldarten kommen in Frage sowohl Vorsatz als auch grobe Fahrlässigkeit. Ob letztere vorliegt, wird u. a. zu beurteilen sein nach Art und öffentlicher Bekanntheit der betr. Verpflichtung, nach Alter, Vorbildung, Geschäftsgewandtheit usw. des Pflichtigen. So z. B. wird die Unterlassung der Buchführung im allgemeinen heute jedem Gewerbetreibenden ev. zum Vorwurf gemacht

werden können, da die diesbezügl. Vorschriften heute wohl als allgemein bekannt angesehen werden dürfen und übrigens auch den einzelnen Pflichtigen zumeist bei den bisherigen Veranlagungen ausdrücklich zu Bewußtsein gebracht wurden.

Die Schuldhaftigkeit wird unter Umständen auch einer weiter zurückliegenden Tatsache entnommen werden können. Wenn z. B. jemand nicht imstande ist, für die Feststellung der Besteuerungsgrundlagen wichtige Belege (z. B. Lieferscheine) beizubringen, weil er dieselben angeblich nicht aufbewahrt hat, so wird es nicht grundsätzlich ausgeschlossen sein, aus der Nichtaufbewahrung dieser Belege eine Schuldhaftigkeit i. S. des § 210 Abs. 3 zu konstruieren. Es wird hierbei wiederum auf die Bedeutung der Belege und die persönlichen Eigenschaften des Pflichtigen mit ankommen.

Über das Erfordernis der Schuldhaftigkeit äußert sich ziemlich eingehend RFH. in E. Bd. 7 S. 68.

4. Die Verletzung der Verpflichtung muß ein Grund oder mindestens mit ein Grund für die Notwendigkeit der Schätzung gewesen sein. Es geht natürlich nicht an, irgend eine Pflichtenverletzung, die für die Vornahme schätzungsweiser Veranlagung durch das Finanzamt in keiner Weise kausal gewesen ist, nachträglich zum Grund für die Abschneidung des ordentlichen Rechtsmittelwegs nach § 210 Abs. 3 zu erheben, z. B. die verspätete Abgabe der Steuererklärung.

5. Die Tatsache, daß der Pflichtige steuergesetzlichen Verpflichtungen schuldhaft nicht genügt hat, und daher Schätzung erfolgte, muß im Steuerbescheid ausdrücklich festgestellt sein. Das Gleiche gilt nach einer anscheinend nicht veröffentlichten Entscheidung des RFH. vom 7. Januar 1921 (s. Becker) für die Tatsachen, welche das Verschulden begründen. Bei mangelhafter (z. B. zu allgemein gehaltener) od.r fehlender Feststellung scheidet § 210 Abs. 3 aus.

Vorstehendes besagt nicht, daß die Feststellung für das nachprüfende Landesfinanzamt bindend ist. Letzteres hat vielmehr selbständig nachzuprüfen, ob die tatsächlichen und rechtlichen Grundlagen für die Feststellung auch wirklich gegeben sind und hat, falls dies zu verneinen ist, unter Aussprechung seiner Unzuständigkeit die Sache auf den ordentlichen Rechtsmittelweg zu leiten.

[4]) Nur bezüglich der Höhe der Schätzung ist die hier vorgesehene Beschränkung des Rechtsmittelwegs zulässig. Dies führt zu einer eigenartigen Zweiteilung des Instanzenwegs, wenn der Pflichtige nicht nur die Höhe der Schätzung angreift, sondern auch noch andere Beschwerdepunkte geltend macht, z. B. Zulässigkeit der Schätzung, Nichtbestehen der Steuerpflicht oder einer bestimmten Steuerpflicht überhaupt usw. In solchem Falle ist wegen dieser anderen Beschwerdepunkte die Sache vorerst im ordentlichen Rechtsmittelverfahren durchzufechten; die Rechtsmittelbehörden haben sich jedoch hierbei der Entscheidung über die Höhe der Schätzung zu enthalten (falls sie nicht etwa zu der Anschauung gelangen, daß die Voraussetzungen der Zuständigkeit des LFA nach § 210 Abs 8 keineswegs vorliegen). Letztere erfolgt sodann nach Erledigung des ersten Verfahrens in gesondertem Verfahren nach § 210 Abs. 3. (S. auch Abs. 3 S. 3).

[5]) §§ 224, 281, 282.

[6]) Diese Fristbestimmung führt im praktischen Ergebnis dazu, daß für die Einlegung der Beschwerde gegen die Höhe der Schätzung an Stelle der geltenden einmonatlichen Rechtsmittelfrist eine Frist von zwei Monaten nach Zustellung des Steuerbescheids (bzw. Einspruchs- oder Berufungsbescheids) tritt.

Der Wortlaut des Gesetzes scheint eine andere Auslegung kaum zuzulassen und ich revidiere in dieser Hinsicht meine im Jahrg. 1922 der Deutschen Steuerzeitung ausgesprochene Anschauung, obwohl ich dieselbe de lege ferenda nach wie vor unbedingt für richtig halte. Denn welcher innere Grund sollte den Gesetzgeber dazu veranlassen, dem schuldhaft handelnden Steuerpflichtigen, dem er bewußtermaßen soeben einen Rechtsnachteil zudiktiert hat, auf der andern Seite sofort (sog. als Äquivalent) eine Verlängerung der normalen Rechtsmittelfrist ums doppelte zu gewähren? Die Sonderfristbestimmung sollte doch nur eine logisch notwendige Ergänzung der sonst geltenden Fristregeln mit Rücksicht auf die ev. eintretende (oben in Anm. 4 behandelte) Zweiteilung des Instanzenwegs sein. Nur wo also eine solche Zweiteilung tatsächlich vorliegt, muß dem Pflichtigen, dem ja gegenüber einem Urteil des Reichsfinanzhofs eine Frist an sich nicht mehr offen stände, zur Wahrung seiner Rechte nach § 210 Abs. 3 noch eine einmonatliche Nachfrist gewährt werden. Im übrigen liegt aber auch für den Bereich des § 210 Abs. 3 kein vernünftiger Anlaß zu einer Ausdehnung der allgemein geltenden Rechtsmittelfrist (§ 230) vor, durch die dem Pflichtigen genügend Zeit zur Entschlußfassung nach allen Richtungen geboten sein dürfte.

§ 211. (1) Steuerbescheide, die nach den Steuergesetzen schriftlich zu erteilen sind [1]), müssen die Höhe der Steuer [2]) enthalten.

(2) Sie sollen [3]) ferner enthalten:

1. eine Belehrung, welches Rechtsmittel zulässig ist und binnen welcher Frist und bei welcher Behörde es einzulegen ist [4]),
2. die Grundlagen der Festsetzung und Veranlagung, soweit sie dem Steuerpflichtigen nicht schon mitgeteilt sind,
3. eine Anweisung, wo, wann und wie die Steuer oder Sicherheit zu entrichten ist,
4. die Punkte, in denen von der Steuererklärung abgewichen worden ist.

(3) Die Steuerbescheide sind verschlossen zuzustellen [5]).

[1]) Das sind die in § 220 sogenannten „förmlichen" Steuerbescheide. Die Schriftlichkeit muß im Gesetz oder in

den Ausführungsbestimmungen ausdrücklich gefordert sein. Wo das nicht der Fall ist (wie z. B. im RStempG.), genügt auch anderweitige Bekanntgabe. Wenn ein Gesetz sagt, daß ein „Steuerbescheid" zu erteilen ist, ist Schriftlichkeit desselben gemeint. Meist ist in diesen Fällen auch ein besonderes Formular in Gesetz oder AB. vorgesehen. Vgl. auch E. Bd. 7 S. 231.

[2]) Wenn die Höhe der Steuer nicht angegeben ist, liegt überhaupt kein rechtsverbindlicher Steuerbescheid vor. Zur Steuerhöhe dürfte übrigens auch Angabe der Steuerart gehören.

[3]) Die Vorschriften des Abs. 2 sind Sollvorschriften, deren Nichtbeachtung den Steuerbescheid als solchen keineswegs ungültig macht.

[4]) Wegen Folgen der unterlassenen oder unrichtigen Belehrung s. § 231 Abs. 3.

Bei Schätzungsbescheiden hat sich im Falle des § 210 Abs. 3 die Belehrung auch auf die dort normierte Beschwerde zu erstrecken. Die Kompliziertheit des Instanzenzugs wird es allerdings mit sich bringen, daß der Laie über die einzelnen ihm zu Gebote stehenden Rechtsmittel vielfach trotz der Belehrung kein klares Bild gewinnt. Eine Anweisung über die Form der Belehrung im Falle des § 210 Abs. 3 für das Gebiet der Einkommensteuer gibt RFME. v. 25. November 1921 III E 35241.

[5]) Formelle Zustellung erforderlich (s. Anm. 3 u. 4 zu § 73). Die Gültigkeit einer sonst ordnungsmäßigen Zustellung wird dadurch übrigens nicht beeinträchtigt, daß die Zustellung offen erfolgte.

§ 212. (1) Wenn nichts Abweichendes vorgeschrieben ist, sind Nachforderungen von Steuern bis zum Ablauf der Verjährungsfrist zulässig.

(2) Hat jedoch bei Steuern, bei denen die Verjährungsfrist (§ 121) mehr als ein Jahr beträgt[1]), das

Finanzamt nach Prüfung des Sachverhalts einen besonderen, im Gesetze selber vorgesehenen schriftlichen Bescheid (Veranlagungs-, Freistellungs- oder Feststellungsbescheid) erteilt[2]), so ist, soweit nichts anderes vorgeschrieben ist[3]), eine Neuveranlagung[4]) nur zulässig, wenn neue Tatsachen oder Beweismittel bekannt[5]) werden, die eine höhere Veranlagung rechtfertigen.

(3) Eine Neuveranlagung ist ferner zulässig[6]), wenn bei einer Nachprüfung durch die Aufsichtsbehörde[7]) Fehler aufgedeckt werden[8]), deren Berichtigung eine höhere Veranlagung rechtfertigt[9]); dies gilt nicht bei den Steuern vom Einkommen[10]) und vom Vermögen ausschließlich der Erbschaftssteuer.

(4) Eine Neuveranlagung darf nicht auf eine nach Entstehung des Steueranspruchs erlassene Entscheidung des Reichsfinanzhofs gegründet werden, in der die Steuerpflicht im Gegensatze zu einer früheren, einen gleichen Tatbestand betreffenden höchstrichterlichen Entscheidung bejaht wird[11]).

[1]) Das sind also alle Steuern, ausgenommen die Zölle und Verbrauchssteuern.

[2]) Wie dies der Fall ist bei den meisten Steuern, z. B. bei der Einkommensteuer, den Vermögenssteuern, der Erbschaftssteuer, der Grunderwerbssteuer, der Umsatzsteuer usw., dagegen nicht bei den Stempelsteuern nach RStempG.

[3]) Nämlich in den einzelnen Steuergesetzen.

[4]) Eine „Neuveranlagung" setzt eine bereits vorhandene erste Veranlagung voraus, sollte diese auch eine Freiveranlagung gewesen sein.

[5]) Neu sind Tatsachen und Beweismittel dann, wenn sie bis zur Veranlagung oder im Laufe eines anhängigen Rechtsmittelverfahrens der Veranlagungsbehörde bzw. den Rechtsmittelbehörden nicht bekannt geworden sind (vgl. auch § 223).

Als maßgebender Zeitpunkt gilt hierbei der Zeitpunkt der Zustellung des Veranlagungs- bzw. Rechtsmittelbescheids, da nach diesem Zeitpunkt die Abänderung zufolge § 76 nicht mehr oder nur noch beschränkt erfolgen kann. Ob eine Tatsache usw. der Behörde (bzw. dem maßgebenden Ausschuß) bekannt war, muß im allgemeinen der Akteninhalt ergeben.

Lediglich die tatsächliche Bekanntheit entscheidet; der Umstand, daß eine Behörde bei entsprechender Umsicht sich die notwendige Kenntnis hätte verschaffen können, ist belanglos.

Keine neue Tatsache ist selbstverständlich eine abweichende rechtliche Beurteilung oder ein neues oberstrichterliches Erkenntnis.

Die Ansicht Beckers, daß ein neues abweichendes Sachverständigengutachten kein neues Beweismittel im Sinne des § 212 darstellt, scheint nicht ganz zweifelsfrei zu sein. Denn wenn es (nach Becker) zulässig ist, die Aussage einer neuen Auskunftsperson zu einer anderen tatsächlichen Beurteilung zu verwerten, so ist kein sachlicher Grund einzusehen, warum nicht das Gleiche bei einem neuen Sachverständigengutachten der Fall sein soll.

[6]) Ohne die Einschränkung des Abs. 2, lediglich mit den Einschränkungen des Abs. 1 und Abs. 3 Halbs. 2.

[7]) Aufsichtsbehörden sind LFA. und RFM. Ob die Nachprüfung eine allgemein angeordnete oder sich auf einen besonderen Fall beschränkende ist, ist gleichgültig. Die Berichtigung kann nur durch die Aufsichtsbehörde oder in ihrem Auftrage durch das Finanzamt erfolgen. Wegen Anfechtbarkeit s. § 222.

[8]) Es handelt sich hier um Fehler in der Anwendung des Gesetzes auf den aktenmäßig festgestellten Tatbestand. Gleichgültig ist, ob die Aufsichtsbehörde selbst (durch ihre Revisionsbeamten usw.) den Fehler entdeckt oder ob sie durch die untergeordnete Behörde darauf aufmerksam gemacht wird.

[9]) Gegenüber einer in der Sache bereits ergangenen Rechtsmittelentscheidung kann Abs. 3 nur dann zur Anwendung kommen, wenn die Berichtigung außerhalb der rechtskräftig festgestellten Besteuerungsgrundlagen möglich ist. Zu letzteren gehört außer den Tatsachenfeststellungen auch die Frage der Steuerpflicht überhaupt. (E. Bd. 4 S. 308). M. a. W.: Wenn bereits eine Rechtsmittelentscheidung in der Sache vorliegt, so ist eine Berichtigung nach Abs. 3 nicht möglich auf Grund solcher Besteuerungsgrundlagen, die bereits in der rechtskäftigen Rechtsmittelentscheidung festgestellt sind; denn die richtige Anwendung der Steuergesetze auf diese Grundlagen wäre Sache der betr. Rechtsmittelbehörde gewesen. Soweit dagegen eine Feststellung von Besteuerungsgrundlagen in der betr. Rechtsmittelentscheidung gar nicht erfolgt ist, können diese Grundlagen nachträglich trotz der Rechtsmittelentscheidung Anlaß zu einer Berichtigung nach Abs. 3 bilden.

Beruhen Besteuerungsgrundlagen übrigens auf „neuen" Tatsachen im Sinne des Abs. 2, so kommt nur dieser zur Anwendung, Abs. 3 überhaupt nicht.

[10]) Bezüglich der Kapitalertragssteuer dürfte hier das Gleiche wie zu § 25 bemerkte gelten.

[11]) Wann zwei gleiche Tatbestände im Sinne dieser Vorschrift vorliegen, darüber äußert sich eingehend RFH. in E. Bd. 4 S. 20.

§ 213. Wenn[1]) bei einer Nachprüfung durch die Aufsichtsbehörde vor Ablauf der Verjährungsfrist Fehler aufgedeckt werden[2]), deren Berichtigung eine Herabsetzung der Steuer rechtfertigt, so ist die Steuerfestsetzung zu berichtigen[3])

[1]) § 213 gilt für alle Steuern.

[2]) Auch hier kommen nur Fehler im Sinne des § 212 Abs. 3 in Frage (s. dort Anm. 8!). Die Entdeckung des Fehlers kann auch zufolge Anregung durch den Steuerpflichtigen selbst erfolgen.

§ 218 dürfte übrigens nur **offensichtliche Verstöße** gegen das Gesetz oder dessen allgemein anerkannte Auslegung im Auge haben. Eine sonstige abweichende rechtliche Beurteilung dürfte nicht hierher gehören, jedenfalls dann nicht, wenn dieselbe in einer in der betreffenden Sache ergangenen Verfügung begründeten Ausdruck gefunden hatte. Vgl. auch nächste Anm.

[3]) Die Berichtigung ist eine (dem sog. officium nobile angehörige) **Pflicht** der Aufsichtsbehörde. Ihr steht jedoch **kein Anspruch** des **Pflichtigen** auf Berichtigung gegenüber. Ein solcher Anspruch käme in bestimmter Hinsicht einer Verlängerung der Rechtsmittelfrist ins Uferlose gleich. Der Pflichtige kann sich wegen Nichtberücksichtigung einer von ihm gegebenen Anregung nach § 281 beschweren (E. Bd. 7 S. 231).

Zur Berichtigung ist nur die Aufsichtsbehörde und — auf besonderen Auftrag — auch das Finanzamt zuständig.

Wegen Geltendmachung des Erstattungsanspruchs auf Grund der Berichtigung s. §§ 127, 128.

§ 214. (1) Wo das Gesetz[1]) wegen bedingter, befristeter oder sonst ungewisser Verhältnisse die Steuerfestsetzung aussetzt oder eine vorläufige vorsieht[2]), ist die Steuerfestsetzung nachzuholen oder zu berichtigen, wenn die Ungewißheit beseitigt ist. Nach Ablauf des Jahres, das auf die Beseitigung der Ungewißheit folgt, kann der Steuerpflichtige die Berichtigung nicht mehr beantragen. Eine Berichtigung zum Nachteil des Steuerpflichtigen ist unzulässig, wenn der Anspruch auf Nachzahlung verjährt ist; im Sinne des § 122 Absatz 1 gilt der Anspruch als mit der Beseitigung der Ungewißheit entstanden.

(2) Absatz 1 gilt entsprechend, wenn ein Tatbestandsmerkmal, dessen Vorliegen das Gesetz für die Besteuerung

fordert, nachträglich mit Wirkung für die Vergangenheit weggefallen ist, wie bei Anfechtung einer letztwilligen Verfügung oder einer Erbschaftsannahme.

[1]) Die AO. oder andere Steuergesetze.

[2]) Z. B. §§ 82, 145, 148 bis 150.

§ 215. Der Reichsminister der Finanzen kann anordnen, daß Nachforderungen von Steuern und Berichtigungen von Steuerfestsetzungen, unterbleiben, wenn der Betrag, der nachzufordern oder zu erstatten ist, eine gewisse Grenze voraussichtlich nicht überschreitet.

Beispiele solcher Anordnungen bieten die AB. z. UmsStG. (§§ 163 Abs. 3, 165), z. Gr. ErwStG. (§ 17), z. KörpStG. (§§ 52, 53).

§ 216. Das Steuerermittlungsverfahren ist außer im Falle des § 205 Absatz 3, § 206 Absatz 2 kosten-, gebühren- und stempelfrei[1]); im übrigen[2]) bestimmt der Reichsminister der Finanzen den Umfang der Gebühren.

[1]) Gebühren und Stempel dürfen also für das Verfahren nie erhoben werden, Kosten nur im Rahmen der §§ 205 Abs. 3, 206 Abs. 2. Näheres über die Kostentragungspflicht nach diesen Bestimmungen s. Anm. 7 zu § 205. Hier ist nur ergänzend zu bemerken, daß unter die vom Pflichtigen zu tragenden Kosten unter Umständen auch Gebühren und Stempel gehören können, die von anderen Behörden verlangt werden; denn § 216 verbietet nur den Ansatz von Gebühren oder Stempeln für Akte der Finanzbehörden selbst.

[2]) „Im übrigen" d. h. im Falle der §§ 205, 206. Bisher sind Bestimmungen nicht ergangen.

Vierter Abschnitt.

Rechtsmittel.

Erster Titel.

Zulässigkeit der Rechtsmittel.

Vorbemerkungen zu §§ 217 bis 297.

Unter Rechtsmittel im eigentlichen Sinne versteht man jede vom Gesetz gegebene Handhabe, welche den Beteiligten die Möglichkeit verschafft, die Abänderung oder Aufhebung einer behördlichen Verfügung bzw. Maßnahme durch dieselbe oder eine anders geartete Behörde zu verlangen mit der Wirkung, daß die angegangene Behörde die Berechtigung dieses Verlangens nachzuprüfen hat.

Nach der AO. unterscheiden wir zwei Gruppen von Rechtsmitteln:

1. Die gegen Steuerbescheide und ihnen nach §§ 220—228 gleichzustellenden Bescheide zulässigen Rechtsmittel (Einspruch, Berufung, Anfechtung, Rechtsbeschwerde).

2. Die Beschwerde, die gem. § 224 gegen alle übrigen Verfügungen zulässig ist.

Die allgemeinen Verfahrens- und Kostenvorschriften (§§ 228 bis 243, 285 bis 297) beziehen sich, soweit sie nicht selbst sich ausdrücklich einschränken, auf alle Arten von Rechtsmitteln.

Neben diesen eigentlichen Rechtsmitteln gibt es noch die sog. Aufsichtsbeschwerde, die jedem Staatsbürger jederzeit und ohne Einhaltung einer besonderen Frist zusteht. Sie richtet sich immer an die der verfügenden Behörde zunächst übergeordnete Verwaltungsbehörde. Die hierbei allgemein maßgebende Erwägung ist die, daß die Aufsichtsbehörde es nicht dulden kann und darf, daß eine untergeordnete Behörde sich Mißgriffe bei Ausübung ihrer Verwaltungsbefugnisse zu Schulden kommen läßt. S. § 13 Abs. 2.

Die Geltendmachung von Rechtsmitteln im eigentlichen Sinne kann durch Einreichung einer solchen Aufsichtsbeschwerde nie ersetzt werden, so wenig als der Aufsichtsbehörde ein Recht zusteht, in ein schwebendes Rechtsmittelverfahren einzugreifen. Wenn die angegangene Behörde Aufsichts- und Rechtsmittelbehörde in einem bestimmten Falle zugleich ist, so hat sie zunächst als Rechtsmittelbehörde zu entscheiden; es steht ihr aber darüber hinaus noch die Befugnis zu, veranlaßtenfalls der Unterbehörde Weisungen für künftige Sachbehandlung zu geben.

§ 217. Gegen Steuerbescheide[1]) (§§ 211, 220) und gegen die im § 223 bezeichneten Bescheide ist als Rechtsmittelverfahren[2]) gegeben:

1. soweit es sich nicht um Zölle und Verbrauchsabgaben handelt: das Berufungsverfahren;
2. soweit es sich um Zölle und Verbrauchsabgaben handelt: das Anfechtungsverfahren.

[1]) Unter Steuerbescheid versteht das Gesetz jede Geltendmachung von Steuern durch das Finanzamt gegenüber einer bestimmten Person (über die weitere Unterscheidung s. § 220). Nur soweit Steuern im eigentlichen Sinn in Frage stehen, kann von einem Steuerbescheid die Rede sein; die Geltendmachung anderer Geldleistungen kann im ordentlichen Rechtsmittelverfahren nicht erfolgen. Wegen des Begriffs „Steuern" s. Anm. 1 zu § 1!

[2]) Rechtsmittelentscheidungen können immer nur mit Beziehung auf einen bestimmten Steuerfall ergehen, nicht etwa unabhängig davon einen allgemeinen Ausspruch, z. B. über die Steuerpflichtigkeit eines bestimmten Betriebs enthalten (E. Bd. 5 S. 299).

§ 218. Im Berufungsverfahren sind gegeben:
gegen die Entscheidung des Finanzamts oder einer Hilfsstelle des Finanzamts: der Einspruch; über ihn entscheidet das Finanzamt;
gegen die Einspruchsentscheidung des Finanzamts: die Berufung; über sie entscheidet das Finanzgericht;
gegen die Berufungsentscheidung des Finanzgerichts: die Rechtsbeschwerde; über sie entscheidet der Reichsfinanzhof.

§ 219. Im Anfechtungsverfahren sind gegeben:
gegen die Entscheidung des Finanzamts oder einer Hilfsstelle des Finanzamts: die Anfechtung; über sie entscheidet das Landesfinanzamt;
gegen die Anfechtungsentscheidung des Landesfinanzamts: die Rechtsbeschwerde; über sie entscheidet der Reichsfinanzhof.

§ 220. (1) Ist ein förmlicher Steuerbescheid [1]) nicht zu erteilen, so gilt als Steuerbescheid jede Willenskundgebung [2]) eines Finanzamts oder einer Hilfsstelle eines Finanzamts, mit der erstmalig ein bestimmter Betrag als Steuer von einer bestimmten Person sofort oder innerhalb einer bestimmten Frist beansprucht wird.

(2) Als Steuerbescheid im Sinne des § 217 gilt auch eine schriftliche Auskunft, die ein Finanzamt über die Stempelpflichtigkeit einer ausgestellten Urkunde oder eines vollzogenen Geschäfts erteilt. Als Steuerbescheide gelten ferner Freistellungen von Steuern [3]) und Feststellungsbescheide eines Finanzamts oder Landesfinanzamts, die für die Bemessung künftiger Steueransprüche bindend sind [4]). Ist ein solcher Feststellungsbescheid von einem

Landesfinanzamt erlassen, so ist die Rechtsbeschwerde an den Reichsfinanzhof gegeben.

[1]) Über Begriff und Mindesterfordernisse eines „förmlichen" Steuerbescheids s. Anm. 1 u. 2 zu § 211. Wenn in Fällen, wo gesetzlich oder durch AB. ein sogenannter förmlicher Steuerbescheid vorgeschrieben ist, die Mindesterfordernisse (Schriftlichkeit, Steuerart, Steuerhöhe) nicht erfüllt sind, liegt überhaupt kein rechtsverbindlicher Steuerbescheid vor.

[2]) Schriftliche oder mündliche.

[3]) Sog. Freiveranlagungen (vgl. auch Anm. 4 zu § 212).

[4]) Feststellungsbescheide im Sinne des § 220 sind nur solche Bescheide, deren Inhalt nach ausdrücklicher gesetzlicher Vorschrift eine Bindung für spätere Steuerfestsetzungen bedeutet, z. B. § 65 BesStG. v. 1913.

§ 221. Außer bei Feststellungsbescheiden[1]) (§ 220 Absatz 2) kann ein Steuerbescheid nur deshalb angefochten werden, weil sich der Steuerpflichtige durch die Höhe der Steuerforderung beschwert fühlt, oder weil die Steuerpflicht verneint oder eine zu geringe Steuer festgesetzt ist.

[1]) Bei Feststellungsbescheiden ist Anfechtung mit jeder Begründung zulässig.

§ 222. Bei Steuerbescheiden, die frühere Steuerbescheide ändern, zum Beispiel in den Fällen des § 74 Absatz 3 und der §§ 76, 212 und 214, ist der neue Bescheid selbständig anfechtbar, soweit die Änderung reicht.

§ 223. Die Rechtsmittel der §§ 217 bis 219 sind ferner gegeben gegen Bescheide über Erstattungs- und Vergütungsansprüche[1]), die aus Rechtsgründen zugelassen sind[2]) sowie gegen Bescheide, durch die erstattete oder vergütete Beträge zurückgefordert werden. Ist ein solcher Bescheid von einem Landesfinanzamt erlassen, so ist gegen ihn in den Fällen des § 217 Nr. 1 die Berufung an das Finanzgericht und gegen dessen Entscheidung die Rechtsbeschwerde an den Reichsfinanzhof und in den Fällen des § 217 Nr. 2 die Rechtsbeschwerde an den Reichsfinanzhof gegeben.

[1]) Einschließlich der Zinsforderungen (E. Bd. 4 S. 352).

[2]) Über die rechtliche Bedeutung dieses (eine Tautologie enthaltenden) Ausdrucks s. Vorbem. zu §§ 127 bis 136. Unter logischer Berücksichtigung des dort gesagten gelangt man notwendigerweise zu dem Grundsatze: Das ordentliche Rechtsmittelverfahren ist gemäß § 223 gegeben, so oft jemand behauptet, einen Anspruch auf Erstattung oder Vergütung von Geldbeträgen zu haben. Dementsprechend darf (wie in E. Bd. 7 S. 238 ausgeführt) ein aus Rechtsgründen geltend gemachter Erstattungsanspruch nicht dem ersichtlichen Willen des Pflichtigen entgegen als Erstattungsgesuch aus Billigkeitsgründen behandest werden. Im Zweifel wird die Absicht des Antragstellers einwandfrei festzustellen sein.

Eine allgemeine Vorschrift, wonach zu Unrecht bezahlte Steuern im Rechtsmittelweg zurückverlangt werden können, ist dadurch keineswegs aufgestellt. Die Entscheidung über die sachliche Begründetheit des Erstattungs- usw. Anspruchs hängt vielmehr von den einzelnen gesetzlichen Bestimmungen ab (s. z. B. §§ 128, 129).

Über die Frage, inwieweit ein als „Erlaßgesuch" bezeichneter Antrag ev. als Erstattungsantrag im ordentlichen Rechtsmittelverfahren zu behandeln ist, vgl. RFM. in RStBl, 1920 S. 437.

§ 224. Andere als die in den §§ 217 bis 223 bezeichneten Verfügungen von Finanzbehörden[1]) unterliegen der Beschwerde (§ 281)[2]).

[1]) Hierunter fallen alle nur denkbaren Verfügungen und Maßnahmen von Finanzbehörden im Ermittlungs-, Festsetzungs-, Aufsichts- und Beitreibungsverfahren. Auch Ver-

fügungen anderer Stellen können in Betracht kommen (vgl. Anm. 3 und 4 zu § 282). Voraussetzung ist nur, daß durch die betr. Verfügung usw. jemand beschwert ist oder sich wenigstens beschwert glaubt (s. Anm. 1 zu § 225).

[2]) Auch „Verwaltungsbeschwerde" genannt, soweit nur die Zuständigkeit von Verwaltungsbehörden in Frage kommt. Beschwerden im Strafverfahren gehören nicht hierher!

§ 225. Befugt, ein Rechtsmittel einzulegen, ist der, gegen den der Bescheid oder die Verfügung ergangen ist[1]). Für seine Vertretung gelten die § 83 Absatz 2, §§ 84 bis 91. Stirbt jemand, der berechtigt ist, ein Rechtsmittel einzulegen, während eine Rechtsmittelfrist läuft, bevor er das Rechtsmittel eingelegt hat, so kann jeder Erbe das Rechtsmittel einlegen.

[1]) Weitere Voraussetzung ist, daß die betr. Person durch die Verfügung beschwert ist. Dies gilt nicht nur für die Anfechtung von Steuerbescheiden und anderen ersten Verfügungen, sondern auch für Rechtsmittelentscheidungen (E. Bd. 4 S. 172; s. auch Anm. 2 zu § 281).

§ 226. (1) Ist ein Bescheid gegen jemand erlassen, der nach § 83 Absatz 2, §§ 84 bis 91 befugt ist, die Interessen eines Steuerpflichtigen wahrzunehmen, so wirkt er auch gegen den Steuerpflichtigen. Wenn der Steuerpflichtige befugt ist, diese Interessen selbständig wahrzunehmen, so kann er das Rechtsmittel selbständig einlegen oder dem Rechtsmittel beitreten[1]), das die zur Wahrung dieser Interessen befugte Person eingelegt hat; die Rechtsmittelbehörde kann ihn auch von Amts wegen als Beteiligten zuziehen.

(2) Auch sonst kann als Beteiligter zugezogen werden, wessen Interesse nach den Steuergesetzen durch die Entscheidung berührt wird, insbesondere wer auf Grund

dieser Gesetze neben dem Steuerpflichtigen haftet oder haftbar gemacht werden kann[2]).

(3) Wer als Beteiligter zugezogen oder beigetreten ist, kann dieselben Rechte geltend machen, die dem Steuerpflichtigen zustehen; er muß die Rechtsmittelentscheidung gegen sich gelten lassen.

[1]) Der „Beitritt" ist nicht gleichbedeutend mit dem „Anschluß" des § 232. Er stellt rechtlich keine selbständige Rechtsmitteleinlegung dar.

Einlegung seitens des Pflichtigen kann nur innerhalb der Rechtsmittelfrist erfolgen, deren Lauf mit der Bekanntgabe an die zur Interessenwahrnehmung befugte Person beginnt, Beteiligung oder Zuziehung können auch nachträglich erfolgen.

[2]) Eine Haftung auf Grund anderer Gesetze (z. B. der bürgerl.-rechtl. Vorschriften) oder besonderer vertraglicher Abmachungen gehört nicht hierher!

Die Zuziehung ist Ermessenssache. Sie kann in jeder Lage des Verfahrens erfolgen. Die bisher in der Sache ergangenen Entscheidungen und im Lauf befindlichen Fristen wirken auch gegen den Zugezogenen.

§ 227. In Steuersachen ist der Rechtsweg vor den ordentlichen Gerichten ausgeschlossen. Dies gilt auch für die Rückforderung bezahlter Steuern und anderer Leistungen.

Zweiter Titel.

Allgemeine Vorschriften über das Verfahren.

§ 228. Soweit die Rechtsmittelbehörden zur Nachprüfung tatsächlicher Verhältnisse berufen sind, haben sie den Sachverhalt von Amts wegen zu ermitteln[1]). Sie sind an die Anträge dessen, der das Rechtsmittel eingelegt hat, nicht gebunden und können, mit Ausnahme des

Reichsfinanzhofs, den Bescheid auch zu seinem Nachteil ändern[2]), wenn und soweit neue Tatsachen oder Beweismittel[3]) bekanntgeworden sind, die eine solche Änderung rechtfertigen, oder wenn diese Änderung sich auf eine abweichende rechtliche Beurteilung gründet.

[1]) Offizialprinzip! (Vgl. über dessen steuerrechtliche Bedeutung i. Allg. Erläuterung zu § 204!) Für das Rechtsmittelverfahren bedeutet die Festlegung des Offizialprinzips nicht weniger, als daß die Rechtsmittelbehörden (abgesehen vom RFH.) die ihnen unterbreiteten Fälle derart zum Gegenstand ihrer Untersuchung zu machen haben, als ob sie mit der erstmaligen Veranlagung dieser Fälle selbst beauftragt wären. Im Einzelnen hat der RFH. zur vorliegenden Materie bereits folgende Entscheidungen getroffen.

Die Berufungsinstanz hat alle Tatsachen zu berücksichtigen, die bis zur Urteilsfällung eingetreten sind, § 67 (E. Bd. 4 S. 76), dagegen nicht die Tatsachen, die nach Beschlußfassung, wenn auch noch vor Zustellung zu ihrer Kenntnis gelangt sind (E. Bd. 3 S. 178).

Es kommt nicht darauf an, ob die Steuer seinerzeit zu Recht gefordert wurde, sondern darauf, ob sie zur Zeit der Urteilsfällung zu Recht besteht. (E. Bd. 4 S. 76).

Das Berufungsverfahren ist nicht durch den im Einspruch gestellten Antrag begrenzt; es können daher neue, bisher nicht erhobene Einwendungen vorgebracht werden, soweit nicht gesetzlich ausdrücklich das Gegenteil bestimmt ist, wie z. B bezüglich der örtl. Zuständigkeit gem. § 61 Abs. 2 (E. Bd. 6 S. 18).

§ 228 gilt auch für das Beschwerdeverfahren einschl. des Arrestbeschwerdeverfahrens (E. Bd. 7 S. 118, übrigens selbstverständlich und bereits in den Vorbem. zu §§ 217—297 gesagt).

Auch soweit die Frage der Zuständigkeit einer angegangenen Rechtsmittelbehörde von irgend welchen tatsächlichen Verhältnissen abhängt, besteht keine Bindung an Parteianträge. Damit nicht zu verwechseln ist die Frage der Abgrenzung der Zuständigkeit je nach bestimmten Beschwerdepunkten, d. h. je nach den Punkten, gegen die sich eine Beschwerde überhaupt richtet. Wenn z. B. § 210 Abs. 3 bestimmt, daß bei Beschwerde gegen die Höhe einer Schätzung das LFA. zuständig ist, so kommt, falls nicht zugleich noch ein anderer Beschwerdepunkt geltend gemacht wird, eine andere Zuständigkeit überhaupt nicht in Betracht. Zu einer Hineininterpretation anderer Beschwerdepunkte sind die Behörden selbstverständlich weder verpflichtet noch befugt.

[2]) Sog. reformatio in peius. Zum Vorteil des Pflichtigen kann Änderung auch weitergehend erfolgen als der Pflichtige beantragt. Das liegt im Wesen des Offizialprinzips. (E. Bd. 6 S. 27, 167).

[3]) Über „neue" Tatsachen usw. vgl. Anm. 5 zu § 212.

§ 229. Die Rechtsmittelbehörden haben die Befugnisse, die den Finanzämtern im Besteuerungsverfahren gegeben sind[1]). Soweit die Ausübung dieser Befugnisse an die Genehmigung des Landesfinanzamts gebunden ist, bedarf es dieser nur, wenn Finanzämter als Rechtsmittelbehörden tätig werden[2]).

[1]) Hierher gehören alle Befugnisse der Finanzämter bezügl. Steuerermittlung und Festsetzung (§§ 204 bis 210 Abs. 1 u 2), auch soweit solche aus den Vorschriften über die Pflichten der Steuerpflichtigen und anderer Personen (§§ 168 ff.) hervorgehen, einschließlich des Rechts der Zwangsmittelanwendung nach §§ 202, 203.

[2]) Was nur beim Einspruch der Fall ist.

§ 230. Die Frist für die Einlegung eines Rechtsmittels beträgt einen Monat.

Über Berechnung und Wahrung der Frist s. Anm. 1 zu § 64, auch § 231 Abs. 1.

§ 231. (1) Die Frist zur Einlegung eines Rechtsmittels beginnt mit Ablauf des Tages, an dem der Bescheid dem Berechtigten zugestellt oder, wenn keine Zustellung erfolgt[1]), bekanntgeworden[2]) ist oder als bekanntgemacht gilt.

(2) Ein Rechtsmittel kann eingelegt werden, sobald der Bescheid vorliegt[3]).

(3) Fehlt in einem Bescheid eine gesetzlich vorgeschriebene[4]) Rechtsmittelbelehrung oder ist sie unrichtig[5]) erteilt, so wird die Rechtsmittelfrist in Lauf gesetzt[6]).

[1]) Das heißt, wenn Zustellung gesetzlich nicht vorgeschrieben (hierüber Anm. 4 zu § 73).

[2]) Über Bekanntgabe s. Anm. 2 u. 5 zu § 73. In den Fällen des § 84 beginnt die Frist nur, wenn die Bekanntgabe bezw. Zustellung an den gesetzlichen Vertreter erfolgt ist.

Für Fristenbeginn bei Abänderung ursprünglicher Bescheide (§ 76) wird allgemein der in Anm. 1 zu § 282 aufgestellte Grundsatz zu gelten haben.

[3]) Über den Zeitpunkt des „Vorliegens" eines Bescheids s. Anm. 1 zu § 67. Auf Bekanntgabe kommt es nicht an.

Ein vor dem Zeitpunkt des Abs. 2 eingelegtes Rechtsmittel ist als gegenstands- und wirkungslos zu betrachten. Wegen etwaiger Nachsichtsgewährung s. Anm. 3 zu § 68. Die Prüfung der Entschuldbarkeit wird sich hierbei auf die Frage zu beschränken haben, ob der Pflichtige nach den Umständen des Falles entschuldbarer Weise annehmen konnte, daß zur Zeit seiner Rechtsmitteleinlegung die Behörde bereits in einem bestimmten Sinne entschieden habe.

[4]) Gesetzlich vorgeschrieben ist eine Rechtsmittelbelehrung auch dann, wenn eine bloße Sollvorschrift besteht. Die Fälle entspr. gesetzlicher Vorschriften der AO. sind nur: § 127 Abs. 2 (Erstattungsansprüche), § 211 Abs. 2 (Steuerbescheide), § 242

Abs. 1 (Rechtsmittelbescheide), endlich die Sonderfälle des § 236 Abs. 2 und § 251 Abs. 3.

[5]) Unrichtig ist eine Belehrung nur dann, wenn entweder die Behörde, bei der das Rechtsmittel einzulegen ist oder die Rechtsmittelfrist unrichtig angegeben ist. Denn nur in diesen Fällen könnte dem Pflichtigen ein Schaden entstehen. Unrichtige Bezeichnung des Rechtsmittels ist unschädlich. S. auch den Fall des § 251 S. 3.

[6]) Die Frist beginnt erst mit nachträglicher gesetzentsprechender Bekanntgabe (§ 73) der Belehrung an den Pflichtigen. Zustellung ist zufolge § 73 Abs. 1 S. 3 nicht erforderlich.

§ 232. Wer berechtigt ist, ein Rechtsmittel einzulegen, kann sich, wenn von anderer Seite[1]) ein Rechtsmittel eingelegt ist, diesem Rechtsmittel anschließen[2]). Dies gilt auch dann, wenn für ihn die Frist für die Einlegung des Rechtsmittels verstrichen ist[3]).

[1]) Sei es durch den Gegner (z. B. das Finanzamt im Berufungsverfahren, § 246) oder durch einen anderen Mitbeteiligten.

[2]) Der „Anschluß" hat die gleichen Wirkungen, als ob der Betreffende selbständig das Rechtsmittel eingelegt hätte. Es ist daher ohne Einfluß auf den Fortgang des Verfahrens, wenn der ursprünglich Einlegende nach erfolgtem Anschluß das Rechtsmittel zurücknimmt (S. auch § 237 S. 4).

„Zuziehung" oder „Beteiligung" (§ 226) steht nicht einem „Anschluß" an das Rechtsmittel gleich (E. Bd. 3 S. 131).

[3]) Nach Mrozek soll der Anschluß auch nach Rechtsmittelverzicht oder Zurücknahme des eigenen Rechtsmittels zulässig sein. Diese Ansicht dürfte unzutreffend sein.

§ 233. (1) Auf Einlegung von Rechtsmitteln kann verzichtet werden[1]). Ein trotzdem eingelegtes Rechtsmittel ist als unzulässig zu verwerfen.

(2) Der Verzicht des Steuerpflichtigen ist der Behörde, die den Bescheid erlassen hat, schriftlich einzureichen oder mündlich zu erklären[2]).

[1]) Der Verzicht kann wirksam erst von dem Zeitpunkt an erklärt werden, von dem an das Rechtsmittel überhaupt eingelegt werden kann. Vgl. hierüber Anm. 3 zu § 231.

[2]) Ein unter Nichteinhaltung dieser Vorschrift ausgesprochener Verzicht ist unwirksam. Im übrigen wird der Verzicht wirksam mit dem Zeitpunkt des Eingangs bei der Behörde, welche den Bescheid erlassen hat. (Dies gilt selbstverständlich auch dann, wenn der Verzicht zunächst bei einer unrichtigen Behörde eingereicht war.)

§ 234. (1) Die Rechtsmittel können schriftlich eingereicht oder zu Protokoll erklärt werden. Es genügt, wenn aus dem Schriftstück hervorgeht, wer das Rechtsmittel eingelegt hat[1]). Einlegung durch Telegramm ist zulässig. Die Rechtsmittel sind bei der Geschäftsstelle[2]) der Behörde anzubringen, deren Bescheid angefochten wird. Die Anbringung bei der zur Entscheidung berufenen Stelle (Rechtsmittelbehörde) oder einer Vorinstanz genügt[3]); das Rechtsmittel ist der zuständigen Stelle zu übermitteln. Die schriftliche Anbringung bei einer anderen[4]) Behörde ist unschädlich, wenn das Rechtsmittel rechtzeitig der zur Entscheidung berufenen Stelle oder einer Vorinstanz übermittelt wird. Unrichtige Bezeichnung des Rechtsmittels schadet nicht.

(2) Ein Rechtsmittel gilt als eingelegt, wenn aus dem Schriftstück oder aus der Erklärung hervorgeht, daß sich der Erklärende durch die Entscheidung beschwert fühlt und Nachprüfung begehrt[5]).

(3) Bei der Einlegung soll die Entscheidung bezeichnet werden, gegen die das Rechtsmittel gerichtet ist. Es soll

angegeben werden, inwieweit die Entscheidung angefochten und ihre Aufhebung beantragt wird. Ferner sollen die Tatsachen, die zur Begründung dienen, und die Beweismittel angeführt werden[6]).

[1]) Es ist also nicht gerade nötig, daß das Schriftstück unterzeichnet ist. Es genügt, wenn aus dem übrigen Inhalt des Schriftstücks (anderweitige Umstände brauchen zur Feststellung nicht herangezogen zu werden) hervorgeht, wer das Rechtsmittel eingelegt hat.

Ein Verbot sog. Sammel- oder Massenbeschwerden (z. B. Beschwerdeschriften, die gleichzeitig von einer größeren Anzahl Personen unterschrieben sind) besteht nicht. Rechtsmittelfristen werden also hierdurch gewahrt. Inwieweit jedoch die Rechtsmittelbehörde vor Eintritt in die Einzelbehandlung der Fälle zwecks Aufklärung der Pflichtigen und Ersparung ev. unnötiger Kosten geeignet erscheinende Schritte tun will, wird sich aus der Sachlage ergeben.

[2]) „Geschäftsstelle" (bisweilen auch als „Büro" bezeichnet) ist diejenige, aus einer oder mehreren Unterabteilungen bestehende Abteilung einer Behörde, welcher die Erledigung des formellen Geschäftsgangs, die Behandlung des Ein- und Ausgangs, der formelle Verkehr mit dem Publikum durch Aufnahme von Protokollen usw. sowie die Behandlung des Kostenwesens übertragen ist. Näheres über den Umfang der dienstlichen Obliegenheiten der Geschäftsstellen regeln Gesetze und Geschäftsanweisungen. Über Einzelheiten s. außer § 234 die §§ 249 Abs. 2, 288 Abs. 3, 297 Abs. 3. Über Beschwerden gegen Verfügungen der Geschäftsstelle s. § 282 Abs. 3.

[3]) D. h. die Frist gilt als gewahrt, wenn innerhalb derselben das Rechtsmittel bei einer der genannten Behörden eingegangen ist. Über den Begriff „eingehen" s. Anm. 1 zu § 64.

Unter „Vorinstanz" sind nur Behörden zu verstehen, die im konkreten Fall im gesetzlichen Instanzenzug vorausgehend liegen.

[4]) D. h. bei einer Behörde, die nicht zu den in Satz 4 und 5 des Abs. 1 genannten gehört. Wenn also das Rechtsmittel bei einer solchen „anderen" Behörde eingeht, so ist damit die Frist noch keinesfalls gewahrt, sondern es kommt auf den Zeitpunkt an, in dem das Rechtsmittel alsdann bei einer der in Satz 4 und 5 bezeichneten Behörden eingeht. Über „eingehen" s. Anm. 1 zu § 64.

Bei unrichtiger Rechtsmittelbelehrung gilt § 231 Abs. 3.

[5]) Bei Auslegung der in Betracht kommenden Erklärungen ist also keinesfalls am Wortlaut zu kleben, sondern im weitesten Maße der Wille des Erklärenden zu erforschen. Daß, soweit die Abgrenzung von Zuständigkeiten vom Inhalt der Rechtsmittelschrift abhängt, die Behörde nicht etwa zu einer Hineininterpretation nicht geltend gemachter Beschwerdepunkte genötigt ist, braucht vernünftigerweise wohl kaum betont zu werden (s. hierüber auch Anm. 1 letzter Abs. zu § 228).

Über ev. Behandlung von Erlaß- und Erstattungsanträgen als Rechtsmittel s. Anm. 3 zu § 108, Anm. 2 zu § 223.

[6]) Unterlassungen in diesen Beziehungen schaden den Beteiligten mit Rücksicht auf das Offizialprinzip (Anm. 1 zu § 228) nicht.

§ 235. Durch Einlegung eines Rechtsmittels wird die Wirksamkeit des angefochtenen Bescheids nicht gehemmt[1]), insbesondere die Erhebung einer Steuer nicht aufgehalten. Die Behörde, die den Bescheid erlassen hat, kann[2]) die Vollziehung aussetzen, geeignetenfalls gegen Sicherheitsleistung.

[1]) Dies gilt nicht nur bezüglich der Steuerbescheide, sondern auch bezüglich sonstiger Verfügungen. Vgl. auch Anm. 2 zu § 202.

[2]) Ermessensfrage! Die Behörde wird sich vor Augen zu halten haben einerseits die Frage der Möglichkeit oder Wahrscheinlichkeit eines Erfolges des eingelegten Rechts-

mittels, andererseits die Höhe und Reparaturfähigkeit des dem Pflichtigen zunächst entstehenden Nachteils. Im übrigen gelten für die Entscheidung über den Aussetzungsantrag nicht die Einschränkungen des § 105 Abs. 2 (ebenso Becker). Die Verzinsungspflicht besteht jedoch auf Grund des § 104, da die Fälligkeit durch die Aussetzung an sich nicht berührt wird.

§ 236. (1) Die Rechtsmittelbehörde hat zu prüfen, ob das Rechtsmittel zulässig und in der vorgeschriebenen Form und Frist eingelegt ist. Mangelt es an einem dieser Erfordernisse, so ist das Rechtsmittel als unzulässig zu verwerfen[1]).

(2) Ist die Rechtsmittelbehörde eine Kollegialbehörde[2]), so steht diese Prüfung und Entscheidung auch dem Vorsitzenden zu. Wenn dieser das Rechtsmittel verwirft, kann der Betroffene binnen zweier Wochen die Entscheidung der Rechtsmittelbehörde[3]) nachsuchen. In der Mitteilung des Vorsitzenden ist hierauf hinzuweisen[4]).

[1]) Die Abweisung eines Rechtsmittels kann ihren Grund haben in einem Formmangel im Sinne des § 236 Abs. 1; in diesem Falle ist das Rechtsmittel im Entscheidungssatz (s. Anm. 3 zu § 261) als unzulässig zu verwerfen. In dieser Form wird auch ein an sich rechtzeitig eingelegtes Rechtsmittel zu verbescheiden sein, wenn ein vorhergehendes Rechtsmittel (Einspruch, Berufung) wegen Formmangels bereits als unzulässig verworfen wurde oder verworfen hätte werden müssen. Denn durch einen derartigen Mangel wird eben nicht nur das gerade in Frage stehende, sondern auch jedes weitere Rechtsmittel in der gleichen Sache unzulässig.

Ein Rechtsmittel wird „zurückgewiesen", wenn es sich als sachlich unbegründet herausstellt.

Vorstehende Unterscheidung ist übrigens rein formalistischer Natur. Denn schließlich muß es immer aus dem Inhalt der betr. Entscheidung selbst hervorgehen, ob die Abweisung aus formellen oder sachlichen Gründen erfolgt ist.

Die Frage, ob ein Rechtsmittel verspätet eingelegt ist, kann übrigens dahingestellt bleiben, wenn das Rechtsmittel zweifellos sachlich unbegründet ist (E. Bd. 7 S. 206).

Wie zu verfahren ist bei Verstößen gegen die sog. Voraussetzungen des Verfahrens (Zuständigkeit, Einhaltung des Instanzenzugs), darüber s. Anm. 1 zu §§ 264 u. 275.

[2]) Hierher gehören

1. Das Finanzamt, wenn es zur Rechtsmittelentscheidung unter Mitwirkung eines Ausschusses berufen ist (§ 25);

2. das Finanzgericht;

3. der Reichsfinanzhof.

[3]) D. i. der Kollegialbehörde als solcher. Bei Versäumung der Frist ist Nachsichtgewährung gem. §§ 68, 69 möglich (E. Bd. 7 S. 11).

[4]) Bei Mangel dieses Hinweises wird § 231 Abs. 3 anzuwenden sein, wie sich aus dem in E. Bd. 7 S. 11 eingenommenen Rechtsstandpunkt des RFH. ergibt.

§ 237. Rechtsmittel können bis zur Unterzeichnung der Rechtsmittelentscheidung und, falls mündlich verhandelt wird, bis zum Schlusse der mündlichen Verhandlung, auf Grund deren entschieden wird, zurückgenommen werden. Die Zurücknahme ist schriftlich einzureichen oder zu Protokoll zu erklären[1]). Sie hat den Verlust des Rechtsmittels zur Folge[2]). Die Zurücknahme hemmt den Fortgang des Verfahrens nicht, wenn sich ein sonst Beteiligter vorher dem Rechtsmittel angeschlossen hat.

[1]) S. Anm. 2 zu § 233. Telegramm genügt. Die Stellen, denen gegenüber die Zurücknahme erfolgen muß, sind die gleichen wie die in § 234 genannten (RFH. i. RStBl. 1921 S. 80).

[2]) Eine Entscheidung hat nur noch im Kostenpunkt zu erfolgen. Wegen Gebühren s. auch § 295.

§ 238. (1) Der Steuerpflichtige, oder wer sonst das Rechtsmittel eingelegt hat, kann sich im Rechtsmittelverfahren durch Bevollmächtigte vertreten lassen[1]). Geschäftsmäßige Vertreter können zurückgewiesen werden; dies gilt nicht für die im § 88 Absatz 1 Satz 3 genannten Personen.

(2) Bevollmächtigte und gesetzliche Vertreter haben sich auf Verlangen als solche auszuweisen[2]).

(3) Behörden werden durch Beamte vertreten, die die Behörde allgemein oder für den einzelnen Fall bestimmt.

[1]) Die Behörde kann Bevollmächtigte nur unter der in Abs. 1 genannten Voraussetzung zurückweisen, ferner dann, wenn sich der Bevollmächtigte trotz Verlangens nach Abs. 2 nicht ausweist. Andere Zurückweisungsgründe gibt es nicht, auch § 88 gilt hier nicht. Wegen Zustellung gilt jedoch das in Anm. 1 Abs. 2 zu § 88 Gesagte.

[2]) Ob ein Ausweis verlangt wird, ist Ermessensfrage. Willkür ist ausgeschlossen. Die Behörde wird auch hier die in Anm. 1 Abs. 3 zu § 88 angeführten Erwägungen anzustellen haben.

§ 239. Bei den Finanzgerichten können Rechtsanwälte zugelassen werden. Das Nähere bestimmt ein Reichsgesetz.

§ 240. Die Unterlagen der Besteuerung, die dem angefochtenen Bescheide zugrunde liegen[1]), sollen, soweit dies nicht schon geschehen ist, dem Steuerpflichtigen auf Antrag oder, wenn der Inhalt der Rechtsmittelschrift dazu Anlaß gibt, von Amts wegen mitgeteilt werden[2]).

In diesem Falle ist ihm zur Begründung des Rechtsmittels eine Frist von mindestens zwei Wochen zu gewähren, die von Empfang der Mitteilung an läuft.

[1]) Hierzu gehört auch das Ergebnis einer Beweisaufnahme.

[2]) Nichtbeachtung dieser Vorschrift, wozu auch die Fristgewährung nach Satz 2 gehört, kann unter Umständen einen Mangel des Verfahrens im Sinne des § 267 begründen (E. Bd. 6 S. 248).

§ 241. Wenn Auskunftspersonen oder Sachverständige im Rechtsmittelverfahren mündlich[1]) gehört werden, kann den Beteiligten Gelegenheit zur Teilnahme am Termine gegeben werden. Ist das nicht geschehen, so darf das Beweisergebnis nur dann zum Nachteil des Steuerpflichtigen verwertet werden, wenn ihm Gelegenheit gegeben ist, sich dazu zu äußern[2]).

[1]) Sei es durch die Rechtsmittelbehörde oder durch eine ersuchte Stelle. Bei Anberaumung mündlicher Verhandlung gemäß § 259 scheidet § 241 überhaupt aus.

[2]) Daß der Beteiligte zum fraglichen Termine anwesend war oder daß ihm anderweitig Gelegenheit zur Äußerung über das Beweisergebnis geboten wurde, muß aus den Akten hervorgehen. Andernfalls liegt, wenn das Beweisergebnis im Bescheid zuungunsten des Pflichtigen verwertet wurde, ein Mangel des Verfahrens nach § 267 vor.

§ 242. (1) Bei Zurückweisung des Rechtsmittels[1]) soll die Entscheidung das tatsächliche und rechtliche Vorbringen und die Beweisergebnisse würdigen[2]). Hinzugefügt werden soll eine Belehrung, welches Rechtsmittel weiter zulässig ist und binnen welcher Frist und wo es einzulegen ist[3]).

(2) Die Entscheidungen sind dem Steuerpflichtigen verschlossen zuzustellen[4]).

[1]) Ganze oder auch nur teilweise Zurückweisung kommt in Betracht. Nur wenn die Rechtsmittelbehörde in vollem Umfange dem Beschwerdebegehren des Steuerpflichtigen entspricht, kann sie sich bei Abfassung der Entscheidungsbegründung so kurz wie möglich fassen, denn ein besonderes Bedürfnis nach eingehender Darlegung des Sach- und Rechtsverhalts im Sinne des S. 1 besteht in diesem Falle nicht.

[2]) Es ist nicht gerade erforderlich, daß die Entscheidung eine formelle Trennung der Darstellung des Sachverhalts und der rechtlichen Begründung enthält. Eine besondere Tatsachendarstellung wird sich überhaupt in sehr vielen Fällen erübrigen, wenigstens so weit Tatsachen ohne weiteres aus dem Akteninhalt hervorgehen, vielleicht auch von keiner Seite bestritten werden. Erforderlich ist lediglich eine derartige Fassung der Entscheidung, daß die ev. nachprüfende Behörde in der Lage ist, aus der Entscheidung im Zusammenhalt mit dem sonstigen Akteninhalt ein lückenlos klares Bild darüber zu gewinnen, welche tatsächlichen und rechtlichen Gründe die Grundlage der Entscheidung bilden. Ein mehr aus taktischen als aus rechtlichen Gründen zu beachtender Grundsatz ist der, daß Einwendungen des Pflichtigen, falls sie nicht von vornherein wegen ihrer offensichtlichen Belanglosigkeit oder Widersinnigkeit ausscheiden, gewürdigt werden sollen. Falls ein vom Pflichtigen angebotenes Beweismittel oder ein zugunsten des Pflichtigen sprechendes Beweisergebnis nicht oder nicht vollständig Beachtung findet, soll der Grund aus der Entscheidung ersichtlich sein. Über Inhalt der Entscheidungsformel selbst s. Anm. 3 zu § 261.

Anscheinend in Widerspruch mit obiger Auffassung führt der RFH. in einer neueren Entscheidung (5. Senat, E. Bd. 7 S. 243 aus, daß eine mit Rechtsbeschwerde angefochtene Entscheidung, deren Begründung keine Darstellung des Tatbestandes enthält, auch ohne Rüge aufzuheben sei. Es steht mangels näherer Kenntnis des fraglichen Falles dahin, ob der RFH. damit wirklich den ganzen übrigen Akteninhalt und eine stillschweigende oder ausdrückliche Bezugnahme hierauf als unerheblich erklären will. Allein dieser Standpunkt wäre mit seinen unabsehbaren Folgen für die Überlastung der Finanzgerichte ein derart praxisfeindlicher, daß an seine Vertretung durch den RFH. kaum zu glauben ist. Tatsächlich läßt eine etwas spätere Entscheidung des 1. Senates (E. Bd. 7 S. 246) eine mildere Auffassung nicht als ausgeschlossen erscheinen. Der positive Inhalt der letzteren Entscheidung, daß eine Vorentscheidung aufzuheben ist, wenn ihre Begründung nicht erkennen läßt, inwieweit sie auf tatsächlichen oder rechtlichen Erwägungen beruht, dürfte allgemeine Zustimmung finden.

[3]) Über Folgen der Unterlassung s. § 231 Abs. 3.

[4]) S. Anm. 5 zu § 211.

§ 243. (1) Soweit ein Bedürfnis [1]) vorliegt, ist der Wert des Streitgegenstandes bei der Entscheidung über das Rechtsmittel festzustellen [2]). Die Rechtsmittelbehörde bestimmt ihn nach freiem Ermessen [3]).

(2) Wird eine Sache an eine Vorinstanz oder an die Stelle, die zuerst entschieden hat, zurückverwiesen, so kann dieser Stelle die Entscheidung über die Kosten des Verfahrens und die Festsetzung des Wertes des Streitgegenstandes übertragen werden. Die Stelle hat ihre Entscheidung darüber der Rechtsmittelbehörde mitzuteilen.

[1]) Ein Bedürfnis zur Festsetzung des Gegenstandswerts fehlt selbstverständlich ohne weiteres dann, wenn Gebühren, die nach diesem Wert zu bemessen wäre, überhaupt nicht erhoben werden dürfen, z. B. bei gewöhnlichen Beschwerdeentscheidungen (s. § 289). Auch Gebühren für Bevollmächtigte können ein Bedürfnis begründen.

[3]) Die Feststellung ist zusammen mit der Hauptsache anfechtbar, allein nicht (E. Bd. 5 S. 10).

[4]) Ermessensvorschrift, § 6! Maßgebend sind die zivilprozessualen Grundsätze über Wertsberechnung (§§ 3 bis 9 ZPO.), ergänzt durch §§ 9ff. GKG. (vgl. § 289 Abs. 2). Vom RFH. (E. Bd. 5 S. 10) aufgestellter allgemeiner Grundsatz ist: Der Wert des Streitgegenstands kann nur nach dem Gegenstand bemessen werden, der in dem schwebenden Verfahren in Streit befangen ist. So weit daher ein Streit nicht besteht, d. h. soweit der Pflichtige eine Steuerforderung ausdrücklich oder stillschweigend anerkennt, ist Einbeziehung in den Gegenstandswert ausgeschlossen. Weitergehend hat der RFH. — wohl mit Recht — ausgesprochen, daß bei einer reformatio in peius der Betrag, um den die Rechtsmittelbehörde über den Betrag der Vorinstanz hinausgegangen ist, nicht in den Streitwert einzurechnen ist (E. B. 7 S. 198).

Wenn Rechtsbeschwerden verschiedener Steuerpflichtiger zu gemeinsamer Behandlung und Entscheidung verbunden werden, so ist der Streitwert für jede Sache gesondert festzusetzen (E. Bd. 7 S. 62). Umgekehrt sind die Werte zusammenzurechnen, wenn mehrere Steuersachen desselben Pflichtigen zu gemeinsamer Entscheidung vereinigt werden (E. Bd. 7 S 68).

Wie es zu halten ist, wenn der Pflichtige im Laufe des Rechtsmittelverfahrens, vielleicht unter dem Drucke von Beweisergebnissen, seine Beschwerdepunkte einschränkt, z. B. ein höheres Einkommen als anfänglich zugibt, dafür gibt es keine bindende Regel. Das Ermessen entscheidet auch hier. Dieses Ermessen wird u. a. zu berücksichtigen haben, inwieweit die ursprünglichen Angaben des Pflichtigen einem entschuldbaren Mangel an Überblick oder dem offensichtlichen Bestreben nach Steuereinsparung entsprangen, inwieweit der Pflichtige im Laufe des Verfahrens Hartnäckigkeit oder Entgegenkommen gezeigt hat, inwieweit die Arbeitslast der Behörde durch die nachträglichen Zugeständnisse noch eine wesentliche Verminderung erfahren hat usw. Gegebenenfalls kann hier übrigens noch durch Anwendung des § 289 Abs. 3 geholfen werden.

Dritter Titel.

Berufungsverfahren.

I. Der Einspruch.

§ 244. (1) Ist ein Einspruch eingelegt, so hat das Finanzamt die Sache erneut zu prüfen[1]).

(2) Richtet sich der Einspruch gegen den Bescheid einer Hilfsstelle, so kann diese ihren Bescheid ändern. Tut sie dies nicht, so legt sie die Sache dem Finanzamt zur Entscheidung vor.

[1]) S. § 228! Für den Inhalt der Einspruchsentscheidung gilt entsprechend das in § 242 Abs. 2 u. § 261 Abs. 3 gesagte.

II. Berufung.

§ 245. Gegen Entscheidungen der Finanzämter, an denen Ausschüsse teilgenommen haben, kann der Vorsteher des Finanzamts Berufung einlegen[1]). Die Frist zur Einlegung der Berufung endigt mit Ablauf der für den Steuerpflichtigen laufenden Einspruchsfrist[2]). Legt der Steuerpflichtige Einspruch ein, so ist zunächst über den Einspruch zu entscheiden[3]).

[1]) Der Finanzamtsvorsteher kann also Berufung einlegen:

1. Gegen Veranlagungsbescheide, die unter Mitwirkung von Ausschüssen zustande gekommen sind;

2. Gegen Einspruchsbescheide, bei deren Erlaß Ausschüsse mitgewirkt haben.

Über Mitwirkung von Ausschüssen s. § 25. Die bloße Tatsache der Mitwirkung von Ausschüssen genügt; auf die gesetzliche Notwendigkeit dieser Mitwirkung kommt es nicht an (E. Bd. 7 S. 166).

Der FA.-Vorsteher kann die Berufung bei der Geschäftsstelle des eigenen Finanzamts einlegen. Er kann sie ferner auch zugunsten des Pflichtigen einlegen (E. Bd. 7 S. 72).

[2]) Im Falle der Anm. 1 Nr. 1. Im Falle der Nr. 2 dagegen gilt die allgemeine Regel des § 231 Abs. 1. Als Zeitpunkt des Fristbeginns gilt demnach hier, da ja der Finanzamtsvorsteher selbst der Einlegungsberechtigte ist, der Zeitpunkt der Einspruchsentscheidung (vgl. hierüber Anm. 1 zu § 67).

[3]) Der Lauf der Berufungsfrist für das Finanzamt wird durch die Einspruchseinlegung nicht beeinflußt.

§ 246. Beteiligte im Verfahren über die Berufung sind:

1. wer die Berufung eingelegt hat,
2. das Finanzamt, dessen Einspruchsentscheidung angefochten wird,
3. wer nach § 226 als Beteiligter zugezogen wird oder dem Verfahren beigetreten ist.

§ 247. (1) Die Beteiligten können die Akten beim Gericht einsehen und sich auf ihre Kosten Abschriften daraus geben lassen, soweit nicht der Vorsitzende aus dringenden dienstlichen Gründen[1]) Ausnahmen verfügt. Für Vorakten, Beiakten, Gutachten und Auskünfte gilt dies nur mit Zustimmung der Stelle, der die Akten gehören, oder die die Äußerung eingezogen hat[2]).

(2) Gegen die Verfügung des Vorsitzenden ist Beschwerde an das Finanzgericht zulässig[3]).

[1]) Solche Gründe können z. B. seine Vermeidung vorzeitiger Kenntnisnahme des Pflichtigen von bestimmter wichtigen im Gang befindlichen Erhebungen, Geheimhaltung der Namen von Auskunftspersonen usw. Unberührt bleiben bezüglich der endgültigen Entscheidung die Rechte des Pflichtigen nach §§ 241, 259.

[2]) Zu den Vorakten gehören auch die Veranlagungsakten des Finanzamts.

[3]) Ein Sonderfall von Beschwerde, auf den der Wortlaut der §§ 224, 282 an sich nicht zugeschnitten ist. Gleichwohl dürften die gewöhnlichen Bestimmungen über die Beschwerde anzuwenden sein.

§ 248. (1) Das Finanzamt, dessen Entscheidung angefochten ist, hat die Berufung mit den Akten und sonstigen Unterlagen dem Gerichte zu übersenden.

(2) Hat der Vorsteher des Finanzamts nach § 245 Berufung eingelegt, so hat er dies dem Steuerpflichtigen mitzuteilen.

§ 249. (1) Schriftsätzen im Berufungsverfahren sollen so viele Abschriften beigefügt werden, wie Beteiligte vorhanden sind.

(2) Die Geschäftsstelle des Gerichts hat den Beteiligten Abschriften der Schriftsätze oder Erklärungen mitzuteilen, die nicht von ihnen eingereicht oder abgegeben sind. Bei umfangreichen Anlagen, Zeichnungen und dergleichen kann der Vorsitzende gestatten oder anordnen, daß sie zur Einsicht der Beteiligten auf der Geschäftsstelle niedergelegt werden [1]).

[1]) Der Vorschrift des Abs. 2 ist bezüglich der Finanzämter genügt, wenn die Berufungsschrift durch die Hand des betr. Finanzamts gegangen ist (RFH. i. RStBl. 1921 S. 299).

§ 250. (1) Im Berufungsverfahren dürfen neue Tatsachen und Beweise vorgebracht werden.

(2) § 210 Absatz 1 und 2 gilt auch für die Berufung.

§ 251. (1) Der Vorsitzende des Gerichts bereitet die Entscheidung vor. Er kann den Sachverhalt ermitteln und hat dabei dieselben Befugnisse wie das Gericht.

(2) Ein ehrenamtliches Mitglied des Gerichts[1]) ist mit der schriftlichen Begutachtung zu befassen. Tritt der Vorsitzende diesem Gutachten bei, so kann er ohne Zuziehung der Mitglieder über die Berufung vorläufig entscheiden. Der vorläufige Bescheid wirkt wie ein Urteil des Gerichts, es sei denn, daß ein Beteiligter binnen zwei Wochen nach der Zustellung des Urteils[2]) die Entscheidung des Gerichts beantragt. Wird ein solcher Antrag rechtzeitig gestellt, so gilt der vorläufige Bescheid als nicht ergangen. Über die Zulässigkeit des Antrags ist nach § 236 zu entscheiden.

(3) In der Rechtsmittelbelehrung ist darauf hinzuweisen, daß es den Beteiligten freisteht, entweder Rechtsbeschwerde an den Reichsfinanzhof einzulegen oder die Entscheidung des Gerichts zu beantragen, und daß der vorläufige Bescheid als nicht ergangen gilt, wenn Entscheidung durch das Gericht beantragt wird[3]).

[1]) Dem Zwecke der Vorschrift entsprechend (vgl. Anm. 4 bei Mrozek) dürfte nur ein Mitglied in Frage kommen, das auch an der später zu fällenden Entscheidung selbst teilnimmt.

[2]) Also formelle Zustellung des Bescheids erforderlich (§ 73 Abs. 1 S. 3).

[3]) Die Belehrung hat auch die in § 242 Abs. 1 S. 2 vorgesehenen Angaben zu enthalten (E. Bd. 7 S. 347).

§ 252. Das Gericht kann mündliche Verhandlung anordnen. Ein Antrag auf Anberaumung der mündlichen Verhandlung kann nur durch einstimmigen Gerichtsbeschluß zurückgewiesen werden. Die mündliche Verhandlung ist anzuordnen, wenn es ein Mitglied des Gerichts verlangt.

§ 253. (1) Wird mündliche Verhandlung angeordnet, so bestimmt der Vorsitzende den Termin.

(2) Der Termin ist den Beteiligten mitzuteilen[1]). Dabei ist ihnen zu eröffnen, daß es ihnen freisteht, zu erscheinen, und daß bei ihrem Ausbleiben nach Lage der Sache entschieden wird.

[1]) Bestimmte Form der Mitteilung nicht vorgeschrieben. Einfacher Brief, auch mündliche Bekanntgabe genügt Die erfolgte Mitteilung ist aktenkundig zu machen. Unterlassung der Mitteilung kann einen Mangel des Verfahrens begründen. Vgl. § 259.

§ 254. (1) Die mündliche Verhandlung ist öffentlich. Die Öffentlichkeit ist durch einen öffentlich zu verkündenden Beschluß auszuschließen, wenn es das Gericht aus Gründen des öffentlichen Wohles oder der Sittlichkeit für angemessen erachtet oder wenn es der Steuerpflichtige beantragt.

(2) Es wird in deutscher Sprache verhandelt.

(3) Für die Aufrechterhaltung der Ordnung in der mündlichen Verhandlung und für die Verhandlung mit Personen, die der deutschen Sprache nicht mächtig sind, sowie mit stummen und tauben Personen gelten die Vorschriften des Gerichtsverfassungsgesetzes. Ist ein Beteiligter vom Verhandlungsort entfernt worden, so wird es so angesehen, wie wenn er sich freiwillig entfernt hätte.

(4) Der Vorsitzende kann zu der Verhandlung einen beeidigten Schriftführer zuziehen; andernfalls hat er oder ein Mitglied den wesentlichen Hergang der Verhandlung kurz zu vermerken.

§ 255. Aus besonderen Gründen kann das Gericht die mündliche Verhandlung außerhalb des Gerichtssitzes abhalten.

§ 256. (1) Der Vorsitzende leitet die Verhandlung. Er oder ein Mitglied trägt die Sache vor. Dann hört das Gericht die Beteiligten.

(2) Der Vorsitzende wirkt dahin, daß der Sachverhalt aufgeklärt und sachdienliche Anträge gestellt werden. Jedes Mitglied kann Fragen stellen.

§ 257. (1) Beweise können vom Gerichte, von einem oder mehreren Mitgliedern des Gerichts oder aus besonderen Gründen von einer ersuchten Behörde aufgenommen werden.

(2) Der Vorsitzende kann Beweise auch vor der Verhandlung erheben. Er kann ein Mitglied des Gerichts oder einen anderen Beamten des Landesfinanzamts damit beauftragen oder aus besonderen Gründen eine andere Behörde darum ersuchen.

§ 258. Über tatsächliche Verhältnisse entscheidet das Gericht nach seiner freien, aus der Verhandlung und einer Beweisaufnahme geschöpften Überzeugung.

Grundsatz der „freien Beweiswürdigung", gilt für alle Finanzbehörden. Über allgemein anerkannte Beweisregeln s. RFH. i. Deutsch. StBl. Jahrg. 4 S. 178.

Die an sich möglichen Beweismittel sind die gleichen wie im Ermittlungsverfahren vor den Finanzämtern; dies geht u. a. besonders aus § 229 hervor. Es kommen also u. a. in Betracht: Anhörung von Auskunftspersonen und Sachverständigen, deren ev. Beeidigung, Inanspruchnahme von Behörden, Augenschein (§ 175), Bücher und Aufzeichnungen, Urkunden und sonstige Schriftstücke, eidesstattliche Versicherung durch den Pflichtigen.

Bezüglich all dieser Beweismittel steht es zufolge des Grundsatzes der freien Beweiswürdigung im Ermessen des Gerichts, ob und inwieweit es das Beweisergebnis im einzelnen

Fall als beweiskräftig anerkennen will. (Über Würdigung der Beweisergebnisse in der Entscheidung s. § 242). Eine gewisse Einschränkung dieses Grundsatzes dürfte jedoch auch für die Finanzgerichte bezüglich des sog. Buchbeweises nach § 208 bestehen (s. dort Anm. 1). Die Vermutung des § 208 bindet zunächst auch das Gericht; bezüglich der Widerlegung der Vermutung gilt selbstverständlich wieder der Grundsatz der freien Beweiswürdigung.

Bezüglich der Anordnung und Bewertung eidesstattlicher Versicherungen und eidlicher Bekräftigungen wird der Finanzrichter die gleichen Richtlinien zu beachten haben, die nach dem in Anm. 1 zu §§ 176 und 184 gesagten für die Finanzämter bestehen.

§ 259. (1) Ist mündliche Verhandlung angeordnet, so dürfen der Entscheidung nur solche Tatsachen und Beweise zugrunde gelegt werden, zu denen sich zu äußern den Beteiligten Gelegenheit gegeben war [1]). Hierzu genügt, daß ihnen freigestanden hat [2]), an dem Termin oder der mündlichen Verhandlung teilzunehmen, wo die Tatsachen vorgebracht oder die Beweise erhoben sind.

(2) Urteile oder Beschlüsse, die auf Grund einer mündlichen Verhandlung ergehen, können nur von den Mitgliedern erlassen werden, die daran teilgenommen haben.

[1]) Daß den Beteiligten diese Gelegenheit, sei es durch besondere Bekanntgabe, sei es nach Maßgabe des S. 2, gegeben war, muß aus den Akten hervorgehen. Anderenfalls kann die in der Entscheidung erfolgte Verwertung der fraglichen Tatsachen und Beweismittel einen Mangel des Verfahrens begründen.

[2]) „Freigestanden hat": Es ist also unter allen Umständen erforderlich, daß die Beteiligten von dem Termin sichere Kenntnis und die Möglichkeit sowie das Bewußtsein des

Rechts zur Teilnahme hatten. Auf welche Weise ihnen diese Kenntnis zuteil geworden ist, ist gleichgiltig. Insbesondere ist der Mangel formeller Zustellung der Terminsanordnung kein Grund zur Bemängelung i. S. des § 259 Abs. 1.

§ 260. (1) Das Gericht beschließt nach einfacher Stimmenmehrheit. Der Vorsitzende stimmt zuletzt. § 30 Absatz 2 Satz 4 gilt entsprechend.

(2) Bei der Beratung und Abstimmung dürfen außer den zur Entscheidung berufenen Mitgliedern nur die beim Landesfinanzamt zur Ausbildung beschäftigten Personen zugegen sein, soweit der Vorsitzende deren Anwesenheit gestattet.

§ 261. Die mündliche Verhandlung schließt [1]) mit der Verkündung des Urteils oder eines Beschlusses, daß das Urteil den Beteiligten zugestellt werden solle [2]). Das Urteil wird durch Verlesung der Formel [3]) verkündet.

[1]) Wenn nicht ein Beweisbeschluß ergeht oder aus irgendwelchen Gründen Vertagung erfolgt.

[2]) Wenn also das Gericht aus irgendeinem Grunde (Schwierigkeit der rechtlichen Beurteilung, Unübersichtlichkeit des Materials, u. U. auch Gefahr unerwünschter Störungen der Sitzung usw.) die sofortige Verkündung des Urteils nicht für tunlich hält, kann die Verkündung kurz dahin lauten, daß nach Beschluß des Gerichts das ergehende Urteil den Beteiligten durch Zustellung bekannt gegeben wird.

[3]) Die Formel (sonst auch Tenor genannt) hat zu enthalten:

1. Den Entscheidungssatz selbst, unter ausdrücklicher Anführung der beschwerdeführenden Person sowie der angefochtenen Verfügung;
2. Die Entscheidung über die Kostentragungspflicht (§ 285);
3. Veranlaßtenfalls die Festsetzung des Werts des Streitgegenstands (§ 248 Abs. 1).

4. Veranlaßtenfalls die Ermäßigung der Gebühr (§ 289 Abs. 3) oder die Gewährung von Gebührenfreiheit (§ 295 und Anm. 5 hierzu).

§ 262. Die Urteile sind den Beteiligten von Amts wegen zuzustellen[1]).

[1]) Verschlossen (s. § 242 Abs. 2).

§ 263. (1) Die Urteile ergehen im Namen des Reichs.

(2) Die Mitglieder, die entschieden haben, sind anzuführen; auch ist der Sitzungstag anzugeben.

(3) Die Urteile sind von dem Vorsitzenden und bei dessen Verhinderung von dem ständigen Mitglied zu unterzeichnen.

§ 264. (1) Leidet das Verfahren des Finanzamts oder einer Hilfsstelle an wesentlichen Mängeln[1]), so hat das Finanzgericht gleichwohl in der Sache zu entscheiden[2]). Eine Zurückverweisung der Sache unter Aufhebung der angefochtenen Entscheidung ist nur aus besonderen Gründen, insbesondere zur Ersparung von Kosten, Arbeit oder Zeit zulässig[3]).

(2) Vorentscheidungen über den Grund eines Anspruchs, Teilentscheidungen über Einzelansprüche oder selbständige Teile eines Anspruchs und Zwischenentscheidungen über selbständige Streitpunkte sind nur mit Zustimmung der Steuerpflichtigen[4]) zulässig.

(3) Für die Einlegung weiterer Rechtsmittel stehen Vor-, Teil- und Zwischenentscheidungen Endentscheidungen gleich[5]).

[1]) Was ein „wesentlicher Mangel" ist, darüber sagt die AO. selbst ausdrücklich nichts. Bei Berücksichtigung allgemeiner prozessualer Grundsätze wird unter einem „wesent-

lichen Mangel des Verfahrens" die gänzliche oder teilweise Außerachtlassung von Vorschriften zu verstehen sein, welche die Steuergesetze im Interesse und zum Schutze der Beteiligten vorsehen, wobei zur Annahme eines wesentlichen Mangels im Einzelfall erforderlich ist, daß durch die fragliche Außerachtlassung die Wahrscheinlichkeit oder auch nur die Möglichkeit einer für die Beteiligten nachteiligen Beeinflussung der ergangenen Entscheidung herbeigeführt wurde. Einen bedeutsamen Anhalt für die Frage des wesentlichen Mangels gibt § 551 ZPO. Doch ist zu betonen, daß die einzelnen Fälle des § 551 ZPO. für das Anwendungsgebiet der AO. weder im einzelnen bindend noch ihre Aufzählung erschöpfend ist. Die Rechtsprechung des RFH. bringt in dieser Beziehung bei Auslegung des § 267 Nr. 2 fortschreitend weitere Klärung. Heute schon kann betont werden, daß der RFH. im allgemeinen den Standpunkt vertritt, daß den Pflichtigen und sonstigen Beteiligten die ihnen gesetzlich zugemessenen Rechte auf Anhörung und Inkenntnissetzung in keiner Weise verkürzt werden dürfen. Auch mangelhafte Feststellung der tatsächlichen Entscheidungsgrundlagen ferner Mängel in der Entscheidungsbegründung (vgl. Anm. 2 zu § 242) können einen wesentlichen Verfahrensmangel darstellen.

Über Verstöße gegen die sog. Voraussetzungen des Verfahrens s. Anm. 1 zu § 275, ferner insbesondere RFH. in E. Bd. 7 S. 314 (betr. Nachsicht).

[1]) Das hat seinen Grund im Offizialprinzip, wonach ja das Finanzgericht Recht und Pflicht der selbsttätigen Erforschung des Sachverhalts hat.

[2]) Als Hauptgrund wird i. A. die Notwendigkeit einer umfangreichen Beweisaufnahme in Betracht kommen, deren Vornahme durch die Vorinstanz aus örtlichen oder anderen Gründen zweckmäßig erscheint.

Voraussetzung für die Zurückverweisung dürfte aber stets das Vorliegen eines wesentlichen Verfahrensmangels sein.

[4]) Wenn sie ohne diese Zustimmung ergehen, so sind sie dadurch nicht ohne weiteres hinfällig. Falls der Beteiligte innerhalb der Rechtsmittelfrist die Entscheidung nicht anficht, hat vielmehr seine Zustimmung als nachträglich erteilt zu gelten und wird die Entscheidung rechtskräftig.

Die Zustimmung braucht übrigens keine ausdrückliche zu sein; sie kann sich auch aus der Fassung eines Antrags zweifelsfrei ergeben (E. Bd. 6 S. 194).

[5]) D. h. es laufen für derartige Teilentscheidungen gesonderte Rechtsmittelfristen.

III. Rechtsbeschwerde.

§ 265. Zur Einlegung der Rechtsbeschwerde gegen die Urteile der Finanzgerichte ist auch die Finanzbehörde befugt, die den Steuerbescheid oder den im § 223 bezeichneten Bescheid erlassen hat.

Über Umfang und Ausübung der behördlichen Befugnis vgl. die in Anm. 1 zu § 245 erwähnte Entscheidung (E. Bd. 7 S. 72).

§ 266. Beteiligte im Verfahren über die Rechtsbeschwerde sind:

1. wer im Verfahren über die Berufung Beteiligter war oder nach § 226 als Beteiligter zugezogen wird oder dem Verfahren beitritt,
2. der Reichsminister der Finanzen und im Falle des § 32 Absatz 4 die oberste Landesfinanzbehörde, wenn sie ihre Zuziehung beantragen; der Senat kann sie um Beteiligung ersuchen.

§ 267. Die Rechtsbeschwerde kann nur darauf gestützt werden,

1. daß die Entscheidung auf Nichtanwendung oder unrichtiger Anwendung des bestehenden Rechtes

oder einem Verstoße wider den klaren Inhalt der Akten beruhe,

2. daß das Verfahren an wesentlichen[1]) Mängeln leide.

[1]) Über wesentliche Verfahrensmängel s. Anm. 1 zu § 264.

§ 268. (1) Der Beschwerdeführer soll die Rechtsbeschwerde beim Finanzgerichte schriftlich oder zu Protokoll begründen. Die Begründung kann auch zu Protokoll einer Vorinstanz geschehen; diese hat sie weiterzugeben.

(2) Die Frist für die Begründung beträgt einen Monat. Sie beginnt mit dem Ablauf der Beschwerdefrist und kann auf Antrag vom Vorsitzenden des Gerichts dessen Entscheidung angefochten wird, verlängert werden[1]).

(3) Ist die Rechtsbeschwerde beim Reichsfinanzhof angebracht (§ 234), so kann sie auch bei diesem begründet werden; der Vorsitzende des Senats kann die Begründungsfrist verlängern.

[1]) Bei Versäumung der Begründungsfrist kann Nachsicht gewährt werden (E. Bd. 7 S. 309).

§ 269. (1) Wenn die Rechtsbeschwerde darauf gestützt wird, daß das Verfahren an wesentlichen Mängeln leide, so hat[1]) die Begründung die Tatsachen zu enthalten, die den Mangel ergeben.

(2) Wird sonst die Verletzung von Rechtsnormen oder ein Verstoß wider den klaren Inhalt der Akten gerügt, so soll die Begründung die verletzte Norm oder den Verstoß bezeichnen.

[1]) Mußvorschrift! Nicht gerügte Mängel werden vom RFH. nicht berücksichtigt. Über wesentliche Verfahrensmängel s. im übrigen Anm. 1 zu § 264.

§ 270. Das Finanzgericht hat die Rechtsbeschwerde mit den Akten und sonstigen Unterlagen spätestens nach Ablauf der Begründungsfrist dem Reichsfinanzhof einzusenden.

§ 271. Falls die Rechtsbeschwerde nicht als unzulässig zu verwerfen (§ 236) oder offenbar als unbegründet zurückzuweisen ist, hat der Vorsitzende die Beschwerdeschrift und die Begründung den übrigen Beteiligten zu schriftlicher Erklärung mitzuteilen. Zur Abgabe der Erklärung bestimmt er eine Frist.

[1]) Im Hinblick auf § 271 hat der RFM. mit Erlaß v. 19. März 1920, RStBl. S. 233, zur Vereinfachung und Beschleunigung des Verfahrens angeordnet, daß die Finanzämter, und wenn der erste Bescheid von einem Landesfinanzamt erlassen ist, die Landesfinanzämter bei allen durch ihre Hände gehenden Rechtsbeschwerden zu bemerken haben, was sie etwa dazu zu erklären haben (und ob sie sich ev. der Rechtsbeschwerde anschließen wollen oder darauf verzichten).

§ 272. Einer Rechtsbeschwerde können sich die übrigen Beschwerdeberechtigten nur bis zum Ablauf der ihnen zur Erklärung gesetzten Frist anschließen. Die Anschlußbeschwerde soll innerhalb eines Monats nach der Einlegung begründet werden. Im übrigen gelten für die Einlegung und Begründung der Anschlußbeschwerde die Vorschriften für die Rechtsbeschwerde. Jedoch ist die Anschlußbeschwerde, wenn sie nach der im § 271 vorgesehenen Aufforderung zur Erklärung eingelegt wird, bei dem Reichsfinanzhof einzulegen.

§ 273. (1) Über die Rechtsbeschwerde ist mündlich zu verhandeln, wenn es ein Beteiligter beantragt[1]) oder wenn es der Vorsitzende des Senats oder der Senat für angemessen hält.

(2) Auch wenn mündliche Verhandlung beantragt ist, kann vorerst ohne eine solche entschieden werden. Der Bescheid gilt als Urteil, wenn ein Beteiligter nicht innerhalb zweier Wochen, vom Tage der Zustellung an gerechnet, die Anberaumung der mündlichen Verhandlung beantragt. Dies ist den Beteiligten in dem Bescheide zu eröffnen.

[1]) Voraussetzung ist, daß der Antragsteller durch die angefochtene Verfügung beschwert ist (E. Bd. 4 S. 172).

§ 274. (1) Der Vorsitzende des Senats oder der Senat kann Beweise vor der mündlichen Verhandlung erheben.

(2) Beweise können vom Senate, von einem oder mehreren Mitgliedern des Senats oder aus besonderen Gründen von einer ersuchten Behörde aufgenommen werden.

§ 275. (1) Das Urteil des Finanzgerichts darf nur aus den im § 267 bezeichneten Gründen aufgehoben werden.

(2) Soweit die Rechtsbeschwerde darauf gestützt wird, daß das Verfahren an wesentlichen Mängeln leide, unterliegen nur die geltend gemachten Gründe der Prüfung des Senats[1]). Im übrigen ist der Senat an die geltend gemachten Gründe nicht gebunden.

(3) Ist das Urteil aufzuheben, so kann der Senat selbst entscheiden oder die Sache an das Finanzgericht oder das Finanzamt zurückverweisen.

(4) Das Finanzgericht und das Finanzamt sind an die rechtliche Beurteilung gebunden, die der Aufhebung der angefochtenen Entscheidung und der Rückverweisung zugrunde liegt[2]).

[1]) Verstöße gegen die sog. „Voraussetzungen“ des Verfahrens (Zuständigkeit, Einhaltung des Instanzenzugs) müssen auch ohne Rüge berücksichtigt werden. Zu einer Verwerfung des Rechtsmittels nach § 236 Abs. 1 können sie nur dann führen, wenn sie erst in dem engeren Verfahren vor der betr. Rechtsmittelbehörde eingetreten sind (RFH. i. RStBl. 1920 S. 433). Andernfalls, d. h. wenn eine Vorinstanz unter Nichtberücksichtigung eines Mangels in den Voraussetzungen (z. B. ohne zuständig zu sein) entschieden hat, ist das Verfahren aufzuheben (E. Bd. 2 S. 315).

[2]) Reformatio in peius nicht ausgeschlossen (RFH. in RStBl. 1920 S. 629).

§ 276. (1) Im übrigen gelten die §§ 247, 249, 253 bis 256, 258, 259, 261, 262 und § 263 Absatz 1, 2 sinngemäß auch für die Rechtsbeschwerde. Soweit tatsächliche Verhältnisse zu prüfen sind, gilt auch § 250.

(2) Der Senat beschließt in geheimer Sitzung mit einfacher Stimmenmehrheit. Die Reihenfolge der Abstimmung richtet sich nach dem Dienstalter; der Jüngste stimmt zuerst. Zuletzt stimmt der Vorsitzende. Ist ein Berichterstatter ernannt, so gibt dieser seine Stimme zuerst ab. Ihm folgt ein etwaiger Mitberichterstatter. Es gilt § 30 Absatz 2 Satz 4.

(3) Die Urteile sind von sämtlichen Mitgliedern zu unterzeichnen. Ist eines von ihnen hieran verhindert, so hat dies der Vorsitzende und bei dessen Verhinderung sein Vertreter unter dem Urteil zu bemerken.

Vierter Titel.

Anfechtungsverfahren.

§ 277. Ist die Anfechtung (§ 219) eingelegt, so können das Finanzamt oder die Hilfsstelle des Finanzamts, die

die Entscheidung erlassen haben, der Anfechtung abhelfen. Wollen sie ihr nicht abhelfen, so haben sie die Sache dem Landesfinanzamte vorzulegen, und zwar die Hilfsstelle durch das Finanzamt, das seinerseits der Anfechtung abhelfen kann.

§ 278. Beteiligte im Verfahren über die Anfechtung sind:

1. wer die Anfechtung eingelegt hat,
2. wer nach § 226 als Beteiligter zugezogen wird oder dem Verfahren beigetreten ist.

§ 279. Das Landesfinanzamt entscheidet über die Anfechtung. Wird gegen die Entscheidung des Landesfinanzamts Rechtsbeschwerde eingelegt, so sind Beteiligte im Verfahren über die Rechtsbeschwerde:

1. die bei der Anfechtung Beteiligten (§ 278),
2. das Landesfinanzamt, das die Entscheidung erlassen hat,
3. der Reichsminister der Finanzen, wenn er seine Zuziehung beantragt; der Senat kann ihn um Beteiligung ersuchen.

§ 280. Für die Rechtsbeschwerde gelten im übrigen sinngemäß die §§ 267 bis 276.

Fünfter Titel.

Beschwerdeverfahren.

§ 281. Zur Einlegung der Beschwerde (§ 224)[1]) ist befugt, wer durch die Verfügung beeinträchtigt ist[2]).

[1]) Der Grundsatz des § 281 gilt übrigens nicht nur für die Beschwerde, sondern auch für sonstige Rechtsmittel (vgl. Anm. 1 zu § 225).

[2]) „Beeinträchtigt" ist nach den Ausführungen der Entwurfsbegründung derjenige, in dessen Rechte eingegriffen wird, von dem ein Tun oder Lassen verlangt wird, ferner derjenige, dessen zur Wahrung eigener Interessen in gesetzlich zulässiger Weise gestellter Antrag abgelehnt wird. S. auch Anm. zu § 225.

§ 282. (1) Die Stelle, deren Verfügung angefochten ist, kann der Beschwerde abhelfen[1]). Sie hat hierüber zu beschließen[2]). Will sie ihr nicht abhelfen, so hat sie die Beschwerde der nächstoberen Behörde zur Entscheidung vorzulegen.

(2) Ist die Verfügung von einer Hilfsstelle[3]) erlassen, so hat diese die Beschwerde, wenn sie ihre Verfügung nicht ändern will, dem Finanzamt vorzulegen. Dieses hat sie, wenn es der Beschwerde nicht abhelfen will, dem Landesfinanzamte vorzulegen.

(3) Wird die Änderung einer Verfügung verlangt, die eine von einem Finanzgericht oder dem Reichsfinanzhof um Erledigung einer Beweisaufnahme ersuchte oder beauftragte Stelle[4]) oder die Geschäftsstelle[5]) eines Finanzgerichts oder des Reichsfinanzhofs erlassen hat, so entscheidet, falls der Beschwerde nicht abgeholfen wird, das Finanzgericht oder der Reichsfinanzhof[6]).

(4) Gegen Beschwerdeentscheidungen[7]) der Landesfinanzämter und gegen Verfügungen der Finanzgerichte[8]) ist eine Beschwerde nicht zulässig[9]); die Vorschrift des § 283 bleibt unberührt.

[1]) Jeder mit Beschwerde anfechtbaren Verfügung kann von der erlassenden Behörde abgeholfen werden, d. h. die Verfügung kann ganz oder teilweise zugunsten des Beschwerdeführers abgeändert werden. Wenn sich der Beschwerdeführer mit der erfolgten (und ev. weiteren) Abhilfe nicht zufrieden

gibt und die Beschwerde trotz derselben aufrecht erhält, dann gelten für die Behandlung im Rechtsmittelverfahren die ursprüngliche Verfügung und die dazu gehörigen Abhilfeverfügungen zusammen als eine einheitliche Verfügung, die so anzusehen ist, als sei ihr Inhalt von Anfang an derjenige gewesen, der sich durch die Abänderungen ergibt. Für die Wahrung der Beschwerdefrist dürfte in solchem Falle ausschließlich der Zeitpunkt der Bekanntgabe der Abänderungsverfügung maßgebend sein, vorausgesetzt, daß letztere bezüglich Form der Bekanntgabe und evtl. Beifügung einer Rechtsmittelbelehrung den Vorschriften entspricht, die auch für die ursprüngliche Verfügung galten.

Für Strafbescheide (s. § 414 Abs. 4) gilt § 282 nicht.

[2]) Der Beschluß ist aktenkundig zu machen. Soweit die Gründe für Nichtabhilfe nicht bereits aus dem vorhergehenden Akteninhalt hervorgehen, sind sie anzugeben. Die Frage der Abhilfe ist nicht in das Belieben der Behörden gestellt. Sie ist vielmehr Ermessensfrage und die Behörde hat, ehe sie sich zur Nichtabhilfe entschließt, nochmals sorgfältig die rechtliche und tatsächliche Haltbarkeit ihrer Verfügung zu prüfen.

Daß die Behörde auch ohne Antrag eine Verfügung abändern kann, ist bereits in § 75 gesagt.

Eine Ausnahme von der Abhilfebefugnis ergibt sich aus § 76 Abs. 3.

[3]) Z. B. von einem Notar, soweit Notare landesrechtlich als Hilfsstellen der Finanzämter erklärt sind.

[4]) Gemeinde- oder sonstige Behörde. Gegen alle Verfügungen, die eine solche Stelle in Ausführung einer ihr vom FG. oder RFH. übertragenen Beweisaufnahme in Richtung gegen die Beteiligten erläßt, ist Beschwerde zum FA. bzw. RFH. gegeben.

[5]) Es kommen hier nur Verfügungen in Frage, welche die Geschäftsstelle (näheres s. Anm. 2 zu § 234) innerhalb des ihr zugewiesenen Geschäftsbereichs erläßt.

[6]) Finanzgericht (und selbstverständlich auch der RFH.) entscheidet endgültig.

[7]) Gegen erste Verfügungen der Landesfinanzämter gibt es Beschwerde zum Reichsfinanzministerium, falls im übrigen die Voraussetzungen der Beschwerde vorliegen (§§ 224, 229, 281).

[8]) Gleichgültig, ob es sich um erste Verfügungen der Finanzgerichte oder um Beschwerdeentscheidungen derselben handelt.

[9]) Über die Unzulässigkeit eines weiteren Rechtsmittels sind die Beteiligten zweckmäßiger Weise entspr. § 242 Abs. 1 zu belehren.

Trotz der Bestimmung des Abs. 4 hält sich übrigens — mit gutem Grunde — der Reichsfinanzhof für verpflichtet, Rechtsbeschwerden anzunehmen, wenn die Vorinstanz zu ihrer Entscheidung überhaupt nicht zuständig war, z. B. wenn fälschlich vom LFA. im Beschwerdeverfahren statt vom FG. im Berufungsverfahren entschieden wurde (E. Bd. 4 S. 350, 352). Dies ist namentlich wichtig für das Beschwerdeverfahren nach § 210 Abs. 3.

§ 283. (1) Gegen Beschwerdeentscheidungen der Landesfinanzämter und Finanzgerichte über Anordnungen, die nach § 202 Abs. 1 und nach den Vorschriften, die den § 202 für anwendbar erklären[1]), erzwungen werden können und über die Androhung eines Zwangsmittels zur Erzwingung einer solchen Anordnung ist die Rechtsbeschwerde an den Reichsfinanzhof zulässig[2]). Das gleiche gilt für Verfügungen dieser Art, die ein Finanzgericht nach § 202 erläßt[3]).

(2) Die Rechtsbeschwerde gegen die Androhung eines Zwangsmittels erstreckt sich auf die Anordnung, die erzwungen werden soll, wenn diese nicht Gegenstand eines besonderen Beschwerdeverfahrens geworden ist[4]). Wegen Verhängung und Ausführung eines Zwangsmittels ist

die Rechtsbeschwerde nur insoweit zulässig, als darin eine Anordnung oder Androhung enthalten ist und der Verhängung oder Ausführung des Zwangsmittels keine besondere Anordnung oder Androhung vorausgegangen ist[5]).

[1]) Z. B. §§ 338 Abs. 2, 347.

Dem Gesetzeswortlaut zufolge müßte § 283 auch für die Fälle der §§ 406 Abs. 4, 417 gelten. Denn es ist kein innerer Grund einzusehen, warum das Gesetz die Personen, die nach diesen Bestimmungen gemäß § 202 zur Auskunft usw. angehalten werden können, hinsichtlich der Rechtsmittel schlechter hätte stellen wollen als Auskunftspersonen im Besteuerungsverfahren. Gleichwohl erklärt der RFH. in E. Bd. 6 S. 116 nur die Beschwerde nach § 418 für zulässig.

[2]) § 283 Abs. 1 regelt nur die Zulässigkeit der Rechtsbeschwerde gegen

1. Anordnungen, deren Durchführung nach § 202 erzwungen werden kann (s. hierüber Anm. 1 zu § 202) und zwar gleichgültig, ob der Zwang nach § 202 bereits eingeleitet ist oder nicht;

2. Androhung eines Zwangsmittels nach § 202. Die Beschwerde nach Nr. 2 umfaßt zufolge Abs. 2 S. 1 jene nach Nr. 1 zumeist ohne weiteres mit.

(Wegen Beschwerde gegen die Ausführung des Zwangsmittels s. unten Anm. 5).

[3]) Die Zuständigkeit zum Erlaß solcher Verfügungen ergibt sich aus § 229. Zufolge § 229 können übrigens nicht nur Finanzgerichte, sondern auch die Landesfinanzämter, wo sie zur Entscheidung über das Rechtsmittel der Beschwerde berufen sind (insbes. im Falle des § 210 Abs. 3) Zwangsverfügungen nach § 202 erlassen. Gegen diese Verfügungen ist zufolge des einschränkenden Wortlauts des Abs. 1 S. 2 die Rechtsbeschwerde nicht zulässig. Es gibt also nur ge-

wöhnliche Beschwerde nach §§ 224, 281, 282 Abs. 1 zum Reichsfinanzministerium.

[4]) Die Erstreckung tritt vorbehaltlich der ausdrücklichen Ausnahme des S. 1 ipso iure ein.

[5]) Abs. 2 S. 2 regelt die Zulässigkeit der Rechtsbeschwerde gegen die Verhängung und Ausführung eines Zwangsmittels. Die Fassung des Gesetzes ist an dieser Stelle etwas mißglückt und schwer verständlich. Der Sinn der Stelle ist folgender:

Das Gesetz geht zunächst von dem Grundsatze aus, daß im Verfahren nach § 202 die Beteiligten gegen ein ihnen ungerechtfertigt scheinendes Vorgehen der Finanzbehörden sich wehren sollen, ehe das Verfahren bis zur Durchführung des Zwanges selbst gediehen ist; daher die unbegrenzte Zulässigkeit der Rechtsbeschwerde gegen Anordnungen und Androhungen, s. oben Anm. 2. Dagegen soll gegen die Verhängung (wozu auch die Festsetzung einer Geldstrafe gehört) und gegen die sonstige Ausführung eines Zwangsmittels die Rechtsbeschwerde im allgemeinen nicht mehr zulässig sein. Nur wenn der Verhängung oder Ausführung eine gesonderte Anordnung oder Androhung nicht vorangegangen ist, m. a. W., wenn die Finanzbehörde entgegen dem in Anm. 1 Nr. 3 zu § 202 erwähnten Grundsatze den Zwang ohne den nötigen Grund angewendet hat, dann soll dem Betroffenen nötigenfalls die Möglichkeit der Anrufung des Reichsfinanzhofs offenstehen. Die Rechtsbeschwerde kann in diesem Falle nicht nur gegen die Zulässigkeit der fraglichen Anordnung selbst gerichtet werden.

Inwieweit der RFH. zufolge § 283 Abs. 2 S. 2 auf Rechtsbeschwerden einzugehen hat, wird, abgesehen vom Akteninhalt, auch vom Inhalt der Beschwerdeschrift abhängen. Wird in dieser — mit Recht oder Unrecht — behauptet, es sei der Verhängung eine Anordnung usw. nicht vorausgegangen, so wird diese Behauptung im Rechtsbeschwerdeverfahren nachzuprüfen sein.

Sechster Titel.

Beschlußverfahren vor dem Reichsfinanzhof.

§ 284. Für das Beschlußverfahren vor dem Reichsfinanzhof gelten, soweit es sich um Beschwerden handelt und nichts anderes vorgeschrieben ist, sinngemäß die Vorschriften, die für das Verfahren über die Rechtsbeschwerde gelten. Neue Tatsachen und Beweise können jedoch unbeschränkt geltend gemacht werden.

Siebenter Titel.

Kosten.

Vorbemerkungen zu §§ 285 bis 297.

Über Berechnung der Kosten des Rechtsmittelverfahrens einschließlich der Erstattung der notwendigen Auslagen ist als Anlage zu Nr. 7 des RStBl. 1921 eine „Anleitung" erschienen. Hat dieselbe auch keineswegs die Bedeutung bindender Ausführungsbestimmungen, so kommt sie doch als von höchster Verwaltungsstelle autorisierte Auslegung der gesetzlichen Bestimmungen über das Kostenwesen in Betracht und wird in sehr vielen auftauchenden Zweifelsfragen ein äußerst wertvolles Hilfsmittel der Rechtsmittelbehörden bilden. Ihre Zuratezziehung bei allen Zweifelsfragen empfiehlt sich ohne weiteres.

§ 285. Bei der Entscheidung über ein Rechtsmittel[1]) ist über die Kosten des Verfahrens[2]) zu befinden. Ist dies unterblieben, so ist die Entscheidung zu ergänzen[3]).

[1]) Gilt für alle Rechtsmittel; vgl. auch Anm. 3 zu § 261.

Die Kostenentscheidung hat sich darauf zu beschränken, von wem und zu welchen Teilen die Kosten zu tragen sind, ev., ob dem Steuerpflichtigen die eigenen Kosten auferlegt werden.

Die Aufstellung der sog. Kostenrechnung selbst ist Sache der Geschäftsstelle (s. Anm. 2 zu § 234). Im einzelnen gehören zu den „Kosten" und zwar ohne die Notwendigkeit einer besonderen Erwähnung:

1. Gebühren (§ 289), über deren ev. Festsetzung in der Entscheidung s. § 289 Abs. 3;

2. Auslagen der Rechtsmittelbehörden (§ 290) zuzüglich der sog. Abfindung (§ 292);

3. Schreibgebühren (§ 291);

4 Notwendige Auslagen, die den Beteiligten erwachsen sind (§ 288 Abs. 2).

²) Gemeint ist das ganze Rechtsmittelverfahren einschließlich des etwaigen Verfahrens der Vorinstanzen. Die Kostenentscheidung muß daher korrekterweise lauten: „Die Kosten des Verfahrens . . ." (nicht etwa „des Rechtsmittels"). Eine derartige Entscheidung ergreift ipso iure das Verfahren der Vorinstanzen mit; soweit frühere Kostenentscheidungen mit der nunmehrigen im Widerspruch stehen, werden sie unwirksam. Über Ausnahmen s. Erl. zu § 286.

Nicht zum Rechtsmittelverfahren gehört das Ermittlungsverfahren vor dem Finanzamt, dagegen (selbstverständlich) das finanzamtliche Einspruchsverfahren.

Wegen Kostenentscheidung bei Zurückverweisung in die Vorinstanz s. § 243 Abs. 2, ferner S. 238.

³) Auch die Ergänzung bedarf der formellen Zustellung nach § 211 Abs. 3.

Nach der Entsch. des RFH. in Bd. 3 S. 38 ist die Anfechtung einer Rechtsmittelentscheidung wegen des Kostenpunktes allein unzulässig, die Entscheidung im Kostenpunkt also nur zusammen mit der Hauptentscheidung anfechtbar. Daraus dürfte zu folgern sein, daß eine unter Außerachtlassung des Kostenpunkts ergangene Entscheidung zunächst nicht rechtskräftig werden kann.

§ 286. (1) Der Steuerpflichtige hat die Kosten¹) eines von ihm eingelegten²) Rechtsmittels zu tragen, wenn es im endgültigen³) Ergebnis erfolglos⁴) ist⁵). Hat es zum Teil Erfolg, so können ihm die Kosten zum Teil, insbesondere seine eigenen Kosten auferlegt werden[5]).

(2) Das gleiche gilt, wenn ein Rechtsmittel des Steuerpflichtigen zwar Erfolg hat, die Entscheidung aber auf Tatsachen beruht, die der Steuerpflichtige früher hätte geltend machen können und müssen[5]). Ferner können ihm Kosten auferlegt werden, die er durch unbegründete Anträge und Einwendungen verschuldet hat[5]).

(3) Sind mehrere Steuerpflichtige zur Tragung der Kosten verpflichtet, so haften sie nach Kopfteilen[5]); bei erheblicher Verschiedenheit ihrer Beteiligung können die Kosten nach dem Maße ihrer Beteiligung verteilt werden.

(4) Dem Steuerpflichtigen im Sinne der §§ 285 bis 296 steht gleich, wer sonst als Privatperson ein Rechtsmittel eingelegt hat oder im Rechtsmittelverfahren beigetreten ist oder zugezogen worden ist.

[1]) Das heißt die vollen Kosten. Mußvorschrift!

[2]) Im Falle der Rechtsmitteleinlegung durch die Finanzbehörde allein hat die Kosten stets das Reich zu tragen, selbst wenn in allen Punkten zugunsten des Fiskus entschieden wird (§ 287). Die Kosten der Vorinstanzen werden hierdurch nicht berührt (E. Bd. 4 S. 153).

[3]) Eine endgültige Entscheidung liegt bei bloßer Zurückverweisung noch nicht vor.

[4]) Das ist gänzlich erfolglos und zwar im Ergebnis. Ein bloßes Anerkennen rechtlicher Anschauungen ist kein „Erfolg". Erfolglos ist das Rechtsmittel auch bei gänzlicher Zurücknahme desselben (vgl. § 295 Halbs. 2), vorausgesetzt, daß nicht die Zurücknahmeerklärung früher als die Rechtsmitteleinlegung bei der Behörde eingeht.

[5]) § 286 Abs. 1 S. 1 regelt nur die Kostentragungspflicht bei gänzlicher Erfolglosigkeit eines Rechtsmittels (vgl. Anm. 4). S. 2 dagegen sowie der folgende Abs. 2, ferner

§ 287 regeln die Kostentragungspflicht für die Fälle, in denen ein Rechtsmittel ganz oder zum Teil Erfolg für den Pflichtigen hat.

Für letztere Fälle gilt zunächst ganz allgemein der Grundsatz des pflichtgemäßen Ermessens der Rechtsmittelbehörden. Die Bestimmungen in § 286 Abs. 1 S. 2 und Abs. 2 geben nur Richtlinien für die Ausübung dieses Ermessens, die allerdings von der Rechtsmittelbehörde nicht ohne zwingenden Grund unbeachtet gelassen werden dürfen. Diese Richtlinien sind folgende:

1. Hat das Rechtsmittel zum Teil Erfolg, so können die Kosten zwischen Beschwerdeführer und Reichskasse geteilt werden. Die Teilung wird im allgemeinen nach Bruchteilen zu erfolgen haben, z. B.: „Die Kosten des Verfahrens werden zu $^{2}/_{3}$ vom Beschwerdeführer, im übrigen von der Reichskasse getragen." Die Teilung kann aber auch in der Weise erfolgen, daß dem Pflichtigen — neben einer bruchteilmäßigen Auferlegung der übrigen Kosten oder ohne eine solche — die sogenannten eigenen Kosten zur Tragung auferlegt werden. Der Begriff der eigenen Kosten umfaßt alle Auslagen und sonstigen Unkosten, die dem Pflichtigen zur Einlegung und Durchführung des Rechtsmittels erwachsen, z. B. Fahrtkosten, Kosten für Vertreter und Bevollmächtigte, für Schreibmaterial und Porto, für Beibringung von Gutachten usw.

Endlich ist bezüglich der Kostenverteilung noch die Möglichkeit zugelassen, daß Kosten, die der Pflichtige durch unbegründete Anträge oder Einwendungen verschuldet hat, ihm gleichfalls zur alleinigen Tragung auferlegt werden (Abs. 2 S. 2). Durch diese Bestimmung sollen namentlich jene Fälle getroffen werden, in denen ein Pflichtiger zur Verschleppung oder Verwirrung der Angelegenheit Anträge stellt und Einwendungen erhebt, die sich hinterher als völlig unbegründet herausstellen. Soweit durch die Behandlung solcher Anträge usw. Kosten entstehen, entspricht es dem berechtigten Empfinden, diese Kosten dem Antragsteller aufzuerlegen. Ein gewisses Verschulden des Pflichtigen in dem vorbeschriebenen Sinne wird allerdings vorauszusetzen sein; wenn er gutgläubig gehandelt hat, wird Abs. 2 S. 2 nicht anzuwenden sein.

Ob und inwieweit die Rechtsmittelbehörde von den vorstehenden Befugnissen Gebrauch machen will, hängt, wie schon erwähnt, von ihrem Ermessen ab. Es ist z. B. keineswegs ausgeschlossen, daß die Behörde, wenn der Erfolg des Beschwerdeführers ein im Verhältnis zur ganzen Sache sehr geringfügiger ist, dem Pflichtigen die ganzen Kosten auferlegt. Inwieweit eine Teilung vorgenommen werden soll, wird u. a. von dem Verhältnis des erzielten zum angestrebten Erfolg abhängen, von dem Maße, in welchem der Pflichtige das zur Klärung des Sachverhalts seinerseits nötige getan hat, von der Frage ob und inwieweit der Pflichtige Tatsachen, die den Teilerfolg begründen, nicht schon im vorausgehenden Verfahren hätte geltend machen können (Abs. 2 S. 1) usw.

2. Hat das Rechtsmittel für den Pflichtigen vollen Erfolg, so sind die Kosten in der Regel im vollen Umfange der Reichskasse aufzuerlegen. Aber auch für diesen Fall sieht das Gesetz die Möglichkeit von Ausnahmen vor. Es sind dies die beiden, bereits in dieser Anm. unter Nr. 1 erwähnten Fälle des Abs. 2. Die ev. Anwendung des S. 1 wird auch hier durch bruchteilmäßige Auferlegung der Kosten, die Anwendung des S. 2 durch Auferlegung der fraglichen Kosten im ganzen zu erfolgen haben.

Wenn dem Pflichtigen bereits die Kosten einer Instanz auferlegt waren, können ihm bei Zurückverweisung der Sache in diese Instanz (§ 264 Abs. 1 im abermaligen Unterliegensfalle nur noch die Kosten der zurückverweisenden Instanz auferlegt werden. War der Verfahrensmangel, der zur Zurückverweisung der Sache führte, für die Rechtsmitteleinlegung des Pflichtigen offensichtlich oder möglicherweise kausal, so kann Anwendung des § 295 Halbs. 1 in Frage kommen.

*) Keine gesamtschuldnerische Haftung nach § 95! Eine solche kann auch nicht etwa durch Ausspruch in der Ent-

scheidung begründet werden. Wenn die Rechtsmittelbehörde keine Verteilung nach Halbs. 2 des Abs. 3 vornimmt, tritt ipso iure Kopfteilhaftung ein bezüglich des Kostenanteils, der den Pflichtigen zur Tragung auferlegt ist.

§ 287. Kosten, die nicht dem Steuerpflichtigen zur Last fallen[1]), hat das Reich zu tragen[2]).

[1]) Nach § 286.

[2]) Auch wenn dies in der Entscheidung nicht ausdrücklich ausgesprochen sein sollte.

§ 288. (1) Die Kostenlast umfaßt die Erstattung der notwendigen Auslagen, die den als Gegnern Beteiligten erwachsen sind[1]).

(2) Soweit[2]) dem Steuerpflichtigen keine Kosten auferlegt werden, sind ihm notwendige Auslagen[3]) zu erstatten. Auf Entschädigung für Zeitversäumnis hat er keinen Anspruch. Die Kosten der Zuziehung eines Bevollmächtigten oder Beistandes sind nur erstattungsfähig, wenn die Zuziehung notwendig war. Handelt es sich um Rechtsanwälte, so richtet sich die Höhe ihrer Gebühren nach der Gebührenordnung für Rechtsanwälte[4]).

(3) Die Erstattung von Auslagen ist bei der Geschäftsstelle der Rechtsmittelbehörde zu beantragen[5]), vor der sie entstanden sind. Diese setzt den Betrag fest und verfügt die Erstattung oder veranlaßt die Einziehung. Gegen die Festsetzung kann innerhalb zweier Wochen von der Bekanntgabe an Erinnerung bei der Rechtsmittelbehörde angebracht werden; diese entscheidet endgültig.

[1]) Der zu den Kosten verurteilte Teil (Pflichtiger oder Reichskasse) hat also dem andern entsprechend der festgelegten Bruchteilsquote die „notwendigen Auslagen" zu erstatten. Für die Erstattungspflicht gegenüber dem Reich ist der zulässige Umfang dieser Auslagen durch §§ 290, 292

unverrückbar festgelegt. Für die Erstattungspflicht gegenüber dem Pflichtigen gelten die Grundsätze des folgenden Abs. 2.

[2]) „Soweit", d. h. wenn dem Pflichtigen gar keine Kosten auferlegt sind, hat er Anspruch auf Erstattung der notwendigen Auslagen im vollen Umfang; wenn er nur zu einem Bruchteil von den Kosten befreit ist, hat er Anspruch auf Auslagenerstattung in Höhe dieses Bruchteils. Wenn Auslagen im Zusammenhang mit der Geltendmachung von Tatsachen, Anträgen und Einwendungen entstanden sind, die zur Kostenauferlegung gemäß § 286 Abs. 2 geführt haben, dann können solche Auslagen dem Pflichtigen überhaupt nicht erstattet werden.

[3]) Was als „notwendige Auslage" anzusehen ist, entscheidet sich nach dem pflichtgemäßen Ermessen der Behörde (zunächst der Geschäftsstelle). Die persönliche Ansicht des Pflichtigen über die Notwendigkeit ist nicht maßgebend. Die Behörde wird insbesondere zu prüfen haben, inwieweit die vom Pflichtigen vorgenommenen Handlungen (Reisen, Befragung von Sachverständigen usw.) erforderlich waren, um die nötige Aufklärung und damit den erzielten Erfolg zu erreichen. Wenn die gleiche Aufklärung auf anderem Wege sich wesentlich billiger hätte erreichen lassen, so wird man im allgemeinen nicht von einer Notwendigkeit der Mehrauslagen sprechen können. Von vornherein scheidet die Notwendigkeit von Auslagen aus, wenn über die Frage, zu deren „Klärung" die Auslagen gemacht wurden, eine Meinungsverschiedenheit gar nicht mehr bestand. Wenn Handlungen des Pflichtigen, welche zum Erfolg überhaupt nicht beitrugen, Auslagen verursachten, so ist damit noch nicht ohne weiteres die Erstattungsfähigkeit ausgeschlossen; man wird hier insbesondere den sog. guten Glauben des Pflichtigen mit zu prüfen haben.

Bezüglich zweier Sonderfälle von Auslagen hat das Gesetz in Abs. 2 ausdrückliche Bestimmung getroffen. 1. „Entschädigung für Zeitversäumnis." Auf eine solche hat der Pflichtige selbst nie Anspruch, auch nicht, wenn ein tatsächlicher Verdienstentgang entstanden ist. (Etwas anderes ist eine etwa für Vertretung bezahlte Entschädigung; diese kann u. U. unter sonstige notwendige Auslagen fallen, s. oben.) 2. Zuziehung von Bevollmächtigten usw. In dieser Beziehung sagt das Gesetz übrigens nichts neues, wenn es „Notwendigkeit" der Zuziehung erfordert. Notwendig wird die Zuziehung eines Rechtsbeistands nur dann sein, wenn die tatsächliche Verwickeltheit oder die rechtlichen Schwierigkeiten eines Falles besonders hohe Anforderungen an den Pflichtigen stellen. Seine eigene Vorbildung, seine Geschäftsgewandtheit, seine sonstige berufliche Inanspruchnahme werden mit zu berücksichtigen sein. Im übrigen entscheidet die Behörde nach Ermessen.

Im Falle der Zurückverweisung einer Sache durch den RFH. entscheidet über die Frage der Notwendigkeit der Zuziehung eines Bevollmächtigten immer der RFH. und zwar auch dann, wenn er die Entscheidung im Kostenpunkt der untern Instanz übertragen hatte (E. Bd. 3 S. 38).

[4]) Für die Höhe der Kosten bei Zuziehung eines sog. Rechtskonsulenten ist nicht die Rechtsanwaltsgebührenordnung maßgebend. Die Gebührensätze derselben bilden allerdings auch hier die Höchstgrenze (E. Bd. 6 S. 5).

[5]) Eine Frist ist nicht vorgesehen. Der Anspruch auf Auslagenerstattung darf natürlich noch nicht verjährt sein.

[6]) Diese „Erinnerung" ist kein Rechtsmittel im eigentl. Sinne, s. hierüber auch Anm. 7 zu § 65 u. Anm. 1 zu § 68.

§ 289. (1) Gebühren werden erhoben, wenn die Kosten einem Steuerpflichtigen zur Last fallen[1]).

(2) Die Gebühr wird nach dem Werte des Streitgegenstandes nach § 8 des Gerichtskostengesetzes berechnet und beträgt[2]):

im Einspruchsverfahren und im Anfechtungsverfahren das Einfache der dort vorgeschriebenen Gebühr,

im Berufungsverfahren das Doppelte, mindestens aber fünfundzwanzig Mark,

im Rechtsbeschwerdeverfahren das Dreifache, mindestens aber fünfzig Mark.

(3) In geeigneten Fällen können die Rechtsmittelbehörden die Gebühren bis auf die Hälfte ermäßigen[3]).

[1]) Ganz oder teilweise.

[2]) die Gebühr wird, wie aus Abs. 3 zu schließen ist, im Regelfalle immer voll angesetzt und erhoben, auch wenn dem Pflichtigen die Kosten nur teilweise auferlegt sind. Die Möglichkeit einer Ermäßigung bietet jedoch Abs. 3.

Zur Erleichterung der Gebührenberechnung hat das Reichsfinanzministerium eine Gebührentafel veröffentlicht, die sich im Ergänzungsband zur amtlichen Ausgabe der AO. (Ausgabe 1920 auf S. 120) befindet. Hierzu wurde mit Rücksicht auf die Abänderung der Gebührensätze des GKG. (Ges. v. 29. Juni 1921) mit RFME. v. 15. September 1921 III R 23374 ein Deckblatt herausgegeben.

[3]) Z. B. wenn dem Pflichtigen bei teilweisem Erfolg die Kosten nur zum Teil auferlegt wurden. Die Ermäßigung erfolgt nicht durch die Geschäftsstelle, sondern durch die Behörde selbst. Sie soll grundsätzlich bereits in der Entscheidungsformel erfolgen (s. Anm. 3 zu § 261). Sie kann jedoch auch noch nach Erlassung der Entscheidung — auf oder ohne Antrag — erfolgen (E. Bd. 3 S. 315). Die Ermäßigung kann nur erfolgen bis zur Hälfte der an sich nach Abs. 2 zu bemessenden Gebühr. Über Gewährung gänzlicher Gebührenfreiheit s. Anm. 5 zu § 295.

Auch bei Zurücknahme eines Rechtsmittels (§ 295) kann u. U. Ermäßigung der Gebühren am Platze sein.

§ 290. An Auslagen der Rechtsmittelbehörden[1]) werden erhoben:

1. Schreibgebühren für Ausfertigungen und Abschriften, die nur auf Antrag erteilt oder deshalb angefertigt werden, weil es der Beteiligte unterläßt, einem von Amts wegen zuzustellenden Schriftsatz die erforderliche Zahl von Abschriften beizufügen,
2. Telegraphengebühren und im Fernverkehre zu entrichtende Fernsprechgebühren,
3. Kosten von Zustellungen und öffentlichen Bekanntmachungen[2]),
4. Entschädigungen, die an Auskunftspersonen und Sachverständige gezahlt sind[3]),
5. Reisekosten der Beamten der Rechtsmittelbehörde bei Geschäften außerhalb des Dienstsitzes,
6. Beträge, die an andere Behörden oder Beamte oder an sonst zugezogene Personen für ihre Tätigkeit zu zahlen sind.

[1]) Andere als die hier aufgezählten Auslagen dürfen dem Pflichtigen nicht aufgerechnet werden.

[2]) Nur soweit diese Kosten Auslagen für die Rechtsmittelbehörde bilden.

[3]) S. § 297.

§ 291. Schreibgebühren (§ 290 Nr. 1) werden nach dem Gerichtskostengesetze[1]) berechnet. Für Schriftstücke in fremder Sprache, für Tabellen sowie für Verzeichnisse, Listen, Rechnungen, Handzeichnungen und dergleichen regelt der Vorsitzende der Rechtsmittelbehörde die Schreibgebühr.

[1]) § 80 GKG.

§ 292. Zur Deckung der von den Beteiligten nicht nach § 290 zu ersetzenden Auslagen der Rechtsmittelbehörden wird eine Abfindung[1]) von fünfzehn vom Hundert der Gebühr (§ 289)[2]) erhoben, sofern der Steuerpflichtige die Kosten zu zahlen hat. Die Abfindung beträgt mindestens eine Mark und höchstens fünfzig Mark.

[1]) Diese wird erhoben ohne Rücksicht darauf, ob und in welcher Höhe neben den bereits durch § 290 gedeckten Auslagen noch weitere Auslagen entstanden sind.

[2]) Wenn eine Gebühr nicht angesetzt wird (z. B. bei Gewährung von Gebührenfreiheit nach § 295 oder weil den Pflichtigen überhaupt keine Kosten treffen, oder bei Beschwerdeentscheidungen), kann auch keine Abfindung erhoben werden.

Bei Ermäßigung der Gebühr nach § 289 Abs. 3 wird der Abfindung nur die ermäßigte Gebühr zugrunde gelegt.

§ 293. (1) Die Auslagen (§§ 290 bis 292) werden von der Geschäftsstelle der Rechtsmittelbehörde, bei der sie erwachsen sind, festgesetzt und von der Behörde, die in erster Instanz entschieden hat, eingezogen. Erinnerungen[1]) gegen die Höhe entscheidet die Rechtsmittelbehörde endgültig.

(2) Entsprechend wird bei Einziehung der Gebühren verfahren.

(3) Wenn jemand außerstande ist, die Kosten ohne Beeinträchtigung des für ihn und seine Familie notwendigen Unterhalts zu zahlen, so sind ihm die Kosten zu stunden, bis er hierzu fähig ist[2]). Dem Gesuch ist eine Bescheinigung beizufügen, in der die untere Verwaltungsbehörde unter Angabe der Familien- und Vermögensverhältnisse des Antragstellers und der von ihm entrichteten direkten Steuern das Unvermögen bezeugt.

Der Reichsminister der Finanzen bestimmt, in welchen Fällen die Kosten niederzuschlagen sind.

[1]) Diese „Erinnerungen" sind kein Rechtsmittel im eigentlichen Sinn. S. auch Anm. 7 zu § 65, Anm. 1 zu § 68. Eine Frist für Erhebung der Erinnerungen besteht nicht. Selbstverständlich können sie nicht mehr erhoben werden, wenn die Auslagen bereits einbezahlt sind und der Rückforderungsanspruch verjährt ist.

[2]) Gegen Ablehnung der Stundung ist Beschwerde nur im Rahmen der §§ 281 und 282 zulässig. Gegen eine Ablehnung durch das Finanzgericht gibt es daher kein Rechtsmittel.

§ 294. (1) Das Rechtsmittelverfahren ist stempelfrei.

(2) Urkunden, die im Verfahren gebraucht werden, sind nur insoweit stempelpflichtig, als sie es ohne diesen Gebrauch wären.

§ 295. Die Rechtsmittelbehörde kann[1]) von Erhebung von Kosten, die durch unrichtige Behandlung der Sache[2]) ohne Schuld der Beteiligten entstanden sind[3]), ganz oder zum Teil absehen; sie soll auch für Zurücknahme[4]) eines Rechtsmittels oder für eine abweisende Entscheidung Gebührenfreiheit[5]) gewähren, wenn die Einlegung auf entschuldbarer Unkenntnis der Verhältnisse oder auf Unwissenheit beruht[6]).

[1]) Ermessensfrage, s. § 6.

[2]) Unter „unrichtiger Behandlung" ist nur eine formell unzutreffende Behandlung, nicht eine rechtlich unzutreffende Entscheidung in der Sache selbst zu verstehen. Beispiele solch unrichtiger Behandlung sind Sachbehandlung trotz Unzuständigkeit, Entscheidung in der Sache selbst trotz verspäteter Einlegung eines Rechtsmittels. Unter Umständen können auch Außerachtlassungen von Vorschriften des Er=

mittlungs- und Festsetzungsverfahrens hierher gehören, z. B. des § 205 Abs. 4. Ausschlaggebend ist jedoch in allen Fällen die in nächster Anm. 3 behandelte Voraussetzung.

[3]) Es muß also ein Kausalzusammenhang zwischen der unrichtigen Sachbehandlung und den entstandenen Kosten gegeben sein oder mindestens im Bereich der Möglichkeit liegen. Wenn dagegen feststeht, daß bestimmte Kosten auch ohne diese unrichtige Sachbehandlung entstanden wären, dann kommt § 295 nicht zur Anwendung.

[4]) S auch Anm. 4 zu § 286.

[5]) Die Gewährung der Gebührenfreiheit ist ausdrücklich in die Entscheidungsformel (s. § 261 Anm. 3) aufzunehmen. Die Unterlassung der Aufnahme schließt jedoch nachträgliche Gewährung der Gebührenfreiheit nicht aus (vgl. Anm. 3 zu § 289).

[6]) Als „Unwissenheit" kann auch eine — entschuldbare — Unkenntnis des Gesetzes in Frage kommen, ferner die Unkenntnis einer Änderung der Rechtsauffassung des RFH. (E. Bd. 7 S. 287).

§ 296. Auslagen, die dadurch entstanden sind, daß ein Termin von Amts wegen verlegt ist, sind von den Beteiligten nicht einzuziehen.

§ 297. Für die Entschädigung von Auskunftspersonen und Sachverständigen gelten § 183 und § 188 Absatz 3[1]). Die Entschädigung wird von der Geschäftsstelle der Rechtsmittelbehörde festgesetzt. Erinnerungen[2]) gegen die Festsetzung entscheidet die Rechtsmittelbehörde. Die Festsetzung kann der Stelle übertragen werden, die um die Vernehmung ersucht wird.

[1]) Ausdrückliche Bestimmungen über die Entschädigungsgrundsätze fehlen bis jetzt. S. Anleitung in Anlage zu Nr. 7 des RStBl. 1921, ferner Anm. zu § 183.

[5]) Wegen der Rechtsnatur der „Erinnerungen" und Frist für ihre Erhebung s. Anm. 1 zu § 298. Maßgebender Zeitpunkt ist hier die Verjährung des Geltendmachungsanspruchs.

Fünfter Abschnitt.
Beitreibung.

Erster Titel.
Allgemeine Vorschriften.

§ 298. (1) Wird eine Geldleistung[1]), die nach den Steuergesetzen[2]) geschuldet wird, nicht gezahlt, so kann das Finanzamt die Vermögens- und Einkommensverhältnisse des Pflichtigen ermitteln. Es hat dabei die gleichen Rechte, die ihm im Steuerermittlungsverfahren zustehen. Ist die Erhebung einer anderen Stelle übertragen, so steht diese Befugnis gleichwohl ausschließlich dem Finanzamt zu.

(2) Erscheint die Zwangsvollstreckung als aussichtslos[3]), oder ist ein Vollstreckungsversuch in das bewegliche Vermögen des Pflichtigen erfolglos geblieben, so hat der Pflichtige dem Finanzamt auf Verlangen[4]) ein Verzeichnis seines Vermögens vorzulegen, bei seinen Forderungen den Grund und die Beweismittel zu bezeichnen und den Offenbarungseid dahin zu leisten, daß er nach bestem Wissen sein Vermögen so vollständig angegeben habe, als er dazu imstande sei.

(3) Das Finanzamt nimmt den Eid selbst ab, wenn der Pflichtige zu dessen Leistung bereit ist; andernfalls ersucht es das Amtsgericht darum, in dessen Bezirk der Pflichtige seinen Wohnsitz oder Aufenthalt hat. Für das Verfahren gelten § 900 Absatz 1, 2, §§ 901 bis 914 der Zivilprozeßordnung[5]); jedoch brauchen die Verpflegungs-

kosten nicht im voraus bezahlt zu werden. Das Amtsgericht hat nicht zu prüfen, ob der Schuldner zur Leistung des Offenbarungseides verpflichtet ist; es kann jedoch, wenn der Schuldner gegen das Verlangen des Finanzamts Beschwerde eingelegt hat, die Anordnung der Haft bis zur Entscheidung des Landesfinanzamts aussetzen.

[1]) Nicht nur die Steuerforderungen selbst (s. Anm. 1 zu § 1) gehören hierher, sondern auch alle sonstigen Geldleistungen, Zuschläge, Zwangsgelder, Sicherheiten, Sicherungsgelder, Kosten des Ermittlungs- und Rechtsmittelverfahrens (§§ 216, 285 ff.). Geldstrafen zählen nicht hierher.

[2]) Über den Begriff „Steuergesetz" s. § 3.

[3]) Hierzu ist keineswegs erforderlich, daß Beitreibung bereits fruchtlos versucht wurde. Die Aussichtslosigkeit kann auch auf Grund sonstiger Tatsachen feststehen.

[4]) Der Pflichtige kann sich dagegen nach § 224 beschweren; in diesem Falle gilt Abs. 4 S. 1 Halbs. 2 und S. 3 Halbs. 3.

[5]) Auch für das Verfahren des Finanzamts nach Abs. 3 S. 1 Halbs. 1.

§ 299. (1) Leistungen, die nach den Steuergesetzen geschuldet werden[1]) können im Verwaltungsweg erzwungen werden.

(2) Vollstreckungsbehörden im Sinne dieses Abschnitts sind die Behörden und Beamten, denen die Beitreibung zusteht und die zur Anordnung und Leitung des Zwansverfahrens berufen sind[2]).

(3) Vollstreckungsschuldner ist, wer nach den Steuergesetzen zur Zahlung der Schuld verpflichtet ist oder neben dem Schuldner persönlich in Anspruch genommen wird[3]). Wer nach den Steuergesetzen die Schuld aus Mitteln, die seiner Verwaltung unterliegen, zu entrichten hat[4]), ist verpflichtet, das Zwangsverfahren in

dieses Vermögen zu dulden und hat insoweit die Pflichten des Vollstreckungsschuldners[5]).

(4) Die Zwangsvollstreckung darf erst beginnen, wenn dem Vollstreckungsschuldner die Verfügung, kraft deren er zur Zahlung aufgefordert wird, bekanntgegeben und seit der Bekanntgabe, soweit nichts anderes vorgeschrieben ist, mindestens eine Woche verstrichen ist[6]).

[1]) S. Anm. 1 u. 2 zu § 298.

[2]) D. h. nicht nur die Finanzämter, sondern u. U. auch Gemeindebehörden und besondere Hilfsstellen. Das Gesetz wollte in dieser Hinsicht an dem bisherigen (nach den einzelnen Landesrechten ziemlich vielgestaltigen) Zustande nichts ändern. Vgl. hierher insbes. §§ 2 u. 6 EV.

[3]) S. Anm. 3 u. 4 zu § 79.

[4]) S. § 84 und die Bestimmungen, welche § 84 für anwendbar erklären.

[5]) Z. B. Auskunftspflicht über das verwaltete Vermögen, Pflicht zur Leistung des Offenbarungseides. Selbstverständlich hat der Vertreter in dem hier normierten Umfange auch die Rechte des Vollstreckungsschuldners.

[6]) Es genügt also nicht etwa Zustellung des Steuerfeststellungsbescheids, sondern es ist eine — mit dem Steuerbescheid verbundene oder gesonderte — Zahlungsaufforderung notwendig. Förmliche Zustellung der letzteren ist nicht erforderlich; es genügt Bekanntgabe nach § 73

§ 300. (1) Einwendungen gegen Entstehung oder Höhe des Anspruchs, dessen Erfüllung erzwungen werden soll, sind außerhalb des Zwangsverfahrens mit den hierfür zugelassenen Rechtsmitteln zu verfolgen[1]).

(2) Wird geltend gemacht[2]), daß der Anspruch erloschen[3]) oder gestundet oder die Anordnung des Zwangsverfahrens unzulässig sei[4]), so ist vorläufig zu leisten[5]), der Anspruch auf Erstattung ist nach § 129 zu verfolgen.

Einreden des Erben aus den §§ 2014, 2015 des Bürgerlichen Gesetzbuchs stehen dem Zwangsverfahren in den Nachlaß nicht entgegen, wenn es sich um Steuern handelt, die nach Beginn des Kalenderjahrs fällig geworden sind, das der Anordnung des Zwangsverfahrens voraufgegangen ist.

[1]) S. §§ 217 ff.

[2]) Die Geltendmachung hat ev. im Wege der gewöhnlichen Beschwerde gegen die in Frage kommende Zwangsvollstreckungsverfügung oder -maßnahme zu erfolgen.

[3]) Durch Zahlung, Aufrechnung Erlaß oder Verjährung. Für den Fall des Nachweises der Zahlung gegenüber dem Vollstreckungsbeamten s. jedoch § 318 Anm. 1.

[4]) Z. B. weil keine Feststellung (§ 210 Abs. 1 S. 1) stattgefunden hat oder §§ 299 Abs. 4 305 Abs. 1 nicht beachtet wurde oder das Zwangsverfahren gemäß § 301 Abs. 2 eingestellt ist.

[5]) Die Geltendmachung der in Halbs. 1 genannten Einwendungen hebt also die Verpflichtung zu vorläufiger Leistung nicht auf.

§ 301. (1) Behauptet ein Dritter, daß ihm am Gegenstande der Zwangsvollstreckung ein die Veräußerung hinderndes Recht zustehe[1]), oder werden Einwendungen nach §§ 772 bis 774 der Zivilprozeßordnung erhoben, so ist der Widerspruch gegen die Pfändung erforderlichenfalls[2]) durch Klage geltend zu machen. Als Dritter gilt auch, wer zur Duldung des Zwangsverfahrens in ein Vermögen, das von ihm verwaltet wird, verpflichtet ist[3]), wenn er geltend macht, daß ihm gehörige Gegenstände von der Zwangsvollstreckung betroffen seien.

(2) Wegen Einstellung des Zwangsverfahrens und Aufhebung erfolgter Vollstreckungsmaßregeln gelten die §§ 769 und 770 der Zivilprozeßordnung[4]).

(3) Die Klage ist ausschließlich bei dem Gerichte zu erheben, in dessen Bezirk gepfändet ist. Wird sie gegen das Reich und den Schuldner gerichtet, so sind diese Streitgenossen.

[1]) Eine Einschränkung des Widerspruchsrechts dritter ergibt sich aus § 319 Abs. 1.

[2]) Das heißt, falls die Vollstreckungsbehörde die Berechtigung der Einwendungen nicht anerkennt. Sie hat die Berechtigung dieser Einwendungen nach pflichtgemäßem Ermessen zu prüfen.

[3]) S. § 299 Abs. 3 und Anm. 4 hierzu.

[4]) Zuständig ist das Gericht.

§ 302. Bei Personenvereinigungen, die als solche steuerpflichtig sind[1]), erfolgt das Zwangsverfahren in das Vermögen der Personenvereinigung. Entsprechendes gilt für Zweckvereinigungen und sonstige einer juristischen Person ähnliche steuerpflichtige Gebilde.

[1]) S. Anm. 1 zu § 79.

§ 303. (1) Das Finanzamt kann das Zwangsverfahren auch gegen Personen anordnen, die nach bürgerlichem Rechte kraft Gesetzes verpflichtet sind, die Schuld zu erfüllen[1]) oder die Zwangsvollstreckung zu dulden[2]). Der Anordnung des Zwangsverfahrens muß eine Entscheidung[3]) des Finanzamts vorausgehen, die nur nach vorherigem Gehör des Inanspruchgenommenen ergehen kann und als vollstreckbarer Titel gilt. Die Zwangsvollstreckung darf erst beginnen, wenn die Frist des § 299 Absatz 4 verstrichen ist.

(2) Bestreiten die im ersten Absatz genannten Personen, zur Erfüllung der Schuld oder zur Duldung des Zwangsverfahrens verpflichtet zu sein, oder erheben sie Einwendungen nach den §§ 781 bis 784, 786 der Zivil-

prozeßordnung, so entscheidet das Finanzamt. Gegen eine Entscheidung, die den Widerspruch zurückweist, ist gerichtliche Klage gegeben. Die Klage ist innerhalb einer Ausschlußfrist von einem Monat zu erheben und gegen das Reich zu richten. Wegen Einstellung des Zwangsverfahrens und Aufhebung erfolgter Vollstreckungsmaßregeln gelten die §§ 769, 770 der Zivilprozeßordnung.

(3) Wenn die im ersten Absatz bezeichneten Personen nach § 299 Absatz 3 auf Grund der Steuergesetze Vollstreckungsschuldner sind oder die Pflichten solcher haben, bewendet es bei § 300, § 301 Absatz 1 Satz 2.

[1]) S. Anm. 1 zu § 100.

[2]) S. Anm. 2 zu § 100.

[3]) Gegen diese Entscheidung gibt es zunächst den — an keine Frist gebundenen — Widerspruch nach Abs. 2 S. 1. Das weitere Verfahren regeln S. 2 und 3.

§ 304. (1) Soweit eine Vollstreckungsbehörde auf Ersuchen einer andern Vollstreckungsbehörde die Pfändung und Versteigerung von Sachen oder die Zwangsvollstreckung in Forderungen und andere Vermögensrechte ausführt, tritt sie an die Stelle der Vollstreckungsbehörde [1]). Die Verantwortung für die Vollstreckbarkeit des Anspruchs trägt die ersuchende Behörde [2]).

(2) Trägt die ersuchte Behörde Bedenken, das Ersuchen auszuführen, weil sie unzuständig oder die Handlung, um die sie ersucht sei, offenbar unzulässig sei, so teilt sie ihre Bedenken der ersuchenden Behörde mit. Besteht diese auf Ausführung des Ersuchens und lehnt die ersuchte Behörde die Ausführung ab, so entscheidet die Aufsichtsbehörde der ersuchten Behörde.

[1]) Das heißt sie hat die gleichen Rechte und Pflichten wie die ersuchende Behörde.

[2]) Das heißt die Frage der Vollstreckbarkeit braucht von der ersuchten Behörde nicht nachgeprüft zu werden. Letztere kann aber selbstverständlich auf offensichtliche Mängel in dieser Beziehung hinweisen.

§ 305. (1) Gegen eine Militärperson, die dem aktiven Heere oder der aktiven Marine angehört, darf die Zwangsvollstreckung erst nach Anzeige an die vorgesetzte Militärbehörde beginnen. Der Empfang der Anzeige ist auf Verlangen zu bescheinigen.

(2) Soll die Zwangsvollstreckung gegen eine dem aktiven Heere oder der aktiven Marine angehörende Person des Soldatenstandes in Kasernen oder anderen militärischen Dienstgebäuden oder auf Kriegsfahrzeugen erfolgen, so hat die Vollstreckungsbehörde die zuständige Militärbehörde um die Zwangsvollstreckung zu ersuchen. Die gepfändeten Gegenstände sind dem von der Vollstreckungsbehörde bezeichneten Beamten zu übergeben.

§ 306. (1) Die Vollstreckungsbehörde hat das Zwangsverfahren, soweit es ihr nicht selbst zugewiesen ist, durch Vollziehungsbeamte oder durch die Beamten, deren sie sich als solcher zu bedienen hat, auszuführen.

(2) Die Vollziehungsbeamten müssen eidlich verpflichtet werden.

(3) Der Reichsminister der Finanzen kann die Ausführung der Zwangsvollstreckung im Einvernehmen mit den obersten Landesverwaltungsbehörden Gerichtsvollziehern übertragen.

§ 307. Dem Schuldner und Dritten gegenüber wird der Vollziehungsbeamte zur Zwangsvollstreckung durch schriftlichen Auftrag der Vollstreckungsbehörde ermächtigt; der Auftrag ist vorzuzeigen.

§ 308. (1) Der Vollziehungsbeamte ist befugt, die Wohnung und die Behältnisse des Schuldners zu durchsuchen, soweit dies der Zweck der Vollstreckung fordert.

(2) Er ist befugt, verschlossene Türen und Behältnisse öffnen zu lassen.

(3) Wenn er Widerstand findet, kann er Gewalt anwenden und hierzu die Unterstützung der Polizeibeamten nachsuchen.

§ 309. Wird bei einer Vollstreckungshandlung Widerstand geleistet oder ist bei einer Vollstreckungshandlung in der Wohnung des Schuldners weder der Schuldner noch eine Person, die zu seiner Familie gehört[1]) oder in ihr beschäftigt ist[2]), gegenwärtig, so hat der Vollziehungsbeamte zwei Erwachsene oder einen Gemeinde- oder Polizeibeamten als Zeugen zuzuziehen.

[1]) Hierher zählen außer den Verwandten auch Verschwägerte sowie dauernd im Haushalt befindliche Personen. Personen, die wegen zu geringen Alters oder ersichtlicher Geistesschwäche nicht als brauchbare Zeugen für ev. Darstellung der Vorgänge benützt werden können, genügen nicht. Dies steht zwar nicht ausdrücklich im Gesetz, geht aber aus dem Zweck der Bestimmung des § 309 hervor (s. § 4).

[2]) Es wird dauernde oder wenigstens auf eine bestimmte längere Dauer berechnete Beschäftigung für Bedürfnisse der Familie erforderlich sein.

§ 310. (1) Zur Nachtzeit (§ 188 Absatz 1 der Zivilprozeßordnung) sowie an Sonntagen und staatlich anerkannten allgemeinen Feiertagen darf eine Vollstreckungshandlung nur mit schriftlicher Erlaubnis[1]) der Vollstreckungsbehörde vorgenommen werden.

(2) Die Erlaubnis ist bei der Zwangsvollstreckung vorzuzeigen.

[1]) Die Erlaubnis soll nur aus besonderen Gründen erteilt werden. Ermessensfrage nach § 6. Aus der schriftlichen Erlaubnis brauchen die Gründe nicht hervorzugehen.

§ 311. (1) Der Vollziehungsbeamte hat über jede Vollstreckungshandlung eine Niederschrift aufzunehmen.

(2) Die Niederschrift muß enthalten:

1. Ort und Zeit der Aufnahme,
2. den Gegenstand der Vollstreckungshandlung unter kurzer Erwähnung der Vorgänge,
3. die Namen der Personen, mit denen verhandelt ist,
4. die Unterschriften der Personen und die Bemerkung, daß nach Vorlesung oder Vorlegung zur Durchsicht und nach Genehmigung unterzeichnet sei,
5. die Unterschrift des Vollziehungsbeamten.

(3) Hat einem der Erfordernisse unter Nr. 4 nicht genügt werden können, so ist der Grund anzugeben.

§ 312. Die Aufforderung und die sonstigen Mitteilungen, die zu den Vollstreckungshandlungen gehören, sind vom Vollziehungsbeamten mündlich zu erlassen und vollständig in die Niederschrift aufzunehmeh; kann dies nicht geschehen, so hat die Vollstreckungsbehörde demjenigen, an den die Aufforderung oder Mitteilung zu richten ist, eine Abschrift der Niederschrift zu senden.

§ 313. (1) Eine bei einer Zustellung übergebene Abschrift (§ 210 der Zivilprozeßordnung) braucht nicht beglaubigt zu werden.

(2) Die Erlaubnis zu einer Zustellung zur Nachtzeit und an Sonntagen oder staatlich anerkannten allgemeinen Feiertagen (§ 188 der Zivilprozeßordnung) erteilt die Vollstreckungsbehörde. Im Falle des § 182

der Zivilprozeßordnung ist das Schriftstück bei der Ortsbehörde oder der Postanstalt des Zustellungsorts niederzulegen.

§ 314. Der Vollstreckungsschuldner ist in der Regel[1]) vor der Vollstreckung mit Zahlungsfrist von einer Woche zu mahnen[2]). Schriftliche Mahnungen sind verschlossen zu behändigen oder zuzusenden; das Landesfinanzamt kann zulassen, daß statt der Mahnungen allgemein öffentlich an die Zahlungen erinnert wird.

[1]) Nur in besonderen Ausnahmefällen (z. B. Gefährdung der Beitreibbarkeit) darf von der Mahnung abgesehen werden. Die bloße — wenn auch berechtigte — Annahme, daß der Schuldner die Mahnung unbeachtet lassen wird, genügt nicht.

Die Unterlassung der Mahnung dürfte übrigens eine Einwendung des Schuldners gegen die Durchführung der Vollstreckung keinesfalls begründen können. Er kann ev. mit Aufsichtsbeschwerde vorgehen (s. Vorbem. zu §§ 217 bis 297), was aber den Fortgang der Vollstreckung nicht aufhält.

[2]) Die „Mahnung“ ist nicht zu verwechseln mit der ersten Zahlungsaufforderung (§ 299 Abs. 4). Sie ist an keine bestimmte Form gebunden. Einfache Bekanntgabe nach § 73 genügt.

§ 315. Die Kosten der Mahnung und der Zwangsvollstreckung fallen dem Schuldner zur Last[1]); sie sind mit dem Anspruch beizutreiben. Der Reichsminister der Finanzen regelt ihre Höhe mit Zustimmung des Reichsrats[2]).

[1]) Ohne daß es im Einzelfall einer besonderen Kostenentscheidung (wie im Falle des § 285) bedarf.

[2]) Eine Regelung ist bisher nicht ergangen. Zufolge § 25 EV. gelten bis auf weiteres die früheren, ev. landesrechtlichen Bestimmungen.

Zweiter Titel.

Zwangsverfahren wegen Geldforderungen.

I. Zwangsvollstreckung in das bewegliche Vermögen.

1. Allgemeine Vorschriften.

§ 316. Die Zwangsvollstreckung in das bewegliche Vermögen erfolgt durch Pfändung. Sie darf nicht weiter ausgedehnt werden, als zur Deckung der beizutreibenden Geldbeträge und der Kosten der Zwangsvollstreckung erforderlich ist[1]). Die Pfändung hat zu unterbleiben, wenn sich von der Verwertung der zu pfändenden Gegenstände ein Überschuß über die Kosten der Zwangsvollstreckung nicht erwarten läßt.

[1]) Der Vollstreckungsbeamte muß daher vor Vornahme der Pfändung eine Berechnung der beizutreibenden Beträge einschließlich der Mahn- und Vollstreckungskosten anstellen. Wenn der Wert der pfändbaren Gegenstände höher ist, dann sind nach pflichtgemäßem Ermessen diejenigen Gegenstände herauszugreifen, die dem Werte nach ausreichend und der Verwertbarkeit nach tauglich erscheinen. Auf Entbehrlichkeit der Gegenstände für den Schuldner und etwaige besondere Wünsche desselben soll dabei nach Möglichkeit Rücksicht genommen werden; dies entspricht zweifellos der Absicht des Gesetzgebers.

§ 317. (1) Durch die Pfändung erwirbt das Finanzamt ein Pfandrecht am gepfändeten Gegenstande.

(2) Das Pfandrecht gewährt ihm im Verhältnis zu anderen Gläubigern dieselben Rechte wie ein Pfandrecht im Sinne des Bürgerlichen Gesetzbuchs[1]); es geht Pfand- und Vorzugsrechten vor, die im Konkurse diesem Pfandrecht nicht gleichgestellt sind[2]).

(3) Das durch eine frühere Pfändung begründete Pfandrecht geht demjenigen vor, das durch eine spätere Pfändung begründet wird[3]).

[1]) In Betracht kommen hauptsächlich die Bestimmungen des BGB., welche den Umfang der Pfandhaftung, den sachlichen Umfang der Pfändung, die Rechte und Pflichten des Pfandgläubigers bezüglich der Behandlung des Pfandgegenstandes und die ev. Rückgabepflicht betreffen, also §§ 1210 bis 1212, 1215 bis 1223, ferner die Bestimmungen über das Verhältnis des Pfandrechts zu Rechten Dritter an der Sache (§§ 1207, 1208) und über das Verhältnis mehrerer Pfandrechte an derselben Sache untereinander (§ 1209); in letzterer Hinsicht bringt die AO. einige ergänzende Vorschriften in § 317 Abs. 2 Halbs. 2 u. Abs. 3.

Bezüglich der Art und Weise der Befriedigung aus den Pfandgegenständen hat die AO. in der Hauptsache Sonderbestimmungen getroffen (§§ 324 ff.), zu denen die entspr. Vorschriften des BGB. nur erforderlichenfalls ergänzend hinzutreten.

[2]) § 49 KonkOdg.

[3]) Vgl. § 1209 BGB.

§ 318. (1) Gegen die Pfändung kann sich der Schuldner nur schützen[1]), wenn er nachweist, daß ihm eine Frist bewilligt ist[2]), oder daß er die Schuld bezahlt hat[3]).

(2) Der Schuldner kann den beizutreibenden Betrag an den Vollziehungsbeamten zahlen.

[1]) D. h. der Schuldner kann durch Erbringung der in Abs. 1 vorgesehenen Nachweise bewirken, daß von Durchführung der Pfändung Abstand zu nehmen oder eine bereits erfolgte Pfändung aufzuheben ist. Im Falle der Ablehnung hat er das gewöhnliche Beschwerderecht.

Andere Einwendungen als die des Abs. 1 halten, auch wenn sie bewiesen werden, die Pfändung an sich nicht auf, hierher gehören insbesondere die Einwendungen des § 300 Abs. 1 u. 2.

[2]) Stundung, Teilzahlungen zu bestimmten Terminen. Der Nachweis kann durch Vorzeigung der betr. finanzamtlichen Verfügung geführt werden.

[3]) Nachweis hat durch Vorzeigung der Quittung, des Postscheins usw. zu erfolgen.

§ 319. (1) Der Pfändung einer Sache kann ein Dritter, der sich nicht im Besitze der Sache befindet, auf Grund eines Pfand- oder Vorzugsrechts nicht widersprechen[1]). Er kann jedoch vorzugsweise Befriedigung aus dem Erlöse verlangen ohne Rücksicht darauf, ob seine Forderung fällig ist oder nicht.

(2) Eine Klage ist ausschließlich bei dem Gerichte zu erheben, in dessen Bezirk gepfändet ist. Wird die Klage gegen das Reich und den Schuldner gerichtet, so sind diese Streitgenossen.

[1]) Falls der dritte mittelbarer oder unmittelbarer Besitzer des Pfandgegenstandes ist, hat er das Recht des Widerspruchs nach Maßgabe des § 301.

§ 320. Wer etwas im Zwangsverfahren erwirbt, hat keinen Anspruch wegen eines Mangels im Rechte oder wegen eines Mangels der erworbenen Sache.

Das Reich übernimmt also bezüglich der veräußerten Pfandgegenstände dem Erwerber gegenüber keinerlei Haftung für Rechts- oder Sachmängel, wie sie für sonstige Verkäufe durch §§ 434 u. 459ff. BGB. festgelegt ist.

2. Zwangsvollstreckung in Sachen.

§ 321. (1) Sachen, die im Gewahrsam des Schuldners sind, pfändet der Vollziehungsbeamte dadurch, daß er sie in Besitz nimmt.

(2) Andere Sachen als Geld, Kostbarkeiten und Wertpapiere sind im Gewahrsam des Schuldners zu lassen, wenn die Befriedigung des Reichs hierdurch nicht gefährdet wird. Bleiben die Sachen im Gewahrsam des Schuldners, so ist die Pfändung nur wirksam, wenn sie durch Anlegung von Siegeln oder in sonstiger Weise ersichtlich gemacht ist[1]).

(3) Der Vollziehungsbeamte hat dem Schuldner die Pfändung mitzuteilen[2]).

(4) Diese Vorschriften gelten auch für die Pfändung von Sachen im Gewahrsam eines Dritten, der zu ihrer Herausgabe bereit ist.

[1]) Die Unterlassung der Ersichtlichmachung bewirkt Unwirksamkeit der Pfändung nicht nur Dritten gegenüber, sondern — bei dem bestimmten Wortlaut des Gesetzes — schlechthin, also auch dem Schuldner gegenüber, sogar wenn dieser um die Pfändung weiß. Die nachträgliche unbefugte Entfernung der Pfandzeichen hebt die Wirksamkeit der Pfändung selbstverständlich nicht auf.

Der Ausdruck „ersichtlich" machen, besagt, daß das Pfandzeichen nicht gerade an besonders auffallender Stelle, daß es aber immerhin so angebracht werden muß, daß man bei einigermaßen genauer Besichtigung des Gegenstands (wie sie etwa ein Käufer vornimmt) die Pfändung erkennen muß.

[2]) Die erfolgte Mitteilung ist in der Pfändungsniederschrift (§ 311) zu vermerken. Etwaige Unterlassung der Mitteilung bewirkt jedoch nicht Unwirksamkeit der Pfändung. Erforderlich ist nur, daß während der ganzen Pfändungshandlung der Schuldner selbst oder andere in § 309 genannte bzw. nach § 309 zugezogene Personen anwesend sind.

§ 322. (1) Früchte, die vom Boden noch nicht getrennt sind, können gepfändet werden, solange sie nicht durch Zwangsvollstreckung in das unbewegliche Vermögen in Beschlag genommen worden sind[1]). Sie dürfen nicht früher als einen Monat vor der gewöhnlichen Zeit der Reife gepfändet werden.

(2) Ein Gläubiger, der ein Recht auf Befriedigung aus dem Grundstück hat, kann der Pfändung nach § 301 widersprechen, wenn nicht für einen Anspruch gepfändet ist, der bei der Zwangsvollstreckung in das Grundstück vorgeht.

[1]) Nach den Vorschriften des Ges. über die Zwangsversteigerung und Zwangsverwaltung.

§ 323. Die §§ 811 bis 813 der Zivilprozeßordnung gelten auch für das Zwangsverfahren.

§§ 811 und 812 ZPO. zählen die der Pfändung nicht oder nur bedingt unterworfenen Gegenstände auf, § 813 regelt Zuziehung von Sachverständigen bei Pfändung von nicht abgeernteten Früchten.

§ 324. Die gepfändeten Sachen sind auf schriftliche Anordnung der Vollstreckungsbehörde öffentlich zu versteigern, und zwar in der Regel durch den Vollziehungsbeamten; § 318 gilt entsprechend. Kostbarkeiten sind vor der Versteigerung durch einen Sachverständigen abzuschätzen[1]). Gepfändetes Geld hat der Vollziehungsbeamte an die Vollstreckungsbehörde abzuliefern. Die Wegnahme des Geldes durch ihn gilt als Zahlung des Schuldners.

[1]) Die Kosten hierfür sind vom Vollstreckungsschuldner zu tragen.

§ 325. (1) Die gepfändeten Sachen dürfen nicht vor Ablauf einer Woche seit dem Tage der Pfändung versteigert werden, sofern sich nicht der Schuldner mit einer früheren Versteigerung einverstanden erklärt oder diese erforderlich ist, um die Gefahr einer beträchtlichen Wertverringerung abzuwenden oder unverhältnismäßige Kosten längerer Aufbewahrung zu vermeiden.

(2) Zeit und Ort der Versteigerung sind öffentlich bekanntzumachen; dabei sind die Sachen, die versteigert werden sollen, im allgemeinen zu bezeichnen. Auf Ersuchen der Vollstreckungsbehörde hat der Ortsvorsteher der Versteigerung beizuwohnen oder einen Gemeinde- oder Polizeibeamten hiermit zu beauftragen.

§ 326. Bei der Versteigerung ist nach § 1239 Absatz 1 Satz 1, Absatz 2 des Bürgerlichen Gesetzbuchs und nach § 817 Absatz 1 bis 3, § 818 der Zivilprozeßordnung zu verfahren. Die Empfangnahme des Erlöses durch den versteigernden Beamten gilt als Zahlung des Schuldners, es sei denn, daß der Erlös hinterlegt wird (§ 333 Absatz 4).

§ 327. Gold- und Silbersachen dürfen nicht unter ihrem Gold- oder Silberwerte zugeschlagen werden. Wird kein Gebot abgegeben, das den Zuschlag erlaubt, so kann aus freier Hand zu dem Preise verkauft werden, der den Gold- oder Silberwert erreicht.

§ 328. Gepfändete Wertpapiere, die einen Börsen- oder Marktpreis haben, sind aus freier Hand zum Tageskurse zu verkaufen; andere Wertpapiere sind nach den allgemeinen Vorschriften zu versteigern.

§ 329. Gepfändete Früchte, die vom Boden noch nicht getrennt sind, dürfen erst nach der Reife versteigert werden. Der Vollziehungsbeamte hat sie abernten zu lassen, wenn er sie nicht vor der Trennung versteigert.

§ 330. Lautet ein gepfändetes Wertpapier auf Namen, so ist die Vollstreckungsbehörde berechtigt, die

Umschreibung auf den Namen des Käufers oder, wenn es sich um ein auf Namen umgeschriebenes Inhaberpapier handelt, die Rückverwandlung in ein Inhaberpapier zu erwirken und die hierzu erforderlichen Erklärungen an Stelle des Schuldners abzugeben.

§ 331. Auf Antrag des Schuldners oder aus besonderen Zweckmäßigkeitsgründen kann die Vollstreckungsbehörde anordnen, daß eine gepfändete Sache in andrer Weise oder an einem anderen Orte, als in den vorstehenden Paragraphen bestimmt ist, zu verwerten oder durch eine andere Person als den Vollziehungsbeamten zu versteigern sei.

§ 332. (1) Zur Pfändung bereits gepfändeter Sachen genügt die Erklärung[1]) des Vollziehungsbeamten, daß er die Sachen zur Deckung der ihrer Art und Höhe nach zu bezeichnenden Beträge pfände. Die Erklärung ist in die Niederschrift aufzunehmen. Dem Schuldner ist die weitere Pfändung mitzuteilen[2]).

(2) Ist die erste Pfändung im Auftrag einer anderen Vollstreckungsbehörde oder durch einen Gerichtsvollzieher erfolgt, so ist dieser Vollstreckungsbehörde oder dem Gerichtsvollzieher eine Abschrift der Niederschrift zuzustellen. Die gleiche Pflicht hat ein Gerichtsvollzieher, der eine Sache pfändet, die bereits im Auftrag einer Vollstreckungsbehörde gepfändet ist.

[1]) Diese Erklärung muß den in § 309 genannten Personen gegenüber erfolgen. Andernfalls ist die Anschlußpfändung unwirksam.

[2]) S. Anm. 2 zu § 321.

§ 333. (1) Wenn dieselbe Sache im Auftrage verschiedener Vollstreckungsbehörden oder im Auftrag einer

Vollstreckungsbehörde und durch Gerichtsvollzieher mehrfach gepfändet ist, so begründet ausschließlich die erste Pfändung die Zuständigkeit zur Versteigerung.

(2) Versteigert wird für alle beteiligten Gläubiger[1]) auf Betreiben eines jeden von ihnen.

(3) Der Erlös wird nach der Reihenfolge der Pfändungen oder bei abweichender Vereinbarung der Beteiligten nach ihrer Vereinbarung verteilt.

(4) Reicht der Erlös zur Deckung der Forderungen nicht aus, und verlangt der Gläubiger, für den die zweite oder eine spätere Pfändung erfolgt ist, ohne Zustimmung der übrigen beteiligten Gläubiger eine andere Verteilung als nach der Reihenfolge der Pfändungen, so ist die Sachlage unter Hinterlegung des Erlöses dem Amtsgericht, in dessen Bezirk gepfändet ist, anzuzeigen. Der Anzeige sind die Schriftstücke, die sich auf das Verfahren beziehen, beizufügen. Verteilt wird nach den §§ 873 bis 882 der Zivilprozeßordnung.

(5) Ebenso ist zu verfahren, wenn für mehrere Gläubiger gleichzeitig gepfändet ist.

[1]) „Beteiligt" ist jeder Gläubiger, für den eine wirksame Pfändung vorliegt.

8. Zwangsvollstreckung in Forderungen und andere Vermögensrechte.

§ 334. Soll eine Geldforderung gepfändet werden, so hat die Vollstreckungsbehörde dem Drittschuldner schriftlich zu verbieten, an den Schuldner zu zahlen, und dem Schuldner schriftlich zu gebieten, sich jeder Verfügung über die Forderung, insbesondere, ihrer Einziehung zu enthalten In der Verfügung ist auszusprechen, daß das Finanzamt, für das gepfändet ist, die Forderung einziehen kann. Die Pfändung ist bewirkt, wenn die Verfügung dem Drittschuldner zugestellt ist[1]). Die Zustellung ist dem Schuldner mitzuteilen[2]).

[1]) Formelle Zustellung erforderlich (§§ 70 bis 72). Damit wird also die Pfändung bereits wirksam, auch wenn das in S. 1 des § 334 vorgesehene Verfügungsverbot gegenüber dem Schuldner noch nicht ergangen sein sollte.

[2]) Formlose Mitteilung genügt. Die Wirksamkeit der Pfändung hängt von dieser Mitteilung nicht mehr ab, s. Anm. 1.

§ 335. (1) Zur Pfändung einer Forderung, für die eine Hypothek besteht, ist außer dem Pfändungsbeschlusse die Aushändigung des Hypothekenbriefs an die Vollstreckungsbehörde erforderlich. Wird die Übergabe im Zwangsverfahren erwirkt, so gilt sie als erfolgt, wenn der Vollziehungsbeamte den Brief zur Ablieferung an die Vollstreckungsbehörde wegnimmt. Ist die Erteilung des Hypothekenbriefs ausgeschlossen, so muß die Pfändung in das Grundbuch eingetragen werden; die Eintragung erfolgt auf Grund des Pfändungsbeschlusses auf Ersuchen der Vollstreckungsbehörde oder des Finanzamts.

(2) Wird der Pfändungsbeschluß vor der Übergabe des Hypothekenbriefs oder der Eintragung der Pfändung dem Drittschuldner zugestellt, so gilt die Pfändung diesem gegenüber mit der Zustellung als bewirkt.

(3) Diese Vorschriften gelten nicht, soweit Ansprüche auf die in dem § 1159 des Bürgerlichen Gesetzbuchs bezeichneten Leistungen gepfändet werden. Das gleiche gilt bei einer Sicherungshypothek im Falle des § 1187 des Bürgerlichen Gesetzbuchs von der Pfändung der Hauptforderung.

§ 336. Forderungen aus Wechseln und anderen Papieren, die durch Indossament übertragen werden können, werden dadurch gepfändet, daß der Vollziehungsbeamte die Papiere in Besitz nimmt.

§ 337. (1) Das Pfandrecht, das durch die Pfändung einer Gehaltsforderung oder einer ähnlichen in fortlaufenden Bezügen bestehenden Forderung erworben wird, erstreckt sich auch auf die Beträge, die später fällig werden.

(2) Die Pfändung eines Diensteinkommens trifft auch das Einkommen, das der Schuldner bei Versetzung in ein anderes Amt, Übertragung eines neuen Amtes oder einer Gehalserhöhung zu beziehen hat. Dies gilt nicht bei Wechsel des Dienstherrn.

§ 338. (1) Die Pfändung und die Erklärung, daß das Finanzamt die Forderung einziehen könne, ersetzen die förmlichen Erklärungen des Schuldners, von denen nach dem bürgerlichen Rechte die Berechtigung zur Einziehung abhängt[1]). Sie genügen auch bei einer Forderung, für die eine Hypothek besteht[2]). Sie gelten, auch wenn sie zu Unrecht erfolgt sind, zugunsten des Drittschuldners dem Schuldner gegenüber so lange als rechtsbeständig, bis sie aufgehoben sind und der Drittschuldner die Aufhebung erfährt.

(2) Der Schuldner ist verpflichtet, die zur Geltendmachung der Forderung nötige Auskunft zu erteilen und die über die Forderung vorhandenen Urkunden herauszugeben. Das Finanzamt kann ihn hierzu nach § 202 zwingen; auch kann ihm die Vollstreckungsbehörde die Urkunden durch einen Vollziehungsbeamten wegnehmen lassen.

(3) Werden die Urkunden nicht vorgefunden, so hat der Schuldner auf Verlangen des Finanzamtes den Offenbarungseid dahin zu leisten, daß er die Urkunden nicht besitze, auch nicht wisse, wo sie sich befinden.

(4) Das Finanzamt kann den Eid der Lage der Sache entsprechend ändern. Für die Abnahme des Eides gilt § 298 entsprechend.

(5) Hat ein Dritter die Urkunde, so kann das Finanzamt den Anspruch des Schuldners auf die Herausgabe geltend machen.

[1]) D. h. die gemäß § 334 wirksam erfolgte Pfändung wirkt wie die Abtretung der Forderung seitens des Gläubigers an das Finanzamt.

[2]) Es ist also nicht etwa noch Erfüllung bürgerlich rechtlicher Formalitäten, wie z. B. Übergabe des Hypothekenbriefes nach § 1154 BGB. erforderlich.

§ 339. (1) Auf Verlangen des Finanzamts hat ihm der Drittschuldner binnen zwei Wochen, von der Zustellung der im § 334 bezeichneten Verfügung an gerechnet, zu erklären:

1. ob und inwieweit er die Forderung als begründet anerkenne und bereit sei, zu zahlen,
2. ob und welche Ansprüche andere Personen an die Forderung erheben,
3. ob und wegen welcher Ansprüche die Forderung bereits für andere Gläubiger gepfändet sei.

(2) Die Aufforderung zur Abgabe dieser Erklärung kann in den Pfändungsbeschluß aufgenommen werden. Der Drittschuldner haftet dem Finanzamt für den Schaden, der aus der Nichterfüllung seiner Verpflichtung entsteht.

(3) Die §§ 841 bis 843 der Zivilprozeßordnung gelten auch für das Zwangsverfahren.

§ 340. Ist die gepfändete Forderung bedingt oder betagt oder ihre Einziehung[1]) schwierig, so kann die Vollstreckungsbehörde anordnen, daß sie in anderer Weise zu verwerten sei[2]). § 338 Absatz 1 gilt entsprechend.

[1]) Die Regel ist also Befriedigung durch Einziehung der gepfändeten Forderung.

[2]) Z. B. Verkauf, bei Wechselforderungen Diskontierung.

§ 341. (1) Für die Zwangsvollstreckung in Ansprüche auf Herausgabe oder Leistung von Sachen gelten außer den §§ 334 bis 340 folgende Vorschriften:

(2) Bei der Pfändung eines Anspruchs auf eine bewegliche Sache ordnet die Vollstreckungsbehörde an, daß die Sache an den Vollziehungsbeamten herauszugeben sei. Die Sache wird wie eine gepfändete Sache verwertet.

(3) Bei Pfändung eines Anspruchs, der eine unbewegliche Sache betrifft, ordnet die Vollstreckungsbehörde an, daß die Sache an einen Treuhänder herauszugeben sei, den das Amtsgericht der belegenen Sache auf ihren Antrag bestellt. Ist der Anspruch auf Übertragung des Eigentums an einer unbeweglichen Sache gerichtet, so ist dem Treuhänder als Vertreter des Schuldners aufzulassen. Mit dem Übergange des Eigentums auf den Schuldner erlangt das Finanzamt eine Sicherungshypothek für seine Forderung. Der Treuhänder hat die Eintragung der Sicherungshypothek zu bewilligen. Die Zwangsvollstreckung in die herauszugebende Sache geschieht nach den Vorschriften über die Zwangsvollstreckung in unbewegliche Sachen.

§ 342. Die Verbote und Beschränkungen, die für die Pfändung von Forderungen und Ansprüchen nach der Zivilprozeßordnung (§§ 850 bis 852) und anderen

Reichsgesetzen bestehen[1]), gelten auch für das Zwangsverfahren.

[1]) Es sind dies die Bestimmungen über Unpfändbarkeit oder nur teilweise Pfändbarkeit von Forderungen (§ 850 ZPO.) über das Erfordernis der Übertragbarkeit der zu pfändenden Forderungen (§ 851 ZPO.) sowie über die Pfändbarkeit des Pflichtteilsanspruchs und des Anspruchs auf Rückgabe von Geschenken (§ 852 ZPO.).

Zu § 850 Nr. 1 ZPO. s. das sog. Lohnbeschlagnahmegesetz v. 29. März 1897 mit den hierzu ergangenen Änderungen: 1. Bek. vom 13. Dezember 1917 (RGBl. S. 1102), 2. V. v. 22. Juni 1919 (RGBl. S. 587), 3. Ges. v. 10. August 1920 (RGBl. S. 1572), 4. Ges. v. 23. Dezember 1921 (RGBl. S. 1657).

§ 343. (1) Ist eine Forderung auf Anordnung mehrerer Vollstreckungsbehörden oder auf Anordnung einer Vollstreckungsbehörde und eines Gerichts gepfändet, so gelten die §§ 853 bis 856 der Zivilprozeßordnung.

(2) Fehlt es an einem Amtsgerichte, das nach den §§ 853 und 854 der Zivilprozeßordnung zuständig wäre, so ist bei der Hinterlegungsstelle des Amtsgerichts zu hinterlegen, in dessen Bezirk die Vollstreckungsbehörde ihren Sitz hat, deren Pfändungsverfügung dem Drittschuldner zuerst zugestellt worden ist.

§ 344. (1) Für die Zwangsvollstreckung in andere Vermögensrechte, die nicht Gegenstand der Zwangsvollstreckung in das unbewegliche Vermögen sind, gelten die vorstehenden Vorschriften entsprechend.

(2) Ist kein Drittschuldner vorhanden, so ist die Pfändung bewirkt, wenn dem Schuldner das Gebot, sich jeder Verfügung über das Recht zu enthalten, zugestellt ist.

(3) Ein unveräußerliches Recht ist, wenn nichts anderes bestimmt ist, insoweit pfändbar, als die Ausübung einem anderen überlassen werden kann.

(4) Die Vollstreckungsbehörde kann bei der Zwangsvollstreckung in unveräußerliche Rechte, deren Ausübung einem andern überlassen werden kann, besondere Anordnungen erlassen, insbesondere bei der Zwangsvollstreckung in Nutzungsrechte eine Verwaltung anordnen; in diesem Falle wird die Pfändung durch Übergabe der zu benutzenden Sache an den Verwalter bewirkt, sofern sie nicht durch Zustellung der Pfändungsverfügung schon vorher bewirkt ist.

(5) Ist die Veräußerung des Rechtes zulässig, so kann die Vollstreckungsbehörde die Veräußerung anordnen.

(6) Für die Zwangsvollstreckung in eine Reallast, eine Grundschuld oder eine Rentenschuld gelten die Vorschriften über die Zwangsvollstreckung in eine Forderung, für die eine Hypothek besteht.

(7) Die §§ 858 bis 863 der Zivilprozeßordnung gelten auch für das Zwangsverfahren.

II. Zwangsvollstreckung in das unbewegliche Vermögen.

§ 345. (1) Die Zwangsvollstreckung in das unbewegliche Vermögen erfolgt nach den Vorschriften für gerichtliche Zwangsvollstreckungen [1]). Die Anträge des Gläubigers stellt die Vollstreckungsbehörde.

(2) Anträge auf Zwangsversteigerung oder Zwangsverwaltung sind nur zulässig, wenn feststeht, daß der Geldbetrag durch Pfändung nicht beigetrieben werden kann.

(3) In Kleinsiedlungen (Ackernahrungen, Kleinwohnungen), die der Schuldner bewohnt, ist, wenn der

Schuldner ein Deutscher ist, eine Zwangsversteigerung oder Zwangsverwaltung nur mit Zustimmung des Schuldners zulässig. Das Landesfinanzamt kann von der Bedingung der Reichsangehörigkeit absehen. Ob eine vom Schuldner bewohnte Kleinsiedlung vorliegt, entscheidet das Landesfinanzamt endgültig.

(4) Die Vollstreckbarkeit der Forderung und die Zulässigkeit der Zwangsvollstreckung nach Abs. 2 und 3 unterliegen nicht der Beurteilung des Gerichts oder Grundbuchamts.

[1]) §§ 864 ff. ZPO., ferner das Gesetz betr. die Zwangsversteigerung und die Zwangsverwaltung.

§ 346. Ist eine Sicherungshypothek im Zwangsverfahren eingetragen, so ist bei Veräußerung des belasteten Grundstücks die Zwangsvollstreckung in das Grundstück gegen den Rechtsnachfolger zulässig. § 303 gilt entsprechend.

Dritter Titel.

Zwangsverfahren wegen anderer Leistungen als Geldforderungen.

§ 347. Andere Leistungen als Geldleistungen[1]) kann das Finanzamt nach § 202 erzwingen[2]).

[1]) Z. B. Duldungen, Herausgabe von Sachen, Abgabe von Willenserklärungen. Soweit derartige Leistungen im Ermittlungs- und Rechtsmittelverfahren verlangt werden, ist ihre Erzwingbarkeit durch § 202 (mit § 229) unmittelbar geregelt. Soweit sie zur Erreichung eines Vollstreckungszieles erforderlich werden, ist die Erzwingbarkeit nach § 202 durch § 347 ausdrücklich auf sie ausgedehnt. Über Voraussetzungen und Durchführung des Zwangsverfahrens, ferner über die zulässigen Rechtsmittel s. Erläuterungen zu §§ 202, 283.

²) Ein anderes Mittel zur Erzwingung der fraglichen Leistungen gibt es nicht, ausgenommen die Fälle der §§ 348, 349.

§ 348. (1) Wenn die Vollstreckungsbehörde Sicherheiten erzwingen will, kann sie statt Geld beizutreiben¹), Gegenstände, die dem Schuldner gehören, als Sicherheit in Anspruch nehmen.

(2) Wenn es dazu des Besitzes von Sachen bedarf, kann die Vollstreckungsbehörde die Sachen dem Schuldner durch den Vollziehungsbeamten wegnehmen lassen oder das Finanzamt nach § 321 Absatz 4, § 341 Absatz 2 in den Besitz der Sachen setzen; dieses kann sie hinterlegen oder als Sicherheit behalten.

(3) Die Erklärungen der Vollstreckungsbehörde ersetzen die Erklärungen des Schuldners, die nach dem bürgerlichen Rechte, insbesondere nach den §§ 232, 233 des Bürgerlichen Gesetzbuchs zur Bestellung der Sicherheit nötig sind.

¹) Diese Beitreibung erfolgt nach den gewöhnlichen Vollstreckungsvorschriften.

§ 349. Der § 348 gilt sinngemäß, wenn der Vollstreckungsschuldner verpflichtet ist, Sachen oder Rechte an das Reich zu übertragen oder daran Rechte für das Reich zu begründen.

Hierher gehört insbes. der Fall der Einziehung nach § 8 Ges. über die Steuernachsicht.

§ 350. Bei einem Erwerbe, den das Reich nach §§ 348, 349 macht, gelten die Vorschriften des bürgerlichen Rechtes zugunsten derjenigen, die Rechte von einem Nichtberechtigten herleiten.

Hierher gehören u. a. §§ 892, 932 (935), 1138, 1155, 2366, 2368, 2370 BGB.

Vierter Titel.

Sicherungsverfahren.

§ 351. (1) Zur Sicherung von Ansprüchen, die im Zwangsverfahren beitreibbar sind[1]), kann das Finanzamt den Arrest[2]) in das bewegliche oder unbewegliche Vermögen des Pflichtigen anordnen, wenn zu besorgen ist, daß sonst die Erzwingung der Leistung vereitelt oder wesentlich erschwert wird[3]). Es kann den Arrest auch dann anordnen, wenn der Anspruch noch nicht zahlenmäßig feststeht[4]). Bei der Anordnung hat es einen Geldbetrag zu bestimmen, durch dessen Hinterlegung der Pflichtige die Beseitigung des Arrestes und die Aufhebung des vollzogenen Arrestes erreichen kann[5]). Gegen die Anordnung des Finanzamts ist die Beschwerde an das Finanzgericht[6]) und gegen dessen Entscheidung die Rechtsbeschwerde an den Reichsfinanzhof gegeben.

(2) Die Vollstreckungsbehörde vollzieht den Arrest nach den §§ 930 ff. der Zivilprozeßordnung unter entsprechender Anwendung der Vorschriften dieses Abschnitts[7]).

[1]) Über die hierher gehörigen Ansprüche s. Anm. 1 zu § 298. Wegen Strafen sind Arrestanordnungen unzulässig, dagegen wegen zu erwartender Strafkosten gemäß § 421 (E. Bd. 5 S. 225).

[2]) Über den sachlich gebotenen Inhalt einer Arrestanordnung s. RFH. in RStBl. 1921 S. 30, ferner RFME. in RStBl. 1921 S. 184. Daselbst auch S. 183 allgemeine Grundsätze über den „dinglichen Sicherheitsarrest" (d. i. eben der in § 351 behandelte Arrest in das Vermögen gegenüber dem Arrest des § 352 gegen die Person des

Pflichtigen). In diesen Grundsätzen ist übrigens nur eine Betonung der ausdrücklich in § 351 festgelegten Arrestvoraussetzungen enthalten; über deren Präzisierung s. auch das unten in Anm. 3 und 4 Gesagte.

Nach vorgen. RFME. hätte sich der Inhalt einer Arrestanordnung zu erstrecken auf die Angaben:

1. Wie hoch die einzelnen Steuerforderungen angenommen werden,

2. in welcher Höhe der Arrest angeordnet wird,

3. welches die Arrestgründe sind,

4. den Geldbetrag, durch dessen Hinterlegung Beseitigung der Arrestanordnung oder Aufhebung des vollzogenen Arrests erreicht werden kann,

5. welches Rechtsmittel zulässig, binnen welcher Frist und wo es einzulegen ist.

Zwingend dürfte von diesen Inhaltsbestandteilen übrigens nur das unter 4 genannte sein (§ 351 Abs. 1 S. 3). Die Unterlassung der Rechtsmittelbelehrung hemmt zufolge § 231 Abs. 3 den Beginn der Beschwerdefrist nicht. Formelle Zustellung der Arrestanordnung empfiehlt sich zwar, dürfte aber nicht unbedingt erforderlich sein, vielmehr einfache Bekanntgabe nach § 73 genügen. (Ebenso neuerdings Entsch. des RFH. in RStBl. 1922 S. 2).

[3]) Arrestanordnung zulässig trotz Möglichkeit der Steuerfestsetzung (E. Bd. 7 S. 341, s. dort auch über nachträgliche Vollstreckungstitel), dagegen nicht mehr bei Vorliegen eines Vollstreckungstitels (Bd. 4 S. 3).

Eine bloße entfernte Möglichkeit der Erschwerung der Beitreibbarkeit bildet noch keinen Arrestgrund. Über „Arrestgrund" überhaupt vgl. die eingehenden Ausführungen des RFH. in RStBl. 1921 S. 409, ferner sehr beachtenswert Zimmermann i. Deutsch. StBl. 4. Jahrg. S. 90.

[4]) Es genügt annähernde Feststellung des Anspruchs; er muß aber bereits entstanden (§ 81) sein (E. Bd. 5 S. 140, RStBl. 1921 S. 183).

[5]) Durch die Hinterlegung wird nicht der Arrest selbst (als die Grundlage derselben) beseitigt, sondern nur der weitere Vollzug des Arrests abgewendet (E. Bd. 5 S. 140).

Fehlt im Arrestbeschluß eine ausdrückliche Anordnung über die Höhe des Arrestbetrags, so ist die festgesetzte Hinterlegungssumme zugleich als Höchstbetrag für den Vollzug des Arrests anzusehen (E. Bd. 7 S. 118).

[6]) Bis zur Errichtung der Finanzgerichte an das Landesfinanzamt (V. v. 22. Februar 1921, RGBl. S. 205; hierzu Ergänzung durch V. v. 11. Oktober 1921, Art. II § 2, abgedruckt a. E. dieser Ausgabe). Näheres über Rechtsmittel im Arrestverfahren s. in dem oben Anm. 3 erwähnten Aufsatz von Zimmermann.

Nur auf die Anordnung des Arrests bezieht sich S. 4; in allen übrigen Fällen (z. B. Beschwerde gegen Ablehnung der Arrestaufhebung oder gegen Vollzugsmaßregeln) gilt das gewöhnliche Beschwerdeverfahren.

[7]) In Betracht kommen §§ 930—932, 803 ff. ZPO. Der Arrestvollzug darf keinesfalls weiter ausgedehnt werden, als zur Erreichung des Sicherungszweckes erforderlich ist. Ferner sind die Einschränkungen der Pfändbarkeit nach §§ 811—813, 850—852 ZPO. zu beachten (vgl. auch Erl. zu §§ 323, 342). Die Verwertung gepfändeter Gegenstände ist zunächst unzulässig, abgesehen von dem Ausnahmefall des § 930 Abs. 3 ZPO.

§ 352. Ein persönlicher Sicherheitsarrest[1]) ist nur zulässig, wenn er erforderlich ist, um die gefährdete Zwangsvollstreckung in das Vermögen des Pflichtigen zu sichern. Das Finanzamt ordnet ihn an und bestimmt dabei einen Geldbetrag, dessen Hinterlegung den Arrest beseitigt. Die Anordnung des Finanzamts tritt außer Kraft[2]), wenn sie nicht binnen dreier Tage[3]) von dem Landesfinanzamte bestätigt wird[4]). Gegen die Anordnung des Finanzamts ist die Beschwerde an das Finanzgericht[5]) und gegen dessen Entscheidung die Rechtsbeschwerde an den Reichsfinanzhof gegeben. Das Amtsgericht des Wohn- und [6]) Aufenthaltsorts des Pflichtigen vollzieht den persönlichen Sicherheitsarrest nach § 933 der Zivilprozeßordnung. Das Amtsgericht bestimmt die Beschränkungen der persönlichen Freiheit; im übrigen gilt § 298 Absatz 3 entsprechend.

[1]) Das ist der Arrest, dessen Vollzug in Beschränkungen der persönlichen Freiheit des Schuldners besteht (Haft, Verbot des Verlassens eines bestimmten räumlichen Bezirks usw.). Die Anordnung des Arrests als solchen obliegt auch hier dem Finanzamt; über Voraussetzungen und Inhalt der Anordnung gilt das in Anm. 2 zu § 351 Gesagte entsprechend). Der Vollzug, wozu auch die Bestimmung der anzuwendenden Beschränkungsmaßregel gehört, obliegt dem Amtsgericht (s. letzter Satz des § 352).

[2]) Ipso iure, ohne daß es einer weiteren Verfügung bedarf. Die Anordnung müßte also nach Umfluß der Dreitagfrist erforderlichenfalls von neuem getroffen werden.

[3]) Binnen drei Tagen nach Erlaß der Anordnung (s. Anm. 1 zu § 67). Mrozek will die Frist erst mit der Zustellung der Anordnung beginnen lassen. Allein abgesehen davon, daß formelle Zustellung zufolge § 73 Abs. 1 hier nicht unbedingt erforderlich (wenn auch höchst empfehlenswert) sein dürfte, ist zu bedenken, daß ja die Zulässigkeit des Arrestvollzugs zunächst nicht von der Bekanntgabe der Arrestanordnung an den Schuldner abhängt.

Die Bestätigung des Landesfinanzamts muß vor Ablauf des dritten Tages — den Tag des Erlasses der Anordnung nicht eingerechnet — beim Finanzamt eingegangen sein. Besondere Form ist nicht nötig. Fernmündliche oder telegraphische Mitteilung genügt.

[4]) Durch das Erfordernis der landesfinanzamtlichen Bestätigung dürfte die Wirksamkeit der Arrestanordnung zu-

nächst nicht aufgeschoben werden, da sonst in vielen Fällen der Zweck der Anordnung wohl vereitelt werden würde.

[5]) S. Anm. 6 zu § 351.

[6]) Redaktionsfehler; es muß heißen „oder" (s. Becker).

§ 353. (1) Wenn ein Finanzamt in den gesetzlich zugelassenen Fällen[1]) das im Inland befindliche Vermögen[2]) eines Pflichtigen mit Beschlag belegt[3]), hat es dies durch den Reichsanzeiger bekanntzumachen, kann es aber auch in anderen Blättern veröffentlichen.

(2) Mit der ersten Veröffentlichung im Reichsanzeiger verliert der Pflichtige das Recht, über das in Beschlag genommene Vermögen unter Lebenden zu verfügen.

(3) Die Anordnung kann im Grundbuch eingetragen werden; sie gilt anderen Personen auch dann als bekannt, wenn sie ihnen besonders zugestellt ist.

(4) Der Beschluß ist der Behörde mitzuteilen, die nach dem Bürgerlichen Gesetzbuch zur Bestellung eines Pflegers berufen ist.

(5) Die Beschlagnahme ist aufzuheben, wenn ihre Gründe weggefallen sind. Die Aufhebung ist durch dieselben Blätter bekanntzumachen, in denen die Beschlagnahme bekanntgemacht war.

[1]) Hierher gehören die Fälle des § 12 Abs. 4 KriegsStG. 1916, § 22 Abs. 3 Gesetz über Kriegsabgaben vom Vermögenszuwachs von 1919, § 28 Abs. 2 Gesetz über das Reichsnotopfer.

[2]) Beschlagnahme einzelner Gegenstände (z. B. § 101) gehört nicht hierher.

[3]) § 3 Gesetz über Steuernachsicht gehört nicht hierher, weil er keine Beschlagnahmebefugnis, sondern einen auf Grund Gesetzes eintretenden Vermögensverfall festlegt.

Fünfter Titel.

Befriedigung durch Verwertung von Sicherheiten.

§ 354. Zur Befriedigung von Ansprüchen, die im Zwangsverfahren beitreibbar sind[1]) und bei Fälligkeit[2]) nicht erfüllt werden, kann das Finanzamt Sicherheiten, die ihm gestellt sind oder die es sonst erlangt hat (§§ 101, 348, 349, 351 und ähnliche Fälle), durch die Vollstreckungsbehörde verwerten[3]). Soweit dazu Erklärungen des Pflichtigen nötig sind, ersetzt der Ausspruch der Vollstreckungsbehörde diese Erklärungen. Die Verwertung darf erst erfolgen, wenn dem Vollstreckungsschuldner die Verwertungsabsicht bekanntgegeben[4]) und seit der Bekanntgabe mindestens eine Woche verstrichen ist.

[1]) S. Anm. 1 zu § 298.

[2]) S. § 81 Abs. 3 und Anm. hierzu.

[3]) Die Verwertung erfolgt nach denselben Grundsätzen, die für die Verwertung gepfändeter Sachen gelten (§§ 324 ff.).

[4]) Über Bekanntgabe s. § 73 und Erläuterung hierzu. Formelle Zustellung ist nicht erforderlich.

Dritter Teil.

Strafrecht und Strafverfahren.

Erster Abschnitt.

Strafrecht.

§ 355. Das Strafgesetzbuch gilt, soweit die Steuergesetze nichts Abweichendes vorschreiben.

§ 355 regelt das Verhältnis der strafrechtlichen Bestimmungen der AO. sowie der übrigen Steuergesetze (s. § 3) zum allgemeinen Reichsstrafgesetzbuch. Hiernach gelten die Bestimmungen des Strafgesetzbuchs ohne weiteres auch auf steuerrechtlichem Gebiet. Nur, wo die AO. (bezw. sonstige Steuergesetze) Sonderbestimmungen getroffen haben, gehen diese den anders lautenden Vorschriften des Strafgesetzbuchs vor.

Vorstehender Grundsatz gilt zunächst bezüglich des Strafgesetzbuchs in seinem ganzen Umfange. Praktische Bedeutung hat er wohl nur hinsichtlich der Bestimmungen des allgemeinen Teils desselben. (§§ 1 bis 79 StGB.). Über die Anwendbarkeit dieser Bestimmungen auf steuerrechtlichem Gebiet ist im einzelnen folgendes zu bemerken.

1. Die Einteilung der Delikte (§ 1 StGB.) gilt auch für die AO, allerdings nur, soweit mit wirklicher (sog. Kriminal-) Strafe bedrohte Delikte in Frage kommen; die lediglich mit Ordnungsstrafe (§ 377) bedrohten Zuwiderhandlungen fallen nicht unter die Einteilung. (Näheres s. § 356).

2. § 2 StGB. (zeitliche Geltung der Strafvorschriften) ist anwendbar zufolge § 461.

3. §§ 3 bis 6 StGB. (räumliches Geltungsgebiet) gelten.

4. §§ 16, 18, 19 bis 27 StGB. (Strafvollzug, vorläufige Entlassung, Mindestgeldstrafe) gelten, § 27 jedoch nur, soweit nicht Steuergesetze eine andere Mindestgrenze statuieren, z. B. §§ 359 Abs. 1, 360 Abs. 2, 361 Abs. 1, 362 AO. usw.

5. Statt §§ 28, 29 StGB. (Strafumwandlung) gilt § 378 AO. (S. auch §§ 383 Abs. 4, 435, 436, 439 Abs. 1).

6. § 30 StGB. (Strafvollstreckung in den Nachlaß) gilt.

7. §§ 32 bis 36 StGB. (Aberkennung der bürgerlichen Ehrenrechte) gelten. Bezüglich der Zulässigkeit der Aberkennung ist jedoch § 364 AO. ausschließlich maßgebend.

8. §§ 40 bis 42 StGB. (Einziehung und Unbrauchbarmachung von Gegenständen) kamen nicht in Betracht. Bezüglich Einziehung gelten §§ 365, 379, 380 AO.

9. Die Bestimmungen über den Versuch (§§ 43 bis 45 StGB.) gelten. Sie erleiden jedoch für das praktisch bedeutsamste Steuerdelikt, die Steuerhinterziehung (§ 359) weitgehende Änderung durch § 360. Das gleiche gilt für die sog. Steuerhehlerei nach § 368.

Für die lediglich mit Ordnungsstrafe bedrohten Zuwiderhandlungen kommen die Versuchsvorschriften des StGB. nicht in Frage (vgl. Anm. 1 zu § 356).

10 § 46 StGB. (sog. tätige Reue) ist für das Steuerrecht in der Hauptsache ersetzt durch § 374. Soweit trotzdem Raum für seine Anwendung bleibt (z. B. § 368), gilt er.

11. Die Bestimmungen über Teilnahme (§§ 47 bis 49, 50 StGB) gelten; bezüglich der Beihilfe sind sie zum Teil ersetzt durch § 361 AO. Eine besondere Art der allgemeinen Teilnahme führt die AO. ein in der sogenannten Begünstigung (§§ 356 Abs. 2, 361).

12. Die Vorschriften über Strafausschließungs- und Milderungsgründe (§§ 51 bis 59 StGB.) gelten, ergänzt durch §§ 358 und 377 Abs. 1 S. 3 AO.

13. § 60 StGB. (Anrechnung der Untersuchungshaft) gilt.

14. Die Bestimmungen über Antragsdelikte (§§ 61 bis 65 StGB) gelten; sie haben Bedeutung für § 376 Abs. 3 AO.

15. § 66 StGB. (allgemeine Wirkung der Verjährung) gilt.

§§ 68, 69 StGB. (Verjährung der Strafverfolgung) gelten, ergänzt durch § 384 Abs. 2 AO. und — bezüglich der Verjährungsfristen — durch § 384 Abs. 1 AO.

§§ 70 bis 72 StGB. (Verjährung der Strafvollstreckung) gelten.

16. Bezüglich des Zusammentreffens mehrerer strafbarer Handlungen gilt § 383 AO, die einschlägigen §§ 73 bis 79 StGB. nur soweit, als § 383 sie für anwendbar erklärt.

Durch Ges. v. 21. Dezember 1921 (RGBl. S. 1604) wurde der Höchstbetrag aller Geldstrafen auf das zehnfache, für Verbrechen und Vergehen auf mindestens 100000 M. erhöht; weitere Bestimmungen betreffen die Freiheitsstrafen. Dieses Gesetz gilt auch für die AO. und die übrigen Steuergesetze. Doch werden, wie Boethge im Deutsch. StBl. 4. Jahrg. S. 319 an Hand der Gesetzesbegründung ausführt, nur die sog. Kriminalstrafen davon betroffen, nicht auch die bloßen Ordnungsstrafen. Das Gesetz hat Wirkung für die vom 1. Januar 1922 ab begangenen Straftaten. Die auf ein Vielfaches eines bestimmten Betrags bemessenen Geldstrafen sind ausdrücklich ausgenommen. Unberührt sind ferner die Mindestbeträge geblieben.

§ 356. (1) Steuerzuwiderhandlungen[1]) im Sinne dieses Gesetzes sind strafbare Verletzungen von Pflichten, die die Steuergesetze im Interesse der Besteuerung auferlegen.

(2) Als Steuerzuwiderhandlung gilt auch eine dem Täter oder Teilnehmer gewährte Begünstigung[2]).

[1]) Unter dem Oberbegriff „Steuerzuwiderhandlungen" vereinigt die AO. alle strafbaren Zuwiderhandlungen gegen die Steuergesetze, gleichgültig, ob sie mit eigentlicher (sog Kriminal=) Strafe oder mit bloßer Ordnungsstrafe bedroht sind. Die weitere Einteilung in Vergehen und Übertretungen nach § 1 StGB. gilt nur für die kriminell strafbaren Zuwiderhandlungen.

[2]) Näheres über Begünstigung s. § 361.

§ 357. Wenn in Betrieben von juristischen Personen oder Personenvereinigungen Steuerzuwiderhandlungen begangen werden, kann da, wo das Gesetz die Strafe für verwirkt erklärt, ohne daß ein Verschulden einer natürlichen Person festgestellt zu werden braucht, die Geldstrafe gegen die juristische Person oder Personen=

vereinigung selber erkannt und diese in die Kosten des Strafverfahrens verurteilt werden.

§ 357 begründet in beschränktem Umfange die — mit den herkömmlichen strafrechtlichen Begriffen nicht vereinbarliche — Zulässigkeit der Bestrafung von Personenmehrheiten und zwar gleichgültig, ob es sich um Personenmehrheiten mit (z. B. Akt.-Ges., G. m. b. H.) oder ohne Rechtspersönlichkeit (z. B. offene Handelsgesellschaft) handelt. Voraussetzung ist, daß eine Zuwiderhandlung in Frage steht, die

1. einen gegen die Personenmehrheit als solche bestehenden Anspruch des Staates verletzt, (s. Anm. 1 zu § 86), und

2. vom Gesetz unter Strafe gestellt ist, ohne das Erfordernis eines Verschuldens einer natürlichen Person.

Da zum Tatbestand der meisten Steuerzuwiderhandlungen (wie der strafbaren Handlungen überhaupt) persönliches Verschulden gehört (z. B. bei Steuerhinterziehung), ist das Anwendungsgebiet des § 357 nur auf die Fälle der sog. Formaldelikte beschränkt, mithin auf die mit bloßer Ordnungsstrafe (§ 377) bedrohten Steuerzuwiderhandlungen sowie zahlreiche Zuwiderhandlungen gegen Zoll- u. Verbrauchssteuergesetze, bei denen Hinterziehungsstrafe schon auf Grund eines bestimmten äußeren Tatbestandes eintritt.

Die Verhängung einer Ordnungsstrafe gegen eine Personenmehrheit dürfte auch dann zulässig sein, wenn für den verantwortlichee Vertreter derselben ein Strafausschließungsgrund vorliegt (§ 377 Abs. 1 S. 3). Anders wohl dann, wenn die Zuwiderhandlung auf unabwendbarem Zufall beruht.

Bezüglich der nicht unter § 357 fallenden Steuerzuwiderhandlungen kann eine Strafe also stets nur gegen die Person (oder Personen) ausgesprochen werden, bei welcher das Verschulden festgestellt wird. Eine ev. Mithaftung der von diesen Personen vertretenen Personenmehrheiten ist durch § 381 festgelegt.

§ 358. Straffrei bleibt, wer in unverschuldetem Irrtum[1]) über das Bestehen oder die Anwendbarkeit steuerrechtlicher Vorschriften die Tat für erlaubt gehalten hat[2]).

[1]) § 358 bedeutet eine Durchbrechung des allgemeinen strafrechtlichen Grundsatzes „Unkenntnis des Gesetzes schützt nicht vor Strafe" für das Gebiet des Steuerstrafrechts; er schafft somit einen neuen, dem allgemeinen Strafrecht des StGB gänzlich fremden Strafausschließungsgrund. Die Schaffung dieses Strafausschließungsgrundes findet ihre Begründung darin, daß sich auf steuerrechtlichem Gebiet sehr wohl Fälle denken lassen — man denke nur an die vielen Formalvorschriften! — in denen dem Zuwiderhandelnden wirklich durchaus das Bewußtsein fehlt, gesetzlich strafbar zu handeln. (Anders im allgemeinen Strafrecht des StGB., welches sozusagen den allgemein bekannten, ja geradezu in das natürliche Bewußtsein des Menschen eingeschriebenen Sittenkodex enthält.)

Der Strafausschließungsgrund des § 358 liegt nur vor, wenn

1. der Zuwiderhandelnde nicht wußte, daß seine Handlung bzw. Unterlassung den Steuergesetzen zuwiderlaufe, und
2. diese Unkenntnis nicht etwa auf einem Verschulden des Pflichtigen beruht.

Besonders die letztgenannte Voraussetzung ist von größter Wichtigkeit und entkleidet den auf den ersten Blick vielleicht zu bedenklich erscheinenden Grundsatz des § 358 seiner hauptsächlichsten Gefährlichkeit für die Anwendung der Strafbestimmungen des Steuerrechts. Bezüglich des Grades des Verschuldens gilt entspr. das in Anm. 3 Nr. 2 zu § 210 Gesagte. Bei Prüfung der Frage der fahrlässigen Unkenntnis wird u. a. (abgesehen von den in Anm. 3 zu § 210 angeführten Momenten) zu berücksichtigen sein der Umfang der dem Pflichtigen zu Gebote stehenden Hilfs- und Informationsmittel, der ihm etwa bereits zuteil gewordenen

Belehrungen usw. Bei einer im Geschäftsleben stehenden Person werden im Hinblick auf die heute bestehende allgemein bekannte Durchdringung des Wirtschaftslebens mit steuerlichen Verpflichtungen an den Nachweis der Entschuldbarkeit einer ev. Unkenntnis besonders hohe Anforderungen gestellt werden müssen.

[3]) Falls der Strafausschließungsgrund des § 358 geltend gemacht wird, hat nach allgemeinen strafprozessualen Grundsätzen die Steuerbehörde dessen Nichtvorliegen zu beweisen; nicht etwa trifft den Beschuldigten eine Beweislast. Bei der Begründung von Strafbescheiden ist hierauf evtl. Bedacht zu nehmen.

§ 359. (1) Wer zum eigenen Vorteil oder zum Vorteil eines andern nicht gerechtfertigte Steuervorteile[1]) erschleicht oder vorsätzlich bewirkt[2]), daß Steuereinnahmen verkürzt werden, wird wegen Steuerhinterziehung[3]) mit den in den einzelnen Gesetzen hierfür angedrohten Stafen[4]) bestraft. Der Mindestbetrag einer Geldstrafe ist, soweit kein anderer Betrag bestimmt ist, zwanzig Mark.

(2) Der Steuerhinterziehung macht sich auch schuldig, wer Sachen, für die ihm Steuerbefreiung oder Steuervorteile gewährt sind, zu einem Zwecke verwendet, der der Steuerbefreiung oder dem Steuervorteile, die er erlangt hat, nicht entspricht, und es zum eigenen Vorteil oder zum Vorteil eines anderen vorsätzlich unterläßt, dies dem Finanzamt vorher rechtzeitig anzuzeigen.

(3) Es genügt, daß infolge der Tat ein geringerer Steuerbetrag festgesetzt oder ein Steuervorteil zu Unrecht gewährt oder belassen ist; ob der Betrag, der sonst festgesetzt wäre, aus anderen Gründen hätte ermäßigt werden müssen oder der Vorteil aus anderen Gründen hätte beansprucht werden können, ist für die Bestrafung ohne Bedeutung.

(4) Eine Steuerumgehung (§ 5) ist nur dann als Steuerhinterziehung strafbar, wenn die Verkürzung der Steuereinnahmen oder die Erzielung der ungerechtfertigten Steuervorteile dadurch bewirkt wird, daß der Täter vorsätzlich Pflichten verletzt, die ihm im Interesse der Ermittlung einer Steuerpflicht obliegen.

(5) Die Vorschriften der Zoll- und Verbrauchsabgabengesetze, nach denen eine Bestrafung wegen Steuerhinterziehung eintritt, ohne daß der Vorsatz der Hinterziehung festgestellt zu werden braucht, bleiben unberührt.

[1]) Es muß sich um effektive wirtschaftliche Vorteile handeln, z. B. Erwirkung einer Erstattung oder einer Vergütung.

[2]) Mit den Worten „erschleicht oder vorsätzlich bewirkt" ist lediglich zum Ausdruck gebracht, daß als Verschuldensgrad Vorsatz erfordert wird, d. h. das Bewußtsein des Zuwiderhandelnden, daß durch seine Handlung ihm oder einem anderen wirtschaftliche Vorteile zum Nachteile des Staates zufallen, auf die er nach den Steuergesetzen kein Recht hat. Eine Absicht der Hinterziehung usw., die von den Pflichtigen meist abgeleugnet wird, braucht gar nicht vorzuliegen. Die Absicht, d. h. der Zweck, den der Delinquent mit seiner Handlung im Auge hatte, kann unter Umständen sich wirklich nach einer anderen Richtung bewegen, dies ist jedoch für das Vorliegen des Hinterziehungstatbestandes gleichgültig.

Neben der vorsätzlichen ist übrigens die bloße fahrlässige Hinterziehung ausdrücklich unter Strafe gestellt durch § 367.

[3]) D. i. die bedeutsamste, in der Praxis am häufigsten in die Erscheinung tretende Deliktsform. Über die Abgrenzung von vollendetem Delikt und Versuch s. § 360.

[4]) Die einzelnen Steuergesetze bestimmen meist ein Vielfaches des hinterzogenen Betrages als Strafmaß. Dem-

entsprechend ist auch bei Straffestsetzung in diesen Fällen die Strafe auf ein Vielfaches des Grundbetrages zu bemessen. Freierer Spielraum für die Strafzumessung ist nur im Fall des § 362 gewährt.

§ 360. (1) Der Versuch[1]) der Steuerhinterziehung ist strafbar. Er ist auch dann strafbar, wenn die vollendete Tat eine Übertretung[2]) wäre.

(2) Die für die vollendete Tat angedrohte Strafe gilt auch für den Versuch[3]); Geldstrafen, die auf ein Vielfaches des hinterzogenen Betrags zu bestimmen sind, sind nach der Steuerverkürzung oder dem Steuervorteile zu bemessen, die bei Vollendung der Tat eingetreten wären.

[1]) Über die Abgrenzung von vollendeter Hinterziehung und Hinterziehungsversuch ist zu sagen: Vollendet ist die Hinterziehung in dem Zeitpunkt, in dem eine behördliche Verfügung (Steuerbescheid usw.) vorliegt, welche die Festsetzung des Steuervorteils oder des verkürzten Steueranspruchs (§ 359 Abs. 1) enthält (über den Eintritt dieses Zeitpunktes s. Anm. 1 zu § 67), oder in dem Zeitpunkt, in dem ohne vorherige schriftliche Verfügung dem Pflichtigen der wirtschaftliche Vorteil tatsächlich zugeflossen ist (z. B. Empfang eines Vergütungsbetrags). Bis zu diesem Zeitpunkt kommt lediglich Versuch in Frage. Für die strafrechtliche Behandlung ist diese Unterscheidung übrigens belanglos, da eine Verschiedenheit des Strafrahmens (wie in § 44 StGB.) hier zufolge § 360 Abs. 2 nicht besteht.

Um so wichtiger ist die Unterscheidung der Versuchshandlungen von den straflosen bloßen sog. Vorbereitungshandlungen (hierüber § 43 StGB. und die hierzu bestehenden Erläuterungen). Eine Versuchshandlung dürfte erst dann vorliegen, wenn der Schuldige mit der den Tatbestand des § 359 bildenden Handlung aus seinem internen Wirtschaftsleben heraus und der Steuerbehörde gegenüber getreten ist. So z. B. ist erst die Absendung einer bewußt unrichtig abgefaßten Steuererklärung an das Finanzamt als Hinterziehungsversuch anzusehen. Ferner bildet die Führung unrichtiger Bücher zum Zwecke der Hinterziehung an sich zunächst bloße Vorbereitungshandlung. Sie wird zum strafbaren Versuch durch Vorlage an die Steuerbehörde.

[2]) Die Erstreckung der Strafbarkeit des Versuchs auf bloße Übertretungen (§ 1 Abs. 3 StGB.) bedeutet eine Erweiterung der Bestimmung des § 43 StGB. für die Hinterziehungsdelikte.

[3]) S. oben Anm. 1. Die Tatsache, daß bloßer Versuch vorliegt, kann auch nicht etwa einen Strafmilderungsgrund bilden. Der Gesetzgeber hat vielmehr hier völlige Gleichbehandlung von Versuch und Vollendung beabsichtigt.

§ 361. (1) Die Strafe für die Tat gilt auch für eine Beihilfe[1]) oder Begünstigung[2]), die jemand seines Vorteils wegen[3]) begeht.

(2) Liegt eine Übertretung vor[4]), so werden Beihilfen und Begünstigung mit Geldstrafe bis zu einhundertfünfzig Mark bestraft.

[1]) § 361 Abs. 1 enthält bezüglich der Steuerhinterziehung eine Ausnahme von der durch § 49 Abs. 2 StGB. festgelegten milderen Bestrafung der Beihilfe. Wenn Beihilfe nicht des eigenen Vorteils wegen geleistet wird, dann gilt die allgemeine Regel des § 49 Abs. 2 StGB.

[2]) Unter „Begünstigung" (s. § 356 Abs. 2) ist der dem Defraudanten nach begangener Hinterziehung zum Zwecke der Verheimlichung, wirtschaftlichen Verwertung, oder Sicherung der erlangten Vorteile wissentlich gewährte Beistand zu verstehen. Soweit übrigens der Tatbestand der Steuerhehlerei (§ 368) vorliegt, ist nur § 368 anzuwenden.

[3]) „Seines Vorteils wegen" im Sinne dieser Gesetzesstelle ist nicht etwa gleichbedeutend mit „aus egoistischen Gründen", sondern es wird ein Handeln zur Erlangung be-

stimmter wirtschaftlicher oder anderer Vorteile wegen erfordert.

[4]) Gleichgültig, ob Handeln des eigenen Vorteils wegen vorliegt oder nicht.

§ 362. Soweit der Betrag der Steuerverkürzung oder des Steuervorteils, nach denen die Geldstrafe zu bemessen ist, nicht festgestellt werden kann [1]), ist, wenn nicht eine geringere oder höhere Strafe vorgesehen ist [2]), auf eine Geldstrafe von zwanzig bis zu einer Million Mark zu erkennen.

[1]) Dies dürfte auch besonders bei bloß schätzungsweisen Veranlagungen der Fall sein, da es hierbei wohl an einer eigentlichen „Feststellbarkeit" des hinterzogenen Betrages fehlen dürfte. „Soweit" übrigens ziffernmäßige Feststellung getroffen werden kann, gilt § 362 seinem Wortlaut zufolge nicht.

[2]) D. h. wenn nicht in den betr. Steuergesetzen ein andere Höchst- oder Mindestgrenze vorgesehen ist. Wegen Erhöhung der Strafgrenzen s. Bem. zu § 355 a. E.

§ 363. Wenn wegen Steuerhinterziehung neben der Geldstrafe auf Gefängnis erkannt werden darf [1]) oder auf eine Geldstrafe von mehr als fünftausend Mark erkannt wird, kann im Straferkenntnis (Urteil oder Strafbescheid) angeordnet werden, daß die Bestrafung auf Kosten des Verurteilten bekanntzumachen sei [2]).

[1]) Es ist also keineswegs erforderlich, daß im Strafbescheid tatsächlich auf Gefängnisstrafe erkannt worden ist.

[2]) Diese Anordnung ist eine eigentliche Strafe; sie ist mit den gleichen Rechtsmitteln anfechtbar wie der übrige Strafbescheid.

Der Umstand, daß es sich hier um ein besonderes — und zwar unter Umständen sehr empfindliches — Strafmittel handelt, muß bei den Erwägungen über den Strafausspruch eingehend berücksichtigt werden. Die Finanzbehörden haben sich insbesondere davor zu hüten, bei Handhabung ihrer Befugnis nach § 363 irgendwie schematisch oder „grundsätzlich" zu verfahren.

§ 364. Wird wegen Steuerhinterziehung auf eine Gefängnisstrafe von mindestens drei Monaten erkannt[1]), so kann zugleich auf Verlust der bürgerlichen Ehrenrechte[2]) erkannt werden.

[1]) § 364 enthält insoweit eine Abweichung von § 32 StGB.

[2]) Über die Wirkungen des Verlusts der bürgerlichen Ehrenrechte s. §§ 33ff. StGB.

§ 365. (1) Bei Verurteilung wegen Steuerhinterziehung (§ 359) ist neben der Geld- oder Freiheitsstrafe auf Einziehung der steuerpflichtigen Erzeugnisse und zollpflichtigen Waren zu erkennen, hinsichtlich derer die Hinterziehung begangen worden ist.

(3) Kann die Einziehung nicht vollzogen werden, so ist auf Erlegung des Wertes der Erzeugnisse oder Waren und, soweit dieser nicht zu ermitteln ist, auf Zahlung einer Geldsumme von zwanzig bis dreihunderttausend Mark zu erkennen.

(3) War der Herstellungsbetrieb der Erzeugnisse der Steuerbehörde nicht angemeldet worden (§ 194 Absatz 1), so ist außerdem die Einziehung aller in den Betriebs- und Lagerräumen vorhandenen Vorräte an steuerpflichtigen Erzeugnissen sowie der zur Herstellung dienenden Geräte verwirkt.

§ 366. (1) Wenn jemand in der Absicht der Steuerhinterziehung in seinem Betrieb oder Berufe Bücher oder Aufzeichnungen unrichtig führt, unrichtige Geschäftsabschlüsse vorlegt oder ähnliche arglistige Mittel anwendet, oder jemand bei Betrieben, die der Steueraufsicht unterliegen, wesentliche Aufsichtsvorschriften grob verletzt, kann ihm das Landesfinanzamt, wenn er deshalb wiederholt wegen Steuerhinterziehung bestraft ist[1]) und diese Tatsachen in den Straferkenntnissen festgestellt sind, nach Rechtskraft des zweiten oder eines späteren Straferkenntnisses auf Zeit oder Dauer untersagen, seinen Betrieb oder seinen Beruf fortzusetzen oder durch andere zu seinem Vorteil fortsetzen zu lassen[2]).

(2) Liegen die Voraussetzungen des ersten Absatzes bei Vertretern oder Angestellten eines Steuerpflichtigen vor, so kann ihnen das Landesfinanzamt die weitere Tätigkeit in dem Unternehmen verbieten.

(3) Gegen den Beschluß des Landesfinanzamts ist die Beschwerde an den Reichsfinanzhof zulässig. Dieser entscheidet im Beschlußverfahren. Die Beschwerde hat aufschiebende Wirkung.

(4) Das Finanzamt kann die Durchführung des Verbots nach § 202 erzwingen[3]).

(5) Nach Ablauf eines Jahres seit der Rechtskraft des Untersagungsbeschlusses kann das Landesfinanzamt den Beschluß aufheben.

[1]) Der nicht ganz glückliche Wortlaut „wenn er deshalb wiederholt wegen Steuerhinterziehung bestraft ist" kann zu der Annahme verleiten, daß der Gesetzgeber bereits in der Führung unrichtiger Bücher usw. eine strafbare Hinterziehung im Sinne der §§ 359, 360 erblickt. Dies dürfte nicht zutreffen; der oben in Anm. 1 zu § 360 dargestellte Unterschied zwischen sog. straflosen Vorbereitungshandlungen und strafbaren Hinterziehungshandlungen dürfte vielmehr seine Richtigkeit haben.

§ 366 hat demnach die Fälle im Auge, wo die angeführten ungesetzlichen Machenschaften bereits mehrmals in einer nach §§ 359, 360 strafbaren Weise verwertet bzw. zu verwerten versucht wurden und daher zur Bestrafung wegen Hinterziehung geführt haben.

[2]) Der Beschluß des Landesfinanzamts ist dem Betroffenen gemäß § 78 bekannt zu geben. Formelle Zustellung, desgleichen Rechtsmittelbelehrung ist nicht erforderlich.

[3]) In diesem Falle gelten nicht nur die Vorschriften des § 202 in vollem Umfange, sondern auch die einschlägigen Rechtsmittelvorschriften der §§ 281—283. Denn das Verbot nach § 366 fällt nicht in den Rahmen des Strafverfahrens, sondern stellt eine reine Verwaltungsmaßnahme dar. Die in Anm. 1 zu § 283 zit. Entsch. des RFH. dürfte hier keinesfalls zutreffen.

§ 367. (1) Wer fahrlässig als Steuerpflichtiger oder als Vertreter oder bei Wahrnehmung der Angelegenheiten eines Steuerpflichtigen bewirkt, daß Steuereinnahmen verkürzt oder Steuervorteile zu Unrecht gewährt oder belassen werden (§ 359 Absatz 1, 2), wird, soweit in den einzelnen Gesetzen nichts Abweichendes vorgeschrieben ist, wegen Steuergefährdung mit einer Geldstrafe bestraft, die im Höchstbetrage halb so hoch ist wie die für die Steuerhinterziehung angedrohte Geldstrafe.

(2) Eine Steuerumgehung (§ 5) ist nur dann als Steuergefährdung zu bestrafen, wenn die Verkürzung der Steuereinnahmen oder die Gewährung der ungerechtfertigten Steuervorteile dadurch bewirkt wird, daß der Täter vorsätzlich oder fahrlässig Pflichten verletzt, die ihm im Interesse der Ermittlung einer Steuerpflicht obliegen.

Die Unmöglichkeit einer bis ins einzelste gehenden Kontrollführung des Staates über den wirtschaftlichen Betrieb seiner Steuerzahler bringt es mit sich, daß der Staat im weitesten Umfang von dem guten Willen und der Zuverlässigkeit der Pflichtigen abhängt. Dementsprechend kann der

Staat sich nicht damit zufrieden geben, daß die Steuerpflichtigen ihn nicht wissentlich hintergehen und schädigen, er muß vielmehr von seinen Untertanen ein gewisses Maß unmittelbarer Sorgfaltanwendung bei Behandlung aller steuerrechtlichen Angelegenheiten verlangen, richtiger gesagt, bei Besorgung aller eigenen Angelegenheiten, welche steuerrechtliche Bedeutung haben können. Läßt der Pflichtige diese Sorgfalt außer Acht und tritt dadurch eine der Folgen des § 359 ein, so soll gegen ihn — falls nicht ohnehin Vorsatz und damit die unmittelbare Anwendung des § 359 in Frage kommt — unter Umständen wegen fahrlässiger Steuerhinterziehung strafrechtlich eingeschritten werden können. Dies ist die Bedeutung des § 367.

Über Umfang und Voraussetzungen der strafbaren Fahrlässigkeit gilt hier das in Anm. 1 Nr. 2 zu § 358 sowie in Anm. 3 Nr. 2 zu § 210 Gesagte entsprechend.

Einen strafbaren Versuch einer fahrlässigen Steuerhinterziehung gibt es nicht.

§ 368. Wer seines Vorteils wegen Gegenstände, von denen er weiß oder den Umständen nach annehmen muß, daß Steuern für sie hinterzogen sind (§ 359 Absatz 1, 2), kauft oder sonst an sich bringt, verheimlicht, absetzt oder zu ihrem Absatz mitwirkt, wird wegen Steuerhehlerei mit der für die Steuerhinterziehung angedrohten Strafe bestraft. Die §§ 360 bis 365 gelten entsprechend.

§ 369. (1) Wer im Inland wegen Steuerhinterziehung oder Steuerhehlerei bestraft worden ist und vor Ablauf von drei Jahren, nachdem die Strafe ganz oder zum Teil bezahlt, verbüßt oder erlassen worden ist, wieder eine dieser Handlungen begeht, wird, soweit nicht höhere Geldstrafen vorgeschrieben sind, mit einer Geldstrafe in Höhe des doppelten Betrags[1]), der für die einfache Tat angedroht ist, bestraft. Neben der Geldstrafe kann auf Gefängnis bis zu zwei Jahren, und wenn für die einfache Tat bereits Gefängnisstrafe zugelassen ist, auf eine Gefängnisstrafe bis zur doppelten Höhe der für die einfache Tat zugelassenen Strafe erkannt werden; die Strafe darf jedoch fünf Jahre nicht überschreiten.

(2) Bei jedem weiteren Rückfall im Sinne des ersten Absatzes ist neben der Geldstrafe auf Gefängnis erkennen. Sind mildernde Umstände vorhanden, so kann auf eine Geldstrafe bis zur Höhe des doppelten Betrags der für den ersten Rückfall angedrohten Strafe erkannt werden.

(3) Im Falle des § 359 Absatz 5 darf auf Gefängnis nur erkannt werden, wenn der Vorsatz der Hinterziehung festgestellt wird.

[1]) d. h. bis zur Höhe des doppelten Betrags.

§ 370. Steuerpflichtige Erzeugnisse, die im Handel nicht vorschriftsmäßig verpackt oder bezeichnet angetroffen werden oder nicht vorschriftsmäßig versteuert worden sind, unterliegen der Einziehung.

§ 371. (1) Wer dem § 165 Absatz 1 zuwiderhandelt, wird mit einer Geldstrafe bis zu zwanzigtausend Mark bestraft.

(2) Wird die Absicht der Steuerhinterziehung[1]) festgestellt, so kann auf Geldstrafe bis zu einhunderttausend Mark und ganz oder teilweise auf Einziehung der Vermögenswerte erkannt werden, auf die sich die Steuerzuwiderhandlung bezieht.

[1]) Hier spielt die Hinterziehungsabsicht eine ausschlaggebende Rolle (im Gegensatz zu § 359, s. Anm. 2 dort). Nur auf die Absicht kommt es an: das Vorliegen des Hinterziehungstatbestandes selbst (§ 359) ist nicht erforderlich.

§ 372. Wer vorsätzlich oder fahrlässig[1]) dem § 165 Absatz 2, 3 oder den §§ 187, 189, 190 zuwiderhandelt, wird mit Geldstrafe bis zu zehntausend Mark bestraft.

[1]) Über steuerrechtliche Bedeutung und Umfang des Fahrlässigkeitsbegriffs s. Erläut. zu § 367.

§ 373. Wer vorsätzlich dem § 97 zuwiderhandelt, wird mit einer Geldstrafe bis zur Höhe des doppelten Betrags der verkürzten Beträge bestraft.

§ 374. (1) Wer in den Fällen der §§ 359, 367, 371 bis 373[1]), bevor er angezeigt[2]) oder eine Untersuchung[3]) gegen ihn eingeleitet ist (§ 406 Absatz 2), unrichtige oder unvollständige Angaben bei der Steuerbehörde, ohne dazu durch eine unmittelbare Gefahr der Entdeckung veranlaßt zu sein[4]), berichtigt oder ergänzt oder unterlassene Angaben nachholt[5]), bleibt insoweit straffrei. Sind in den Fällen der §§ 359, 371 Steuerverkürzungen bereits eingetreten oder Steuervorteile gewährt oder belassen, so tritt die Straffreiheit nur ein, wenn der Täter die Summe, die er schuldet, nach ihrer Festsetzung innerhalb der ihm bestimmten Frist[6]) entrichtet; das gleiche gilt im Falle des § 367.

(2) Wird die im § 97 vorgeschriebene Anzeige rechtzeitig und ordnungsgemäß erstattet, so werden diejenigen, welche die dort bezeichneten Erklärungen abzugeben unterlassen oder unrichtig oder unvollständig abgegeben haben, dieserhalb nicht strafrechtlich verfolgt, es sei denn, daß vorher gegen sie Strafanzeige erstattet oder eine Untersuchung eingeleitet worden ist.

[1]) § 374 ersetzt für die hier ausdrücklich aufgeführten Fälle von Steuerzuwiderhandlungen die Vorschrift des § 46 StGB. über die sog. „tätige Reue". Die Voraussetzungen einer rechtlich wirksamen tätigen Reue sind:

1. Daß noch keine Strafanzeige oder Untersuchung vorliegt. Diese Voraussetzung ist rein objektiv aufzufassen; ob der Betroffene von der Anzeige oder Untersuchung bereits Kenntnis hatte, ist gleichgültig;

2. Daß der Pflichtige nicht durch die Gefahr unmittelbarer Entdeckung zur Nachholung der Angaben usw. veranlaßt wurde. Dies ist eine subjektiv, das heißt vom Standpunkte des Pflichtigen aus zu beurteilende Voraussetzung. Ob die Entdeckungsgefahr, die den Pflichtigen zur nachträglichen Berichtigung usw. veranlaßte, in Wirklichkeit bestand, ist gleichgültig.

[2]) Anzeige liegt vor, sobald dieselbe bei einer Finanzbehörde, Staatsanwaltschaft (§ 391) oder sonstigen zur Mitwirkung im Strafverfahren berufenen Behörde (§ 392) eingegangen ist.

[3]) Untersuchung liegt vor, sobald die darauf bezügliche Verfügung aktenkundig gemacht ist (§ 406 Abs. 2). Eine aus den Akten hervorgehende Vornahme einer Untersuchungshandlung dürfte übrigens gleichfalls genügen; denn daß das versehentliche Unterlassen ausdrücklicher Einleitungsverfügung dem Defraudanten zugute kommen sollte, wäre wohl ein etwas stark formalistischer Standpunkt.

[4]) S. oben Anm. 1 Nr. 2.

[5]) Maßgebend ist der Zeitpunkt, in welchem der Pflichtige das seinerseits Erforderliche getan hat, um die Berichtigung usw. zur Kenntnis der Finanzbehörde zu bringen, z. B. Aufgabe des Berichtigungsschreibens bei der Post, Protokollgabe bei der Behörde Wann die Finanzbehörde tatsächlich in den Besitz der Aufklärung gelangte, ist an sich bedeutungslos. Allerdings ist bei Benützung gewöhnlichen Briefs die Gefahr des Verlusts oder der Verzögerung groß und wenn auch eine Beweislast dem Pflichtigen im Strafrecht in keiner Weise (wie etwa im Ermittlungsverfahren, vgl. Anm. 1 zu § 64) aufgebürdet werden darf, so läuft der Pflichtige eben doch Gefahr, daß die Strafbehörde bezüglich

seiner Behauptungen zu einem gegenteiligen Beweisergebnis gelangt.

Daß die Berichtigung usw. gerade an die zuständige oder überhaupt an eine Finanzbehörde gerichtet ist, dürfte kaum erforderlich sein, vielmehr genügen, wenn sie einer Behörde gegenüber erfolgt, durch deren Vermittlung der Pflichtige die Übersendung oder sonstige Mitteilung an die zuständige Stelle mit Bestimmtheit erwarten darf.

[6]) Von Bekanntgabe (§ 73) der Festsetzung an.

§ 375. Wer geschäftsmäßig[1]) in Angeboten oder Aufforderungen, die an einen größeren Personenkreis gerichtet sind[2]), darauf hinweist, daß bei Geschäftsabschlüssen in bestimmter Weise außer dem geschäftlichen Zwecke noch Ersparungen oder Vorteile bei der Besteuerung erreicht werden können[3]), wird mit einer Geldstrafe bis zu fünfhundert Mark bestraft.

[1]) Gewerbsmäßigkeit ist nicht erforderlich. Geschäftsmäßige Betätigung ist die nachhaltige, unter Mühe- und Zeitaufwand und in der Absicht der Wiederholung vorgenommene Betätigung. Absicht der Gewinnerzielung ist nicht erforderlich.

[2]) Öffentlichkeit der Hinweisung ist nicht erforderlich. Es können z. B. auch Hinweisungen in geschlossenen Vereinen oder Versammlungen unter § 375 fallen. Bloße Äußerungen in Bekanntenkreisen, am Biertisch usw. gehören nicht hierher.

[3]) Sogar, wenn es sich um Vorteile handelt, die in einer den Steuergesetzen nicht gerade zuwiderlaufenden Weise erreicht werden sollen.

Selbstverständlich gehören aber nicht hierher Ausführungen (Vorträge, Presseartikel usw.), in denen jemand zur Aufklärung des Publikums über Steuergesetze und steuerliche Verpflichtungen eine Erläuterung dieser Gesetze vornimmt. Doch kann Erlaubtes und Unerlaubtes in solchen Ausführungen sehr nahe bei einander liegen und ist eine Prüfung der Frage, inwieweit nicht etwa ein verkappter Verstoß gegen § 375 vorliegt, nicht immer einfach.

Wenn Anstiftung zur Hinterziehung (§§ 359 AO., 48 StGB.) in Frage kommt, scheidet § 375 überhaupt aus.

§ 376. (1) Beamte (§ 10 Absatz 1 bis 4), die Verhältnisse eines Steuerpflichtigen, die sie dienstlich oder bei Wahrnehmung ihrer Obliegenheiten erfahren haben, anderen unbefugt mitteilen oder Betriebs- oder Gewerbegeheimnisse, die sie in gleicher Weise erfahren haben, unbefugt verwerten, werden mit Geldstrafe bis zu dreitausend Mark oder mit Gefängnis bis zu sechs Monaten bestraft.

(2) Ist die Handlung aus Eigennutz oder in der Absicht begangen worden, den Steuerpflichtigen zu schädigen, so kann auf Geldstrafe bis zu dreißigtausend Mark und statt ihrer oder neben ihr auf Gefängnis sowie auf Unfähigkeit zur Bekleidung öffentlicher Ämter auf die Dauer von einem bis zu fünf Jahren erkannt werden.

(3) Im Falle des ersten Absatzes tritt die Strafverfolgung nur auf Antrag[1]) ein. Antragsberechtigt ist das Landesfinanzamt und der Steuerpflichtige, dessen Interesse verletzt ist.

[1]) Über Antrag s. §§ 61 bis 65 StGB.

§ 377. (1) Wer den im Interesse der Steuerermittlung oder Steueraufsicht erlassenen Vorschriften der Steuergesetze oder der dazu ergangenen und öffentlich oder den Beteiligten besonders bekanntgemachten Verwaltungsbestimmungen[1]) durch andere als die in den Steuergesetzen unter Strafe gestellten Handlungen oder Unterlassungen zuwiderhandelt[2]), wird mit einer Ordnungsstrafe von fünf bis fünfhundert Mark[2a]) bestraft. Dies gilt nicht für

Sollvorschriften[3]). Die Ordnungsstrafe wird nicht verhängt, wenn festgestellt wird, daß Strafausschließungsgründe vorliegen oder die Zuwiderhandlung auf einem unabwendbaren Zufall beruht[4]).

(2) Die Ordnungsstrafe kann bis auf das Doppelte erhöht werden, wenn der Täter vorsätzlich einen mit der Durchführung der Steuergesetze beauftragten Beamten in der rechtmäßigen Ausübung seines Dienstes hindert.

(3) Wenn nach § 202 für den Fall der Nichtbefolgung einer Anordnung ein Zwangsmittel angedroht ist, darf wegen der Nichtbefolgung dieser Anordnung nicht auf eine Ordnungsstrafe erkannt, sondern nur das Zwangsmittel angewandt werden[5]).

[1]) Hierzu gehören nicht nur Ausführungsbestimmungen im eigentlichen Sinne, sondern alle sonstigen von den Finanzverwaltungsbehörden innerhalb ihrer gesetzlichen Befugnis im Interesse der Steuerermittlung oder Steueraufsicht erlassenen Anordnungen allgemeiner Natur. Sog. Einzelverfügungen, d. s. Anordnungen, die sich nur an bestimmte einzelne Personen wenden, gehören nicht hierher; bei diesen kann höchstens Erzwingung nach § 202 in Frage kommen.

Beispiele von unter § 377 fallenden Zuwiderhandlungen sind: Nichteinreichung gesetzlich vorgeschriebener Erklärungen innerhalb der vorgeschriebenen Fristen (die Auferlegung eines Zuschlages nach § 170 schließt an sich die Verhängung einer Ordnungsstrafe nicht aus), Nichtführung gesetzlich vorgeschriebener Bücher (anders verhält es sich mit den Vorschriften über die formelle Einrichtung der Buchführung), Nichterstattung gesetzlich vorgeschriebener Anzeigen über Betriebsbeginn usw.

Auszuscheiden haben aus § 377 jene Fälle, die zum Tatbestand eines Sonderdeliktes gemacht sind, z. B. Zuwiderhandlungen gegen § 165 (s. §§ 371, 372), gegen § 97 (s. § 373), gegen §§ 187, 189, 190 (s. § 372).

[2]) Es handelt sich in § 377 um sog. Formaldelikte. Ein Verschulden im strafrechtlichen Sinne ist nicht erforderlich. Näheres hierüber s. Erläuterung zu § 357. (Über Strafausschließungsgründe s. unten Anm. 4.)

[2a]) Das Strafmaß wurde durch das Gesetz v. 21. Dezember 1921 nicht berührt; vgl. Bem. zu § 355 a. E.

[3]) Ob eine Sollvorschrift im Sinne des § 377 vorliegt, wird — entgegen sonst herrschenden Auslegungsregeln, vgl. Anm. 2 zu § 4 — ausschließlich nach dem Wortlaut der betr. Vorschrift zu entscheiden sein. Nicht mit Ordnungsstrafe darf daher z. B. belegt werden eine Außerachtlassung der Vorschriften über die Ausgestaltung der Buchführung nach § 162 (anders bei Nichtbeachtung der die Buchführung als solche anordnenden Mußvorschriften, s. oben Anm. 1).

[4]) Wenn auch, wie oben Anm. 3 erwähnt, ein Verschulden im strafrechtlichen Sinne zur Bestrafung der in Frage stehenden Formaldelikte nicht erforderlich ist, so sind doch 2 Fälle gesetzlich vorgesehen, in denen von Verhängung der Ordnungsstrafe abgesehen werden muß. Diese Fälle sind:

1. Vorliegen eines Strafausschließungsgrundes. Als solche kommen in Betracht die allgemeinen Srafausschließungsgründe der §§ 51 bis 56, 58, 59 StGB., ferner der besondere Strafausschließungsgrund des § 358 AO. Letztere Bestimmung ist hier von großer Wichtigkeit.

2. Vorliegen eines sog. unabwendbaren Zufalls. Darunter sind nur solche Umstände zu verstehen, die trotz nachgewiesener äußerster Sorgfaltsanwendung durch den Pflichtigen die objektive Nichterfüllung einer steuergesetzlichen Vorschrift oder Verwaltungsbestimmung verursacht haben. Die sog. höhere Gewalt fällt bereits unter § 52 StGB.

[5]) Damit ist keineswegs gesagt, daß die Fälle, die an sich unter § 202 fallen (s. Anm. 1 dort) nicht etwa gleichzeitig unter § 377 fallen könnten. Dies ist vielmehr sehr wohl möglich, und die Finanzbehörde hat in solchem Falle zunächst die Wahl, ob sie mit Zwang nach § 202 vorgehen oder

Ordnungsstrafe nach § 377 verhängen will. Hat sie aber einmal ersteren Weg beschritten und ein Zwangsmittel bereits angedroht, so kann sie nur (sie muß nicht!) das angedrohte Zwangsmittel verhängen, keine Ordnungsstrafe. Im übrigen ist ein Wechsel von einem Verfahren zum andern in jeder Weise zulässig.

§ 378. (1) An Stelle einer Geldstrafe, die nicht beigetrieben werden kann, tritt Freiheitsstrafe. Die Freiheitsstrafe darf zwei Jahre und bei Ordnungsstrafen drei Monate nicht übersteigen.

(2) Bei der Umwandlung ist ein Betrag von zehn bis zu fünfzig Mark einer eintägigen Freiheitsstrafe gleichzuachten. Der Mindestsatz einer Ersatzfreiheitsstrafe ist ein Tag.

(3) Beträgt die Geldstrafe mehr als eintausend Mark, so ist sie in Gefängnis, andernfalls in Haft umzuwandeln.

§ 378 ersetzt für das Steuerstrafrecht die §§ 28, 29 StGB. Mit der Umwandlung haben jedoch die Finanzbehörden selbst nichts zu tun. Das Finanzamt hat nur das Antragsrecht nach § 435.

§ 379. Wo die Strafe der Einziehung vorgesehen ist, kann auf Einziehung erkannt werden, gleichviel, wem die Gegenstände gehören und ob gegen eine bestimmte Person ein Strafverfahren eingeleitet wird.

§ 380. (1) Wird auf Einziehung erkannt, so geht das Eigentum an den eingezogenen Sachen mit der Rechtskraft des Erkenntnisses auf das Reich über. Rechte dritter Personen erlöschen. Für einen Rechtserwerb, der nach der Rechtskraft des Erkenntnisses eintritt, gelten die Vorschriften des bürgerlichen Rechtes zugunsten derer, die Rechte von einem Nichtberechtigten herleiten[1]).

(2) Wird im Falle des § 371 Absatz 2 auf Einziehung der Vermögenswerte erkannt, so gehen die Ansprüche aus dem Konto, der Hinterlegung, der Verpfändung oder der Überlassung des Schließfachs und das Eigentum an den Wertsachen mit der Rechtskraft des Erkenntnisses auf das Reich über. Rechte dritter Personen erlöschen, wenn diese Personen den die Einziehung begründenden Sachverhalt bei Erwerb der Rechte gekannt haben. Der letzte Satz des ersten Absatzes gilt entsprechend.

[1]) S. Anm. zu § 350.

§ 381. (1) Wenn Vertreter, Verwalter oder Bevollmächtigte im Sinne der §§ 83 bis 88 bei Ausübung ihrer Obliegenheiten Steuerzuwiderhandlungen begehen, so haften[1]) die Vertretenen für die Geldstrafen, die diese Personen verwirken, und für die Kosten des Strafverfahrens und der Strafvollstreckung, die ihnen auferlegt werden. Die Vorschrift gilt nicht für die Fälle der Vormundschaft und Pflegschaft.

(2) Das gleiche gilt für die Haftung des Geschäftsherrn oder des Haushaltungsvorstandes, wenn Angestellte oder sonst im Dienste oder Lohne stehende Personen sowie Familien- und Haushaltungsangehörige bei Ausübung von Obliegenheiten, die sie im Interesse des Geschäftsherrn oder Haushaltungsvorstandes wahrnehmen, Steuerzuwiderhandlungen begehen; diese Haftung tritt jedoch nicht ein, wenn festgestellt wird, daß die Zuwiderhandlung ohne Wissen des Geschäftsherrn oder des Haushaltungsvorstandes oder einer zu seiner Vertretung nach außen befugten Person begangen worden ist und die genannten Personen bei der Auswahl oder Beaufsichtigung der Angestellten oder der Beaufsichtigung der Familien- und

Haushaltungsmitglieder die erforderliche Sorgfalt aufgewandt haben.

(3) Die im ersten und zweiten Absatz vorgesehene Haftung fällt weg, wenn der Schuldige oder der Haftende stirbt, bevor das Straferkenntnis, das gegen sie ergeht, rechtskräftig geworden ist.

[1]) Es handelt sich lediglich um eine Haftung, und zwar um eine bloße subsidiäre (§ 382), nicht etwa gesamtschuldnerische Haftung. Der Strafbescheid selbst kann nur gegen den Schuldigen erlassen werden. Vgl. letzten Abs. der Erläuterungen zu § 357.

§ 382. (1) Wer neben dem Schuldigen für Geldstrafe und Kosten haftet (§ 381), kann in Anspruch genommen werden, wenn die Geldstrafe und die Kosten aus dem beweglichen Vermögen des Schuldigen nicht beigetrieben werden können.

(2) Die Ersatzfreiheitsstrafen können an dem Schuldigen ganz oder zum Teil vollzogen werden, ohne daß die Person, die für die Geldstrafe haftet, in Anspruch genommen wird.

[1]) Das heißt soweit.

[2]) Es muß also die Beitreibung beim Schuldigen wirklich bereits versucht worden sein.

§ 383. (1) Ist ein und dieselbe Handlung zugleich als Steuerzuwiderhandlung und nach einem anderen Gesetze strafbar[1]), so ist die Strafe aus dem Steuergesetze zu entnehmen[2]), es sei denn, daß das andere Gesetz eine schwerere Strafe oder bei ungleichen Strafarten eine schwerere Strafart androht (§ 73 des Strafgesetzbuchs). Ist die Strafe aus dem anderen Gesetze zu entnehmen, so ist eine nach dem Steuergesetze verwirkte Geldstrafe besonders zu verhängen. Auch muß auf Haftbarkeit dritter Personen oder auf Einziehung erkannt werden, wenn dies das Steuergesetz vorschreibt, und es kann hierauf sowie auf sonstige Nebenstrafen erkannt werden, wenn dies das Steuergesetz zuläßt.

(2) Wenn ein und dieselbe Handlung mehrere Strafvorschriften der Steuergesetze über Steuerzuwiderhandlungen verletzt[1]), so ist die Strafe nach § 73 des Strafgesetzbuchs zu bestimmen; jedoch muß auf Haftbarkeit dritter Personen oder auf Einziehung erkannt werden, wenn dies eine der verletzten Vorschriften vorschreibt, und es kann hierauf sowie auf sonstige Nebenstrafen erkannt werden, wenn dies eine der anwendbaren Vorschriften zuläßt.

(3) Hat jemand mehrere selbständige Steuerzuwiderhandlungen begangen, so darf eine nach § 74 des Strafgesetzbuchs zu erkennende Gesamtfreiheitsstrafe fünf Jahre nicht überschreiten. Auf Haftbarkeit dritter Personen, Einziehung und sonstige Nebenstrafen muß oder kann erkannt werden, wenn dies neben einer der verwirkten Einzelstrafen geboten oder zulässig ist.

(4) Bei Umwandlung mehrerer uneinbringlicher Geldstrafen ist der Höchstbetrag der an ihre Stelle tretenden Freiheitsstrafe drei Jahre Gefängnis und, wenn die einzelnen Geldstrafen eintausend Mark nicht übersteigen (§ 378 Absatz 3), sechs Monate Haft. Treffen Gefängnis und Haft infolge der Umwandlung zusammen, so ist die Haftstrafe nur insoweit zu vollstrecken, als die Gefängnisstrafe drei Jahre nicht erreicht.

[1]) Abs. 1 und 2 des § 383 regeln die sogenannte Idealkonkurrenz, das sind die Fälle, wo an sich nur eine strafbare Handlung abzuurteilen ist, die jedoch gleichzeitig den gesetzlichen Tatbestand mehrerer Strafbestimmungen bildet. Ein Beispiel bieten die durch Täuschung der Finanzbehörden

begangenen Steuerhinterziehungen, die zugleich in der Absicht der Erlangung eines rechtswidrigen Vermögensvorteils begangen werden. Diese bilden zugleich den strafrechtlichen Tatbestand des Betrugs nach § 263 StGB.

Über Zuständigkeit im Falle der Idealkonkurrenz s. § 387 Abs. 3 und 4 behandeln die sogenannte Realkonkurrenz, das sind die Fälle, in welchen mehrere — gleichartige oder ungleichartige — strafbare Handlungen desselben Schuldigen zur Aburteilung gelangen sollen.

[3]) Bei dem oben Anm. 1 angeführten Beispiel der Idealkonkurrenz zwischen Hinterziehung und Betrug ist zufolge des im Abs. 1 des § 383 normierten Grundsatzes wohl bezüglich aller Steuerarten die für die Hinterziehung geltende Strafbestimmung anzuwenden, nicht etwa § 263 StGB.

§ 384. (1) Die Strafverfolgung von Steuerzuwiderhandlungen verjährt in fünf Jahren, und wenn es sich um Zuwiderhandlungen handelt, die mit Ordnungsstrafen bedroht sind, in einem Jahre.

(2) Die Einleitung der Untersuchung und der Erlaß eines Strafbescheids unterbrechen die Verjährung gegen den, gegen den sie gerichtet sind.

Bezüglich der Bestimmungen über Verjährung s. Erläut. Nr. 15 zu § 355.

Zweiter Abschnitt.

Strafverfahren.

Erster Titel.

Allgemeine Vorschrift.

§ 385. Die Strafprozeßordnung gilt, soweit die Steuergesetze nichts Abweichendes vorschreiben.

Eine nähere Ausführung der Grundsatzes des § 385 an Hand der einzelnen Bestimmungen der StPO. erübrigt sich. Dieselben sind in der Hauptsache, soweit sie für das Steuerstrafverfahren Bedeutung haben, in die Darstellung der folgenden Bestimmungen der AO. miteingeflochten.

Von besonderer Bedeutung und daher an dieser Stelle nochmals hervorgehoben sei die Geltung des strafprozessualen reinen Offizialprinzips. Die Strafbehörde hat von Amtswegen — ohne an Anerkenntnisse oder Zugeständnisse gebunden zu sein — den Sachverhalt zu erforschen. Die ganze Beweislast obliegt ihr allein; der Angeschuldigte hat keinerlei Beweispflicht (im Gegensatz zu dem modifizierten Offizialprinzip des Ermittlungsverfahrens, s. Anm. zu § 204). Über die gleichwohl zulässige Verwertbarkeit der vom Angeschuldigten ausgehenden Beweise vgl. Anm. 3 zu § 406.

Für den Geltungsbereich der AO. durch § 449 ausdrücklich außer Kraft gesetzt sind die Vorschriften der §§ 459 bis 469 StPO. (über das Verwaltungsstrafverfahren in der Finanzverwaltung).

Zweiter Titel.

Verwaltungsstrafverfahren.

I. Allgemeine Vorschriften.

§ 386. (1) Die Finanzämter haben bei allen Steuerzuwiderhandlungen (§ 356) den Sachverhalt zu erforschen[1]). Eine Ausnahme gilt, wenn der Beschuldigte wegen Steuerhinterziehung festgenommen und dem Richter vorgeführt ist[2]).

(2) Die Entscheidung steht dem Finanzamt zu[3]), wenn die Steuerzuwiderhandlung nur mit Geldstrafe und Einziehung oder einer dieser Strafen bedroht ist oder das Finanzamt auf keine andere als auf diese Strafen oder darauf erkennen will, daß die Verurteilung auf Kosten des Verurteilten bekanntzumachen sei.

(3) Die Finanzämter können auch gegen Nebenbeteiligte entscheiden[4]). Nebenbeteiligter ist,

1. wem ein Recht an Gegenständen zusteht, die der Einziehung unterliegen, oder wem ein Anspruch auf solche Gegenstände zusteht,
2. wer für die Geldstrafe und die Kosten haftet, die dem Täter oder einem Teilnehmer auferlegt werden.

[1]) In Abs. 1 handelt es sich um die sog. Untersuchung (vgl. auch § 406) im Gegensatz zur Entscheidung (Abs. 2). Zur Untersuchung sind also die Finanzämter in allen Fällen von Steuerzuwiderhandlungen (§ 356) befugt; eine einzige Ausnahme bildet Abs. 1 S. 2 des § 386.

Über Zuständigkeit der Finanzämter unter einander s. §§ 389, 393.

Über Abgabe der Untersuchung an die Staatsanwaltschaft s. § 390.

[2]) §§ 127, 128 StPO.

[3]) Abs. 2 regelt die Abgrenzung der Zuständigkeit zum Erlaß von Strafentscheidungen zwischen den ordentlichen Gerichten und den Finanzbehörden. Hiernach sind letztere in folgengen 2 Fällen zur Bestrafung zuständig:

1. Wenn die fragliche Steuerzuwiderhandlung gesetzlich mit keiner andern Strafe als Geldstrafe oder Einziehung bedroht ist;

2. Bei Steuerzuwiderhandlungen, die an sich zwar gesetzlich auch mit andern als den in Nr. 1 genannten Strafen bedroht sind, bei denen aber die Finanzbehörde trotzdem auf keine andere Strafe als auf die genannten (einschließlich ev. Strafveröffentlichung) erkennen will.

[4]) Aber nur dann, wenn sie zur Hauptentscheidung nach Abs. 2 zuständig sind.

§ 387. Ist ein und dieselbe Handlung zugleich als Steuerzuwiderhandlung und nach einem anderen Gesetze strafbar, so steht die Untersuchung und in den Grenzen des § 386 die Entscheidung dem Finanzamt zu, wenn die Strafe aus dem Steuergesetze zu entnehmen ist (§ 73 des Strafgesetzbuchs).

§ 387 regelt die Frage der Zuständigkeitsabgrenzung zwischen Gerichten und Finanzbehörden für den Fall der Idealkonkurrenz nach § 383 Abs. 1 (Abs. 2 ist hier nicht einschlägig).

§ 388. Besteht gegen einen Rechtsanwalt der Verdacht einer fahrlässigen Steuerzuwiderhandlung, die er in Ausübung seines Berufs bei der Beratung in Steuersachen begangen hat, so ist die Einleitung einer strafrechtlichen Verfolgung an die Voraussetzung gebunden, daß zuvor im ehrengerichtlichen Verfahren (§§ 62ff. der Rechtsanwaltsordnung) eine Verletzung der Berufspflichten des Rechtsanwalts festgestellt ist. Ist die Untersuchung wegen einer vorsätzlichen Steuerzuwiderhandlung eingeleitet, so gilt das gleiche für die Fortsetzung des Verfahrens, wenn sich vor Erlaß des Strafbescheids oder vor Eröffnung des Hauptverfahrens ergibt, daß nur der Verdacht einer fahrlässigen Steuerzuwiderhandlung begründet erscheint.

§ 389. (1) Sachlich zuständig zur Untersuchung und Entscheidung ist das Finanzamt, dem die Verwaltung der beeinträchtigten oder gefährdeten Steuer übertragen ist[1]).

(2) Die Finanzämter können sich der Hilfe der Ortspolizeibehörden bedienen. Die Behörden und Beamten des Polizei- und Sicherheitsdienstes sind verpflichtet, die Ermittlungen anzustellen, die die Finanzämter verlangen.

[1]) Über sachliche Zuständigkeit der Finanzämter zur Verwaltung der Steuern s. Vorbem. zu §§ 51 bis 63.

§ 390. Die Finanzämter sind befugt, sich jederzeit der weiteren Untersuchung oder Entscheidung zu enthalten und die Sache an die zuständige Staatsanwaltschaft abzugeben.

Nach § 386 sind die Finanzämter in Steuerstrafsachen zur Untersuchung unbeschränkt, zur Entscheidung nur in den durch § 386 Abs. 2 bestimmten Fällen zuständig. § 390 bestimmt nun, daß die Finanzämter auch die Untersuchung jederzeit an die Staatsanwaltschaft abgeben können. Aus dem Wortlaut des § 390 „weiteren Untersuchung" ergibt sich übrigens im Zusammenhalt mit § 386 Abs. 1 S. 1, daß die Abgabe an die Staatsanwaltschaft die Einleitung einer Untersuchung durch das Finanzamt (§ 406 Abs. 2) voraussetzt. Eine bloße Anzeige beim FA. dürfte daher nicht genügen. Denn die Pflicht zur ersten Aufklärung hat stets das FA. und diese Aufklärung muß mindestens bis zu einem begründeten Verdacht geführt haben, ehe das FA. einen Pflichtigen den Unannehmlichkeiten einer staatsanwaltschaftlichen Verfolgung aussetzt. Begründeter Verdacht kann für das FA. allerdings ohne Anstellung besonderer Erhebungen bereits auf Grund anderweitiger Wahrnehmungen (z. B. im Veranlagungsverfahren) bestehen.

Die den Finanzämtern durch § 390 eingeräumte Befugnis soll nach der Absicht des Gesetzgebers nicht etwa willkürlich ausgeübt werden. Die Abgabe der Untersuchung an die Staatsanwaltschaft soll vielmehr nur nach pflichtgemäßem Ermessen bei Vorliegen besonderer Gründe erfolgen. Solche Gründe können insbesondere sein:

1. Unmöglichkeit oder große Schwierigkeit der Aufklärung des Falles ohne die im gerichtlichen Verfahren vorgesehene Hauptverhandlung (§§ 225 ff. StPO.);

2. Zusammenhängen der Steuerzuwiderhandlung mit anderen, nach den sonstigen Gesetzen strafbaren Handlungen;

3. Voraussichtliche Notwendigkeit einer Bestrafung, welche über die Zuständigkeit des Finanzamts nach § 386 Abs. 2 hinausgeht.

Die Staatsanwaltschaft ihrerseits hat kein Eingriffsrecht in die finanzamtliche Untersuchungsbefugnis, ausgenommen den Fall des § 391 Abs. 2.

§ 391. (1) Solange nicht das Finanzamt die Sache an die zuständige Staatsanwaltschaft abgibt (§ 390), haben die Staatsanwaltschaft und die Gerichte nur einzugreifen, wenn der Beschuldigte wegen der Steuerzuwiderhandlung vorläufig festgenommen und dem Richter vorgeführt wird.

(2) Hat jemand durch mehrere selbständige Handlungen eine Steuerzuwiderhandlung und eine andere strafbare Handlung begangen, so kann die Staatsanwaltschaft die Strafverfolgung wegen der Steuerzuwiderhandlung gegen ihn und die als Teilnehmer, Nebenbeteiligte (§ 386 Absatz 3) oder Begünstiger beteiligten Personen übernehmen.

(3) Auch da, wo ihre Zuständigkeit begründet ist, kann die Staatsanwaltschaft das Finanzamt ersuchen, den Sachverhalt der Steuerzuwiderhandlung zu ermitteln. Entspricht das Finanzamt dem Antrag, so ist es in den Grenzen der §§ 386, 387 auch zur Entscheidung zuständig; sein Recht, sich jederzeit der weiteren Verfolgung oder der Entscheidung zu enthalten, bleibt unberührt.

Die Befugnis der Staatsanwaltschaft, unter der Voraussetzung des Abs. 2 die Untersuchung wegen der Steuerzuwiderhandlung zu übernehmen, besteht ohne Rücksicht darauf, ob das Finanzamt die Untersuchung bereits eingeleitet hatte oder nicht. Sobald daher das Finanzamt durch die Staatsanwaltschaft von der Übernahme der Untersuchung benachrichtigt wird, hat es sich jeder weiteren selbständigen Tätigkeit in der Sache zu enthalten.

Wenn das Finanzamt bereits Strafbescheid erlassen hatte, kommt eine Übernahme der Untersuchung durch die Staatsanwaltschaft natürlich nicht mehr in Betracht.

§ 392. (1) Die Behörden und Beamten des Polizei- und Sicherheitsdienstes haben auch Steuerzuwiderhandlungen zu erforschen und alle keinen Aufschub gestattenden Anordnungen zu treffen, um die Verdunklung der Sache zu verhüten.

(2) Sie haben Steuerzuwiderhandlungen ohne Verzug dem Finanzamt anzuzeigen. Sie haben der Anzeige ihre Verhandlungen beizufügen, es sei denn, daß der Beschuldigte festgenommen und dem Richter vorgeführt wird.

§ 393. (1) Örtlich zuständig[1]) ist das Finanzamt, in dessen Bezirk die Steuerzuwiderhandlung begangen oder entdeckt ist, und bei Steuerhinterziehungen oder -gefährdungen auch das Finanzamt, das zur Festsetzung und Einziehung der Steuer zuständig ist.

(2) Sind mehrere Finanzämter zuständig[2]), so gebührt der Vorzug dem Finanzamt, das die Untersuchung zuerst geführt hat[3]). Die Untersuchung und Entscheidung kann jedoch auf Ersuchen von einem anderen örtlich zuständigen Finanzamt übernommen oder ihm von einer gemeinschaftlich vorgesetzten oberen Behörde übertragen werden[4]).

(3) Die Untersuchung und Entscheidung kann auf alle Steuerzuwiderhandlungen desselben Beschuldigten und auf alle bei einer Steuerzuwiderhandlung beteiligten Personen ausgedehnt werden, für die das Finanzamt sachlich zuständig ist. Sind mehrere Finanzämter sachlich zuständig, so kann die gemeinschaftlich vorgesetzte obere

Behörde die Untersuchung und Entscheidung einem von ihnen übertragen[4]).

[1]) Voraussetzung ist sachliche Zuständigkeit des betr. Finanzamts nach § 386 Abs. 1.

[2]) Nämlich nach den Grundsätzen des Abs. 1.

[3]) D. h. nicht etwa jenes Finanzamt, das die Einleitung der Untersuchung gemäß § 406 Abs. 2 zuerst aktenkundig gemacht hat, sondern das Finanzamt, das zuerst eine Verfügung oder Maßregel zur Erforschung des Sachverhalts getroffen hat.

[4]) Von Amts wegen oder auf Anrufung der bezüglich der Zuständigkeit uneinigen Finanzämter.

§ 394. (1) Für Zustellungen gelten die §§ 70 bis 72.

(2) Bei Straf- oder Beschwerdebescheiden ist eine Ausfertigung, sonst eine einfache Abschrift zu übergeben.

(3) Wird nach § 72 zugestellt, so sind statt der Straf- oder Beschwerdebescheide Benachrichtigungen nach § 72 Satz 3 anzuheften.

(4) Fristen sind nach § 64 zu berechnen.

§ 395. (1) Die Finanzämter können Beschlagnahmen nach § 94, § 95 Absatz 1, §§ 96, 97 der Strafprozeßordnung anordnen[1]) und durch ihre Beamten ausführen lassen.

(2) Bei Gefahr im Verzuge können auch Beamte der Finanzämter Beschlagnahmen anordnen; sie haben binnen dreier Tage die Bestätigung des Finanzamts nachzusuchen.

(3) Wenn Polizei- und Sicherheitsbeamte bei der Verfolgung von Steuerzuwiderhandlungen nach § 392 dieses Gesetzes und nach § 98 Absatz 1 der Strafprozeßordnung Beschlagnahmen angeordnet haben, steht die im § 98 Absatz 2 der Strafprozeßordnung vorgeschriebene Bestätigung und Entscheidung dem Finanzamt zu.

(4) Der Betroffene kann jederzeit Entscheidung durch das Finanzamt[1]) beantragen. Auf Verlangen ist ihm ein Verzeichnis der in Verwahrung genommenen Sachen mitzuteilen.

[1]) Hiergegen ist die Beschwerde nach § 418 zulässig.

§ 396. Um die Beschlagnahme von Briefen und Sendungen auf der Post sowie von Telegrammen auf den Telegraphenanstalten (§ 99 der Strafprozeßordnung) ersucht das Finanzamt das zuständige Amtsgericht[1]). Dieses übergibt ihm eröffnete Sendungen, deren Zurückhaltung erforderlich erscheint.

[1]) Gegen den Beschluß des Amtsgerichts hat der Betroffene und das Finanzamt die Beschwerde zum Landgericht nach §§ 347, 348 StPO.

§ 397. Bei einer Zuwiderhandlung gegen § 165 Absatz 1, § 371 ist die Beschlagnahme dem zu erklären, der das Guthaben schuldet, die Wertsachen verwahrt oder das Schließfach überlassen hat; dabei sind die Wertsachen oder Urkunden in Verwahrung zu nehmen oder sonst sicherzustellen. Die Beschlagnahme der Ansprüche des Beschuldigten wirkt als Veräußerungsverbot nach § 136 des Bürgerlichen Gesetzbuchs.

§ 398. (1) Die Beschlagnahme von Gegenständen, die der Einziehung unterliegen, bleibt wirksam, bis das Strafverfahren wegen der Steuerzuwiderhandlung vollständig erledigt ist oder das Finanzamt die Beschlagnahme aufhebt.

(2) In Beschlag genommene Sachen, deren Aufbewahrung, Pflege und Erhaltung unverhältnismäßig viel kostet oder deren Verderben droht, kann das Finanzamt nach drei Tagen, bei Gefahr im Verzug auch schon

vorher, im Zwangsverfahren veräußern lassen. Der Erlös tritt an die Stelle der Sachen. Zeit und Ort der Veräußerung sind dem Beschuldigten und dem Eigentümer möglichst vorher mitzuteilen.

§ 399. Sind in Beschlag genommene Sachen, die der Einziehung unterliegen, von einem Unbekannten zurückgelassen worden, der auf der Zuwiderhandlung betroffen, aber entkommen ist, so verfallen sie oder ihr Erlös dem Reiche, wenn sich der Betroffene oder der Eigentümer nicht innerhalb dreier Monate nach der Beschlagnahme gemeldet hat. Das Finanzamt kann sie nach Ablauf einer Woche, von der Beschlagnahme an gerechnet, im Zwangsverfahren veräußern lassen.

§ 400. Zur Sicherung einer hinterzogenen Steuer können Beförderungsmittel, die der Beschuldigte bei Begehung einer Steuerzuwiderhandlung in seinem Gewahrsam hat, und andere Sachen, die er mit sich führt, außer Arbeitsgeräten, mit Beschlag belegt werden, wenn sein Wohnsitz unbekannt oder außerhalb des Deutschen Reichs gelegen ist. Mit den Beförderungsmitteln können die in Beschlag genommenen Sachen bis zur nächsten Amtsstelle befördert werden, bei der ihre Aufbewahrung möglich ist. Die Sachen sind freizugeben, wenn nachgewiesen wird, daß sie jemand gehören, der weder bei der Tat beteiligt ist noch für Strafe und Kosten haftet.

§ 401. Die Finanzämter können die nach der Strafprozeßordnung zuständigen Behörden und Beamten um Durchsuchungen ersuchen[1]. Auf ihr Verlangen sind von ihnen zu bezeichnende Beamte bei der Ausführung zuzuziehen. Die Sachen, die in Verwahrung oder in

Beschlag genommen werden, sind den Finanzämtern zu übergeben.

[1]) Vgl. § 389 Abs. 2.

§ 402. (1) Wenn in Steuergesetzen Durchsuchungen vorgesehen sind, steht ihre Anordnung den Finanzämtern zu[1]). Die Beamten, die mit der Ausführung beauftragt werden[2]), haben, soweit in den Steuergesetzen nichts Abweichendes bestimmt ist, nach den Vorschriften der Strafprozeßordnung zu verfahren; sie haben sich durch einen schriftlichen Auftrag des Finanzamts auszuweisen.

(2) Papiere und Handelsbücher dürfen die Finanzämter und deren Beauftrage nur einsehen, wenn es der Inhaber genehmigt. Andernfalls haben sie die Papiere und Handelsbücher, deren Durchsicht sie für geboten halten, in Gegenwart des Inhabers oder seines Vertreters mit dem Amtssiegel in einem Umschlag zu verschließen und an den Amtsrichter des Bezirkes abzuliefern. Dieser hat Papiere und Handelsbücher, die für die Untersuchung Bedeutung haben, dem Finanzamt mitzuteilen.

[1]) In allen Fällen, wo Steuergesetze nicht ausdrücklich Durchsuchungen vorsehen, sind die Finanzämter auf § 401 angewiesen — abgesehen von dem Rechte der Nachschau usw. (§ 403).

[2]) Mit der Ausführung der Durchsuchung können einzelne Beamte des Finanzamts beauftragt werden; es können aber auch andere Behörden nach § 389 Abs. 2 darum ersucht werden. In beiden Fällen gelten für die Vornahme der Durchsuchung mangels abweichender Bestimmungen die Vorschriften der §§ 102 ff. StPO. (§ 402 Abs. 1).

§ 403. Das Recht des Finanzamts, in Räumen, die ihm zur Ausübung der Steueraufsicht zugänglich sind, Nachschau zu halten und die dort zu seiner Einsicht bestimmten Bücher und Aufzeichnungen einzusehen, bleibt unberührt; Zwangsmittel (§ 202) gegen die Person des Beschuldigten sind jedoch unstatthaft, sofern es sich darum handelt, Spuren einer Steuerzuwiderhandlung zu verfolgen.

§ 403 besagt, daß die dem FA. nach §§ 196—198 zustehenden Rechte auch in einer schwebenden Untersuchung bestehen, jedoch mit folgender außerordentlich wichtigen Einschränkung, die zur Wahrung der strafprozessualen Stellung des Pflichtigen dient: Das FA. kann bei Ausübung der erwähnten Rechte gegen den Beschuldigten keinerlei Zwang ausüben, dessen — offensichtlicher oder verkappter — Zweck die Beischaffung von Beweismaterial gegen den Beschuldigten ist.

§ 404. (1) Bei Verdacht einer Steuerzuwiderhandlung sind die Finanzämter und ihre Hilfsbeamten außer im Falle des § 127 Absatz 1 der Strafprozeßordnung auch dann zur vorläufigen Festnahme des Beschuldigten befugt, wenn die Voraussetzungen eines Haftbefehls vorliegen[1]) und Gefahr im Verzug obwaltet.

(2) Bei vorläufigen Festnahmen ist nach Artikel 114 Absatz 2 der Verfassung zu verfahren. Der Beschuldigte hat die Wahl, ob er sich dem nächsten Finanzamt oder dem Amtsricher des Bezirkes, in dem die Festnahme erfolgt ist, vorführen lassen will. Die §§ 128, 129 der Strafprozeßordnung finden entsprechende Anwendung. Ist die Zuwiderhandlung, wegen deren die Festnahme erfolgte, nur mit Geldstrafe oder Einziehung bedroht, so ist der Beschuldigte in Freiheit zu setzen, wenn er für Steuer, Strafe und Kosten Sicherheit bestellt oder sich

sich über seine Person ausweist und eine Sicherheitsleistung nicht erforderlich erscheint.

[1]) Vgl. §§ 412, 413 StPO.

II. Das Verfahren.

§ 405. Die Hilfsstellen und die Beamten der Finanzämter haben die Steuerzuwiderhandlungen zu erforschen und innerhalb ihrer Zuständigkeit alle keinen Aufschub gestattenden Anordnungen zu treffen [1]), um die Verdunkelung der Sache zu verhüten. Über die Ermittlungen ist dem Finanzamt eine Niederschrift oder eine schriftliche Anzeige einzureichen.

[1]) Die Befugnis der Hilfsstellen und Beamten der Finanzämter zu Anordnungen der hier gedachten Art besteht nur, soweit aus besonderen Gründen (Gefahr der Spurenverwischung usw.) ein Aufschub nicht tunlich erscheint. Andernfalls sind die entsprechenden Anordnungen dem Finanzamt als solchem zu überlassen.

§ 406. (1) Die Finanzämter haben die Anzeigen, die bei ihnen eingehen, darauf zu prüfen, ob wegen einer Steuerzuwiderhandlung einzuschreiten sei. Das gleiche gilt, wenn sie sonst vom Verdacht einer Steuerzuwiderhandlung Kenntnis erhalten.

(2) Die Einleitung der Untersuchung ist aktenkundig zu machen [1]).

(3) Zur Erforschung des Sachverhalts können die Finanzämter Ermittlungen jeder Art selbst anstellen oder durch ihre Hilfsstellen oder Beamten vornehmen lassen [2]).

(4) Die Befugnisse, die den Finanzämtern nach den §§ 177 bis 186, 188, 191, 202 und § 209 Absatz 1 bei Ermittlung der Steuerpflicht zustehen, gelten sinngemäß für die Untersuchung [3]).

(5) Über jede Ermittlung ist eine Niederschrift oder ein Vermerk aufzunehmen[4]).

(6) Niederschriften, die ein Finanzamt unter Zuziehung eines Schriftführers aufgenommen hat, stehen hinsichtlich ihrer Vorlesung in einer Hauptverhandlung vor Gericht (§§ 248 bis 254 der Strafprozeßordnung) richterlichen Protokollen gleich.

[1]) Die Beachtung dieser Vorschrift ist wichtig u. a. für die Frage des Vorliegens tätiger Reue (§ 374 Anm. 3), ferner ev. für die Frage der Tragung von Untersuchungskosten.

[2]) Sie können sich auch der Hilfe der in § 389 Abs. 2 genannten Behörden bedienen.

[3]) Die hier aufgezählten Vorschriften gelten nur bezüglich der Befugnisse der Finanzämter. Die zulässigen Rechtsmittel richten sich nach § 418 (E. Bd. 6 S. 116). Dies gilt auch bezüglich § 202 (s. Anm. 1 zu § 283).

Durch die Einzelaufzählung des Abs. 4 ist der Kreis der den Finanzämtern in der Untersuchung zu Gebote stehenden Hilfsmittel näher umschrieben. In Betracht kommen hiernach Anhörung von Auskunftspersonen und Sachverständigen (mit der Einschränkung des § 209 Abs. 1) sowie die Inanspruchnahme der behördlichen Beistandspflicht. Die Befugnis, Auskunftspersonen oder Sachverständigen den Eid abzunehmen, haben die Finanzämter entspr. §§ 186, 188 mit Genehmigung des LFA. Dagegen in Richtung gegen den Angeschuldigten selbst stehen ihnen keinerlei mit dem Recht der Erzwingung ausgestatte Befugnisse zu. Derartige Befugnisse können vielmehr nur in einem vorher- oder nebenhergehenden Steuerermittelungsverfahren ausgeübt werden (wobei sich der Regel nach Aussetzung der Untersuchung bis zur Erledigung des Ermittlungsverfahrens empfehlen dürfte). Selbstverständlich steht nichts im Wege, daß das Finanzamt Beweise, die der Angeschuldigte ohne Zwang beibringt oder anbietet, für die Untersuchung mit verwertet.

Im übrigen dürfte die Aufzählung der zulässigen Untersuchungsmaßnahmen in § 406 Abs. 4 keineswegs erschöpfend sein. Über Grenzen dieser Maßnahmen vgl. jedoch das über das Offizialprinzip zu § 385 Gesagte.

[4]) Zweckmäßigerweise — mindestens in Fällen, wo nachträgliche Abgabe an die Staatsanwaltschaft gemäß § 390 voraussichtlich in Frage kommt — wird die Aufnahme der Niederschrift zur Erzielung der Wirkung des Abs. 6 durch einen Beamten unter Zuziehung eines Schriftführers erfolgen.

§ 407. (1) Gegen den Beschuldigten soll[1]) ein Strafbescheid über eine Geldstrafe von mehr als zwanzig Mark nur erlassen werden, wenn ihm Gelegenheit zur Äußerung geboten worden ist. Er ist erforderlichenfalls zur Vernehmung zu laden[2]).

(2) Erscheint der Beschuldigte, so ist ihm zu eröffnen, welche strafbare Handlung ihm zur Last gelegt wird[3]). Er ist zu befragen, ob er etwas auf die Beschuldigung erwidern wolle. Die Vernehmung soll ihm Gelegenheit geben, die Verdachtsgründe zu beseitigen und Tatsachen, die zu seinen Gunsten sprechen, geltend zu machen. Seine persönlichen Verhältnisse sind zu ermitteln.

(3) Erscheint der Beschuldigte auf die Ladung nicht, so ist er auf Antrag des Finanzamts von dem Amtsgerichte seines Wohn- oder Aufenthaltsorts nach den §§ 133 bis 136 der Strafprozeßordnung zu vernehmen[4]).

(4) Gegen einen abwesenden[5]) Beschuldigten (§ 318 der Strafprozeßordnung) kann ohne seine Anhörung verfahren werden.

[1]) Ermessensvorschrift. Durch § 407 Abs. 1 will keineswegs gesagt sein, daß bei Geldstrafen bis zu 20 Mark eine Anhörung des Beschuldigten nie zu erfolgen brauchte. Eine

solche wird sich zum mindesten in solchen Fällen nicht vermeiden lassen, wo die Möglichkeit einer anderweitigen Aufklärung durch den Beschuldigten nicht ausgeschlossen erscheint. Denn es wäre doch höchst unzweckmäßig und auch der Autorität der Finanzbehörden keineswegs zuträglich, zunächst die Bestrafung auf alle Fälle auszusprechen, um dann durch den Bestraften im Rechtsmittelweg die Rückgängigmachung herbeiführen zu lassen.

Derselbe Ermessensgrundsatz ist bei Bestrafungen über 20 Mark zu beachten. Hier wird das Finanzamt angesichts der Vorschrift des § 407 Abs. 1 nur beim Vorliegen ganz besonderer Gründe den allgemeinen prozeßrechtlichen Grundsatz „Audiatur et altera pars!" außer Acht lassen dürfen.

[2]) Das Erscheinen kann nicht nach § 202 erzwungen werden.

[3]) Es ist also nicht angängig, dem Pflichtigen zunächst den Zweck der Vernehmung zu verschweigen, ihm etwa zunächst wie man zu sagen pflegt, Fallen zu stellen.

[4]) Ob das Finanzamt gleich nach erstmaliger Nichtbeachtung der Ladung den Antrag stellen will, oder ob es von einer Vernehmung des Beschuldigten bei Vorliegen besonderer Gründe überhaupt absehen will, hängt von seinem pflichtgemäßen Ermessen ab (vgl. auch oben Anm. 1).

[5]) Nur Abwesenheit im Sinne des § 318 StPO. kommt also in Betracht.

§ 408. (1) Wer neben dem Beschuldigten für Geldstrafe und Kosten haftet, ist zum Verfahren zuzuziehen. Falls es nicht geboten erscheint, ihn zu vernehmen, ist ihm die Steuerzuwiderhandlung und die Person des Beschuldigten mitzuteilen, und er ist aufzufordern, zu erklären, ob er die Schuld des Beschuldigten und seine Haftung anerkenne oder was er einwende. Folgt er der Aufforderung nicht, so ist gleichwohl das Verfahren gegen ihn fortzusetzen.

(2) Entsprechendes gilt für den, der bei einer Einziehung beteiligt ist, wenn er sich meldet oder anzunehmen ist, daß es einer Vollstreckungshandlung gegen ihn bedarf. Dies gilt auch, wo auf Einziehung selbständig erkannt werden soll.

§ 409. Der Beschuldigte und die Nebenbeteiligten können sich durch einen mit schriftlicher Vollmacht versehenen Beauftragten vertreten lassen[1]). Geschäftsmäßige Vertreter können zurückgewiesen werden. Dies gilt nicht für die im § 88 Absatz 1 Satz 3 genannten Personen. Das Finanzamt kann anordnen, daß der Beschuldigte erscheint[2]).

[1]) Zustellungen haben trotzdem an die Beteiligten selbst zu erfolgen (vgl. § 414 Abs. 1).

[2]) Die Anordnung kann nicht nach § 202 erzwungen werden (vgl. Anm. 3 zu § 406).

§ 410. Wenn der Beschuldigte die Zuwiderhandlung vorbehaltlos einräumt, so kann er sich der in einer Niederschrift festzusetzenden Strafe unter Verzicht auf Erlaß eines Strafbescheids sofort unterwerfen[1]). Die Unterwerfung steht einer rechtskräftigen Verurteilung gleich. Das Verfahren regelt der Reichsminister der Finanzen[2]).

[1]) Auf den Standpunkt des Nebenbeteiligten kommt es nicht an (RFME. v. 1. November 1921 III. R 25257).

[2]) Hierzu erging V. v. 1. November 1921, RGBl. S. 1328, (ferner erläuternder RFME. v. 1. November 1921 III. R 25257). Genaue Beachtung der Formalvorschriften vorst. Verordnung ist erforderlich, weil hiervon unter Umständen die in § 410 ausgesprochene rechtliche Wirkung der Unterwerfung abhängt.

Bezüglich der Kosten im Unterwerfungsverfahren s. § 7 der Verordnung.

§ 411. (1) Ergibt die Untersuchung, daß der Verdacht nicht begründet war, so stellt das Finanzamt das Verfahren ein und teilt dies dem Beschuldigten mit, wenn er als solcher vernommen worden ist[1]). Erscheint der Verdacht begründet, so gibt das Finanzamt, wenn es nicht selber erkennen kann oder will[2]), die Verhandlungen an die Staatsanwaltschaft ab. Es kann beantragen, daß die öffentliche Klage gegen den Beschuldigten und die Nebenbeteiligten erhoben werde; geeignetenfalls ist ein bestimmter Antrag zu stellen und zu begründen.

(2) Örtlich zuständig ist auch die Staatsanwaltschaft des Bezirkes, in dem das Finanzamt seinen Sitz hat. Die Zuständigkeit erstreckt sich auf die der Gerichte. Die Vorschriften der Strafprozeßordnung über die örtliche Zuständigkeit bleiben im übrigen unberührt.

(3) Hat das Finanzamt die Sache abgegeben, weil es nicht zur Entscheidung zuständig sei, hält die Staatsanwaltschaft dagegen diese Auffassung nicht für zutreffend, so kann sie die Sache zur weiteren Erledigung im Verwaltungsstrafverfahren an das Finanzamt zurückgeben; § 390 bleibt unberührt.

[1]) Nach § 407.

[2]) Gemäß § 386 Abs. 2.

§ 412. (1) Will das Finanzamt selbst erkennen, so erläßt es einen Strafbescheid[1]).

(2) Im Strafbescheide[2]) sind außer der Strafe die strafbare Handlung, das Strafgesetz und die Beweismittel anzugeben. Er soll ferner die Entscheidungsgründe und die Belehrung[3]) enthalten, daß der Beschuldigte, wenn er nicht nach § 416 Beschwerde[4]) an das Landesfinanzamt einlege, gegen den Strafbescheid binnen einer Woche

nach der Bekanntmachung bei dem Finanzamt, das den Bescheid erlassen habe, auf gerichtliche Entscheidung antragen[5]) könne.

(3) Als Strafe kann außer den im § 386 Absatz 2 genannten Strafen gegen Personen unter achtzehn Jahren im Falle § 57 des Strafgesetzbuchs auf Verweis erkannt werden.

(4) Ist auf Einziehung zu erkennen und steht nicht fest, ob die Einziehung vollzogen werden kann, so ist für den Fall, daß die Einziehung nicht ausgeführt werden kann, die Ersatzstrafe nach § 365 Absatz 2 festzusetzen.

[1]) Der Strafbescheid erlangt mit Eintritt seiner Rechtskraft die Wirkung eines rechtskräftigen gerichtlichen Strafurteils.

Die Vorschriften über Erlaß von Strafbescheiden gelten für die Bestrafung aller Steuerzuwiderhandlungen (§ 356), also auch bei Verhängung bloßer Ordnungsstrafen.

Strafbescheide und Steuerbescheide (bezw. Steuernachholungsbescheide) dürfen nach Anweisung des RFM. in Erlaß v 25 August 1921 RStBl. S. 328) nicht miteinander verbunden, sondern müssen getrennt erlassen werden. Diese Anweisung hat ihren Grund in der Entsch. des RFH. v. 13. Juli 1921 (RStBl. S. 327), in welcher der RFH sich über die prozessualen Wirkungen einer derartigen Verbindung ausgesprochen hat. U. a. ist dort ausgeführt, daß der Antrag auf gerichtliche Entscheidung in solchem Falle zugleich als Anfechtung des Steuerbescheids im Sinne der §§ 217 ff. AO. zu gelten hat.

[2]) Der Strafbescheid zerfällt normalerweise in zwei Hauptteile, nämlich den eigentlichen Entscheidungssatz (enthaltend den Strafausspruch selbst und den Ausspruch über die Tragung der Kosten des Verfahrens einschließlich der Strafvollstreckung) und die Begründung. Letztere gliedert sich — entsprechend dem Aufbau richterlicher Strafurteile — inhaltlich nach folgenden Gesichtspunkten.

a) Darstellung des Sachverhalts, der den gesetzlich strafbaren Tatbestand bildet. Hierzu gehört, abgesehen von den rein tatsächlichen Vorgängen, auch Festlegung der Umstände, aus welchen das Verschulden (Vorsatz bezw. Fahrlässigkeit, soweit dieselben Voraussetzungen für die Strafbarkeit bilden) hervorgeht.

Die zur Feststellung des Sachverhalts dienenden Beweismittel sind entsprechend in die Sachdarstellung einzugliedern.

b) Bezeichnung der strafrechtlichen Bestimmungen (nach §§), unter welche der geschilderte Tatbestand fällt.

c) Würdigung der Frage nach dem Vorhandensein von Strafausschließungsgründen (nur erforderlich, wenn nach den Umständen des Falles oder dem Vorbringen des Beschuldigten ein besonderer Anlaß hierfür besteht).

d) Angabe der Gründe, die für die Strafzumessung (im mildernden oder verschärfenden Sinne) maßgebend sind.

[3]) Die Rechtsmittelbelehrung, die zweckmäßiger Weise als Zusatz zum eigentlichen Strafbescheid gegeben wird, ist nicht zwingend vorgeschrieben. Ja es fehlt im Strafverfahren sogar eine dem § 231 Abs. 3 entsprechende Bestimmung über Folgen der unterlassenen Rechtsmittelbelehrung. Die Beschwerdefrist von einer Woche läuft daher auch ohne Rechtsmittelbelehrung. Es entspricht aber dem Willen des Gesetzes, daß auch die bloße Sollvorschrift nicht grundlos unbeachtet bleibt.

Wenn übrigens die Rechtsmittelbelehrung unrichtig erteilt wurde und dem Betroffenen daraus Nachteil erwächst, so kann unter Umständen im Wege der Nachsichtgewährung nach § 416 S. 4 geholfen werden.

[4]) Über Beschwerde s. näheres §§ 415 Abs. 3, 416, 417.

[5]) Über Antrag auf gerichtliche Entscheidung s. §§ 415, 426 ff.

§ 413. (1) Sind Nebenbeteiligte in der Untersuchung zugezogen, so ist im Strafbescheide darüber zu erkennen, ob sie die Einziehung gegen sich gelten zu lassen oder für die Geldstrafe und die Kosten des Strafverfahrens und der Strafvollstreckung zu haften haben.

(2) Ist ihre Zuziehung im Verwaltungsstrafverfahren oder im gerichtlichen Verfahren unterblieben, so kann gegen sie durch besonderen Strafbescheid entschieden werden.

§ 414. (1) Der Strafbescheid ist den Beteiligten [1]) zuzustellen [2]) oder zu verkünden [3]).

(2) Ist der Beschuldigte noch nicht achtzehn Jahre alt, so ist der Strafbescheid auch [4]) dem gesetzlichen Vertreter zuzustellen oder zu verkünden.

(3) Sind mehrere gesetzliche Vertreter oder bei juristischen Personen, Personenvereinigungen, Zweckvermögen und ähnlichen Gebilden mehrere Vertreter, Vorsteher oder Verwalter vorhanden, so genügt die Zustellung oder Verkündung an einen von ihnen.

(4) Nach der Zustellung [5]) kann der Strafbescheid nur in den Fällen der §§ 426, 429 zurückgenommen werden.

[1]) Den Beteiligten selbst; Zustellung an Beauftragte im Sinne des § 409 genügt nicht!

[2]) Über Zustellung s. § 394 Abs. 1 bis 3.

[3]) Die Verkündung hat die rechtliche Wirkung der Zustellung.

Der Begriff der „Verkündung" im Sinne des § 414 Abs. 1 ist nicht etwa gleichzusetzen jenem im Sinne des § 267 StPO. Dies ergibt sich schon daraus, daß im Steuerstrafverfahren eine den §§ 225 bis 275 StPO. entsprechende sog. Hauptverhandlung ja gar nicht stattfindet. Verkündung in dem hier gedachten Sinne kann demnach nichts anderes bedeuten als formelle mündliche Bekanntgabe des ergangenen Bescheids an die Beteiligten. Diese Bekanntgabe muß, da sie ja die Zustellung ersetzen soll, sich auf den ganzen Bescheidsinhalt (s. hierüber Anm. 2 zu § 412) erstrecken. Sie kann begriffsmäßig nicht früher erfolgen, als der Bescheid formell vorliegt (s. hierüber Anm. 1 zu § 67).

Die Verkündung ist zum Zweck ihres Nachweises aktenkundig zu machen. Es empfiehlt sich Unterschreibenlassen durch die Beteiligten. Doch macht die etwaige Unterschriftsverweigerung seitens eines Beteiligten die Verkündung selbstverständlich nicht unwirksam.

[4]) „Auch": D. h. es ist Zustellung bezw. Verkündung an beide Personen erforderlich, damit die Frist der §§ 415, 416 in Lauf gesetzt wird.

[5]) Bzw. Verkündung.

§ 415. (1) Der Beschuldigte und die Nebenbeteiligten können gegen den Strafbescheid Beschwerde einlegen, wenn sie nicht auf gerichtliche Entscheidung antragen[1]). Der Antrag auf gerichtliche Entscheidung ist bei dem Finanzamt, das den Strafbescheid erlassen hat, binnen einer Woche nach der Bekanntgabe[2]) schriftlich oder mündlich zu stellen.

(2) Der Antrag auf gerichtliche Entscheidung schließt für den Beteiligten die Beschwerde, die Einlegung der Beschwerde den Antrag auf gerichtliche Entscheidung aus. Hat der gesetzliche Vertreter oder der Ehemann einer beschuldigten Frau Beschwerde eingelegt und der Vertretene oder die beschuldigte Frau gerichtliche Entscheidung beantragt oder umgekehrt, so ist die Beschwerde wirkungslos, wenn nicht der Antrag auf gerichtliche Entscheidung zurückgenommen wird.

(3) Hat von mehreren Beteiligten[3]) ein Teil auf gerichtliche Entscheidung angetragen, während der andere Beschwerde eingelegt hat, so ist über die Beschwerde in der Regel erst nach rechtskräftiger Erledigung des gerichtlichen Verfahrens zu befinden.

[1]) Über Wirkungen dieses Antrags und weitere Befugnisse des Finanzamts s. §§ 426, 427.

[2]) Das heißt Zustellung oder Verkündung nach § 414 Abs. 1.

[3]) Es muß sich um Beteiligte an der gleichen Strafsache handeln. Eine bloße äußerliche Gleichartigkeit mehrerer gleichzeitig schwebender Strafsachen begründet keine Beteiligteneigenschaft. Wenn also z. B. gegen eine Anzahl von Angehörigen einer bestimmten Gewerbegruppe gleichzeitig Strafbescheide wegen Hinterziehung erlassen wurden, so haben die von den einzelnen Betroffenen gewählten Rechtsmittel auf das Verfahren bezüglich der übrigen Fälle selbstverständlich nicht den geringsten Einfluß.

§ 416. Die Beschwerde ist bei dem Finanzamt, das den Strafbescheid erlassen hat, schriftlich oder mündlich einzulegen. Die Frist für die Einlegung beträgt eine Woche; sie ist eine Ausschlußfrist und läuft von der Bekanntmachung an[1]). Die Einlegung bei der Beschwerdebehörde[2]) genügt zur Wahrung der Frist. Bei Versäumung der Frist kann nach den §§ 68, 69 Nachsicht gewährt werden[3]).

[1]) Über Fristwahrung gilt das in Anm. 1 zu § 64 Gesagte.

[2]) Das ist das zuständige LFA. Wenn die Beschwerde weder bei diesem noch bei dem nach § 416 S. 1 in Betracht kommenden Finanzamt, sondern bei einer anderen Behörde eingelegt wird, so genügt dies zur Fristwahrung nicht; eine dem § 234 Abs. 1 S. 6 entsprechende Vorschrift besteht für diesen Fall nicht; diese Vorschrift ist auch nicht etwa analog anzuwenden, da das Gesetz in § 416 die Beschwerdefrist bei Strafbescheiden offensichtlich erschöpfend regeln wollte.

[3]) Über Voraussetzungen der Nachsichtgewährung s. Anm. 8 zu § 68.

§ 417. Über die Beschwerde entscheidet das Landesfinanzamt[1]). Es kann nach § 406 Ermittlungen anstellen. Der Beschwerdebescheid[2]) ist zu begründen und zuzustellen[3]) oder zu verkünden[3]).

[1]) Und zwar endgültig (s. § 418 Abs. 1. S. 1).

Reformatio in peius, das ist die Abänderung des Strafbescheids zuungunsten des Beschwerdeführers ist nach allgemeinen strafprozessualen Grundsätzen (§ 385 AO. §§ 372, 398 Abs 2 StPO.) unzulässig.

[2]) Für den Inhalt des Beschwerdebescheids gilt das in Anm. 3 zu § 412 Gesagte entsprechend.

[3]) Vgl. Anm. 1 bis 3 zu § 414.

§ 418. (1) Gegen andere Verfügungen[1]) der Finanzämter und Landesfinanzämter als Straf- und Beschwerdebescheide kann der Betroffene Beschwerde an die nächstobere Behörde einlegen. Die Frist zur Einlegung der Beschwerde beträgt eine Woche; sie beginnt mit der Zustellung[2]) oder Bekanntmachung der Verfügung. Die Beschwerde ist bei der Behörde einzulegen, deren Verfügung angefochten wird; die Einlegung bei der Beschwerdebehörde genügt[3]). Die Beschwerdebehörde entscheidet endgültig.

(2) Verfügungen, die dem Straf- oder Beschwerdebescheide vorausgehen und ihn vorbereiten sollen, unterliegen der Beschwerde nur, wenn sie eine Beschlagnahme anordnen oder andere Personen betreffen als den Beschuldigten oder die Nebenbeteiligten.

[1]) Hierher gehören alle im Strafverfahren ergehenden und nicht unter Abs. 2 fallenden Verfügungen der Finanzämter und Landesfinanzämter, auch soweit die Untersuchung (§ 406) in Frage kommt. Vgl. Anm. 1 zu § 283, Anm 3 zu § 406, Anm. 3 zu § 366.

[2]) Der Zustellung steht in den Fällen der §§ 414, 417 die Verkündung gleich In den übrigen Fällen genügt einfache Bekanntmachung der Verfügung nach § 73.

[3]) Das in Anm. 2 zu § 416 Gesagte gilt hier entsprechend.

III. Kosten des Verfahrens.

§ 419. Im Verwaltungsstrafverfahren werden an Kosten[1]) erhoben:

a) für Strafbescheide und für Beschwerdebescheide (§ 417) eine Gebühr[2]) in Höhe der Gebühr des Gerichtskostengesetzes für Urteile in Strafsachen des ersten Rechtszugs; die §§ 61, 86, 96 des Gerichtskostengesetzes sind anzuwenden[3]);

b) an Auslagen:

1. Schreibgebühren für Ausfertigungen und Abschriften[4]) nach dem Gerichtskostengesetze,
2. Telegraphengebühren und im Fernverkehre zu entrichtende Fernsprechgebühren,
3. Kosten von Zustellungen und öffentlichen Bekanntmachungen,
4. Entschädigungen, die an Auskunftspersonen und Sachverständige gezahlt sind[5]),
5. Reisekosten der Beamten bei Geschäften außerhalb des Dienstsitzes,
6. Auslagen anderer Behörden,
7. Kosten der Erhaltung beschlagnahmter Sachen und der Beförderung von Personen oder Sachen,
8. Haftkosten.

[1]) § 419 regelt erschöpfend den Umfang der Kosten, die dem Verurteilten auferlegt werden können. Über die Frage der Kostentragungspflicht als solcher s. Anm. 1 zu § 420 AO, ferner § 86 GKG.

[2]) Die Gebühren berechnen sich nach § 62 GKG. Wenn in § 419 auch auf § 59 GKG. nicht ausdrücklich Bezug genommen ist, so muß doch der Grundsatz des § 59 Abs. 3, daß die Gebühr nicht höher sein darf als die ausgesprochene Geldstrafe, auch hier gelten. Dies ergibt sich aus der Fassung des § 419 lit. a „in Höhe der Gebühr des GKG."

Zur Erleichterung der Gebührenberechnung dient auch hier die im Ergänzungsband zur amtlichen Textausgabe der AO. befindliche Gebührentafel (s. Anm. 2 zu § 289).

[3]) § 61 GKG. betrifft den Fall, daß in einer Strafsache mehrere Angeschuldigte vorhanden sind.

§ 86 GKG regelt die Frage, wer Schuldner der entstandenen Kosten ist.

§ 96 GKG. regelt den Zeitpunkt der Fälligkeit der Kosten.

[4]) Auch für die nicht auf Antrag erteilten Ausfertigungen und Abschriften (RFME. v. 29. März 1921 III. 31778, angeführt in der Gebührentafel, s. oben Anm. 2).

[5]) S. hierüber Anm. 1 zu § 297.

§ 420. (1) Die Kostenvorschriften der Strafprozeßordnung gelten sinngemäß auch für das Verwaltungsstrafverfahren [1]). Über Höhe und Notwendigkeit von Auslagen entscheidet das Finanzamt endgültig [2]).

(2) Wer nur bei der Einziehung beteiligt ist, hat außer bei Zurückweisung unbegründeter Beschwerden keine Kosten zu tragen.

(3) Sind durch das Verfahren gegen den, der für Geldstrafe und Kosten haftet, besondere Kosten entstanden, so sind ihm diese Kosten bei Festsetzung seiner Haftpflicht aufzuerlegen.

[1]) Unter entsprechender Berücksichtigung der einschlägigen Vorschriften der StPO. gilt daher für die Kostentragung im Verwaltungsstrafverfahren folgendes.

1. Jeder Strafbescheid und jeder Beschwerdebescheid muß im Entscheidungssatz einen Ausspruch darüber enthalten, wer die Kosten zu tragen hat und in welcher Höhe (§ 496 Abs 1 StPO.). Dieser Ausspruch erstreckt sich, auch wenn dies nicht ausdrücklich gesagt sein sollte, immer auf die Kosten

des ganzen Verfahrens, also einschließlich der Kosten der Vorinstanz

2. Wer durch Strafbescheid verurteilt wird oder wessen Beschwerde gänzlich erfolglos bleibt (hierzu gehört auch die Zurücknahme der Beschwerde), hat die ganzen Verfahrenskosten zu tragen (§§ 497 Abs. 1, 505 Abs. 1 StPO.).

3 War die Untersuchung oder die Beschwerde wegen mehrerer Straffälle desselben Beschuldigten geführt und findet Bestrafung nur bezüglich eines Teils dieser Straffälle statt, so sind Kosten, die durch die Behandlung der übrigen Fälle entstanden sind, dem Betroffenen nicht aufzuerlegen (§ 498 StPO.).

4. Wenn die Untersuchung gegen den Angeschuldigten eingestellt wird (§ 411 Abs. 1 S. 1 AO.), oder wenn der Angeschuldigte durch Beschwerde die gänzliche Freistellung von Strafe erreicht, dann sind ihm trotzdem solche Kosten aufzuerlegen, die durch seine schuldbare Versäumnis entstanden sind. Die dem Betroffenen erwachsenen notwendigen Auslagen können (Ermessenssache!) der Reichskasse auferlegt werden, § 499 StPO. Über den Begriff „notwendig" vgl. das in Anm 3 zu § 288 Gesagte, bezüglich Entscheidung über die notwendigen Auslagen § 420 Abs. 1 S. 2 AO.

5. Über Kostentragung im Falle der Zurücknahme eines Strafantrags (§ 376 Abs. 3 AO.) s § 502 StPO.

6. Hat eine Beschwerde teilweisen Erfolg, dann können die Verfahrenskosten angemessen verteilt werden (§ 505 Abs. 1 S. 3 StPO). Ob die Beschwerdebehörde eine solche Verteilung und wie sie dieselbe vornehmen will, steht in ihrem Ermessen. Es bestehen nicht einmal bindende Vorschriften über den zulässigen Verteilungsmodus. Der Regelfall wird indes die Verteilung nach bestimmten Bruchteilen sein. Ein besonderer Ausspruch, daß der Angeschuldigte seine eigenen Kosten zu tragen habe, ist nicht erforderlich, da dies ohnehin ipso iure immer der Fall ist (eine einzige Ausnahme bezüglich der notwendigen Auslagen s. oben Nr. 4).

7. Die Kosten der Strafvollstreckung sind immer dem Bestraften aufzuerlegen (§ 497 Abs 1 StPO.).

8. Alle Kosten, die nach vorstehenden Grundsätzen nicht dem Angeschuldigten auferlegt werden, sind der Reichskasse aufzuerlegen.

An Haftungsvorschriften der StPO. ist hierher zu erwähnen § 498 Abs. 2 StPO. wegen Haftung mehrerer Mitangeschuldigter für die Auslagen (gilt nicht bezüglich der Gebühren, für diese kommt zufolge § 61 GKG. eine Mithaftung anderer Personen nicht in Frage!), ferner § 497 StPO. wegen Haftung des Nachlasses eines Bestraften für die Kosten.

[3]) S. oben Anm. 1 Nr. 4. Gegen die Entscheidung des Finanzamts in dieser Beziehung gibt es also keine Beschwerde. Im übrigen können Entscheidungen über die Kostentragungspflicht (wozu auch die Entscheidung darüber gehört, ob die notwendigen Auslagen des Angeschuldigten von der Reichskasse zu tragen sind) mit den nach §§ 415, 416 AO. zulässigen Behelfen angegriffen werden, das heißt also durch Antrag auf gerichtliche Entscheidung oder durch Beschwerde zum Landesfinanzamt. Denn die genannten Entscheidungen haben Teile des Strafbescheids zu bilden, der nötigenfalls im Kostenpunkt nachträglich zu ergänzen ist.

Anders verhält es sich mit der finanzamtlichen Festsetzung der Kosten (die außerhalb des Strafbescheids zu erfolgen hat). Gegen diese gibt es nur die Beschwerde nach § 418 AO.

§ 421. Zur Sicherung der Staatskasse wegen der Kosten[1]), die den Beschuldigten voraussichtlich treffen werden, kann das Finanzamt nach § 351 einen Arrest anordnen und vollziehen[2]).

[1]) Nicht auch wegen der Strafe sebst (E. Bd. 5 S. 225).

[2]) In solchem Falle gelten bezüglich des ganzen Arrestverfahrens einschließlich der Rechtsmittelfrage die Vorschriften des § 351.

§ 422. Wenn das Gericht gegen den Beschuldigten eine Strafe oder gegen den, der für Geldstrafe und Kosten haftet, die Haftpflicht rechtskräftig festgesetzt hat, so haben diese Personen auch die Kosten des Verwaltungsstrafverfahrens zu tragen.

IV. Strafvollstreckung.

§ 423. Vollstreckbare Strafbescheide[1]) und Beschwerdebescheide wirken wie ein rechtskräftiges Urteil.

[1]) Vollstreckbar ist ein Strafbescheid dann, wenn er innerhalb der einwöchentlichen Ausschlußfrist weder im Wege des § 415 noch durch Beschwerde nach § 416 angegriffen worden ist, oder wenn Zurücknahme des Antrags auf gerichtliche Entscheidung nach § 430 erfolgt.

§ 424. (1) Die Finanzämter haben die Straf- und Beschwerdebescheide sowie die Kostenentscheidungen nach den Vorschriften über das Zwangsverfahren[1]) zu vollstrecken[2]).

(2) Für Zahlung einer Geldstrafe kann eine Frist oder Abtragung in Teilbeträgen bewilligt werden. Teilzahlungen sind zulässig und werden zunächst auf die Strafe angerechnet. Der Versuch, eine Geldstrafe beizutreiben, kann unterbleiben, wenn sicher vorauszusehen ist, daß er erfolglos sein würde.

(3) Einen Verweis erteilt das Finanzamt mündlich. Über die Erteilung ist eine Niederschrift aufzunehmen. Bleibt der Verurteilte auf Ladung aus, ohne sich genügend zu entschuldigen, so kann ihn das Finanzamt vorführen lassen. Ist es ihm unmöglich oder besonders erschwert, zu erscheinen, so kann das Finanzamt ein anderes Finanzamt ersuchen, den Verweis zu erteilen.

(4) Die Einziehung wird dadurch vollstreckt, daß das Finanzamt die Sachen dem Besitzer wegnehmen läßt. § 301 gilt entsprechend, jedoch kann der Dritte nur geltend machen, daß die Sache nicht durch die Einziehung getroffen sei, oder daß er das Recht an ihr nach der Rechtskraft des Strafbescheids erworben habe.

(5) Bei Einziehungen kann das Finanzamt die Ersatzstrafe (§ 365 Absatz 2, § 412 Absatz 4) vollstrecken, wenn die Sachen nicht in Verwahrung genommen sind und vom Verurteilten nicht binnen angemessener Frist abgeliefert werden.

[1]) S. §§ 316 bis 350.

[2]) Die Vollstreckungsbefugnis der Finanzämter erstreckt sich ihrer beschränkten Strafbefugnis entsprechend nur auf Geldstrafen, Verweis und Einziehung. Für Umwandlung uneinbringlicher Geldstrafen in Freiheitsstrafen und Vollstreckung derselben gilt § 435 AO. und § 483 StPO.

§ 425. Geldstrafen und Gegenstände, deren Einziehung ausgesprochen ist, fallen dem Reiche zu.

§ 425 gilt zufolge § 440 auch für gerichtlich erkannte Strafen.

Dritter Titel.

Gerichtliches Verfahren.

§ 426. Hat der Beschuldigte oder ein Nebenbeteiligter[1]) auf gerichtliche Entscheidung angetragen, so kann das Finanzamt den Strafbescheid wegen des Antragstellers[2]) bis zur Übersendung der Verhandlungen an die Staatsanwaltschaft[3]) zurücknehmen[4]). In diesem Falle kann es das Verfahren einstellen, nach weiteren Ermittlungen einen neuen Bescheid erlassen oder die Sache an die Staatsanwaltschaft zum gerichtlichen Verfahren abgeben[5]). Der Antragsteller ist zu benachrichtigen[6]).

[1]) S. § 386 Abs. 3.

[2]) Nicht auch bezüglich der übrigen Beteiligten.

[3]) Das ist bis zum Eingang der Akten bei der Staatsanwaltschaft.

[4]) Besondere Form nicht vorgeschrieben. Telegramm genügt.

[5]) Mit wirksam erfolgter Zurücknahme gewinnt das Finanzamt wieder völlig freie Hand in der Behandlung der Angelegenheit wie aus § 426 S. 2 zu entnehmen ist. Es ist sogar die Erlassung eines neuen härteren Strafbescheids zulässig.

[6]) Die Benachrichtigung bezieht sich nur auf die Zurücknahme des Bescheids. Sie kann formlos erfolgen. Ihre Unterlassung macht das weitere Verfahren des Finanzamts übrigens keineswegs ungültig.

§ 427. Wird der Strafbescheid nicht zurückgenommen, so übersendet das Finanzamt die Verhandlungen der Staatsanwaltschaft mit dem Antrag, die Entscheidung des Gerichts herbeizuführen. Die Staatsanwaltschaft legt sie dem Gerichte vor; eine Anklageschrift wird nicht eingereicht. Wegen der örtlichen Zuständigkeit der Staatsanwaltschaft und des Gerichts gilt § 411 Absatz 2.

(2) Wenn die Sache dem Schöffengericht überwiesen werden könnte, kann die Staatsanwaltschaft die Zuständigkeit des Schöffengerichts dadurch begründen, daß sie die Verhandlungen mit Zustimmung des Finanzamts dem Amtsrichter vorlegt.

§ 428. (1) Das Gericht hat den Antrag auf gerichtliche Entscheidung als unzulässig zu verwerfen, wenn er nicht rechtzeitig oder nicht in der vorgeschriebenen Form gestellt ist, oder wenn er nach § 415 wirkungslos ist, weil Beschwerde eingelegt ist. Bei Versäumung der Frist kann nach den Vorschriften der Strafprozeßordnung Wiedereinsetzung in den vorigen Stand erteilt werden.

(2) Verwirft das Gericht den Antrag nicht als unzulässig, so ist die Hauptverhandlung anzuberaumen.

(3) Ist der Beschuldigte abwesend (§ 318 der Strafprozeßordnung), so ist gegen ihn nach den §§ 320 bis 326 der Strafprozeßordnung zu verfahren.

§ 429. (1) Nach Übersendung der Verhandlungen an die Staatsanwaltschaft kann das Finanzamt den Strafbescheid nur mit deren Zustimmung zurücknehmen. Die Staatsanwaltschaft teilt die Zurücknahme dem Gerichte mit, wenn sie ihm die Verhandlungen schon vorgelegt hat. Das Gericht stellt das Verfahren ein.

(2) Nach Beginn der Hauptverhandlung kann das Finanzamt den Strafbescheid nur mit Zustimmung dessen, der auf gerichtliche Entscheidung angetragen hat, nach Verkündung des Urteils erster Instanz überhaupt nicht mehr zurücknehmen.

In den Fällen der Zurücknahme des Strafbescheids nach § 429 ist damit der betr. Straffall erledigt. Das Finanzamt hat keinerlei weitere Befugnisse, wie sie ihm im Falle des § 426 zustehen (s. dort Anm. 5). Eine spätere Wiederaufnahme der Untersuchung wird dadurch allerdings nicht ausgeschlossen, doch wäre die Durchführung derselben der Staatsanwaltschaft zu überlassen; das Finanzamt könnte höchstens die Wiederaufnahme der Untersuchung beantragen.

§ 430. (1) Der Beschuldigte oder der Nebenbeteiligte kann den Antrag auf gerichtliche Entscheidung bis zur Verkündung des Urteils erster Instanz zurücknehmen, nach Beginn der Hauptverhandlung jedoch nur mit Zustimmung der Staatsanwaltschaft und, falls es als Nebenkläger vertreten ist, auch des Finanzamts.

(2) Der Antrag gilt als zurückgenommen, wenn der Beschuldigte oder der Nebenbeteiligte ohne genügenden

Grund in der Hauptverhandlung ausbleibt und sich nicht durch einen Verteidiger vertreten läßt.

Mit der Zurücknahme wird der Strafbescheid vollstreckbar im Sinne des § 428.

§ 431. (1) Hat der gesetzliche Vertreter eines noch nicht achtzehn Jahre alten Beschuldigten die gerichtliche Entscheidung beantragt, so ist auch der Beschuldigte zu laden. Sein Erscheinen kann erzwungen werden. Der gesetzliche Vertreter kann sich durch einen Verteidiger vertreten lassen, der mit einer ausdrücklich darauf gerichteten schriftlichen Vollmacht versehen ist.

(2) Bleibt der gesetzliche Vertreter aus und läßt er sich nicht vertreten, so hat das Gericht gleichwohl zu verhandeln, wenn der Beschuldigte selbst erscheint. Bleibt auch dieser aus, so gilt § 430 Absatz 2.

§ 432. (1) Ist gerichtliche Entscheidung beantragt, so hat das Finanzamt für das weitere Verfahren die Rechte eines Nebenklägers[1]).

(2) Das Urteil und andere Entscheidungen sind dem Finanzamt zuzustellen, auch wenn es bei der Verkündung vertreten gewesen ist. Die Fristen für die Einlegung von Rechtsmitteln beginnen für das Finanzamt erst mit der Zustellung. Für Revisionsanträge und für Erklärungen auf solche hat es einen Monat Frist. Berufungsanträge, Revisionsanträge und Anträge auf Wiederaufnahme des Verfahrens kann es schriftlich selbst stellen.

[1]) S. §§ 435 ff. StPO.

§ 433. (1) Hängt eine Verurteilung wegen Steuerhinterziehung oder Steuergefährdung davon ab, ob ein Steueranspruch besteht, oder ob und in welcher Höhe ein Steueranspruch verkürzt oder ein Steuervorteil zu Unrecht gewährt ist, und hat der Reichsfinanzhof über diese Fragen entschieden, so bindet dessen Entscheidung das Gericht. Liegt eine Entscheidung des Reichsfinanzhofs nicht vor, sind die Fragen jedoch von Finanzbehörden oder Finanzgerichten zu entscheiden, so hat das Gericht das Strafverfahren auszusetzen, bis über die Fragen rechtskräftig entschieden worden ist. Entscheidet der Reichsfinanzhof, so bindet dessen Entscheidung das Gericht. Ergeht keine Entscheidung des Reichsfinanzhofs, so hat das Gericht, wenn es von der rechtskräftigen Entscheidung des Finanzamts oder der Rechtsmittelbehörde abweichen will, die Entscheidung des Reichsfinanzhofs einzuholen[1]). Es übersendet die Akten dem Reichsfinanzhof. Dieser entscheidet im Beschlußverfahren in der Besetzung von fünf Mitgliedern. Seine Entscheidung ist bindend.

(2) Während der Aussetzung des Verfahrens ruht die Verjährung.

(3) Weicht die Entscheidung des Reichsfinanzhofs von der rechtskräftigen Entscheidung des Finanzamts oder der Rechtsmittelbehörde ab, so ist diese zu berichtigen; § 212 Absatz 2, 3, § 213 gelten entsprechend.

[1]) Voraussetzung für eine solche Anrufung des RFH ist, daß das Strafgericht schlüssig dazu Stellung genommen hat, ob und in welcher Höhe der Steueranspruch besteht und das Gericht im Ergebnis von der rechtskräftigen Entscheidung der Finanzbehörde abweichen will (Entsch. des RFH. vom 13. Dezember 1921, Deutsch. StBl. 4. Jahrg. S. 340).

§ 434. (1) Das Gericht ist bei der Entscheidung an die im Strafbescheide festgesetzte Strafe nicht gebunden.

(2) Stellt sich heraus, daß die Tat der Strafbefugnis des Finanzamts entzogen war, so hat das Gericht, ohne

in der Sache zu entscheiden, den Strafbescheid durch Beschluß aufzuheben und die Verhandlungen der Staatsanwaltschaft mitzuteilen; gegen den Beschluß ist sofortige Beschwerde zulässig.

§ 435. Kann eine durch Strafbescheid festgesetzte Geldstrafe oder die Strafe des Ersatzes des Wertes[1]) nicht einziehbarer Sachen nicht beigetrieben werden, so hat das Gericht auf Antrag des Finanzamts die Strafe in Freiheitsstrafe umzuwandeln. Das Finanzamt übersendet die Verhandlungen der Staatsanwaltschaft. Die Entscheidung steht dem Gerichte zu, das für die Eröffnung des Hauptverfahrens zuständig gewesen wäre. Vor der Entscheidung sind die Staatsanwaltschaft und der, gegen den die Strafe festgesetzt ist sowie das Finanzamt zu hören. Gegen den Beschluß ist sofortige Beschwerde[2]) zulässig.

[1]) Gleichgültig, ob die Werterſatzstrafe im Verwaltungsstrafverfahren oder gerichtlich ausgesprochen wurde (RFME. v. 14. November 1921 II R 1853).

[2]) Die sofortige Beschwerde kann der Betroffene, die Staatsanwaltschaft sowie das Finanzamt einlegen. Die Beschwerdefrist ist eine Woche. Näheres über die sofortige Beschwerde s. § 353 StPO.

§ 436. Beamte der Finanzämter dürfen außerhalb des Deutschen Reichs wohnende Personen, von denen eine Geldstrafe nicht eingezogen werden kann, beim Antreffen im Inland festnehmen. Sie haben sie ohne Verzug der Strafvollstreckungsbehörde vorzuführen. Diese hat die Ersatzfreiheitsstrafe zu vollstrecken oder, wenn eine solche noch nicht festgesetzt ist, die Entscheidung über die Umwandlung sofort herbeizuführen und die festgenommenen Personen solange in Haft zu behalten; die Haft ist auf die Freiheitsstrafe unverkürzt anzurechnen.

§ 437. (1) Erhebt die Staatsanwaltschaft wegen einer Steuerzuwiderhandlung die öffentliche Klage, so hat das Finanzamt die Rechte eines Nebenklägers (§ 432).

(2) Lehnt die Staatsanwaltschaft einen Antrag auf Verfolgung einer Steuerzuwiderhandlung ab, so kann das Finanzamt die öffentliche Klage[1]) selbst erheben. Sein Vertreter hat im weiteren Verfahren dieselbe Stellung wie die Staatsanwaltschaft im Verfahren auf öffentliche Klage[2]). § 432 Absatz 2 gilt entsprechend.

(3) Hat das Finanzamt die öffentliche Klage erhoben, so kann die Staatsanwaltschaft in jeder Lage des Verfahrens mitwirken. Sie bewirkt die Ladungen zur Hauptverhandlung und muß darin vertreten sein. Die Entscheidungen sind ihr bekanntzugeben. Bis zur Rechtskraft des Urteils kann sie die Verfolgung übernehmen; legt sie ein Rechtsmittel ein, so übernimmt sie die Verfolgung. Das Verfahren wird in der Lage fortgesetzt, in der es sich befindet. Das Finanzamt hat die Rechte eines Nebenklägers (§ 432).

(4) Die Vorschrift des § 433 gilt auch in den Fällen dieses Paragraphen.

[1]) Die „öffentliche Klage" (§ 151 StPO.) versetzt das Gericht in die Notwendigkeit, den Straffall, der bis dahin nur die Staatsanwaltschaft beschäftigte, zu untersuchen. Ob das Gericht ohne weiteres Hauptverhandlung anzuberaumen oder sog. Voruntersuchung zu führen hat, richtet sich nach § 176 StPO. Die Rolle des Staatsanwalts in § 176 Abs. 2 Nr. 1 sowie in dem ganzen weiteren Verfahren (Voruntersuchung, Vorbereitung der Hauptverhandlung, Hauptverhandlung selbst, Einlegung von Rechtsmitteln) übernimmt mit

Erhebung der öffentlichen Klage das Finanzamt an Stelle der Staatsanwaltschaft. Letztere kann jedoch im Rahmen des Abs. 3 die Angelegenheit wieder übernehmen (s. nachstehende Anm. 2).

*) Damit scheidet das Finanzamt aus seiner in Anm. 1 dargestellten Rolle wieder völlig aus und es gilt nur mehr Abs. 3 S. 6.

§ 438. Ist der Angeklagte in den Fällen des § 437 abwesend (§ 318 der Strafprozeßordnung), so ist gegen ihn nach den §§ 320 bis 326 der Strafprozeßordnung zu verfahren.

§ 439. (1) Wenn jemand als Nebenbeteiligter für die Geldstrafe haftet, ist eine Ersatzfreiheitsstrafe nur zu vollstrecken, nachdem das Finanzamt gehört worden ist und soweit es die Vollstreckung beantragt.

(2) Gegenstände, deren Einziehung ausgesprochen ist, sind dem Finanzamt auszuhändigen.

(3) Hat das Gericht erkannt, daß die Verurteilung auf Kosten des Verurteilten bekanntzumachen sei, so bestimmt das Finanzamt die Art der Bekanntmachung.

§ 440. § 425 gilt auch bei gerichtlich erkannten Strafen.

§ 441. Schließt das gerichtliche Verfahren mit einer Verurteilung, so gehören die notwendigen Auslagen des Finanzamts zu den Kosten des Verfahrens.

§ 442. Das Landesfinanzamt kann die Befugnisse, die den Finanzämtern im gerichtlichen Verfahren zustehen, anderen Behörden oder bestimmten Beamten übertragen.

Vierter Titel.

Niederschlagung.

§ 443. (1) Der Reichsminister der Finanzen ist befugt, von der Einleitung oder Durchführung eines Verwaltungsstrafverfahrens abzusehen und im Verwaltungsstrafverfahren erkannte Strafen zu erlassen[1]); im übrigen[2]) steht das Recht der Begnadigung den Regierungen der Länder zu. Der Reichsminister der Finanzen kann die ihm zustehenden Befugnisse auf die ihm unterstellten Finanzbehörden übertragen.

(2) Die Finanzämter sind befugt, von der Einleitung oder Durchführung einer Untersuchung abzusehen, wenn eine Hinterziehung nicht in Frage kommt und das Verschulden des Täters geringfügig ist.

[1]) Der — ganze oder teilweise — Erlaß kann auf Antrag des Betroffenen oder ohne solchen erfolgen. Bei Anträgen, die sich äußerlich als Erlaß- oder Milderungsbegehren darstellen, ist jeweils sorgfältig zu prüfen, ob nicht etwa in Wahrheit eine Beschwerde (nach § 416) vorliegt. Insbesondere wenn die Beschwerdefrist noch nicht verstrichen ist, wird in zahlreichen Fällen Behandlung als Beschwerde in Betracht kommen. Die Absicht des Antragstellers ist festzustellen, wenn das LFA. nicht ohnehin eine gänzliche Aufhebung des Strafbescheids beabsichtigt.

[2]) D. h. bei gerichtlicher Verurteilung.

Übergangs- und Schlußvorschriften.

§ 444. (1) Die Reichsabgabenordnung tritt am Tage nach ihrer Verkündung in Kraft[1]).

(2) Zugleich tritt das Gesetz über die Reichsfinanzverwaltung vom 10. September 1919 (Reichs-Gesetzbl. S. 1591 ff.) mit Ausnahme des § 46 außer Kraft.

(3) Der Reichsminister der Finanzen wird ermächtigt, die zur Durchführung der Behördenorganisation erforderlichen Maßnahmen zu treffen[2]) und bis zu dieser Durchführung abweichende Bestimmungen zu erlassen. Er kann ferner die zur Überleitung der Steuergesetzgebung erforderlichen Bestimmungen treffen.

[1]) V. i. am 23. Dezember 1919. Wegen Inkrafttretens der AO für die Erbschaftssteuer s. RFME. v. 12. Februar 1920 (RStBl. S. 106).

[2]) Die Errichtung und Umbildung von Amtsstellen und die Regelung ihrer Zuständigkeit wird zufolge RFME. v. 15. April 1920 (RStBl. S. 255) jeweils im „Amtsblatt der Reichsfinanzverwaltung" bekannt gemacht.

§ 445. Die Befugnisse, die bisher den obersten Landsfinanzbehörden bei der Verwaltung der Steuern (§ 1) zustanden, gehen auf den Reichsminister der Finanzen über.

§ 446. §§ 78, 107, 108 und § 165 Absatz 3 gelten auch für Fälle, die in der Vergangenheit liegen.

§ 447. (1) Beim Reichsfinanzhof dürfen bis zum 1. Oktober 1921 Hilfsrichter zugezogen werden. § 35 gilt auch für Hilfsrichter. Bei Besetzung der Senate mit fünf Mitgliedern dürfen höchstens zwei, bei Besetzung der Senate mit drei Mitgliedern darf nur ein Hilfsrichter teilnehmen.

(2) Solange die Zahl der Mitglieder des Reichsfinanzhofs einschließlich des Präsidenten fünfzehn nicht übersteigt, entscheiden an Stelle des großen Senats die vereinigten Senate. An den Entscheidungen müssen mindestens zwei Drittel aller Mitglieder teilnehmen.

§ 448. Die Vorschriften über Verjährung gelten auch für die vor dem Inkrafttreten der Reichsabgabenordnung entstandenen, noch nicht verjährten Ansprüche; das gleiche gilt von den Vorschriften über Erstattungs- und Vergütungsansprüche, die aus Rechtsgründen zugelassen sind.

§ 448 gilt nicht für Ansprüche, die beim Inkrafttreten der AO bereits erloschen waren, z. B. durch Leistung (E. Bd. 5 S. 56).

§ 449. Die §§ 459 bis 469 der Strafprozeßordnung treten für den Geltungsbereich der Reichsabgabenordnung außer Kraft. Das gleiche gilt für den Artikel 104 des Einführungsgesetzes zum Bürgerlichen Gesetzbuch.

§ 450. Das Gesetz über die Errichtung eines Reichsfinanzhofs und über die Reichsaufsicht für Zölle und Steuern vom 26. Juli 1918 (Reichs-Gesetzbl. S. 959) und die Reichsfinanzhofordnung vom 21. September 1918 (Reichs-Gesetzbl. S. 1119) treten außer Kraft; in Kraft bleiben jedoch § 14 des Gesetzes und die §§ 43 bis 48 der Reichsfinanzhofordnung.

§ 451. Die vor dem Inkrafttreten der Reichsabgabenordnung verkündeten Steuergesetze treten insoweit außer Kraft, als sie mit der Reichsabgabenordnung nicht in Einklang stehen und in den §§ 453, 454 keine Ausnahmen enthalten sind.

§ 452. (1) Der Reichsminister der Finanzen hat die im § 451 bezeichneten Gesetze der Reichsabgabenordnung anzupassen und sie in neuer Fassung zu veröffentlichen; dies gilt nicht:

1. für das Vereinszollgesetz und das Umsatzsteuergesetz [1],

2. für das Gesetz über den Wehrbeitrag, das Besitzsteuergesetz, das Kriegssteuergesetz vom 21. Juni/17. Dezember 1916, das Gesetz über eine außerordentliche Kriegsabgabe für das Rechnungsjahr 1918, die Gesetze vom 10. September 1919 über eine außerordentliche Kriegsabgabe für das Rechnungsjahr 1919 und über eine Kriegsabgabe von dem Vermögenszuwachse, das Gesetz vom 25. Dezember 1915 über vorbereitende Maßnahmen zur Besteuerung der Kriegsgewinne, das Gesetz vom 9. April 1917 über Sicherung der Kriegssteuer und die Erhebung eines Zuschlags zur Kriegssteuer und die Verordnung über Sicherung der Kriegssteuer vom 15. November 1918,
3. für das Gesetz gegen die Steuerflucht vom 26. Juli 1918 und das Gesetz zur Ergänzung dieses Gesetzes vom 24. Juni 1919, für das Gesetz gegen die Kapitalflucht vom 8. September 1919, für die Verordnung vom 21. November 1918 gegen die Kapitalabwanderung in das Ausland und die Verordnung zur Ergänzung dieser Verordnung vom 15. Januar 1919,
4. für das Erbschaftssteuergesetz vom 10. September 1919 und für das Grunderwerbsteuergesetz vom 12. September 1919.

(2) Die neuen Fassungen der übrigen Gesetze bedürfen der Zustimmung des Reichsrats und eines vom Reichstag gewählten Ausschusses von zehn Mitgliedern. Sie treten mit dem auf ihre Verkündigung folgenden Tage an die Stelle der alten Fassungen.

[1]) Gemeint ist nur das UmsStG. v. 26. Juli 1918 (RFM. in RStBl. 1920 S. 104).

§ 453. Die Vorschrift des § 451 findet unbeschadet des § 445 auf die materiellen Strafvorschriften und auf die Vorschriften über die Wertermittlung der im § 452 Absatz 1 unter Nr. 1 bis 3 bezeichneten Gesetze keine Anwendung. Das gleiche gilt bis zum Inkrafttreten der neuen Gesetzesfassungen für die Strafvorschriften der nach § 452 in neuer Fassung zu veröffentlichenden Gesetze. Die §§ 367, 378, 383, 384 der Reichsabgabenordnung gelten jedoch auch für die im § 452 Absatz 1 unter Nr. 2, 3 aufgeführten Gesetze. Der § 358 tritt für alle Steuergesetze sofort in Kraft.

§ 454. § 24 Absatz 2 bis 4 und § 30 des Gesetzes vom 10. September 1919 über eine Kriegsabgabe vom Vermögenszuwachse, der § 37 des Gesetzes vom 10. September 1919 über eine außerordentliche Kriegsabgabe für das Rechnungsjahr 1919 und der § 42 des Gesetzes vom 26. Juli 1918 über eine außerordentliche Kriegsabgabe für das Rechnungsjahr 1918 bleiben unberührt; § 445 dieses Gesetzes findet in diesen Fällen Anwendung.

§ 455. § 12 Absatz 1 des Tabaksteuergesetzes vom 12. September 1919 wird durch § 105 nicht berührt.

§ 456. (1) Der endgültige Bescheid über die nach dem Gesetze gegen die Steuerflucht vom 26. Juli 1918 geschuldete Sicherheit gilt als Steuerbescheid im Sinne des § 217 der Reichsabgabenordnung. Das gleiche gilt für den Bescheid, der nach § 3 des Gesetzes vom 25. Juni 1919 zur Ergänzung des Gesetzes gegen die Steuerflucht zu erlassen ist.

(2) Der § 21 Abs. 2 des Gesetzes gegen die Steuerflucht vom 26. Juli 1918 wird durch folgende Vorschrift ersetzt:

Über den Antrag auf Freistellung entscheidet das Landesfinanzamt. Gegen dessen Entscheidung steht dem Steuerpflichtigen die Beschwerde an den Reichsfinanzhof zu; dieser entscheidet im Beschlußverfahren.

§ 457. Der § 5 der Verordnung vom 21. November 1918 über Maßnahmen gegen die Kapitalabwanderung in das Ausland und der § 8 Nr. 3 der zur Ergänzung dieser Verordnung erlassenen Verordnung vom 15. Januar 1919 werden aufgehoben.

§ 458. § 364 der Reichsabgabenordnung gilt entsprechend bei Vergehen gegen das Gesetz gegen die Kapitalflucht vom 8. September 1919.

§ 459. § 47 Absatz 1 bis 5 und Absatz 7 des Erbschaftssteuergesetzes vom 10. September 1919 werden aufgehoben.

§ 460. § 11 Satz 2 und § 12 Absatz 2 Satz 3 des Grunderwerbsteuergesetzes vom 12. September 1919 werden aufgehoben. § 15 dieses Gesetzes wird durch folgende Vorschrift ersetzt:

> Geht ein Grundstück, das mehreren zur gesamten Hand gehört, an einen oder mehrere Mitberechtigte über, so wird die Steuer so berechnet, als ob die Beteiligten nach Bruchteilen berechtigt wären; der Bruchteil der Erwerber bleibt unberücksichtigt. Die Höhe der Bruchteile ist nach den Anteilen zu bestimmen, zu denen die Beteiligten an dem Vermögen zur gesamten Hand berechtigt sind, oder nach Verhältnis dessen, was

ihnen bei Auflösung der Gemeinschaft zufallen würde.

Absatz 1 gilt insoweit nicht, als die Anteilsberechtigung des Erwerbers, oder wenn die Erben eines Mitberechtigten oder Gesellschafters Erwerber sind, die Anteilsberechtigung des Erblassers nach dem Inkrafttreten dieses Gesetzes durch den Erwerb von Anteilen anderer Mitberechtigter oder Gesellschafter mittels Rechtsgeschäfte unter Lebenden begründet worden ist.

Die Vorschrift des Absatz 1 gilt sinngemäß, wenn eine Gemeinschaft zur gesamten Hand ein Grundstück von einem Mitberechtigten erwirbt. Der nach Absatz 1 zu ermittelnde Anteil des Veräußerers bleibt unberücksichtigt.

§ 461. Steuerpflichtige Fälle, die auf Grund des Erbschaftssteuergesetzes vom 10. September 1919 und des Grunderwerbsteuergesetzes vom 12. September 1919 vor dem Inkrafttreten der Reichsabgabenordnung eingetreten sind, sind so zu erledigen, als ob die Reichsgabenordnung schon bei Inkrafttreten dieser Gesetze in Geltung gewesen wäre; § 2 des Strafgesetzbuchs bleibt unberührt.

§ 462. Die Vorschriften der Reichsabgabenordnung über das Verwaltungsstrafverfahren gelten auch für das Vergehen des Bannbruchs im Sinne der §§ 134, 136, 137 des Vereinszollgesetzes vom 1. Juli 1867.

§ 463. Die Ausführungsbestimmungen zu diesem Gesetz erläßt der Reichsminister der Finanzen mit Zustimmung des Reichsrats.

Verordnung zur Einführung der Reichsabgabenordnung

vom 18 Dezember 1919.

(Reichs-Gesetzbl. S. 2101).

(E. V. A. O.)

(Die im Text lateinisch gedruckten Stellen sind neu eingefügt durch Art. I der Verordnung vom 11. Oktober 1921, RGBl. S. 1305.)

Auf Grund des § 444 der Reichsabgabenordnung vom 13. Dezember 1919 (Reichs-Gesetzbl. S. 1993) wird folgendes verordnet:

Artikel I.

Grundsätzliche Regelung.

§ 1. Mit dem Inkrafttreten der Abgabenordnung gelten ihre Vorschriften für alle Steuersachen und Steuerstrafsachen, soweit nicht in dieser Verordnung etwas Abweichendes bestimmt ist.

Artikel II.

Behörden.

Finanzämter (untere Behörden).

§ 2. Die nach Reichs- oder Landesrecht im Zeitpunkt des Inkrafttretens der Abgabenordnung für die Besteuerung, einschließlich des Hebungs-, Kassen- und Beitreibungswesens, sowie für das Verwaltungsstrafverfahren als untere Behörden zuständigen und die zu deren Unterstützung berufenen Amtsstellen gelten bis auf weiteres als Finanzämter im Sinne der Abgabenordnung.

soweit sie nicht vom Reichsminister der Finanzen oder von den zuständigen Oberbehörden anderen Amtsstellen (Finanzämtern) als Hilfsstellen zugewiesen worden sind oder zugewiesen werden.

§ 3. (1) Die Präsidenten der Landesfinanzämter sind ermächtigt, die im § 2 bezeichneten Geschäfte von den dort bezeichneten Stellen auf die Finanzämter zu übertragen. Sie bestimmen Zeitpunkt und Umfang des Überganges der Geschäfte.

(2) Die Präsidenten der Landesfinanzämter haben jede Übertragung öffentlich bekanntzumachen.

Landesfinanzämter (Oberbehörden).

§ 4. Die nach Landesrecht den im § 2 genannten Amtsstellen vorgesetzten Oberbehörden der Länder gelten bis auf weiteres als Landesfinanzämter im Sinne der Abgabenordnung.

§ 5. Der Reichsminister der Finanzen bestimmt, wann und in welchem Umfang die Präsidenten der Landesfinanzämter die ihnen nach der Abgabenordnung zustehenden Geschäfte von den Oberbehörden übernehmen und in welchem Zeitpunkt die Finanzgerichte als eingerichtet anzusehen sind.

Über Einrichtung der Finanzgerichte s. die Verordnungen der Präsidenten der Landesfinanzämter in Nr. 1, 4, 5 u. 8 des Amtsbl. der RFVerw. 1922.

§ 6. (1) Die für Reichssteuern vor dem Inkrafttreten der Abgabenordnung über die Zuständigkeit von Behörden erlassenen Bestimmungen gelten auch für entsprechende Reichssteuern, die nach diesem Zeitpunkt eingeführt werden, soweit nicht die für sie maßgebenden Gesetze besondere Vorschriften enthalten.

(2) Im übrigen werden die zuständigen Behörden bei Steuergesetzen (§ 3 der Abgabenordnung), die nach der Abgabenordnung, aber vor Einrichtung der Finanzämter und Landesfinanzämter in Kraft treten, besonders bestimmt.

Artikel III.

Einstweilige Aufrechterhaltung früheren Rechtes.

§ 7. (1) Sind Ausführungsbestimmungen in der Abgabenordnung besonders vorgesehen oder zur Ergänzung ihrer Vorschriften erforderlich, z. B. für die Hinterlegung, und ist in dieser Verordnung nichts anderes bestimmt, so bleiben bis zum Erlasse solcher Ausführungsbestimmungen die entsprechenden Gesetzesvorschriften und Verwaltungsbestimmungen des früheren Rechtes anwendbar.

(2) Das frühere Recht gilt ferner bis auf weiteres für Zahlungsaufschub, Stundung und Niederschlagung von Steuern sowie für die Zuständigkeit zur ersten Entscheidung über Erstattungs- und Vergütungsansprüche. § 445 der Abgabenordnung bleibt unberührt: bei Zahlungsaufschub und Stundung tritt an die Stelle der obersten Landesfinanzbehörde das Landesfinanzamt.

(3) Entstehen in den Fällen der Absätze 1, 2 Zweifel über die Anwendbarkeit oder die Zweckmäßigkeit der Aufrechterhaltuug des früheren Rechtes, so ist die Entscheidung des Reichsministers der Finanzen einzuholen.

§ 8. (1) Die Finanzämter und die Landesfinanzämter und bis zu deren Einrichtung die in den §§ 2, 4, 6 bezeichneten unteren Behörden und Oberbehörden können Steuern bis auf weiteres in demselben Umfang erlassen, in dem diese Behörden hierzu nach früherem Rechte befugt waren.

(2) Die Vorschrift des Absatz 1 gilt entsprechend für den Erlaß von Verwaltungsstrafen und für die Niederschlagung von Steuerstrafsachen; § 443 Absatz 2 der Abgabenordnung bleibt unberührt.

§ 9. Zustellungen sind bis zum Erlaß einer Zustellungsordnung nach dem früheren Rechte zu erledigen; sie können in jedem Falle durch eingeschriebenen Brief erfolgen.

Über Zustellungen durch Personen ohne Beamteneigenschaft s. V. d. RFM. v. 25. Februar 1921 (RStBl. S. 111).

§ 10. Von der Erfüllung der Vorschrift des § 102 Absatz 1 Satz 2 der Abgabenordnung kann bis zur Einrichtung der Finanzämter abgesehen werden.

§ 11. Zinsen, die nach § 104 Absatz 1 der Abgabenordnung zu entrichten wären, sind bei Zöllen und Verbrauchsabgaben bis auf weiteres nicht einzufordern. Bei den übrigen Steuern sind sie bis auf weiteres nur einzufordern, wenn ihr Betrag fünf Mark übersteigt.

Bezüglich der Übergangszeit s. Anm. 3 zu § 104 AO.

Artikel IV.

Verfahren.

§ 12. (1) Verfügungen (§ 73 Absatz 1 der Abgabenordnung) und Bescheide in Steuersachen und in Steuerstrafsachen, die bei Inkrafttreten der Abgabenordnung nicht mehr angefochten werden können, gelten als unanfechtbar im Sinne der Abgabenordnung.

(2) Steuersachen und Steuerstrafsachen, die bei Inkrafttreten der Abgabenordnung anhängig sind, werden gemäß §§ 13 bis 27 übergeleitet.

(3) Für Steuersachen, die nach Inkrafttreten der Abgabenordnung anhängig geworden sind, gelten die §§ 27a bis 27c.

Anhängige Steuersachen.

Steuerfestsetzungsverfahren.

§ 13. Für die Überleitung der anhängigen Steuerfestsetzungsverfahren gelten die Vorschriften der §§ 14, 15.

Ausschüsse.

§ 14. Die Mitwirkung der in der Abgabenordnung vorgesehenen Ausschüsse ist nicht erforderlich, solange sie noch nicht gebildet sind. An ihrer Stelle sind, soweit nicht für die einzelnen Gesetze Abweichendes bestimmt wird, bestehende Ausschüsse hinzuzuziehen, denen nach dem früheren Rechte entsprechende Aufgaben oblagen.

§ 15. Ist die Steuer bei Inkrafttreten der Abgabenordnung bereits festgesetzt und die Frist für die Einlegung des nach dem früheren Rechte zulässigen Rechtsmittels noch nicht abgelaufen, so ist Einspruch oder Anfechtung oder im Falle des § 245 der Abgabenordnung Berufung nach der Abgabenordnung zulässig; die Rechtsmittelfrist beginnt mit dem Inkrafttreten der Abgabenordnung. War das nach früherem Rechte zulässige Rechtsmittel unbefristet, so ist Einspruch oder Anfechtung nur zulässig, wenn die Steuerfestsetzung innerhalb der letzten beiden Monate vor dem Inkrafttreten der Abgabenordnung bekanntgegeben ist.

Rechtsmittelverfahren.

§ 16. Für die Überleitung der Rechtsmittelverfahren die den Verfahren auf Einspruch, Berufung, Anfechtung oder Rechtsbeschwerde nach der Abgabenordnung entsprechen, gelten die §§ 17 bis 23.

Ob ein Rechtsmittelverfahren dem Verfahren auf Einspruch, Berufung, Anfechtung oder Rechtsbeschwerde nach der AO. entspricht, ist im Sinne des § 16 danach zu entscheiden, welches Verfahren im einzelnen Falle tatsächlich eingeschlagen worden ist, nicht, welches Verfahren hätte eingeschlagen werden müssen (E. Bd. 3 S. 160).

Einspruch.

§ 17. Als Einspruch im Sinne der §§ 18, 19 gilt jedes Rechtsmittel und jeder sonstige Rechtsbehelf, der auf Nachprüfung durch dieselbe Instanz abzielt. Dabei gelten, wie in der Abgabenordnung, die Finanzämter und ihre Hilfsstellen als dieselbe Instanz.

§ 18. Ist die Entscheidung im Einspruchverfahren noch nicht ergangen, so ist,

a) soweit die Abgabenordnung den Einspruch zuläßt, das Verfahren nach der Abgabenordnung weiterzuführen. § 14 gilt entsprechend;

b) soweit die Abgabenordnung den Einspruch nicht zuläßt, die Sache an das Landesfinanzamt abzugeben. Der Steuerpflichtige ist zu benachrichtigen. Das Rechtsmittel gilt als Anfechtung. Nimmt der Steuerpflichtige das Rechtsmittel innerhalb eines Monats, nachdem ihm die Abgabe mitgeteilt worden ist, zurück, so werden die bei der Behörde entstandenen Kosten des Rechtsmittelverfahrens niedergeschlagen. Andernfalls gelten Kosten, die vor der Abgabe entstanden sind, als Kosten des Anfechtungsverfahrens.

Berufung, Anfechtung (tatsächliche Nachprüfung durch eine zweite oder fernere Instanz).

§ 19. (1) Ist die Entscheidung im Einspruchsverfahren ergangen, ist ferner die Frist für die Einlegung des bisher zulässigen Rechtsmittels noch nicht abgelaufen und das Rechtsmittel noch nicht eingelegt, so ist Berufung oder Anfechtung nach der Abgabenordnung[1]) zulässig: die Rechtsmittelfrist beginnt mit dem Inkrafttreten der Abgabenordnung.

(2) Ist ein Rechtsmittel eingelegt, das auf tatsächliche Nachprüfung durch eine zweite [oder fernere][2]) Instanz (Verwaltungsbehörde oder Gericht) abzielt, und ist eine Entscheidung durch eine solche Instanz noch nicht ergangen, so ist die Sache an das Landesfinanzamt abzugeben. Das Rechtsmittel gilt als Berufung oder Anfechtung im Sinne der Abgabenordnung.

(3) Ist ein Rechtsmittel der im Absatz 2 bezeichneten Art gegen eine in erster Instanz ergangene Entscheidung einer Oberbehörde bei Inkrafttreten der Abgabenordnung noch anhängig, so ist die Sache an den Reichsfinanzhof abzugeben. Der Steuerpflichtige ist zu benachrichtigen. Das Rechtsmittel gilt als Rechtsbeschwerde. § 18 b Satz 4, 5 ist entsprechend anzuwenden.

(4) Solange die Finanzgerichte nicht errichtet sind, entscheidet über die Rechtsmittel, die der Berufung im Sinne der Abgabenordnung entsprechen, und über das Rechtsmittel der Berufung, soweit nicht im § 20 etwas anderes vorgesehen ist, das Landesfinanzamt[3]).

(5) Die Berufungssachen sind nach Einrichtung der Finanzgerichte an diese abzugeben.

[1]) Es finden daher alle Vorschriften der AO. über die Berufung Anwendung, auch § 231 Abs. 3 (E. Bd. 4 S. 126).

[2]) Gestrichen durch V. v. 11. Oktober 1921 (RGBl. S. 1305). Bezüglich Fristwahrung in den Fällen des § 19 Abs. 2 s. RFH. in E. Bd. 4 S. 238.

[2]) Hierzu V. d. RFM. v. 12. August 1920 (RGBl S. 1621), nun aufgehoben durch Art. II § 2 V. v. 11. Oktober 1921, weiter unten abgedruckt.

Die V. des RFM. v. 12. August 1920 ist auch auf einen Tatbestand anzuwenden, der vor ihrem Erlaß liegt, soweit solcher noch der Nachprüfung untersteht (E Bd. 3 S. 335).

Die Vorschrift des § 19 Abs. 4 gilt nur für die zur Zeit des Inkrafttretens der AO. bereits anhängigen Steuersachen; sie bezieht sich nur auf das Rechtsmittel der Berufung und die der Berufung im Sinne der AO. entsprechenden Rechtsmittel, nicht auf Beschwerden (E. Bd. 3 S. 310).

§ 20. (1) Solange und soweit die Finanzgerichte noch nicht errichtet sind, bleiben für Rechtsmittel, die der Berufung im Sinne der Abgabenordnung entsprechen und über die bisher richterliche Behörden (Verwaltungsgerichte), Kommissionen oder Kollegien nach Landesrecht[1]) zu entscheiden hatten, diese Stellen zuständig[2]); sie entscheiden nach dem früheren Rechte.

(2) Die Bestimmungen des Absatz 1 gelten auch für das Rechtsmittel der Berufung.

(3) Die Bestimmungen der Absätze 1, 2 finden nur solange und soweit Anwendung, als die im Absatz 1 bezeichneten Stellen noch bestehen.

[1]) In der Übergangszeit sind in Preußen wegen Streitigkeiten über Vergütungsansprüche nach dem UmsStG. die Bezirksausschüsse zuständige Berufungsinstanz auch insoweit als die Berufung bei ihnen nach dem 31. Juli 1920 anhängig wurden (E. Bd. 5 S. 242).

Wo Finanzgerichte noch nicht errichtet sind, sind die Entscheidungen der Berufungskommissionen usw. so anzusehen, als ob sie von einem Finanzgericht erlassen worden wären (E. Bd. 3 S. 110).

[*]) Sind diese nicht mehr vorhanden, dann ist es Sache des RFM., die bestehende Lücke für die Übergangszeit gem. § 444 Abs. 3 AO. auszufüllen (E. Bd. 6 S. 51).

§ 21. In den Fällen des § 223 Satz 2 der Abgabenordnung tritt an die Stelle der Berufung die Rechtsbeschwerde an den Reichsfinanzhof, sofern bei Bekanntgabe der Entscheidung des Landesfinanzamts das Finanzgericht noch nicht eingerichtet ist.

Rechtsbeschwerde (vorwiegend rechtliche Nachprüfung).

§ 22. (1) Ist durch eine zur tatsächlichen Nachprüfung berufene Rechtsmittelinstanz eine Entscheidung bereits ergangen, die einer Entscheidung auf Berufung oder Anfechtung im Sinne der Abgabenordnung entspricht, und ist

a) die Frist für das bisher zulässige Rechtsmittel noch nicht abgelaufen und das Rechtsmittel noch nicht eingelegt, so ist nur die Rechtsbeschwerde an den Reichsfinanzhof zulässig. Die Rechtsmittelfrist beginnt mit dem Inkrafttreten der Abgabenordnung; ist die Zustellung oder, sofern keine Zustellung vorgesehen ist, die Bekanntgabe der Entscheidung erst später erfolgt, so ist dieser spätere Zeitpunkt für den Beginn der Frist maßgebend;

b) ein Rechtsmittel eingelegt, das auf weitere tatsächliche Nachprüfung abzielt, so ist die Sache an den Reichsfinanzhof abzugeben. Der Steuerpflichtige ist zu benachrichtigen. Das Rechtsmittel gilt als Rechtsbeschwerde. § 18b Satz 4, 5 ist entsprechend anzuwenden;

c) die Rechtsbeschwerde oder ein anderes seinem Wesen nach vorwiegend auf rechtliche Nachprüfung abzielendes Rechtsmittel eingelegt, so ist das Rechtsmittel nach bisherigem Rechte zu erledigen. Dies gilt nicht, wenn der Reichsfinanzhof nach früherem Rechte in der Sache angerufen werden konnte. In diesem Falle ist die Sache an den Reichsfinanzhof abzugeben; der Steuerpflichtige ist zu benachrichtigen. Das Rechtsmittel gilt als Rechtsbeschwerde. § 18b Satz 4, 5 ist entsprechend anzuwenden.

(2) Die Bestimmungen des Absatz 1a, b sind in den Fällen des § 26 ausgeschlossen.

§ 23. Ist gegen die Auskunft eines Landesfinanzamts in Zolltarifsachen, die innerhalb der letzten beiden Monate vor dem Inkrafttreten der Abgabenordnung erteilt ist, in diesem Zeitpunkt Beschwerde noch nicht eingelegt, so findet § 220 Absatz 2 Satz 3 der Abgabenordnung Anwendung. Die Frist zur Einlegung der Rechtsbeschwerde beginnt mit dem Inkrafttreten der Abgabenordnung. Ist die Beschwerde bei Inkrafttreten der Abgabenordnung bereits eingelegt, so ist die Sache an den Reichsfinanzhof abzugeben. Der Steuerpflichtige ist zu benachrichtigen. Das Rechtsmittel gilt als Rechtsbeschwerde. § 18b Satz 4, 5 ist entsprechend anzuwenden.

Beschwerde.

§ 24. (1) Für die Überleitung des Rechtsmittelverfahrens, das dem Beschwerdeverfahren gemäß § 281 der Abgabenordnung entspricht, sowie für die Überleitung sonstiger Beschwerden gelten die Bestimmungen der Absätze 2 bis 5.

(2) Gegen Verfügungen, die innerhalb der letzten beiden Monote vor dem Inkrafttreten der Abgabenord-

nung bekanntgegeben, aber noch nicht angefochten sind, läuft die Frist zur Einlegung der Beschwerde von dem Inkrafttreten der Abgabenordnung an, wenn in diesem Zeitpunkt nach bisherigem Rechte eine Beschwerde noch zulässig war. Gegen früher ergangene Verfügungen ist eine Beschwerde nicht mehr zulässig.

(3) Ist eine Beschwerde gegen eine in erster Instanz ergangene Entscheidung einer Oberbehörde bei Inkrafttreten der Abgabenordnung bereits anhängig, so ist die Sache dem Reichsminister der Finanzen zuzuleiten.

(4) Ist eine Beschwerde bei Inkrafttreten der Abgabenordnung in dem Verfahren vor dem Reichsfinanzhof oder im Verwaltungsstreitverfahren anhängig, so ist sie nach dem früheren Rechte zu erledigen.

(5) Im übrigen sind Beschwerden, die beim Inkrafttreten der Abgabenordnung bei einer anderen Behörde als dem Landesfinanzamt oder einer Oberbehörde anhängig sind, an das Landesfinanzamt oder die Oberbehörde abzugeben; hat das Landesfinanzamt oder die Oberbehörde bereits in der Sache entschieden, so ist diese Entscheidung endgültig.

Beitreibungsverfahren.

§ 25. Maßregeln im Beitreibungsverfahren, die vor dem Inkrafttreten der Abgabenordnung begonnen sind, werden nach dem früheren Rechte durchgeführt. Für die Höhe der Kosten des Mahn- und Beitreibungsverfahrens gelten bis auf weiteres die früheren Bestimmungen.

Rechtsmittelverfahren aus der Zeit vor dem 1. Oktober 1918.

§ 26. (1) Für die Fälle, die im § 25 Absatz 2, § 7 des Gesetzes über die Errichtung eines Reichsfinanzhofs und über die Reichsaufsicht für Zölle und Steuern vom

26. Juli 1918 aufgeführt sind, gelten die Vorschriften, die vor dem 1. Oktober 1918 in Kraft gewesen sind. Die von den Landesregierungen hierzu erlassenen Übergangsbestimmungen bleiben unberührt.

(2) Soweit die hiernach zur Entscheidung berufenen Rechtsmittelbehörden nicht mehr bestehen, tritt an ihre Stelle das Landesfinanzamt; die Entscheidung des Landesfinanzamts gilt als Entscheidung über Berufung oder Anfechtung im Sinne der Abgabenordnung. Hat ein Landesfinanzamt an Stelle der nicht mehr bestehenden Rechtsmittelbehörden (Satz 1) bereits entschieden, so gilt der Mangel seiner sachlichen Zuständigkeit als geheilt; die Ermittlungen des Landesfinanzamts können in dem weiteren Verfahren wie die Ermittlungen einer zuständigen Stelle verwertet werden. Die Rechtsmittelsachen sind nach Errichtung der Finanzgerichte an diese abzugeben, soweit nach der Abgabenordnung das Berufungsverfahren gegeben sein würde.

Anhängige Steuerstrafsachen.

§ 27. (1) Für die bei Inkrafttreten der Abgabenordnung im Verwaltungsstrafverfahren und im gerichtlichen Verfahren anhängigen Strafsachen sind für das weitere Verfahren die Vorschriften der Abgabenordnung maßgebend. Für Beschwerdefristen, die bei Inkrafttreten der Abgabenordnung laufen, bestimmt sich der Ablauf der Frist nach dem früheren Rechte; sie endigt jedoch frühestens einer Woche nach dem Inkrafttreten der Abgabenordnung.

(2) Die Präsidenten der Landesfinanzämter können die Obliegenheiten der Finanzämter in Steuerstrafsachen bis auf weiteres besonderen Beamten übertragen.

(3) Soweit nach dem früheren Rechte gegen die von der Oberbehörde in Steuerstrafsachen erlassenen Straf- und B schwerdebescheide eine Beschwerde oder eine weitere Beschwerde zulässig und bei Inkrafttreten der Abgabenordnung die Beschwerdefrist noch nicht abgelaufen war, ist für die Entscheidung über die Beschwerde der Reichsminister der Finanzen zuständig. War die Beschwerde bereits an anderer Stelle eingelegt, so ist sie dem Reichsminister der Finanzen zuzuleiten.

(4) Der §§ 443 Absatz 1 der Abgabenordnung findet auf alle Verfahren in Steuerstrafsachen Anwendung, die am 1. Oktober 1919 noch nicht rechtskräftig abgeschlossen waren.

Steuersachen[1]) die nach Inkrafttreten der Abgabenordnung anhängig geworden sind.

§ 27 a. In Reichssteuersachen[1]), die nach Inkrafttreten der Abgabenordnung anhängig geworden sind, findet § 14 entsprechende Anwendung.

[1]) Dazu gehört auch bereits das Ermittlungsverfahren.

§ 27 b. (1) Solange und soweit die Finanzgerichte noch nicht errichtet sind, entscheiden an ihrer Stelle bei Rechtsmittelverfahren in solchen Reichssteuersachen, die nach Inkrafttreten der Abgabenordnung anhängig geworden sind, unbeschadet der Bestimmungen im Absatz 2, die Landesfinanzämter.

(2) Für die im Absatz 1 bezeichneten Rechtsmittelverfahren sind richterliche Behörden (Verwaltungsgerichte) Kommissionen oder Kollegien zuständig, soweit sie zur Entscheidung in entsprechenden Rechtsmittelverfahren für dieselben oder für gleichartige Steuersachen nach dem früheren Rechte berufen waren. Diese Bestimmung findet

nur solange und soweit Anwendung, als die bezeichneten Stellen noch bestehen. Als gleichartige Steuersachen im Sinne des Satzes 1 gelten insbesondere: für das Gebiet der Reichseinkommensteuer und der Körperschaftssteuer die Landeseinkommensteuersachen, für das Gebiet der Kriegsabgabe vom Vermögenszuwachse, der außerordentlichen Kriegsabgabe für das Rechnungsjahr 1919 und des Reichsnotopfers die außerordentliche Kriegsabgabe für das Rechnungsjahr 1918.

(3) Die Präsidenten der Landesfinanzämter werden ermächtigt, für ihren Bezirk mit Wirkung vom Inkrafttreten dieser Verordnung ab anzuordnen, daß die Bestimmungen des Absatz 2 keine Anwendung finden, wenn die Heranziehung der darin bezeichneten Stellen auf nicht zu überwindende Schwierigkeiten stößt. Die Verordnungen der Präsidenten der Landesfinanzämter sind im Zentralblatt für das Deutsche Reich zu veröffentlichen.

(4) Die Rechtsmittelsachen sind nach Errichtung der Finanzgerichte an diese abzugeben.

§ 27c. Die im § 27a, § 27b Absatz 1, 2 bezeichneten Stellen haben nach den Vorschriften der Abgabenordnung zu verfahren. Dies gilt nicht für die im § 27b Absatz 2 Satz 1 bezeichneten Stellen, soweit das Verfahren bei ihnen vor dem 1. August 1920 anhängig geworden ist; ein Rechtsmittel ist jedoch als rechtzeitig eingelegt anzusehen, wenn die entsprechende Frist der Abgabenordnung gewahrt ist.

Artikel V.

Schlußbestimmungen.

§ 28. Die Steuerbehörden und die Rechtsmittelbehörden können von Erhebung von Kosten und Einforderung von Auslagen, die bis zum 1. Juli 1920 durch Verschulden der Beteiligten entstanden sind, absehen, wenn das Verschulden geringfügig erscheint oder die Kosten zwanzig Mark nicht übersteigen.

§ 29. Diese Verordnung tritt mit der Abgabenordnung in Kraft; gleichzeitig tritt die Verordnung zur Einführung der Reichsfinanzverwaltung vom 27. September 1919 (Reichs-Gesetzbl. S. 1766) außer Kraft.

Verordnung über die Durchführung der Steuerverfahren während der Übergangszeit

vom 11. Oktober 1921 (RGBl. S. 1305).

Auf Grund des § 444 Absatz 3 der Reichsabgabenordnung vom 13. Dezember 1919 (Reichs-Gesetzbl. S. 1993) wird folgendes bestimmt:

Artikel I

(enthält Abänderungen zur EinfV., die bereits in vorstehendem Abdruck derselben mitberücksichtigt sind.)

Artikel II.

§ 1. Hat bis zum 30. November 1921 an Stelle der nach dieser Verordnung zuständigen richterlichen Behörden (Verwaltungsgerichte), Kommissionen oder Kollegien das Landesfinanzamt bereits in der Sache entschieden, so gilt der Mangel seiner sachlichen Zuständigkeit für die Vergangenheit als geheilt; die Ermittlungen des Landesfinanzamts können in dem weiteren Verfahren wie die Ermittlungen einer zuständigen Stelle verwertet werden. Die Bestimmungen des Satzes 1 finden entsprechende Anwendung, wenn das Landesfinanzamt an Stelle nicht mehr bestehender richterlicher Behörden (Verwaltungsgerichte), Kommissionen oder Kollegien bei Inkrafttreten dieser Verordnung bereits entschieden hat.

Vorläufige Bescheide, die von den im § 27b Absatz 2 Satz 1 bezeichneten Behörden bis zum 30. November 1921 nicht nach § 251 der Abgabenordnung, sondern nach den für diese Stellen geltenden landesrechtlichen Vorschriften erlassen sind, stehen vorläufigen Bescheiden im Sinne des § 251 der Abgabenordnung gleich.

§ 2. Die Verordnung über die Durchführung der Steuerverfahren bis zur Bildung von Ausschüssen und Finanzgerichten nach der Reichsabgabenordnung vom 12. August 1920 (Reichs-Gesetzbl. S. 1621) wird aufgehoben.

Die Verordnung über die Zuständigkeit für Beschwerden im Arrestverfahren bis zur Errichtung der Finanzgerichte vom 22. Februar 1921 (Reichs-Gesetzbl. S. 205) erhält folgenden Absatz 2:

„Die Beschwerdesachen sind nach Errichtung der Finanzgerichte an diese abzugeben."

§ 3. Diese Verordnung tritt mit dem auf ihre Verkündung im Reichsgesetzblatt folgenden Tage[1]) in Kraft.

[1]) D. i. der 22. Oktober 1921.

Sachregister.

Vorbemerkungen und Abkürzungen: Die arabischen Zahlen ohne Beisatz bedeuten die Paragraphen der Reichsabgabenordnung, die römischen Zahlen die Absätze, A. bedeutet Anmerkung.

FA. = Finanzamt. FG. = Finanzgericht.
LFA. = Landesfinanzamt. EV. = Einführungsverordnung.
RFH. = Reichsfinanzhof. RFM. = Reichsminister der Finanzen.

A.

G.

O.

S.

U.

W.

Z.

Druckfehlerberichtigungen.

Auf S. 67 Zeile 1 lies statt Gw.: Ziv.
Auf S. 316 Zeile 3 lies statt 412, 413: 112, 113.

Druck von C. Schulze & Co., G. m. b. H., Gräfenhainichen.

Band 145. **Gesetzgebung über Steuer- und Kapitalflucht.** Bearbeitet von Dr. jur., Dr. oec. publ. **E. H. Meyer,** Rechtsanwalt, Syndikus des Allgemeinen Verbandes der deutschen Erwerbs- und Wirtschaftsgenossenschaften. 1921. 2. Auflage. Taschenformat. Preis 12 Mark.

Unsere Ausgabe unterrichtet über alles Wesentliche, was der Interessent zu wissen nötig hat. Die gesamten geltenden Steuer- und Kapitalfluchtverordnungen kommen zum Abdruck. Vor allem wird bei den Erläuterungen der Verordnungen darauf gehalten, klarzustellen, welche Geschäfte durch sie betroffen werden.

Band 146. **Das Tabaksteuergesetz** vom 12. September 1919. Nebst den Ausführungsbestimmungen vom 26. Februar 1920. Erläutert von Rechtsanwalt Dr. jur. **Friedrich Wündisch.** Taschenformat. Preis 27 M.

Die Ausgabe kommt den Wünschen der Praxis nach einer erschöpfenden Darstellung des neuen Gesetzes in umfassender Weise entgegen. Außer einer eingehenden Kommentierung des neuen Rechts ist der frühere Rechtszustand sowie der Gang des Tabaks vom Felde bis zum Verbraucher eingehend dargestellt.

Band 149. **Gesetz über das Reichsnotopfer** vom 31. Dez. 1919 mit Ausführungsbestimmungen, Vollzugsvorschriften und „Grundsätzen für die Wertermittelung nach dem Reichsnotopfergesetze" sowie der Novelle vom 22. Dezember 1920. Bearbeitet von Dr. **Alfred Friedmann,** Rechtsanwalt und Notar in Berlin, und Dr. **Richard Wrzeszinski,** Rechtsanwalt und Notar in Berlin. 1921. Preis 36 M.

Die vorliegende erläuterte Ausgabe des Reichsnotopfergesetzes ist nach der Staubschen Kommentiermethode angelegt und berücksichtigt eingehend die Rechtsprechung des Preußischen Oberverwaltungsgerichts und des Reichsfinanzhofs, erörtert die einschlägigen Bestimmungen der Reichsabgabenordnung und der mit dem Notopfergesetz verwandten Steuergesetze.

Mai 1922

Guttentagsche Sammlung

Deutscher Reichsgesetze
und
Preußischer Gesetze

Textausgaben mit Anmerkungen und Sachregister — Taschenformat
Gebunden

enthält alle wichtigeren Gesetze in absolut zuverlässigen Gesetzestexten und in mustergültiger, gemeinverständlicher Weise erläutert

VWV

Das am Schluß befindliche Schlagwortregister wird geneigter Beachtung empfohlen

Zu den mit * versehenen Preisen tritt noch ein Teuerungszuschlag des Verlages von 200 %.

Vereinigung wissenschaftlicher Verleger
Walter de Gruyter & Co.
vormals G. J. Göschen'sche Verlagshandlung — J. Guttentag, Verlagsbuchhandlung — Georg Reimer — Karl J. Trübner — Veit & Comp.
Berlin W 10, Genthiner Straße 38.

20 000 — V 22 3.

ein Teuerungszuschlag des Verlages von 200 %.

Guttentagsche Sammlung Deutscher Reichsgesetze.

Nr. 9. **Sammlung kleinerer strafrechtlicher Reichsgesetze.** Von Prof. Dr. **R. H. Kriegsmann. 3. Aufl. — 1910.** 20,— ℳ

Nr. 10. **Das Reichsbeamtengesetz** vom 31. März 1873. Von **J. Pieper. 2. Aufl. — 1901.** * 6,50 ℳ

Reichsbeamtengesetz von **1907** siehe **Nr. 82.**

Nr. 11. **Zivilprozeßordnung mit Gerichtsverfassungsgesetz.** Von **R. Sydow.** Fortgeführt von Reichsgerichtsrat **L. Busch** und Landgerichtsrat Dr. **Krantz. 17. Aufl.** Gr. 8°. — **1922.** Im Druck.

Nr. 12. **Strafprozeßordnung und Gerichtsverfassungsgesetz** nebst den Gesetzen, betr. die Entschädigung der im Wiederaufnahmeverfahren freigesprochenen Personen und die Entschädigung für unschuldig erlittene Untersuchungshaft. **10. Aufl.**, bearbeitet von Prof. Dr. **Kohlrausch. — 1922.** 65,— ℳ

Nr. 13. **Konkursordnung und Anfechtungsgesetz.** Von **R. Sydow.** Fortgeführt von **L. Busch. 12. Aufl. — 1910.** 25,— ℳ

Nr. 14. **Gerichtsverfassungsgesetz** mit Einführungsgesetz. Herausgegeben von **R. Sydow.** Fortgeführt von **L. Busch. 10. Aufl. — 1905.** In Bearbeitung.

Nr. 15. **Das Deutsche Gerichtskostengesetz** nebst den Gebührenordnungen für Gerichtsvollzieher, Zeugen und Sachverständige. Von **R. Sydow.** Fortgeführt von Reichsgerichtsrat **L. Busch** und Amtsrichter **Koehler. 10. Aufl. — 1920.** Mit Nachtrag, enthaltend die Änderungen von 1921. 24,— ℳ

Nr. 16. **Rechtsanwaltsordnung.** Von **R. Sydow. 5. Aufl.** von Justizrat **M. Jacobsohn.** Mit Nachtrag, enth. die Bestimmungen vom 22. Mai 1910. — **1907.** 7,50 ℳ

Nr. 17. **Die Deutsche Gebührenordnung für Rechtsanwälte und das Preußische Gebührengesetz** vom 27. IX. / 6. X. 1899. Von **R. Sydow.** Fortgeführt von **L. Busch. 12. Aufl. — 1922.** Im Druck.

ein Teuerungszuschlag des Verlages von 200 %.

Guttentagsche Sammlung Deutscher Reichsgesetze.

Nr. 9. **Sammlung kleinerer strafrechtlicher Reichsgesetze.** Von Prof. Dr. **N. H. Kriegsmann. 3. Aufl. — 1910.** 20,— ℳ

Nr. **10. Das Reichsbeamtengesetz** vom 31. März 1873. Von J. **Pieper. 2. Aufl. — 1901.** * 6,50 ℳ

Reichsbeamtengesetz von **1907** siehe Nr. **32.**

Nr. **11. Zivilprozeßordnung mit Gerichtsverfassungsgesetz.** Von **R. Sydow.** Fortgeführt von Reichsgerichtsrat **L. Busch** und Landgerichtsrat Dr. **Krantz. 17. Aufl.** Gr. 8°. — **1922.** Im Druck.

Nr. **12. Strafprozeßordnung und Gerichtsverfassungsgesetz** nebst den Gesetzen, betr. die Entschädigung der im Wiederaufnahmeverfahren freigesprochenen Personen und die Entschädigung für unschuldig erlittene Untersuchungshaft. **19. Aufl.,** bearbeitet von Prof. Dr. **Kohlrausch. — 1922.** 65,— ℳ

Nr. **13. Konkursordnung und Anfechtungsgesetz.** Von **R. Sydow.** Fortgeführt von **L. Busch. 12. Aufl. — 1916.** 25,— ℳ

Nr. **14. Gerichtsverfassungsgesetz** mit Einführungsgesetz. Herausgegeben von **R. Sydow.** Fortgeführt von **L. Busch. 10. Aufl. — 1905.** In Bearbeitung.

Nr. **15. Das Deutsche Gerichtskostengesetz** nebst den Gebührenordnungen für Gerichtsvollzieher, Zeugen und Sachverständige. Von **R. Sydow.** Fortgeführt von Reichsgerichtsrat **L. Busch** und Amtsrichter **Koehler. 10. Aufl. — 1920.** Mit Nachtrag, enthaltend die Änderungen von 1921. 24,— ℳ

Nr. **16. Rechtsanwaltsordnung.** Von **R. Sydow. 5. Aufl.** von Justizrat **M. Jacobsohn.** Mit Nachtrag, enth. die Bestimmungen vom 22. Mai 1910. — **1907.** 7,50 ℳ

Nr. **17.** Die **Deutsche Gebührenordnung für Rechtsanwälte und das Preußische Gebührengesetz** vom 27. IX. / 6. X. 1899. Von **R. Sydow.** Fortgeführt von **L. Busch. 12. Aufl. — 1922.** Im Druck.

ein Teuerungszuschlag des Verlages von 200 %.

Guttentagsche Sammlung Deutscher Reichsgesetze.

Nr. **28. Bau-Unfallversicherungsgesetz.** Vom 30. Juni 1900. Von **R. Chrzescinski.** Neue Fassung **(1911)** siehe Nr. **108.**

Nr. **29. Erwerbs- und Wirtschaftsgenossenschaften.** Von **L. Parisius** und Dr. **H. Crüger. 16., neubearbeitete Aufl.** von Dr. **H. Crüger. — 1920.** 18,— M

Nr. **30. Invalidenversicherungsgesetz** (1899). Von weil. Dr. **E. v. Woedtke.** Neue Fassung **(1911)** siehe Nr. **109.**

Nr. **31. Gewerbegerichtsgesetz.** Von Stadtrat **L. Mugdan. 7. Aufl.** bearbeitet von Oberbürgermeister **W. Cuno. — 1911.** * 3,65 M

Nr. **32.** Reichsgesetz, betr. die **Gesellschaften mit beschränkter Haftung.** Von **L. Parisius** und Dr. **H. Crüger. 15. Aufl.** von Dr. **H. Crüger. — 1921.** 12,— M

Nr. **33. Vereins- und Versammlungsrecht.** Von Dr. **E. Ball. 2. Aufl.** von Dr. **F. Friedenthal. — 1907.** * 3,65 M

Reichs-Vereinsgesetz vom 19. April 1908 siehe Nr. **88.**

Nr. **34.** Die **Abzahlungsgeschäfte.** Gesetz vom 16. Mai 1894. **3. Aufl.** von Land-G.Rat Dr. **E. Wilke. — 1910.** * 2,10 M

Nr. **35.** Die **Reichs-Eisenbahngesetzgebung.** Von Amtsrichter **W. Coermann. — 1895.** * 3,40 M
Siehe auch Nr. **66.**

Nr. **36.** Gesetze, betr. die **privatrechtlichen Verhältnisse der Binnenschiffahrt und der Flößerei.** Von Geh. Justizrat **E. Löwe. 5. Aufl. — 1915.** * 5,20 M

Nr. **37.** Gesetz gegen den **unlauteren Wettbewerb.** Von Justizrat **A. Pinner. 7. Aufl.** von Dr **A. Elster. — 1921.** 12,— M

Nr. **38/39. Bürgerliches Gesetzbuch** nebst **Einführungsgesetz** von Dr. **A. Achilles.** In Verbindung mit Prof. Dr. **André,** Senatspräsident **Meyer,** Reichs-G.Rat Dr. **Strecker,** Staatsrat Dr. **v. Unzner** herausgegeben von Wirkl. Geh. Ob.J.Rat und Ober-L G-Präsident **Greiff. 10., unveränderte Aufl.** 190,— M

Einzelverkauf. Nachtrag zur 8. Auflage: **Bestimmungen über das Erbbaurecht** v. 15. Januar 1919. — **1919.** * —.80 M

Guttentagsche Sammlung Deutscher Reichsgesetze.

Nr. 40. Gesetz, betr. die **Pflichten der Kaufleute bei Aufbewahrung fremder Wertpapiere [Depotgesetz]**. Von Min.Dir. **F. Lusensky**. **3. Aufl. — 1916.** 9,— M

Nr. 41. **Börsengesetz.** Von **Th. Hemptenmacher.** **3. Aufl.** von Syndikus **O. Meyer. — 1915.** 20,— M

Nr. 42. **Grundbuchordnung** nebst preuß. Ausf.-Best. Von Prof. Dr. **O. Fischer. 7. Aufl. — 1920.** 16,— M

Nr. 43. **Zwangsvollstreckung in das unbewegliche Vermögen** im Reiche und in Preußen. Kosten- und Gebührentabellen. Von Dr. **J. Krech** und Dr. **O. Fischer. 8. Aufl.** bearbeitet von Prof. Dr. **O. Fischer. — 1916.** * 3,90 M

Nr. 44. Das Reichsgesetz über das **Auswanderungswesen.** Von Prof. Dr. **F. Stoerk. — 1899.** * 3,25 M

Nr. 45. **Das Entmündigungsrecht** mit den für Preußen geltenden Vorschriften nebst Just.-Min.-Verfügung vom 28. Nov. 1899. Von Land-G.Rat Dr. **P. Koll. — 1900.** * 2,35 M

Nr. 46. Die Gesetze des Reiches und Preußens über die **freiwillige Gerichtsbarkeit.** Von Amts-G.Rat **H. Jastrow. 6. Aufl.** von Land-G.Rat Dr. **Herm. Günther. — 1921.** 36,— M

Nr. 47. Das **deutsche Vormundschaftsrecht** und das preuß. Gesetz über die Fürsorgeerziehung Minderjähriger. Von Ober-Verw.G.Rat **M. Schultzenstein** und Amts-G.Rat Dr. **P. Köhne. 2. Aufl. — 1901.** * 4,40 M

Nr. 48. Gesetze, betr. den **Drogen-, Gift- und Farbenhandel** außerhalb der Apotheken. Von Dr. **J. Broh. — 1899.** * 1,95 M

Nr. 49. Deutsche **Kolonialgesetzgebung.** Von Geh. J.Rat Prof. Dr. **Ph. Zorn. 2. Aufl.** von Gerichtsassessor Dr. **Sassen. — 1913.** * 10,40 M

Nr. 50. Der **Viehkauf [Viehgewährschaft] nach dem BGB.** Verordnung betr. die Hauptmängel und Gewährsfristen beim Viehhandel. Von Rechtsanwalt Dr. **H. Stölzle** und Reg.- und Vet.Rat **H. Weiskopf. 5. Aufl. — 1913.** 25,— M

ein Teuerungszuschlag des Verlages von 200 %.

Guttentagsche Sammlung Deutscher Reichsgesetze.

Nr. **51.** **Hypothekenbankgesetz** vom 13. Juli 1899. Von Dr. **H. Göppert. 2. Aufl.** bearbeitet von Geh. Reg.Rat Dr. **Seidel. — 1911.** 10,50 *M*

Nr. **52.** Gesetz, betr. die gemeinsamen **Rechte der Besitzer von Schuldverschreibungen.** Von Dr. **H. Göppert. 2. Aufl.** bearbeitet von Amtsrichter Dr. **E. Trendelenburg. — 1915.** 9,— *M*

Nr. **53.** **Reichspreßgesetz** vom 7. Mai 1874. Mit Kommentar von Bürgermeister **A. Born. 2. Aufl. — 1911.** 10,— *M*

Nr. **54.** Verkehr mit **Nahrungsmitteln, Genußmitteln** und **Gebrauchsgegenständen.** Von Dr. **G. Lebbin,** Nahrungsmittelchemiker in Berlin **— 1900.** * 3,25 *M*

Nr. **55.** Das Recht der **Beschlagnahme von Lohn- und Gehaltsforderungen.** Von Justizrat **G. Meyer. 5. Aufl. — 1914.** Mit Nachtrag, enthaltend Verordnung über Lohnpfändung vom 10. August 1920. 15,— *M*
Nachtrag allein. 4,— *M*

Nr. **56.** Gesetz, betr. die **Bekämpfung gemeingefährlicher Krankheiten.** Nebst Ausführungsbestimmungen. Von Reg.Rat Dr. **B. Burkhardt. — 1900.** * 2,10 *M*

Nr. **57.** **See-Unfallversicherungsgesetz (1887).** Von Ober-L.G.Rat Dr. **M. Mittelstein.** — Neue Fassung **1911** siehe Nr. **108.**

Nr. **58.** **Das Recht der unehelichen Kinder nach dem BGB.** Von Amtsgerichtsrat **H. Jastrow. — 1901.** * 2,60 *M*

Nr. **59.** Reichsgesetz über die **Beurkundung des Personenstandes und die Eheschließung. Von** Amtsgerichtsrat Dr. **F. Fidler. 2. Aufl. — 1912.** 12,— *M*

Nr. **60.** Gesetz, betr. das **Urheberrecht an Werken der Literatur und der Tonkunst.** Von Geh. Ob.J.Rat **O. Lindemann. 4. Aufl. — 1921.** 21,— *M*

Nr. **61.** Gesetz über das **Verlagsrecht. Von** Rechtsanwalt Dr. **B. Marwitz. 2. Aufl. — 1911.** 9,— *M*

Nr. **62.** Gesetz über **private Versicherungsunternehmungen.** Von Reichs-G.Rat **H. Könige. 2. Aufl. — 1910.** * 5,85 *M*

Guttentagsche Sammlung Deutscher Reichsgesetze.

Nr. **63.** **Gesetzestafel des Deutschen Reichsrechts.** Systematisch geordnete Nachweisung des z. Z. geltenden Reichsrechts. Von **H. Bruhns. 2. Aufl. — 1913.** * 5,20 ℳ

Nr. **64.** Gesetzsammlung betr. den **Handel mit Drogen und Giften.** Mit Anhang: landesgesetzliche Verordnungen sämtlicher Bundesstaaten. Von Rechtsanwalt **H. Sonnenfeld,** Syndikus der Berliner Drogisten-Innung. **2. Aufl. — 1912.** * 5,85 ℳ

Nr. **65.** Das **Weingesetz** in der Fassung von 1909. Mit Ausführungsbestimmungen von Dr. **G. Lebbin,** Nahrungsmittelchemiker. **2. Aufl. — 1909.** * 3,65 ℳ

Nr. **66.** Die **Eisenbahn-Gesetzgebung.** Von **W. Pietsch,** Rechnungsrat im Reichseisenbahnamt. **2. Aufl. — 1913.** * 5,20 ℳ

Nr. **67.** **Militär-Strafgesetzbuch für das Deutsche Reich.** Von Wirkl. Geh. Kriegsrat Dr. **A. Romen** und Kriegsgerichtsrat Dr. **C. Rissom. 3. Aufl. — 1918.** 35,— ℳ

Nr. **68.** Das **Fleischbeschaugesetz.** Vom 3. Juni 1900. Von Dr. **G. Lebbin** und Dr. **G. Baum. — 1903.** * 5,85 ℳ

Nr. **69.** Reichsgesetz über die **Naturalleistungen der bewaffneten Macht im Frieden** nebst den preußischen Bestimmungen. Von Dr. **W. v. Hippel. — 1903.** * 2,10 ℳ

Nr. **70.** Das **Reichs-Haftpflichtgesetz** vom 7. Juni 1871. Von Reg.Rat Dr. **G. Eger. — 1903.** Vergriffen.
(Kommentar von **Seligsohn. — 1920.** 20,— ℳ.)

Nr. **71.** Gesetz betr. **Kinderarbeit in gewerblichen Betrieben** vom 30. März 1903. Von Ober-Verw.G.Rat **H. Spangenberg. 2. Aufl. — 1904.** * 2,35 ℳ

Nr. **72.** **Unfallversicherungsgesetz für Land- und Forstwirtschaft.** (1886.) Von weil. Dr. **E. v. Woedtke.** Siehe Nr. **108.**

Nr. **73.** **Entschädigung für unschuldig erlittene Verhaftung und Bestrafung.** Anhang: Nebengesetze über Schadensersatz. Von Wirkl. Geh. Kriegsrat Dr. **A. Romen. — 1904.** * 3,10 ℳ

ein Teuerungszuschlag des Verlages von 200 %.

Guttentagsche Sammlung Deutscher Reichsgesetze.

Nr. 74. Die **Kaufmannsgerichte** nebst Ausführungsbestimmungen. Von Prof. Dr. **M. Apt. 3. Aufl. — 1904.** * 3,10 ℳ

Siehe auch Nr. **112.**

Nr. **75.** Reichsgesetz über die **Konsulargerichtsbarkeit.** Von Rechtsanwalt Dr. **A. F. Vorwerk,** Schanghai. **2. Ausgabe,** mit den Schutzgebietsgesetzen.* — **1908.** * 3,10 ℳ

Nr. **76. Die Rechtshilfe im Verkehr mit den ordentlichen Gerichten** nach deutschem Reichsrecht. Von Landrichter Dr. **A. Friedländer. — 1906.** * 2,60 ℳ

Nr. **77. Das Erbschaftssteuergesetz.** Vom 10. September 1919. Von Oberzollsekretär **B. Henckel. — 1920.** 56,— ℳ

Nr. **78. Zigarettensteuergesetz.** Vom 3. Juni 1906. Von Regierungsassessor Dr **Cuno.** In Vorbereitung.

Nr. **79. Die Militärpensionsgesetze** vom 31. Mai 1906 nebst Ausführungsbestimmungen. Zum Gebrauch für Heer, Marine und Schutztruppe von Wirkl. Geh. Kriegsrat Dr. **A. Romen.**

a) I. Teil: **Offizierpensionsgesetz. — 1907.** * 4,95 ℳ

b) II. Teil: **Mannschaftsversorgungsgesetz** mit Nachtrag, enth. **Kapitalabfindungsgesetz** vom 3. Juli 1916. — **1908.** * 4,95 ℳ

Militärversorgungsgesetze siehe auch Nr. **136.**

Nr. **80.** Reichsgesetzgebung über **gerichtliche Registerführung.** Von Geh. Ob.J.Rat **O. Lindemann. — 1906.** * 4,40 ℳ

Nr. **81. Urheberrecht an Werken der bildenden Künste und der Photographie.** Von Rechtsanwalt Dr. **L. Fuld. — 1907.** Vergriffen. — Neue Auflage im Druck.

Nr. **82. Reichsbeamtengesetz** vom 18. Mai 1907 mit Ergänzungen von Geh.Rat Prof. Dr. **A. Arndt. 2. Aufl. — 1921.** 24,— ℳ

Nr. **83.** Reichsgesetz über den **Versicherungsvertrag** nebst Einführungsgesetz. Von Dr. **P. Hager** und Dr. **E. Bruck. 4. verm. u. verb. Aufl. — 1920.** 60,— ℳ

Nr. **84. Sammlung kleinerer privatrechtlicher Reichsgesetze.** Von Ober-L.G.Rat **E. Müller. — 1908.** 30,— ℳ

In den mit * versehenen Preisen tritt nach

Guttentagsche Sammlung Deutscher Reichsgesetze.

Nr. 85. **Scheckgesetz.** Von Prof. Dr. **M. Apt.** Vergriffen. Siehe Nr. **113.**

Nr. 86. **Die Auslieferungsverträge des Deutschen Reiches.** Von Landrichter Dr. **A. Cohn.** — **1908.** * 5,85 ℳ

Nr. 87. **Gesetz zum Schutz der Warenbezeichnungen.** Von Geh. Reg.Rat, Mitgl. des Kaiserl. Patentamts Dr. **Freund** und Rechtsanwalt **Magnus.** **5. Aufl.** — **1909.** Vergriffen. Neue Auflage in Vorbereitung.

Nr. 88. **Vereinsgesetz** vom 19. April 1908. Von Wirkl. Geh. Kriegsrat Dr. **A. Romen.** Mit den **Bestimmungen über Jugendliche und Gewerkschaften.** **4. Aufl.** — **1916.** 15,— ℳ

Nr. 89. **Vogelschutzgesetz** vom 30. Mai 1908 nebst den das Flugwild betr. Bestimmungen der Preuß. Jagdordnung. Von Dr. **L. v. Boxberger.** — **1909.** 8,— ℳ

Nr. 90. Die Haager Abkommen über das **Internationale Privatrecht.** Von Dr. **G. Bogeng.** — **1908.** 9,— ℳ

Nr. 91. **Eisenbahn-Verkehrsordnung** mit Ausführungsbestimmungen Von Reg.-Rat Dr **E. Blume.** **2. Aufl.** von Geh Reg Rat Dr **Weirauch.** — **1922.** 90,— ℳ

Nr. 92. **Gesetz, betr. den Verkehr mit Kraftfahrzeugen.** Von Amtsgerichtsrat **R. Kirchner.** **3. Aufl.** — **1915.** 27,— ℳ

Nr. 93. **Gesetz über die Sicherung der Bauforderungen.** Von Justizrat Dr. **E. Harnier.** **3. Aufl.** — **1912.** * 2,35 ℳ

Nr. 94. **Die Beamtenhaftpflichtgesetze des Reiches und der Länder.** Von Geh. Justizrat Dr **H. Delius.** **3. Aufl.** — **1921.** 32,— ℳ

Nr. 95. Die Berner Übereinkunft über **Internationales Urheberrecht.** Von Geh.Rat Dr. **H. Dungs.** — **1910.** 8,— ℳ

Nr. 96. **Branntweinsteuergesetz** vom 15. Juli 1909 mit den für das Reich erlassenen Ausf.-Bestimmungen und Kriegsverordnungen. **2. Aufl.**, bearbeitet von Reg.Assessor Dr. **K. Kniebe,** Hilfsarbeiter im Reichsamt des Innern. — **1916.** * 5,20 ℳ

Branntweinmonopolgesetz siehe Nr. **181 a.**

ein Teuerungszuschlag des Verlages von 200 %.

Guttentagsche Sammlung Deutscher Reichsgesetze.

Nr. 97. **Schutzgebietsgesetz** nebst dem G. über die Konsulargerichtsbarkeit sowie den Ausf.-Bestimmungen. Von **J. Gerstmeyer**, Wirkl. Legationsrat. — **1910.** * 4,40 *M*

Nr. 98. **Sechs Haager Abkommen** über **Internationales Privatrecht.** Von Geh.Rat Dr. **Dungs.** — **1910.** 9,— *M*

Nr. 99. **Die Abkommen der Haager Friedenskonferenz.** Von Dr. **H. Wehberg.** — **1910.** Vergriffen.

Neue Auflage unter dem Titel: „**Wehberg, Völkerbundakte**". (Außerhalb der Sammlung.) 14,— *M*

Nr. 100. **Gesetz** über den **Absatz von Kalisalzen.** Von Geh. Bergrat **B. Voelkel.** — **1910.** * 3,40 *M*

Nr. 101. **Zuwachssteuergesetz** vom 14. Februar 1911. Von Geh. Reg.Rat Dr. **W. Cuno.** — **1911.** * 5,20 *M*

Nr. 102. Urheberrecht an Mustern und Modellen und Ges. betr. Schutz von **Gebrauchsmustern.** Von Reg.Rat **J. Neuberg**, Mitgl. d. Patentamts. — **1911.** 12,— *M*

Nr. 103. **Reichs-Viehseuchengesetz** vom 26. Juni 1909 nebst Ausführungsvorschriften und dem preuß. Ausführungsgesetz. Von Landrat Dr. **W. v. Hippel. 2. Aufl.** — **1912.** * 6,50 *M*

Nr. 104. **Versicherungsgesetz für Angestellte.** Von **O. Bernstein** und Dr. **J. Kupferberg. 2. Aufl.** — **1912.** Vergriffen. (Siehe auch Nr. **144.**)

Nr. 105. **Das Geldwesen in den deutschen Schutzgebieten.** Von **W. Hintze**, Geh. Sekr. im Reichskolonialamt. — **1912.** * 2,90 *M*

Nr. 106—109. **Reichs-Versicherungsordnung nebst Einführungsgesetz.** Herausgegeben von Direktor Dr. **F. Caspar** und Geh. Ob.Reg.Rat **A. Spielhagen. 4 Bände.**

Nr. 106. I., V. und VI. Buch. **Gemeinsame Vorschriften. — Beziehungen der Versicherungsträger zu einander und zu anderen Verpflichteten. — Verfahren.** Von Dr. **K. Lippmann**, Senatspräsident im Reichs-Vers.Amt, Dr. **L. Laß** und **H. Siefart.** — **1913.** Mit Nachtrag, enthaltend Ergänzungen zum I. und VI. Buch. Von Dr. **K. Lippmann.** — **1920.** 36,— *M*

Nachtrag einzeln. 4,— *M*

Guttentagsche Sammlung Deutscher Reichsgesetze.

Nr. **107.** II. Buch **Krankenversicherung.** Von Geh. Reg.-Rat **H. Siefart** und Reg.Rat Dr. **F. Sitzler.** — **1916.** Mit Nachtrag, enthaltend Ergänzungen zum II. Buch. Bearbeitet von Dr. **K. Lippmann.** — **1920.** 45,— M

Nachtrag einzeln. 12,— M

Nr. **108.** III. Buch. **Unfallversicherung.** Von **A. Radtke,** Senatspräsident im R.Vers.Amt. — **1913.** Mit Nachtrag, enthaltend Ergänzungen zum III. Buch. Bearbeitet von **A. Radtke.** — **1921.** 56,— M

Nachtrag einzeln. 16,— M

Nr. **109.** IV. Buch. **Invaliden- und Hinterbliebenenversicherung.** Von Geh. Ob.Reg.Rat **B. Jaup** und **H. Follmann,** Senatspräsident im R.Vers.Amt. — **1912.** Mit Nachtrag, enthaltend die Ergänzungen 1914—1916. 28,— M

Nr. **110. Wehrbeitragsgesetz** mit Ausf.-Bestimmungen. Von Wirkl. Geh. Ob.Fin.Rat **A. Fernow. 2. Aufl.** — **1913.** * 2,90 M

Nr. **111. Reichs- und Staatsangehörigkeitsgesetz.** Von Wirkl. Geh. Kriegsrat Dr. **A. Romen.** — **1913.** * 3,25 M

Nr. **112. Kaufmannsgerichtsgesetz** mit Best. des Gewerbegerichtsgesetzes. Von Dr. **H. Depène,** Vors. des Kaufmannsgerichts zu Berlin. — **1914.** 13,— M

Nr. **113. Postscheckgesetz.** Von Oberpostinspektor **J. Weiland.** — **1914.** Mit Nachtrag **1918.** * 2,35 M

Nr. **113 a. Postscheckordnung** mit Ausführungsbestimmungen. Von **J. Weiland.** — **1914.** Mit Nachtrag **1918.** * 2,35 M

Nr. **114. Waffengebrauch und Festnahmerecht des Militärs.** Von Wirkl. Geh. Kriegsrat Dr. **A. Romen** und Kriegsgerichtsrat Dr. **C. Rissom.** — **1914.** * 2,90 M

Nr. **115. Das vertragliche Wettbewerbsverbot [Konkurrenzklausel].** Nebst Kommentar zum G. v. 10. Juni 1914. Von Rechtsanwalt Dr. **G. Baum.** — **1914.** 13,— M

Nr. **116. Kriegs-Zivil- und Finanzgesetze** vom 4. Aug. 1914 und die dazu erlassenen Verordnungen und Bekanntmachungen. **3. Aufl.** — **1915.** * 3,40 M

Nr. **116 a.** Zweite Folge: Das Jahr 1915. — **1916.** Siehe auch Nr. **129.** * 2,90 M

ein Teuerungszuschlag des Verlages von 200 %.

Guttentagsche Sammlung Deutscher Reichsgesetze.

Nr. **117. Darlehnskassengesetz.** Von Rechtsanwalt **Salomon** und Bankvorsteher **Bud. — 1915.** * 2,90 ℳ

Nr. **118. Militärhinterbliebenengesetz.** Von Rechnungsrat **Reh.** Mit Nachtrag, enth. das **Kapitalabfindungsgesetz** vom 11. Juli 1916. — **1915.** — (Siehe auch Nr. **136.**) * 3,65 ℳ

Nr. **119. Kriegsleistungsgesetz.** Von Rechtsanwälten J.Rat **Heilberg** und **Schäffer. — 1915.** Vergriffen.

Nr. **120. Telegraphenwegegesetz.** Von Postreferendar **Wolf. — 1916.** * 2,35 ℳ

Nr. **121. Direkte Kriegssteuer.** Gesetze z. Besteuerung der Kriegsgewinne. Von Ob.Verw.Gerichtsrat **A. Mrozek. — 1916.** *5,85 ℳ

Nr. **122. Gesetz über den Belagerungszustand.** Von Kriegsgerichtsrat Dr. **H. Pürschel. — 1916.** * 6,50 ℳ

Nr. **123. Warenumsatzstempel.** Von Geh. Ober-Justizrat **Lindemann. — 1916.** * 3,25 ℳ

Umsatzsteuergesetze — 1918 und 1919. Siehe Nr. **132.** — (Ausgabe ohne Anmerkung S. 22.)

Nr. **124. Todeserklärung Kriegsverschollener.** Von Prof. Dr. **J. Partsch. — 1916.** * 3,90 ℳ

Nr. **125.** Das Gesetz über den **vaterländischen Hilfsdienst. 3. vermehrte Aufl. — 1917.** * 1,50 ℳ

Nr. **126. Besitzsteuergesetz** mit Ausführungsbestimmungen. Von Ob.Verw.Gerichtsrat **A. Mrozek. — 1917.** 16,— ℳ

Nr. **127.** Verordnung über die **Geschäftsaufsicht zur Abwendung des Konkurses** vom 14. Dez. 1916. Von Rechtsanwalt **G. Klien,** mit system. Einleitung von Geh. Hofrat Dr. **Ernst Jaeger,** ord. Prof. a. d. Universität Leipzig. — **1917.** 9,— ℳ

Nr. **128.** Gesetz, betr. die **Verhaftung und Aufenthaltsbeschränkung,** vom 4. Dez. 1916. Nebst Anhang, betr. Entschädigung unschuldig Verhafteter. Von Wirkl. Geh. Kriegsrat Dr. **A. Romen. — 1917.** * 2,50 ℳ

Nr. **129.** Kriegsgesetze auf dem Gebiete des **Zivil- und Prozeßrechtes,** für die gerichtliche Praxis zusammengestellt von Amtsrichter Dr. **Johannes Fischer. — 1918.** * 4,— ℳ

Guttentagsche Sammlung Deutscher Reichsgesetze.

Nr. **130.** **Ersatzlebensmittelverordnung** nebst Ausf.-Vorschr. des Reichs und der wichtigsten Bundesstaaten. Verordnungen über **Schleichhandel, Preistreiberei und Papierhandel.** Von **Heinz Emil Wendel,** Polizeirat in Berlin. — **1918.** * 2,— ℳ

Nr. **131 a.** **Reichsfinanzgesetzgebung 1918.** Bd. I. **Getränkesteuern** (Bier, Branntwein, Wein, Schaumwein, Limonaden). Von Dr. **G. Mayer.** — **1918.** * 6,50 ℳ

Nr. **131 b.** **Reichsfinanzgesetzgebung 1918.** Bd. II. **Abgabe vom Einkommen, Stempel, Umsatz, Kriegsgewinn** usw., **Steuerflucht.** Von Dr. **G. Mayer.** — **1919.** * 4,— ℳ

Nr. **132.** **Umsatzsteuergesetz** und Ausführungsbestimmungen. Von Geh. Ober-Justizrat **Otto Lindemann,** vortr. Rat im Justizministerium. **2. Aufl.** — **1920.** 48,— ℳ

Nr. **133.** **Reichswuchergesetzgebung.** Von Reichsgerichtsrat Dr. **Ad. Lobe.** — **1918.** * 6,50 ℳ

Nr. **134.** **Die Friedensverträge.** Von Dr. **Karl Strupp.** I. **Die Ostfrieden.** — **1918.** * 12,— ℳ

Nr. **135.** Verordnung über das **Erbbaurecht.** Von Land-G.Rat Dr. **Hermann Günther.** — **1919.** * 5,— ℳ

Nr. **136.** **Militärversorgungsgesetze.** Von Landrichter Dr. **Hermann Günther.** — **1919.** * 6,50 ℳ

Nr. **137.** **Die neue Verfassung des Deutschen Reiches.** Von Prof. Dr. **A. Arndt. 2. Aufl.** — **1921.** 24,— ℳ

Nr. **138 a.** **Arbeiterschutz und Arbeitsrecht.** Von Prof. Dr. **A. Günther.** — **1920.** 40,— ℳ

Nr. **138 b.** **Betriebsrätegesetz.** Von Prof. Dr. **A. Günther.** — **1920.** 15,— ℳ

Nr. **139.** **Grunderwerbsteuergesetz.** Von Geh. Ober-Justizrat **Otto Lindemann.** — **1919.** * 6,— ℳ

Nr. **140.** **Die Siedelungsgesetzgebung im Reich und in Preußen.** Von Geh. Ob.-Justizrat **W. Holzapfel.** — **1920.** 22,— ℳ

ein Teuerungszuschlag des Verlages von 200 %.

Guttentagsche Sammlung Deutscher Reichsgesetze.

Nr. **141.** **Sozialisierungsgesetze.** Von Rechtsanwalt Dr. **Otto Meier.** — **1920.** 15,— *M*

Nr. **142.** **Wirtschaftliche Demobilmachung.** Von Geh. Reg.-Rat Dr. **Gg. Fischbach.** — **1920.** 8,— *M*

Nr. **143.** **Reichsabgabenordnung** mit Einleitung. Von Rechtsanwalt Dr. **Friedmann.** — **1920.** 16,— *M*

Nr. **144.** **Versicherungsgesetz für Angestellte.** Von Senatspräsident Dr. **Lippmann.** — **1920.** Mit Nachtrag, enthaltend Ergänzungen bis 23. Juli 1921. 24,— *M*

Nachtrag einzeln. 2,— *M*

Nr. **145.** Gesetzgebung über **Steuer- und Kapitalflucht.** Von Rechtsanwalt Dr. **E. H. Meyer.** 2. Aufl. — **1921.** 12,— *M*

Nr. **146.** **Tabaksteuergesetz.** Von Rechtsanwalt Dr. **Wündisch.** — **1920.** 27,— *M*

Nr. **147.** Gesetz über **Filmzensur.** Von Regierungsrat **Szczesny.** — **1920.** 14,— *M*

Nr. **148.** **Reichsausgleichsgesetz.** Von Rechtsanwalt Dr. **Decke.** — **1920.** 14,— *M*

Nr. **149.** **Reichsnotopfergesetz.** Von Rechtsanwalt Dr. **Friedmann** und Dr. **Richard Wrzeszinsky.** — **1921.** 36,— *M*

Nr. **150** **Reichsschädengesetze.** Von Rechtsanwalt Dr. **Adolf Hohenstein** und Rechtsanwalt und Notar Dr. **Wenzel Goldbaum.** — **1921.** 50,— *M*

ein Teuerungszuschlag des Verlages von 200 %.

Guttentagsche Sammlung Preußischer Gesetze.

Nr. 12. **Allgemeines Berggesetz.** Mit seinen Novellen und Nebengesetzen. **3. Aufl.**, bearbeitet von den Oberbergräten **Schlüter** und **Hense.** — **1913.** * 10,40 ℳ

Nr. 13. **Ergänzungssteuergesetz** (Vermögenssteuergesetz). Von Wirkl. Geh. Ob.Fin.Rat **A. Fernow. 5. Aufl.** Mit Nachtrag, enth. Ges. betr. Erhöhung der Zuschläge vom 8. Juli 1916. — **1914.** * 5,85 ℳ

Nr. 14. **Kommunalabgabengesetz** vom 14. Juli 1893 und Ges. wegen Aufhebung direkter Staatssteuern. Von Oberbürgermeister Dr. **F. Adickes. 6. Aufl.** bearbeitet von Bürgermeister Dr. **Falk.** In Bearbeitung.

Nr. 15. Die **Kreisordnungen** für den Preußischen Staat. Von Land-G.Rat **O. Kolisch.** — **1894.** * 5,50 ℳ

Nr. 16. **Konzessionierung gewerblicher Anlagen.** Von Geh. Reg.Rat Dr. **W. v. Rüdiger. 2. Aufl.** — **1901.** Vergriffen.

Nr. 17. Preußisches **Gerichtskostengesetz.** Vom 25. Juli 1910. Mit Kostentabellen. Von Kammer-G.Rat Dr. **P. Siméon. 7. Aufl.** — **1913.** Mit Nachtrag: Abänderungen der Jahre 1919 und 1920. 20,— ℳ

Nr. 18. Preußisches **Stempelsteuergesetz** vom 30. Juni 1909. Mit sämtlichen Ausführungsbestimmungen. Von **P. Loeck. 8. Aufl.** von Reg.Rat **W. Seyffarth.** — **1914.** * 11,70 ℳ
Neue Auflage in Vorbereitung.

Nr. 19. Das **Jagdscheingesetz.** Von Wirkl. Geh. Ob.Reg.Rat **F. Kunze. 2. Aufl.** — **1899.** * 2,90 ℳ

Nr. 20. Die **preußischen Erbschaftssteuergesetze.** Von Rechnungsrat **U. Hoffmann.** — **1905.** * 5,20 ℳ
(**Reichs**-Erbschaftssteuergesetz siehe Reichsgesetze Nr. **77** und Seite 22.)

Nr. 21. Gesetz über die **Handelskammern.** Von Min.Dir. **F. Lusensky. 2. Aufl.** — **1909.** 15,— ℳ

Nr. 22. Gesetz, betr. **Anstellung und Versorgung der Kommunalbeamten.** Von Dr. **W. Ledermann. 2. Aufl.**, bearbeitet von Dr. **L. Brühl.** — **1914.** * 8,10 ℳ

Zu den mit * versehenen Preisen tritt noch

Guttentagsche Sammlung Preußischer Gesetze.

Nr. **23.** **Ausführungsgesetz zum Bürgerlichen Gesetzbuche.** Von Kammer-G.Rat Dr. **P. Siméon. 3. Aufl. — 1914.** 12,— ℳ

Nr. **24.** Die **Hinterlegungsordnung. (1879.)** Von Reg.Rat Dr. **G. Bartels. 2. Aufl. — 1908.** * 2,60 ℳ
— —, Abänderungsgesetz vom 21. April 1913 siehe Nr. **53.**

Nr. **25.** **Preußische Kommunalbeamtengesetzgebung.** Von Mag.Assessor Dr. **F. Kremski**, Berlin. — **1901.** * 4,40 ℳ

Nr. **26.** Gesetze über das **Diensteinkommen der Lehrer und Lehrerinnen, Ruhegehalt und Hinterbliebenenfürsorge.** Tabelle zur Berechnung der Ruhegehalts-, Witwen- und Waisenbezüge. Von Bürgermeister Dr. **E. Cremer. — 1900.** * 3,40 ℳ

Nr. **27.** Gesetz, betr. die **Warenhaussteuer.** Von Geh. Ober-Fin.Rat Dr. **G. Strutz. — 1900.** * 1,95 ℳ

Nr. **28.** Die **Fürsorgeerziehung Minderjähriger.** Von Geh. Justizrat Dr. **P. F. Aschrott.** Mit Ausführungsbestimmungen und allen wichtigeren Ministerialerlassen. **3. Aufl. — 1917.** 18,— ℳ

Nr. **29.** Gesetz, betr. **die ärztlichen Ehrengerichte, das Umlagerecht und die Kassen der Aerztekammern.** Von Amtsgerichtsrat Dr. **F. Fidler. — 1901.** * 2,35 ℳ

Nr. **30.** **Das Preußische Staatsschuldbuch** und **Reichsschuldbuch.** Von Wirkl. Geh. Ob.Fin.Rat **J. Mücke. — 1902.** * 2,60 ℳ

Nr. **31.** **Die geltenden Preußischen Gesindeordnungen. Zwei Bände.** Von Rechtsanwalt **St. Gerhard.**

31 a. Gesindeordnung für die altpreußischen Provinzen vom 8. Nov. 1810, unter Berücksichtigung der Ergänzungsgesetze, der Rechtsverhältnisse der Stellenvermittler und Reichsversicherungsordnung, sowie die Gesindeordnungen für Neuvorpommern und Rügen und für die Rheinprovinz. **2. Aufl. — 1914.** * 4,40 ℳ

31 b. Gesindeordnungen für Hannover, Schleswig-Holstein, Hessen-Nassau und den Regierungsbezirk Hohenzollern. — **1902.** * 3,65 ℳ

ein Teuerungszuschlag des Verlages von 200 %.

Guttentagsche Sammlung Preußischer Gesetze.

Nr. **32.** **Die Städteordnung für die sechs östlichen Provinzen Preußens.** Von Dr. **W. Ledermann** u. Dr. **L. Brühl. 2. Aufl. — 1913.** 32,— M

Nr. **33.** **Rentenguts- und Anerbenrechts-Gesetzgebung in Preußen.** Von Land-G.Rat **M. Peltasohn** und Rechtsanwalt **B. Peltasohn. — 1903.** * 4,40 M

Nr. **34.** Sammlung der wichtigsten **preußischen Strafgesetze** nebst Ges., betr. polizeil. Strafverfügungen, vom 23. April 1883. Von Geh. Ob.J.Rat **Lindemann. 2. Aufl. — 1912.** 13,— M

Nr. **35.** **Geschäftsordnung für Gerichtsvollzieher.** Von **C. Exner. — 1904.** * 4,55 M

Nr. **36.** **Polizeiverordnungen in Preußen.** Von Geh. Ober-Justizrat **O. Lindemann. — 2. Aufl. 1912.** 12,—M

Nr. **37.** Gesetz, betr. **Enteignung von Grundeigentum,** vom 11. Juni 1874. Von Ob.L.G.Rat **O. Meyer. 2. Aufl. — 1911.** * 3,25 M

Nr. **38.** **Kreis- und Provinzial-Abgabengesetz** vom 23. April 1906. Von Gemeindevorsteher **F. Schmidt. — 1906.** * 1,95 M

Nr. **39.** Gesetz, betr. die **Unterhaltung der öffentlichen Volksschulen.** Von Reg.Rat Dr. **A. Marcks. — 1906.** * 2,90 M

Nr. **40.** **Verwaltungsstrafverfahren** bei Zuwiderhandlungen gegen die Zollgesetze und indirekte Reichs- und Landesabgaben. Von Dr. **R. Katzenstein. — 1907.** 15,— M

Nr. **41.** Die **preußischen Jagdpolizeigesetze.** Von Wirkl. Geh. Ob.Reg.Rat **F. Kunze** und Rechtsanwalt **R. Kühnemann. 2. Aufl. — 1907.** * 5,20 M

Nr. **42.** Die Gesetzgebung über die **Allgemeine Landesverwaltung und Zuständigkeit der Verwaltungs- und Verwaltungsgerichtsbehörden.** Von Dr. **K. Friedrichs. 2. Aufl. — 1921.** 25,— M

Nr. **43.** Gesetz, betr. die **Zulassung einer Verschuldungsgrenze** für land- und forstwirtschaftlich benutzte Grundstücke. Von Syndikus Dr. **R. Leweck. — 1908.** * 3,40 M

Guttentagsche Sammlung Preußischer Gesetze.

Nr. **44.** **Quellenschutzgesetz** nebst den Ausführungsbestimmungen. Von Geh. Bergrat **E. Voelkel.** — **1909.** * 1,60 *M*

Nr. **45.** **Rechtsverhältnisse der Juden in Preußen.** Von Rechtsanwalt Dr. **M. Kollenscher.** — **1910.** * 3,40 *M*

Nr. **46.** Gesetz, betr. **Austritt aus der Landeskirche,** vom 14. Mai 1873. Von Ger.Assessor **H. Caro.** — **1911.** * 3,40 *M*

Nr. **47.** Gesetz, betr. die **Feuerbestattung.** Von Amtsgerichtsrat Dr. **W. Lohmann.** — **1912.** * 2,10 *M*

Nr. **48.** **Zweckverbandsgesetz für Groß-Berlin** vom 19. Juli 1911 nebst Abdruck des allgemeinen Zweckverbandsgesetzes. Von den Magistratsräten Dr. **L. Brühl,** Dr. **K. Gordan** und Stadtrat Dr. **W. Ledermann.** — **1912.** * 5,85 *M*

Nr. **49.** **Gesetze gegen die Verunstaltung landschaftlich hervorragender Gegenden** mit Ausführungsanweisungen. Von Regierungsrat **O. Goldschmidt.** — **1912.** * 3,40 *M*

Nr. **50.** **Gesetz,** betr. **die Anlegung und Veränderung von Straßen und Plätzen in Städten und ländlichen Ortschaften.** Von Oberlandgerichtsrat **O. Meyer.** — **1913.** 15,— *M*

Nr. **51.** **Das preußische Disziplinargesetz für die nichtrichterlichen Beamten** und die Privatdozenten. Von Regierungsrat Dr. **E. v. Dultzig.** — **1914.** 20,— *M*

Nr. **52.** **Preußisches Wassergesetz** vom 7. April 1913. Von den Rechtsanwälten **G. Wulff** und **F. Herold.** — **1913.** 25,— *M*

Nr. **53.** **Hinterlegungsordnung** vom 21. April 1913. Von Landrichter **Hagemann.** — **1914.** 10,— *M*

Nr. **54.** Gesetz, betr. **Anlegung von Sparkassenbeständen in Inhaberpapieren** nebst Ausführungsverordnung vom 8. Mai 1913. Von Rechtsanwalt **H. Döhring.** — **1914.** * 2,90 *M*

ein Teuerungszuschlag des Verlages von 200 %.

Guttentagsche Sammlung Preußischer Gesetze.

Nr. 55. **Preußisches Wohnungsgesetz** und **Bürgschaftssicherungsgesetz**. Von Hochschulprofessor Dr. jur. **B. Schmittmann**. — **1918**. 15,— *M*

Nr. 56. **Das preußische Tumultschadengesetz**. Von Justizrat Dr. **Bruno Friedländer**. — **1919**. * 1,20 *M*

Nr. 57. Gesetz über **Landeskulturbehörden**. Von Geh. Ober-Justizrat **W. Holzapfel**. — **1920**. 11,— *M*

Nr. 58. **Arbeitsnachweis**. Von Magistratsrat **P. Wölbling**. — **1920**. 7,— *M*

Nr. 59. **Bildung der neuen Stadtgemeinde Berlin**. Von Magistratsrat **P. Wölbling**. **2. Aufl**. — **1920**. 15,— *M*

Nr. 60. **Umlegungsordnung**. Von Geh. Ober-Justizrat **W. Holzapfel**. — **1921**. 15,— *M*

Sonderverzeichnisse über hervorragende Erscheinungen aus den Gebieten des Verwaltungs- und Handelsrechts sowie der genossenschaftlichen Literatur durch jede Buchhandlung und direkt vom Verlage.

Zu den mit * versehenen Preisen tritt noch

Guttentagsche Sammlung
von
Textausgaben ohne Anmerkungen mit Sachregister.

Betriebsrätegesetz. 5,— M
Bürgerliches Gesetzbuch nebst **Einführungsgesetz. 14. Aufl.** 80,— M
Erbschaftssteuergesetz mit Ausführungsanweisung. **2. Aufl.** 6,— M
Freiwillige Gerichtsbarkeit. — 1920. 18,— M
Handelsgesetzbuch nebst **Einführungsgesetz** und **Seerecht. 10. Aufl. — 1921.** 24,— M
Konkursordnung mit **Einführungsges. 2. Aufl. — 1915.** 6,— M
Kriegsgewinnsteuer. — 1916. * —,80 M
Die Kriegssteuergesetze. 2. Aufl. — 1917. * 2,— M
Militärstrafgerichtsordnung m **Einführungsges. — 1901.** * 1,95 M
Militär-Strafgesetzbuch. 2. Aufl. — 1916. * 1,55 M
Reichseinkommensteuer — Körperschaftssteuer — Kapitalertragssteuer — Landessteuer. 10,— M
Einkommensteuergesetz in der Fassung der Novelle v. 24. März 1921 mit den **Ausführungsbestimmungen**, ergänzt durch die Verordnungen bis Ende 1921. — **1921.** 18,— M
Reichsfinanzgesetze von 1909. — **1909.** * 2,60 M
Reichsnotopfergesetz. * 1,50 M
Reichsversicherungsordnung (Kranken-, Unfall-, Invaliden- und Hinterbliebenenversicherung). **20. bis 30. Tausend.** * 6,— M
Strafgesetzbuch. — 1921. 10,— M
Strafprozeßordnung. 3. Aufl. — 1920. 18,— M
Umsatzsteuergesetz. — 1920. 5,— M
Verkehrs- u. Kohlensteuer u. Kriegssteuerzuschlag. 1917. * 2,— M
Verfassung des Deutschen Reiches v. 11. 8. 1919. **2. Aufl.** 9,— M
Verfassung des Freistaates Preußen. 5,40 M
Versicherungsgesetz für Angestellte. — 1911. S. **R.** 144. Vergriffen.
Wechselordnung. — 1908. 8,— M
Wehrbeitrag und **Besitzsteuer. — 1913.** * 1,30 M
Zivilprozeßordnung mit **Gerichtsverfassungsgesetz** und **Einführungsgesetzen. 1921.** 24,— M
Zuwachssteuergesetz. — 1911. * 1,05 M
— — Ausführungsbestimmungen. — 1911. * —,80 M
Preuß. Ausf.-Anweis. zur **Gewerbeordnung. — 1904.** * 2,90 M

ein Teuerungszuschlag des Verlages von 200 %.

Größere Kommentarwerke in neuen Bearbeitungen.

Das Bürgerliche Gesetzbuch mit besonderer Berücksichtigung der Rechtsprechung des Reichsgerichts, erläutert von den Reichsgerichtsräten **Busch, Schaffeld,** Dr. **Ebbecke, Erler, Kiehl,** Dr. **Lobe, Mansfeld, Michaelis, Oegg, Schliewen, Seyffarth.** Drei Bände. **4. Auflage. 1922.** Lexikon-Oktav. Preis geb. 600,— M

Staubs Kommentar zum Handelsgesetzbuch. Von **Heinrich Koenige,** Senatspräsident am Reichsgericht in Leipzig, **Albert Pinner,** Justizrat in Berlin, und Dr. **Felix Bondi,** Geh. Justizrat in Dresden. **11. Auflage. 1921.** Lexikon-Oktav. Zwei Bände in vier Halbbänden mit Register. Preis 450,— M, geb. 660,— M.

Staubs Kommentar zur Wechselordnung, fortgesetzt von Dr. **J. Stranz** und Dr. **M. Stranz. 9. Auflage** bearbeitet von Justizrat Dr. **W. Stranz,** Rechtsanwalt am Kammergericht, und **Martin Stranz,** Rechtsanwalt an den Landgerichten Berlin. **1920.** Groß-Oktav. Preis 108,— M, geb. 133,— M.

Das deutsche Seerecht nebst Erläuterungen zu den seerechtlichen Nebengesetzen. Von Reichsgerichtsrat Dr. **Georg Schaps** †. **2., vollständig umgearbeitete Auflage.** Nach dem Tode des Verfassers fertiggestellt und herausgegeben von Dr. **Max Mittelstein,** Senatspräsident am Hanseatischen Oberlandesgericht, Vorsitzender des Prisengerichts Hamburg, und Dr. **Julius Sebba,** Rechtsanwalt am Oberlandesgericht Königsberg. Erster Band. (Handelsgesetzbuch: Viertes Buch.) **1920.** Groß-Oktav. Preis geh. 320,— M, geb. 370 M.

Die Konkursordnung mit Einführungsgesetz, Nebengesetzen und Ergänzungen. Kommentar von Geh. Justizrat Dr. **Th. Wolff,** Kammergerichtsrat. **2., wesentlich vermehrte und verbesserte Auflage. 1921.** Gr.-Oktav. Preis 127,50 M, geb. 152,50 M.

Das Reichs-Strafgesetzbuch mit besonderer Berücksichtigung der Rechtsprechung des Reichsgerichts, erläutert von Dr. **Ludwig Ebermayer,** Oberreichsanwalt am Reichsgericht, **Julius Eichelbaum,** Reichsgerichtsrat, Dr. **Adolf Lobe,** Senatspräsident, und **Werner Rosenberg,** Reichsgerichtsrat. **2. Aufl.** Lexikon-Oktav. Im Druck.

Schlagwort-Register

R. = Nummer der Sammlung Deutscher Reichsgesetze.
P. = Nummer der Sammlung Preußischer Gesetze.
S. = Seite.

A.

B.

C.

D.

E.

Schlagwort-Register. (R. = Reichsgesetz, P. = preuß. Gesetz.)

F.

G.

Schlagwort-Register. (R. = Reichsgesetz, P. = preuß. Gesetz.)

Schlagwort-Register. (R. = Reichsgesetz, P. = preuß. Gesetz.)

Schlagwort-Register. (R. = Reichsgesetz, P. = preuß. Gesetz.)

Schlagwort-Register. (R. = Reichsgesetz, P. = preuß. Gesetz.)

W.

Z.

FSC
www.fsc.org
MIX
Papier | Fördert gute Waldnutzung
FSC® C083411

Kolibri 360 GmbH
Ferdinand-Jühlke-Straße 7
99095 Erfurt, Deutschland
produktsicherheit@kolibri360.de